高职高专教育会计专业精品课程教材新系

21世纪新概念教材：多元整合型一体化系列

省级精品课程教材

审 计

——原理、实务、案例、实训

黄良杰　肖瑞利　主编

常茂松　高丽　张清玉　李洋宇　副主编

东北财经大学出版社

Dongbei University of Finance & Economics Press

大连

图书在版编目（CIP）数据

审计：原理、实务、案例、实训／黄良杰，肖瑞利主编 . 一大连：东北财经大学出版社，2013.7（2014.8 重印）

（高职高专教育会计专业精品课程教材新系）

ISBN 978-7-5654-1240-0

Ⅰ. 审… Ⅱ. ①黄… ②肖… Ⅲ. 审计-高等职业教育-教材 Ⅳ. F239

中国版本图书馆 CIP 数据核字（2013）第 153977 号

东北财经大学出版社出版

（大连市黑石礁尖山街 217 号 邮政编码 116025）

教学支持：（0411）84710309

营 销 部：（0411）84710711

总 编 室：（0411）84710523

网 址：http://www.dufep.cn

读者信箱：dufep @ dufe.edu.cn

大连图腾彩色印刷有限公司印刷 东北财经大学出版社发行

幅面尺寸：185mm×260mm 字数：462 千字 印张：20

2013 年 7 月第 1 版 2014 年 8 月第 2 次印刷

责任编辑：许景行 郭海雷 况淑芬 责任校对：王 娟

封面设计：冀贵收 版式设计：钟福建

ISBN 978-7-5654-1240-0

定价：34.00 元

总序: "多元整合型" 课程与教材建设的新探索

"多元整合型" 课程是反映当代世界职业教育课程观发展的综合化趋势，通过 "博采当代多种课程观之长" 而 "避其所短" 产生的一种新型职业教育课程模式。在我国，职教界近年推广的 "宽基础、活模块" 课程，是将基础课的 "学科结构" 与专业课的 "模块结构" 整合起来的一种尝试。专业课程自身领域的 "多元整合" 及其教材建设，则是继此之后的进一步探索，这种探索有着深刻的历史与逻辑反思背景。

一、职业课程改革历史回眸

1. 职教界对 "工作导向课程" 的诉求

近半个世纪以来，国外职业课程改革浪潮此起彼伏，"关注职业活动，培养企业急需人才"，是这些浪潮发出的一致呼声。世界劳工组织的 MES 课程要求 "从职业工作需要出发"；加拿大等北美国家的 CBE 课程要求 "从包括知识、技能和态度的职业分析出发"；澳大利亚的 TAFE 课程要求 "以作为 '职业资格标准' 的 '培训包' 为依据"；英国的 BTEC 课程将 "职业核心能力" 与 "专业能力" 一并置于 "教学目标" 中；德国的 "学习领域" 课程提出 "以工作过程为导向"；如此等等。

世纪之交的我国，职教界通过借鉴国外职业课程的改革经验，也相继提出了有中国特色的 "模块课程"、"项目课程" 和 "工作过程系统课程"。

此等课程改革以曲折的方式展现了职业课程理论与实践的提升。称之为 "提升"，是因为这些课程模式的推出，在克服传统 "学科导向课程" 的片面性上有所建树；称之为 "曲折"，是因为它们都以 "学科导向课程" 的 "反题" 自居，都认定 "学科导向课程" 在自己的领域不适用，都想极力摆脱 "学科导向课程" 的束缚，都以 "工作过程导向课程" 的 "横向串行结构" 与 "学科导向课程" 的 "纵向并行结构" 相对峙。

两种课程改革浪潮之间也存在显著差别，即发达国家职业课程开发的立足点是 "职业培训"；我国职业课程开发的立足点是 "职业教育"，包括中等职业教育和高等职业教育。

2. 高等职业教育和学位新类型的推出

近年来，在国家教育部 "就业导向" 口号的感召下，国内外职业教育课程改革的这股浪潮也波及了我国普通高等教育本科以上层次，冲击了 "研究型课程" 或 "学术型课程" 及其教学资源建设。我国本科和研究生教育正在部分地融入 "高等职业教育" 范畴。更受职场欢迎的区别于 "研究型本科" 的 "应用型本科" 的推出，区别于 "学术型研究生" 的面向应用的 "专业型研究生" 的出台等等，便是此种融入的证明。在这里，如何摆正 "学科导向课程" 与 "工作导向课程" 的关系，是继续搞 "学科导向" 的一统天下，还是应当借鉴 "工作导向" 的某些要素，或者在更高的框架中整合这两种课程模式，既是广大高校教育工作者不得不面对的理论热点问题，也是其亟待解决的重大课改实践难题。

二、"工作过程导向课程"模式的所长与所短

"工作过程导向课程"系借鉴德国"学习领域课程"而来，代表我国职业教育课程改革此前试点的主流。职业教育课程改革的一切再探索，都应以对它的逻辑反思为前提。

1. "工作过程导向课程"模式的可取之处

进行以"学科导向课程"为"正题"的"反题"探索，深入、系统地发掘那些被"学科导向课程"所忽视的"职业工作要素"，据以建构完全不同于"学科体系"的"基于工作过程"的职教课程体系，是数十年来世界职业课程改革的战略取向。要求人们关注"职业活动领域"，以实现专业课程设计与企业岗位群工作对接为己任，将"工作过程系统"作为职业教育课程的"参照系"，关注职业教育课程中的"横向组织结构要素"，提出不同于"知识本位"的"能力本位"教育——这一切作为对"学科导向课程"的"矫枉"都功不可没，是我们在高等职业教育课程与教材建设的新探索中应当借鉴的。

2. "工作过程导向课程"模式的局限性

任何课程模式都有它的局限性。从"问题思维"的视角看，"工作过程导向课程"模式的主要局限性何在呢？

1）"工作过程导向课程"对"学科导向课程"矫枉过正

"工作导向课程"模式的局限性根源于其对"学科导向课程"的矫枉过正。一方面，"工作导向课程"拒斥"知识本位"，独尊"能力本位"，从而将"知识本位"与"能力本位"对立起来；另一方面，它还将"学科导向课程"诉诸的"纵向组织结构"这个"婴儿"当做无用的东西，连同"洗澡水"一同泼了出去。这种做法忽略了两个基本事实：其一，高等应用型职场不仅需要基于"职业能力"的"技能操作"，也需要基于"职业知识"的"职业认知"；其二，一切"发生学"意义上的事物，其主导性的组织结构，都是纵向组织结构。

2）"工作过程导向课程"是"非发生学"意义上的课程

"工作过程导向课程"以"职业成体"的"工作过程系统"为参照系，以"横向串行组织结构"为主框架，属于"非发生学"课程体系。然而，高等职业技术教育的对象不是"高等职业成体"，而是"发生中的高等职业个体"；为"发生中的高等职业个体"开设"非发生学"意义上的高等职业教育课程，总体上是一种自相矛盾。

直面"工作的现实具体性"（即工作过程）的课程也许适用于两种学员：一种是作为"继续教育对象"的在职"高等职业成体"，其任务是顺应新的"工作过程"以调整自我的原格局，无需重新经历"发生学"意义上的"高等职业教育课程"铺垫；另一种是面向最基层、从事简单技能操作的未来从业者，他们作为"职业培训"的对象，其未来岗位是企业急需的经验层面的简单操作，没有必要进行"发生学"意义上的"高等职业教育课程"铺垫，授之以直面简单"工作过程"的课程就可以了。

3）"工作过程系统"不宜作为课程的"过程模式"

"工作过程系统"不宜作为高等职业教育课程的"过程模式"。高职院校学生"认知结构"的建构程序与高等职业"工作过程"的展开程序是不同的。要求"将每门课程都设计成一个完整的工作过程"，要求"每门课程的内容序化都以工作过程为参照"，亦即要求将"工作过程系统"作为课程的"过程模式"，其做法不仅违背认知规律和学习过程规律，而且有"预成论"课程观之嫌。

4）"工作过程系统"不宜作为课程的"目标模式"

在"工作过程系统课程"中，学生只扮演"工具理性"的角色，重"功利"而轻"人本"。不仅如此，将"工作过程系统"作为"目标模式"，让学生围绕"工作过程"旋转，还会导致主体的缺失。高等职业技术教育的"课程目标"应当与其"人才培养目标"相一致，亦即应依据专业的"人才培养目标"来确立"课程目标"。相对于"人才培养目标"，"工作过程"只能作为活动中介、桥梁和手段，而建构更为充实、更具稳定性、兼顾"功利"与"人本"的"职业学力"才是根本。

5）"工作过程系统"只有短期时效性

"工作流程"具有较强的个别性、相对性与可变性。在校期间以之为参照的专业"工作过程系统"，到了学生毕业走向工作岗位的时候，可能已经面目全非。届时，经历过该"工作过程系统"的"主体自我"中除了"结构相对固定"的"具有普适性的思维过程"，即"资讯、决策、计划、实施、检查、评价"六步骤外再没有别的，即便加上"社会能力"和"方法能力"，其"职业学力结构"也还是单薄了点。由于没有"纵向结构知识的系统铺垫"，学生的"职业认知"缺乏渐进性和系统性，可迁移性差；由于知识面过窄，学生的发展后劲不足；由于作为参照系的"工作过程系统"只有短期时效性，学生无法应对今后的职场变化。

6）关于"工作过程导向课程"的研发团队

"工作过程导向课程"和作为其源头的"学习领域课程"，其研发团队仅限于教育界和企业界专家，该模式的"所长和所短"莫不与此相关。今天看来，如果此种研发能同时邀请其他领域的成员，特别是发生认识论、认知心理学和教育心理学等领域的专家介入，或者充分借鉴其优秀代表的相关理论，情况会大不相同。

三、高等职业教育课程改革的未来取向

高等职业学历教育既不同于"高等职业成体"的"继续教育"，也不同于培养"简单技能操作者"的"职业培训"，影响其课程改革取向的因素要复杂得多。

1. 区别两类"职业个体"

在高等职业教育课程改革的探索中，有必要区分两类"职业个体"，即"发生中的职业个体"与"职业成体"。前者指高等职业学历教育的在校学生；后者指企业现实工作岗位的高等从业人员。高等职业学历教育的对象不是"高等职业成体"，而是"发生中的高等职业个体"。

2. 三种"本位"相互补充，缺一不可

高等应用型职场既需要"业务操作"，也需要"职业认知"和"行为自律"，三者分别基于高等职业成体的"职业能力"、"职业知识"与"职业道德"。因此，在高等职业教育中，"职业知识"和"职业道德"同"职业能力"一样具有"本位"意义；三种"本位"相互补充、缺一不可，需要一个更具包容性的框架来整合"职业学力"的这三个基本内涵。

3. 不是"预成的"，而是"渐成的"

"发生中的高等职业个体"在高等职业教育中不是"预成的"，而是"渐成的"。如皮亚杰所说：人的认知结构既不是在客体中预先形成了的，也不是在主体中预先形成了

的，每一个结构都是"'文化—心理'发生"的结果①。人的"技能结构"和"道德行为结构"也是如此。应当将"渐成论"的课程观，作为高等职业教育课程研发的一个指导性理念。

4. 关注"高等职业个体发生"机制

高等职业教育课程改革应关注"高等职业个体发生"的机制。高等职业教育课程（包括职业公共课程、职业大类核心课程和专业课程）设计为之服务的"高等职业个体发生"，是一个以高中阶段的"基础学力结构"为原格局，通过"职业知识"、"职业能力"和"职业道德"等"职业学力"的全面建构，向"职业胜任力"目标发展的完整过程。在这个过程中，"发生中的高等职业个体"通过"高等职业课程"的"教学"、"训练"与"考核"，借助于"同化"、"调节"、"适应"等发生机制，以循环渐进的方式不断从较低水平的"职业学力"平衡状态过渡到较高水平的"职业学力"平衡状态，直至达到"职业胜任力"水平的平衡状态。

5. 在"学科体系"与"工作体系"之间做"亦此亦彼"的选择

高等职业教育课程的组织结构既不应等同于单纯"学科导向课程"的"纵向并行结构"，因为它的"目标模式"不适合于"应用性职业需求"；也不应等同于单纯"工作过程导向课程"的"横向串行结构"，因为它的"过程模式"不适用于"发生中的高等职业个体"。另一方面，高等职业教育的课程结构既不能缺少"纵向结构"，因为无论是"渐成论"课程观的"发生学原则"，还是布鲁纳"学科结构"的"过程模式"②，都一致地指向它；也不能缺少"横向结构"，因为没有它，就无法融入"职业工作要素"。既然如此，高等职业教育课程改革的未来取向就不应当在"学科体系"与"工作体系"之间作"非此即彼"的选择。沿着"'学科—工作'体系"的方向，围绕以"健全职业人格"为整合框架的"'职业胜任力'建构"这个中心，将"多元整合型课程"作为"你中有我、我中有你"的课程来探索，将是更明智的选择。

6. 课程组织应"以纵向为主、横向为辅"，收官课程可以例外

在高等职业教育专业课程体系中，前期和中期课程的组织结构应"以纵向为主、横向为辅"。之所以应"以纵向为主"，是因为以"发生中的"职业个体为对象的课程组织，其"主导结构"应符合"发生学"原则，而符合"发生学"原则的课程结构即是"纵向结构"；之所以应"以横向为辅"，是因为需要将上文提及的"职业工作要素"同步穿插到"主导结构"中。至于"收官课程可以例外"，是因为要将先前课程建构的诸多"职业学力"整合为"职业成体"的"职业胜任力"，需要以"工作过程系统"为"主导结构"的课程中介。

四、高等职业教育专业课程教材建设的新探索

1. 将"健全职业人格导向课程"作为"合题"

在我国迈入"十二五"之际，一批对上述"历史回眸"、"逻辑反思"和"课程改革未来取向"持有同感的高等院校省级以上精品课程负责人，用他们最新奉献的教学用书，在专业课程教材建设上进行了新探索。在这种探索中，传统的"学科导向课程"被当做

---

① 皮亚杰. 发生认识论原理 [M]. 王宪钿，等，译. 北京：商务印书馆，1981：16.
② 布鲁纳. 教育过程 [M]. 邵瑞珍，译. 上海：上海人民出版社，1973.

"正题"，目前流行的"工作过程导向课程"被当做"反题"加以扬弃；"健全职业人格导向课程"被当做"合题"推到前台，与之相应的课程设计理念或模式被冠以"多元整合型一体化"。

2. "'合题'探索"依据的基本共识

高等职业教育专业课程教材建设的这种"合题"探索，是基于以下共识：

1）扬弃两种各有侧重的"导向"

"学科导向课程"所指向的"职业知识体系"，偏重人类职业行动历史结晶中的"知识结构"，而轻其"业务结构"；"工作过程导向课程"所指向的"职业行动体系"，偏重人类职业行动历史结晶中的"业务结构"，而轻其"知识结构"。"健全职业人格导向课程"应以某种方式扬弃并整合两者，借以传递可表达为人类职业行动最佳现实状态的全方位"职业胜任力'结构—建构'"信息。

2）"教育过程"不同于"工作过程"

高等职业"教育过程"是以高中阶段的"基础学力结构"为"原格局"的"发生中的高等职业个体"到"高等职业成体"的一系列有序的变化发展过程。就像生物个体的"发育过程"不同于其成体组织的"活动过程"一样，"发生中的高等职业个体"的"教育过程"也不同于高等职业成体的"工作过程"。将"高等职业成体"的"工作过程"作为高等职业教育课程的"过程模式"，让"发生中的高等职业个体"直接去做"高等职业成体"的事①，无异于将生物个体的"发育过程"混同于其成体组织的"活动过程"。

3）"学习迁移"有赖于"纵向组织"

在变动不居的职场中，"高等职业成体"赖以应变的一个有效机制是"学习迁移"。"学习迁移"包括"认知结构的迁移"（陈述性知识的迁移）和"技能结构的迁移"（程序性知识的迁移）。"认知结构的迁移"依赖两方面的基础：一是 E. L. 桑代克和 C. H. 贾德的研究所指向的"共同要素"和"经验类化"；二是 J. S. 布鲁纳和 D. P. 奥苏贝尔的研究所指向的"学科基本结构"和"个体的认知结构"。"技能结构的迁移"也依赖两方面的基础：一是 J. 安德森的行动理论研究所指向的"产生式规则"；二是弗拉威尔的"认知策略迁移"研究所指向的"反省认知"②。

鉴于"产生式规则"的获得必须先经历一个"陈述性阶段"，而"反省认知过程"是在新的情境下使用"认知过程"的前提，可以说无论是"共同要素"和"经验类化"、"学科的基本结构"和"个体的认知结构"，还是"产生式规则"和"反省认知"，都指向"过程模式"所诉诸的"纵向组织"。这个"纵向组织"的建构，是"合题探索"中应予借鉴的"学科导向课程"的"强项"。

4）"渐成论"课程观更为可取

高等职业教育课程理论中的"渐成论"课程观要比"预成论"课程观更可取。"渐成论"的课程观将职业教育课程教材视为类似于"生物基因链"（DNA）的人类职业行动的"文化觅母链"——一种用人类职业行动历史结晶中的"知识结构"、"业务结构"和

---

① 值得一提的是，当布鲁纳要求学生在"教学过程"中独立探索科学家"知识发现过程"的时候，也不自觉地犯了同样的错误。他的"发现法"同他的著名假设——"任何学科的知识都可以某种形式有效地教给任何年龄的任何儿童"——一样，都有些走过了头。

② E. L. Thomdike, 1903；C. H. Judd, 1908；J. S. Bruner, 1960；D. P. Ausubrl, 1968；J. Anderson, 1990；Flavell, 1976.

"职业道德与企业伦理结构"等信息（类似于波普尔的"世界3"）编织起来的东西①，认为"教育过程"就是在必要的教学环境中，在教师的"诱导"下，借助于种种教育技术与手段，通过教学活动，将设计在教材中的人类职业行动的"知识结构"、"业务结构"和"职业道德与企业伦理结构"等信息（其中包括可引起"突变"或"创新"的"文化觅母"）"转录"到学生的头脑（相当于"文化RNA"）中，并通过全方位的训练（特别是实训）与考核环节（相当于"中心法则"中的"翻译"机制），促成学生"职业胜任力"结构的发生。在这里，"文化觅母"是借用R.道金斯的表述②；"基因"、"转录"、"翻译"与"中心法则"等，是借用分子生物学的术语；"职业胜任力"是指在真实的职业工作环境中，按照最新行业准则、规范、标准和要求，承担并胜任专业岗位群各种工作角色，并在跨行业的职业流动中具有可持续发展后劲的职业成体的"职业知识"、"职业能力"和"职业道德"的统一③。

5）作为课程模式的"健全职业人格"

"健全职业人格"是整合"学科导向"和"工作导向"的课程模式，也是整合"职业学力"三种基本内涵——"职业知识"、"职业能力"和"职业道德"——的更具包容性的框架。

在高等职业教育的课程体系中，"健全职业人格"既可作为"目标模式"，又可作为"过程模式"：作为"目标模式"，它指向既作为"职业分析"的出发点，又作为系列课程建构目标的"高等职业成体"的广义"职业胜任力"；作为"过程模式"，它着眼于高等职业教育对象的"职业胜任力结构发生"，要求课程内容（既包括R.M.加涅称之为"智慧技能"、"认知策略"和"言语信息"的学习内容，也包括其称之为"态度"和"动作技能"的学习内容④）的序化要遵循"从抽象到具体"的发生学原则（马克思称之为"科学上正确的方法"⑤，将其运用于《资本论》的建构；J.皮亚杰称之为"由一个比较初级的结构过渡到不那么初级（或较复杂的）结构"的原则，将其运用于发生认识论的建构⑥），要求在"发生过程"中随时关注"职业工作要素"的"同步渗透"或"横向穿插"。

6）"职业胜任力"的建构

在"多元整合型一体化"的高等职业教育专业课程体系中，学生"职业胜任力"的建构应分三步走：第一，从该专业"高等职业成体"的"职业胜任力"分析入手，将相同的"职业胜任力要素"归类划分为不同的"职业学力领域"，以此为基础确定互相区别并呈梯度衔接的各门课程的"职业学力"建构任务；第二，在各门课程内，以各领域"高等职业知识的纵向铺垫"为经线，以"业务要素"的"同步链接"或"横向穿插"为纬线，根据"从抽象到具体的方法"，建构各侧面（或各层次）的"职业学力结构"；第三，将各门课程建构起来的各侧面（或层次）的"职业学力结构"，通过带有"岗位业

---

① 波普尔.客观知识：一个进化论的研究［M］.舒炜光，等，译.上海：上海译文出版社，2005.
② 道金斯.自私的基因［M］.卢允中，等，译.长春：吉林人民出版社，1998.
③ McClelland, 1973; Richard Boyatzis, 1982; Nordhaug & Gronhaug, 1994 ; Lewis, 2002; Bueno & Tubbs, 2004; Ricciardi, 2005; Morrison, 2007.
④ 加涅.学习的条件和教学论［M］.皮连生，等，译.上海：华东师范大学出版社，1999；加涅.教学设计原理［M］.皮连生，等，译.上海：华东师范大学出版社，1999.
⑤ 马克思.《政治经济学批判》导言［M］//马克思，恩格斯.马克思恩格斯选集：第2卷.北京：人民出版社，1972：103.
⑥ 皮亚杰.发生认识论原理［M］.王宪钿，等，译.北京：商务印书馆，1981：15.

务"和"综合业务"性质的后期课程，整合为可与企业岗位群现实"工作过程系统"相对接的最具体的"职业胜任力结构"。

为有效应对全球新技术革命导致的行业内乃至跨行业的职业流动性，"职业学力"各基本内涵——无论是"职业知识"、"职业能力"还是"职业道德"——的建构，都要坚持"整合论"原则，即兼顾"特殊的"（或专业的）、"通用的"（或行业大类的）和"核心的"（或跨行业的）三个层面，借以超越先前时代适应职业岗位相对稳定的"还原论"原则。

7）"人才目标"的转型

高等职业教育的人才目标不应局限于"培养能够与'工作过程系统'对接的职业人"，而应定位于"培养具有'健全职业人格'①，既能适应又能扬弃'既定工作过程系统'的富有创造力和人文精神的"复合型高等职业人"。后者就业后，能够通过"继续教育"及其与"职业环境"的交互作用，使其现有水平的"职业胜任力结构"不断转化为更高水平的"职业胜任力结构"，从而永远不会陷于"主体缺失"的境地。

3. 体现"基本共识"的教材特色

依据上述"基本共识"，全部由省级以上精品课程负责人主持编写，由东北财经大学出版社出版，于 2010 年起陆续推出的"多元整合型一体化系列·高等院校会计专业精品课程教材新系"（以下简称"新系"）具有如下特色：

（1）倡导先进的高等职业教育课程理念，根据"多元整合型一体化"的代型模式设计专业教材。

（2）关注"工学结合型"教育所要求的"双证沟通"与"互补"。在把职业资格融入课程标准的同时，着眼于高等职业学历教育与职业培训的重要区别，强化了对学生"职业学力"特别是"学习迁移能力"和"可持续发展能力"的全方位训练，提出了建构以"职业知识"、"职业能力"和"职业道德"为基本内涵，以多维"整合论"的"健全职业人格"为最高整合框架的教材赋型机制的更高要求。

（3）兼顾专业课程教材的"纵"与"横"两个组织结构维度，根据"原理先行、实务跟进、案例同步、实训到位"和"从抽象到具体"的原则，循序渐进地展开教材内容。

（4）将兼顾特殊的、通用的与核心的"职业知识"、"职业能力"和"职业道德"规范与标准导入学生"职业胜任力"的实践操练，克服了传统实训架构中的"还原论"倾向和非标准化的主观随意性。

（5）教学、训练与考核环环相扣，并围绕"职业学力"三大基本内涵全面展开，超越了"知识本位"和"能力本位"的传统教材设计。

（6）突出贯穿全书的"问题思维"与"创新意识"，探索"创新型"高等职业教育的课程教材建设。

4. 教材组成与结构布局

高等院校会计专业各门课程的"新系"教材由以下三部分组成：

---

① 欧美等国的学者较早地关注了"人格本位"（S. Freud, 1895；E. Hemingway, 1932；V. Satir, 1964；J. Banmen, 1981—1988）。日本于 1986 年将"人格的形成"作为"教育目的"（见日本临时教育审议会：《审议经过概要〈之三〉》）。在我国，1995 年国家教委下发的《在大学生中加强人文素质教育的决定》和 1999 年《中共中央国务院关于深化教育改革全面推进素质教育的决定》，均着眼于人的全面发展，强调塑造健全人格的必要性。

1）主教材

主教材侧重课程的教学环节，其结构布局如下：

各章"学习目标"列示出"单元教学"与"单元训练"的目标体系，包括"理论目标"、"实务目标"、"案例目标"和"实训目标"这四个子目标。

各章正文部分的"单元教学"，为《训练手册》的"单元训练"提供了较为系统的知识铺垫和业务示范。其中：篇首"引例"提供了"学习情境"；"理论"、"实务"与"案例"等教学环节系统展开"专业陈述性知识"、"专业程序性知识"和"专业策略性知识"；"同步案例"、"职业道德与企业伦理"、"业务链接"等栏目，提供了"职业工作要素"的同步穿插，并带有示范与引导性质；"教学互动"提供了师生交互影响和交互活动课堂平台，旨在通过教学共振，进一步提高教学效果。

2）训练手册①

《训练手册》侧重课程的训练环节，其各章由"预习要览"、"客观题"、"主观题"、"实训资料"、"课业范例"、"参考答案与提示"和"附录"七部分内容构成，书后附有助学光盘。主要特色可用"题全量足、功能多样"来概括。

（1）关于"题全量足"

同传统教材相比，"多元整合型一体化"教材的"课后训练"范围更广、题型更全、数量更足。

所谓"范围更广"，是指"课后训练"涉及"职业学力"建构的全部基本内涵（即"职业知识"、"职业能力"和"职业道德"）；所谓"题型更全"，是指"课后训练"的基本题型与四大教学环节（即"理论"、"实务"、"案例"、"实训"）一一对应；所谓"数量更足"，是指"课后训练"的"客观题"通过《训练手册》提供了各题型的"自测题库"，"主观题"各题型的设计配套。

（2）关于"功能多样"

艾宾浩斯和乔治·米勒的实验（（德）H. Ebbinghaus，1885；（美）G. A. Miller，1960）表明：学习要勤于复习，重复是记忆之母，理解有助于记忆。特瑞赤拉的实验（（美）Treychler，1967）表明：人们一般能记住阅读内容的10%，听到内容的20%，看到内容的30%，听到和看到内容的50%，交流中自己所说内容的70%，交流和操作内容的90%。这些结论对于一切记忆的内容——教学训练中经历过的事物、思考过的问题、体验过的情感、操练过的动作等——都是适用的。

为了使学生通过课堂教学初步建构的"职业学力"之"瞬时记忆"转化为"长期记忆"，"课后训练"的"客观题"通过助学光盘"自测系统"的"随机组题"，对学生提出了"适度重复"的训练要求；"主观题"通过功能各异的题型对学生提出了简述、理解、交流、体验和实训操作等"多样性"训练要求。此外，贯穿于各章"实训操练题"

---

① 关于高等职业教育教材的"课后训练"，有两种较为普遍的成见：一种成见认为，"课后训练"越是简便易学，就越受师生欢迎；另一种成见认为，"课后训练"的题型应参照职业资格考试要求。受这两种成见的影响，传统教材的非应试性"课后训练"过于贫乏单调，应试性"课后训练"仅将职业资格考试作为标准。然而，"书到用时方恨少"。教学训练过于省力，将导致学生应对职场时过于费力。"职场需要"（特别是"十二五"起的高等职业的竞争性"职场需要"）比起"应试需要"，也是更有分量的着眼点。定位于"职场需要"的"课后训练"，即便其内容包含而又异于"应试需要"，难度与要求更高，也将受到有远见的广大师生们的欢迎。有必要指明："职场需要"的"学习迁移"以学生对相关学习内容的"长期记忆"为前提，而数量足够、重复适度的"课后训练"，是促使其"瞬时记忆"转化为"长期记忆"的必要条件；当学习内容涉及"职业学力"的诸多内涵时，其"课后训练"的类型也要比"应试需要"更加多样化。

的"职业核心能力"强化训练与"职业道德"相关训练，助推了学生"健全职业人格"的塑造。

3）网络教学资源包

内含PPT电子教学课件和《学生考核手册》：前者为使用本系列教材的任课教师的课堂教学演示提供了极大方便；后者为旨在全面验收学生学习和训练成果的考核提供了便利，可借以评估学生在各章"职业知识"、"职业能力"和"职业道德"的建构中达到的阶段性水平，并通过反馈进一步强化其阶段性建构。

结构决定功能。了解教材组成、结构与设计的所述布局，有助于发挥其相应的功能和作用，为内在地理解和使用教材创造条件。

五、结束语

1. 关注课程与教材建设模式转型，服务新时期高等职业教育人才培养

高等职业教育课程和教材建设的全部新探索，都是为新时期迫在眉睫的高等职业教育人才培养目标模式转型服务的。

改革开放三十多年来，我国高等职业教育人才培养目标模式经历了由计划经济时期"培养国家经济各部门需要的，具有通用型高等专业知识人才"，向"培养以制造业为主体的企业生产和经营管理需要的，具有高等专业知识与专业技能的应用型人才"的转型；高等职业教育课程和教学资源建设模式经历了由计划经济时期的"学科导向"向"工作导向"的转型。如今，我国高等职业教育人才培养目标、课程和教学资源建设模式正处于一种新的、更具全球化时代竞争意义的转型过程中。

在"后金融危机时期"，中国在应对世界范围重新抬头的贸易保护主义的同时，又面临"刘易斯转折点"（即人口红利逐渐消失），其经济转型要求比以往任何时候都更加迫切。与此相应，中国高等院校的人才培养目标需要从"培养能够与'世界工厂'既定工作岗位对接的高等应用型人才"，向"培养既能与'世界工厂'既定工作岗位对接，又能适应产业结构升级和工作岗位变换，并具有与'世界实验室'和'世界创新中心'工作岗位对接潜力的高等复合型人才"转型。

高等职业教育课程与教学资源建设的转型应当与其人才培养目标模式的转型同步。

2. 避免两种逆反倾向

在"转型"问题上，要避免两种逆反倾向，即回避"复杂性"和满足"既定模式"。

1）关于回避"复杂性"

说到"复杂性"，人们很容易与相反的选择，即奥卡姆称之为"经济性剃刀原则"的"简单性原则"相对比。"简单性原则"是一种"还原论"思想方法，它有一个众所周知的说教，就是"不要把简单的事情搞复杂了"。说教者往往因为"把本来复杂的事情搞简单了"而事后汗颜。如果相关情境下"简单性原则"确实管用，谁会舍易求难呢?! 有个例子很说明问题：2010年足球世界杯比赛期间，一位电视台名嘴在导视西班牙队的头几场比赛时，面对西班牙队高超的整体战术配合，即兴说出了一句符合"简单性原则"的名言，即"他们把本来简单的足球踢得复杂了"。这位名嘴所讲的"复杂"，是指西班牙球队的整体战术配合。后来的事实表明，本次世界杯西班牙队夺了冠，他们赢就赢在了这个"复杂性"上。因为有这个"复杂性"，他们才会有出色的整体控球能力，即便是德国队威力强大的冲锋，也因为抵挡不了这个"复杂性"而败北。这个例子值得对"简单性

原则"情有独钟的人们深思。

从"十二五"开始的本世纪第二个十年，中国要"着力提高人才培养水平"，实现《国家中长期教育改革和发展规划纲要（2010—2020年）》中提出的"由教育大国向教育强国、由人力资源大国向人力资源强国迈进"的战略目标，首先要面对的，便是人才培养的前所未有的"复杂性"。"坚持育人为本、德育为先"，"坚持文化知识学习和思想品德修养的统一、理论学习和社会实践的统一、全面发展和个性发展的统一"，"强化能力培养，创新人才培养模式"，"注重培育学生的主动精神和创造性思维"等等，都是对这种"复杂性"的具体要求。落实这些要求，是新时期中国教育（包括高等职业教育）教学改革与发展探索的重要任务。在国家需要面前，教育领域中那些迄今仍持"简单性原则"不放的人们难道不该做些让步吗？

2）关于满足"既定模式"

至于"既定模式"，如果指的是在"学科导向"和"工作导向"之间做"非此即彼"的选择，那就是一种片面性。倾心于此等"既定模式"的人通常只看到事情的积极方面，而忽视其消极方面。一位伟人说过："谁要是把抽象的思想生硬地应用于现实，就是破坏了现实。"在高等职业教育课程和教学资源建设上，现实事物是具有一定"复杂性"的整体。如果你在"理论的态度"中只看到其中某一侧面，发表了某些抽象看法，这也许无关紧要；可是当你在"实践的态度"中将片面的认识"生硬地"应用于现实，致力于改造现实事物的全面性和具体性的时候，问题就严重了，在这种情况下，你在建构现存的同时"生硬地"破坏了现实。

3）历史教训

世界高等职业教育的历史表明：人们先是在"理论的态度"中认识到"人类职业行动"的"知识结晶"，在"实践的态度"中"生硬地"实施了"知识本位"教育；随后又在"理论的态度"中认识到"人类职业行动"的"业务结晶"，在"实践的态度"中"生硬地"实施了"能力本位"教育。两者都是在建构职业教育现存的同时破坏了职业教育现实：建构的是片面性，破坏的是全面性。这两种片面认识与做法都是在不自觉的情况下出现的，尚属情有可原。如果意识到两种片面性之后仍然执意而为，去重蹈历史覆辙，就说不过去了。

在全球化遍及一切领域的今天，各国都面临愈演愈烈的产品竞争、技术竞争、管理竞争、商业模式竞争、教育竞争和人才竞争，产品创新、技术创新、管理创新、商业模式创新、教育创新和人才培养模式创新势在必行，为之服务的高等职业教育课程和教学资源建设的模式转型大势所趋。在这种情况下，有多少教育工作者还会心甘情愿地把"回避'复杂性'"和"满足'既定模式'"作为选项呢！

3. 本项目参与者们的尝试

"前事不忘，后事之师。"参与"多元整合型一体化系列"项目的众多省级以上精品课程团队所尝试的，是面对高等职业教育现实的"复杂性"知难而进：在"理论的态度"中致力于克服片面性认识，在"实践的态度"中尽可能避免破坏现实的"生硬"做法。

列入"高等院校会计专业精品课程教材新系"的作者们，出于"后精品课程时期"专业课程持续发展的内在需要，纷纷探索课程模式转型之路，将培养中国产业结构升级所需要的"'职业知识、职业能力和职业道德'兼备"，"'问题思维'和'革新创新'能力突出"的新型高等职业经济管理人才视为己任，其高度责任感和锐意进取精神令我们钦佩！

早在上个世纪末，东北财经大学出版社就在国内高校众多知名专业带头人的参与下，率先推出了涵盖财经类各专业的"21世纪新概念教材"。如果说在本世纪的头十年，"21世纪新概念教材"的"'换代型'系列"曾通过"用'反题'弥补'正题'之不足"，为培养适应"中国制造"之经济管理人才的高校课程建设服务，那么在本世纪的第二个十年，"21世纪新概念教材"的"'多元整合型'系列"将通过"用'合题'扬弃'正题'与'反题'"，为培养适应"中国创造"之"复合型高等经济管理人才"的高校课程建设服务。

就未来十年的战略取向而言，一套好的高等职业教育专业教材应当既体现国内外先进的专业技术水平和教育教学理念，又适应中国经济转型所需要的"创新型高等职业人才培养"，从而将《国家中长期教育改革和发展规划纲要（2010—2020年）》提出的相关要求落到实处。本系列教材的作者们是否在此方面开了个好头，应留给专家、学者和广大师生去评判。

在高等职业教育课程教材建设的道路上，向前探索的开端总是不尽完善的，期待专家、学者和使用本系列教材的师生不吝赐教，以便通过修订不断改进，使之与我国的产业需求和课程改革发展始终保持同步。

许景行
于东北财经大学烛光园

前 言

20世纪90年代以来，在全球经济一体化、信息化的背景下，审计领域不断拓宽，审计队伍日益壮大，审计理论和实践的进步日新月异，社会对复合型审计人才素质的要求也越来越高。这就要求操作性极强的审计学课程必须结合专业建设与发展的现实需要，不断探索课程内容和模式的创新，以提高学生分析问题、解决问题的能力，从而为实现其顺利就业及人生规划打下扎实基础。

从事高校审计学教学的大部分教师都深有体会：由于专业特征所限，审计教材涉及的概念、原则、策略、方法等枯燥的条条框框居多，大量晦涩难懂的理论阐述常常让人难以理解，给学生的自学和预习造成了障碍，从而严重影响了这门课程的教学效果。为了改变这一现状，满足审计教学的需要，我们在总结多年教学的经验和教训的基础上，编写了这本教材。

本教材从体系上注重简单够用，重实用性，重学生审计思路的培养和形成。在章节结构设计上，我们做了以下努力：在每一章节前安排了学习目标，提出课程目标和学习任务；以通俗易懂的引例导入理论学习，便于学生理解本章所讨论的问题在整个审计程序或架构中的地位，引起学生对即将阐述理论的兴趣，帮助学生明白他将要学习的理论知识用在何处以及为什么要学；为了便于学生预习和老师讲解，在各章中穿插安排同步思考、业务链接、职业道德探讨等与实践联系密切的问题与实例，特别是在重点和难点处插入同步案例。同步思考可以帮助学生解决不易理解的重点和难点，适当结合实务提出问题，让学生及时了解实务中的处理方式。同步案例则明显复杂于引例，尽量为学生创设实务中的情景与环境，提出问题并列明分析提示，帮助学生提高分析案例的能力，逐渐形成审计思路，学会解决问题的方法。同步思考和同步案例将大段的文字陈述分割开来，不仅便于学生预习，还便于教师授课时与学生共同探讨。教学互动环节则是将各章中关键知识点的内容作为师生共同探讨的问题，引导学生对相关知识进行由浅入深的理解和把握。业务链接能够从不同的角度扩充知识点，开阔了学生的视野。职业道德探讨则以真实案例的形式帮助学生学会分析注册会计师在审计过程中的行为，强化了其职业道德素质的培养。

我们拟建立的立体化教材体系包括：《审计——原理、实务、案例、实训》、《〈审计——原理、实务、案例、实训〉训练手册》、助学光盘和网络教学资源包（含电子课件、《〈审计——原理、实务、案例、实训〉实训考核手册》等）。我们希望通过这种立体化、多样性的教材体系，充分发挥教师的引导作用，调动学生的学习积极性和主动性，提高教师的教学水平和教学质量，全面提升学生的职业知识、职业能力和职业道德，并强化其就业竞争力。

为了便于学生理解和使用教材，突出实践性教学，我们对教学内容进行了结构上的调整，全书共分为13章：1~4章是审计基本理论知识；5~7章是审计的方法和程序；8~11章是审计实务；12~13章是审计完成和审计报告。

　　本教材由河南商业高等专科学校省级精品课程教学团队编写。黄良杰、肖瑞利任主编，常茂松、高丽、张清玉、李洋宇任副主编。具体分工如下：第 1 章由黄良杰编写；第 2 章、第 3 章由常茂松编写；第 8 章、第 9 章由高丽编写；第 5 章、第 10 章由肖瑞利编写；第 6 章、第 11 章、第 12 章由张清玉编写；第 4 章、第 7 章、第 13 章由李洋宇编写；"总序"由许景行撰写。全书最后由黄良杰、肖瑞利统稿，黄良杰在章节结构的设计和安排中做了大量工作。

　　本教材是以高等院校会计学专业、审计学专业、财务管理专业等财经类专业学生为对象编写的，经济与管理等专业也可选用本教材。此外，本教材也可作为在职人员学习审计知识的参考用书。

　　在编写过程中，我们参考了注册会计师考试大纲以及诸多审计学著作，本书的出版得到了东北财经大学出版社的大力支持，谨在此一并表示衷心的感谢！由于作者经验和水平有限，书中疏漏和不当之处在所难免，敬请读者批评指正。

编　者

2013 年 5 月

目录

第1章
审计认知

学习目标

通过本章学习，应该达到以下目标：

理论目标： 学习和把握审计的概念、对象和职能，理解审计的作用和类型，了解审计的产生和发展；能用所学知识指导"审计的产生与发展"的相关认知活动。

实务目标： 能够利用"业务链接"等程序性知识规范"审计的产生与发展"的相关认知活动。

案例目标： 运用审计的概念、对象和职能等理论与实务知识研究相关案例，培养和提高在特定业务情境中分析问题与决策设计的能力；能结合本章教学内容，根据"职业道德探讨"的行业规范或标准，分析注册会计师在审计过程中的行为，强化职业道德素质。

引例　理解审计

背景与情境：在日常生活中，很多人认为审计就是查账。事实仅是如此吗？请看如下事例：

事例一：当你在超市里购买商品时，围绕所购买的商品，营业员会不断地介绍相关的信息，其目的只有一个——让购买者认为商品的定价非常合理，购买行为物有所值。当然，大家可能对营业员喋喋不休的推介表示反感，对其所披露的信息表示怀疑。在难以决定是否购买时，如果有一个第三者介入，并表示营业员所披露的信息是真实的，你可能很快会作出购买决定。

事例二：庐山公司向长江银行提出贷款申请，长江银行要求该公司提供与贷款相关的信息，如公司历史沿革、行业及产品分析、商业模式介绍、财务状况、资金预算及公司前景等方面信息，以判断贷款的风险。庐山公司按要求提供了相关资料，但银行还需要第三方对该公司资料的鉴证文件，以判断这些资料的可靠性。

事例三：王一担任牟县县长已经五年，刚刚获得调令去另一地区任职。在其离任前，需要对其任职以来的经济责任进行判断，因此，有关部门委托审计部门对其任职期间相关经济责任进行了调查，并出具了相关的报告。

事例四：2013年2月，黄河公司根据股东大会要求，安排公司内部审计人员对公司2012年度预算及各项计划完成情况进行了审计，并对公司2012年度基建项目进行决算。

问题：

（1）什么是审计？

（2）审计的基本职能是什么？

（3）审计有何特征？

（4）如何理解审计？

引例所述事例简要地反映了当前审计的基本职能，回答其相关问题就是本章的主要内容。

1.1　引论

审计在经济活动中的重要地位是不言而喻的。对于商科学生来讲，审计是其核心课程之一。那么，为什么要学习审计呢？

审计是这样一个系统的过程：客观地获得和评估关于对经济活动和经济事件认定的证据，以查明这些认定与确立的标准之间相符合的程度，并把其结果传达给有利益关系的用户。如银行需要审计对贷款申请人提供的资料相关性和可靠性进行鉴证，政府部门需要对官员离任进行经济责任审计，企业需要对其内部的计划执行情况以及内部控制履行情况进行审计，公司的投资人需要第三方对公司披露的各项信息相关性和可靠性进行鉴证，以利于进一步决策。所以，审计又是一种具有独立性的经济监督活动，同时反映了经济活动的受托责任。随着现代经济社会的发展，审计已成为经济活动中密不可分的一部分，更是促进经济活动公平进行、良性发展的重要保障。基于此，我们应该学习审计。

1.2 审计的产生与发展

1.2.1 审计的产生

1）审计的起源

审计作为一种社会现象，是由人所参与的一种社会活动。一般认为，审计是因经济监督的需要而产生的，审计产生的根本原因在于社会生产力的发展。而促进审计产生和发展的直接原因或客观基础是由生产力的发展所导致的财产所有权与经营管理权的分离。两权分离使得经济活动出现了委托方与受托方，委托方需要对受托方行为及其后果进行监督与评价，对其受托责任进行鉴证，因此产生了审计。所以，审计因受托责任的发生而发生，又因受托责任的发展而发展。

由生产力发展所引起的社会分工使审计的产生成为可能。在人类社会发展的早期，由于社会生产力水平较低，经济体制为公有制，几乎没有剩余财产，每个社会成员都必须参与生产，人们没有可能从事其他任何活动。但随着人们对自然界认识的提高，社会生产力得到了发展，社会劳动效率相应提高，使社会财产开始有了剩余，从而促使一部分人脱离生产劳动而从事其他社会活动，如早期人类三次大的社会分工，使一部分人逐步脱离农业而分别从事畜牧业、手工业生产。直至商业出现，到后来又逐渐出现脑力劳动和体力劳动分工，出现了手工作坊与交易市场。有了作坊与市场，就有生产集中，使得财产所有权与经营权分离成为可能，由此产生了受托责任。有管理就需要监督，就需要明确经济责任，这是审计的产生的前提。

私有制的出现为审计的产生奠定了客观基础。私有制的出现使少数人可以通过占有生产资料所有权而获取剥削别人的劳动成果的可能，从而加深了社会矛盾，使人们之间产生了根本利益冲突，促使社会的贫富差别日益扩大，最终导致了社会两极分化和阶级的产生，从而产生了国家。国家的最高统治者拥有天下一切，但由于国家过于庞大，最高统治者不可能亲自管理一切，从而产生了分权管理，分封一些官吏代为管理各方面事务，因此出现了不同政权层次之间受托代理关系，进而出现了财产所有权与经营权分离。统治者为了巩固其政权，维护其财产权益，就必须定期对那些受托代理的官吏进行监督检查，这就为官厅审计（国家审计或政府审计）产生提供了客观基础。

在民间，随着社会生产力的发展，私有经济发展也出现了较大的进步。随着个人财富的不断聚集、增多，私有经济规模越来越大。特别是发展到资本主义社会后，资本家追求超额垄断利润目的日益凸显，生产社会化与生产资料私人占有之间的矛盾日益恶化，经济竞争日益激烈，经济个体规模与资金紧张不足的矛盾也日益突出，因而在西方国家出现了股份制。由于财产所有者的管理能力有限，因而又出现了专门从事管理的经理人，在财产所有者与经营者之间就出现了委托与受托的关系，两者之间的经济责任关系由此产生。财产所有者将其财产委托给经营者经营、保管、支配、使用，受托的经营者对所受托管理的财产负有保值增值的责任，并根据协议定期向财产所有者报告履行经济责任的情况，从而对管理和会计信息提出了较高的要求，财产所有者有权对经营者履行经济责任情况进行检查监督，经营者为了明确其所承担的经济责任，在客观上也需要有人对其经营活动作出评价。这种受托经济责任关系是不断演进的，也是民间审计（社会审计）产生的客观基础。

随着社会的发展，经济个体（企事业单位）的规模越来越大，经济活动内容日益丰富、复杂，经济单位管理层分工也日益明确，处于高层的管理者不再从事具体管理事务，主要从事经济单位发展战略管理，而日常事务性管理则委托给处于中低层次管理者。这样一来，在经营者内部，或者说在企业管理内部就出现了受托代理经济关系，作为企业高层管理者也需要对中低层管理者日常经济活动进行监督检查，加强对经济活动控制，确保经济单位经营目标的实现；同样，中低层管理者亦需要明确自身经济责任，也需要接受内部监督检查，这就为内部审计的产生提供了客观基础。

同步思考1-1

如何理解审计产生的前提？

理解要点：首先，审计产生的前提是财产的所有权与经营权分离。其次，由于两权的分离，财产的所有者需要将财产委托给经营者进行经营，由此产生了受托责任、管理和监督。最后，作为经营者，需要定期将财产经营情况向财产所有者报告，以接受财产所有者监督，明确受托责任。因此，需要第三方对经营者提供信息进行鉴证和评价，由此产生了审计。

业务链接1-1

审计动因的经济学分析

审计动因是指审计产生、存在与发展的动力和原因。主要的审计动因理论包括信息理论、代理理论、受托责任理论、保险理论和冲突理论等。

信息理论认为，之所以需要审计，是由于审计的结果可以使信息更加可靠，减少管理当局和投资者之间潜在的信息不对称，使市场更具效率。审计的本质在于增进财务信息的价值，即提高财务信息对信息使用者决策的帮助程度。

代理理论认为，企业中的股东与债权人和管理当局之间符合代理关系，为了减少这种代理关系下的代理成本，委托代理双方签订一系列契约，契约条款的实施需要外部独立第三方的监督，所以就产生了对独立审计的需要。审计的本质在于促进股东利益和企业管理人员的利益达到最大化。

受托责任理论认为，审计因受托责任的产生而产生，并伴随着受托责任的发展而发展。当受托责任关系确立后，客观上就存在授权委托人对受托人实行监督的需要。审计的本质是一项独立的经济监督活动。

保险理论认为，审计是降低风险的活动，即审计是一个把财务报表使用者的信息风险降低到社会可接受的风险水平之下的过程，甚至认为审计是分担风险的一项服务。审计的本质在于分担风险。

冲突理论认为，审计存在的根本原因就是"人跟人之间存在利害冲突"，就是因为财务报表的提供者和使用者之间、使用者和使用者之间的利益并不一致，他们之间存在实际或潜在的利害冲突，正是因为存在利害冲突才导致财务报表存在不实报道的可能性，而审计是协调冲突的活动。审计的本质在于通过独立的合理保证业务来维护各个利益集团的利益。

2）审计关系和审计关系人

审计关系就是参与审计活动的各方之间所形成的关系。审计关系人就是参与审计活动的各有关方面。任何一项审计活动都必须有三方面的关系人参与，即审计委托人（财产所有者）、审计人和被审计人（受托经营管理者）。这三方的关系人缺一不可。审计关系人之间审计关系的形成是审计活动产生的必要条件（如图1-1所示）。

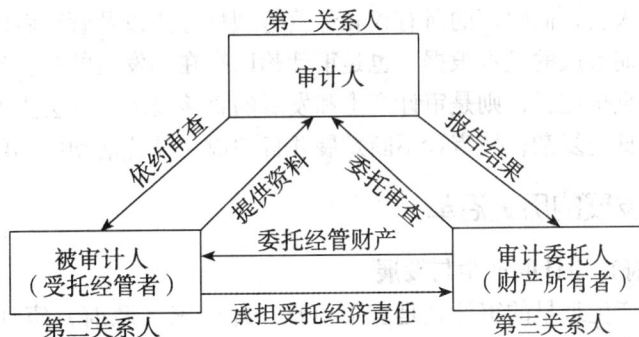

图1-1 审计关系人示意图

受托经济责任关系决定了审计的必要性。社会经济发展到现在，处处体现出受托经济责任，具体可以概括为受托经济责任与受托社会责任。所谓受托经济责任，是指受托经营者对财产所有者承担的保证受托管理的财产保值增值，并及时报告经营管理情况的责任。所谓受托社会责任，是指经济单位的经营管理者对整个社会所承担的社会责任，如合法经营、合理竞争、社会公平、保护环境等方面的责任。在受托经济责任条件下，财产所有者与经营管理者的根本利益是一致的，但也存在一定的矛盾，为了维护各自的权益，都要求对经济单位的各项活动进行客观公正的监督与检查。在受托社会责任条件下，经济单位在进行各项经济活动时，不但要追求经济单位自身利益，而且还必须兼顾社会整体利益，促进社会资源合理配置，经济单位的社会责任履行如何，需要由专门人员与机构进行检查与监督。因此，加强经济管理和控制，加强社会监督，既是审计产生的必要，也是审计发展的动力。

财产所有者和受托经营者的地位和要求以及经济单位外部利益关系人的存在决定了审计的可能性。由于受托经济责任关系的存在，受托经营者既是经济单位经营管理者，又是经济单位会计信息提供者，对其所提供的会计信息是否真实、公允，在客观上需要进行监督检查。财产所有者及经济单位外部利益关系人是会计信息使用人，在主观上要求经营管理者提供决策有用的会计信息，所以，在其收到经营管理者提供的会计信息时，往往会对其进行监督审核，这种审核可以是财产所有者及外部利益关系人自己委托内部人进行，也可委托给外部独立机构和人士，甚至可以委托给政府有关职能机构进行。这就为审计的产生提供了可能。

各审计关系人的利益决定了审计的现实性。为了维护自身利益，财产所有者需要聘请审计人员对会计信息进行审核监督；审计人员为了维护自身职业地位和职业利益，就会接受审计业务委托。受托经营者之所以接受审计是因为：一是法律要求。目前，大多数国家的法律均要求经济单位的会计信息在报出之前必须接受审计。二是履行受托经济责任要求。在受托经济责任关系中，要求经营管理者对经济单位的资产保值增值负责，为完成这一责任，经营管理者需要从事一系列经营活动，在这些过程中，往往离不开审计。三是解除受托经济责任需要。受托经营者在一定经营时期结束后，必须定期向财产所有者报告经营情况，明确经营责任，并需要得到财产所有者的客观评价，也需要独立的审计来对这一经济责任进行鉴证。在审计关系人各方就审计事项达成一致时，审计活动就成为现实。

综上所述，社会生产力和社会分工的发展，使一部分人有可能成为从事专门经济管理和经济监督工作的人士，而财产的所有权和经营管理权分离以及管理者内部分权制，是受托经济责任关系早期形成的基本根据，也是审计赖以存在和发展的社会条件。财产所有者对经营管理者无法直接监督，则是审计产生和发展的直接动因。社会生产力的不断发展和社会经济责任关系日益复杂，使审计不断发展并日益成为经济活动中不可分割的一部分。

1.2.2 审计发展的历史沿革

1) 国家（政府）审计的产生与发展

在审计史上，产生最早的审计就是官厅审计，即国家（政府）审计。我国是世界上最早实行国家审计制度的国家之一，早在西周时期（公元前 11 世纪至公元前 771 年），国家财政机构分为两个体系：一是地宫大司徒体系，掌管财政收入；二是天宫冢宰体系，掌管财政支出。天宫所属中大夫司会，为主宫之长，主天下之大计，分掌王朝财政经济收支的全面核算，又总司审计监督大权，进行财政收支的审核和监督。凡周王所用的开支，都要接受司会检查。司会每旬、每月、每年都要对下级报送上来的报告加以考核，以判断每一个地方官吏每月和每年所制的报告是否真实、可靠，再由周王据此决定赏罚。我国政府审计的起源，源于西周的宰夫。年终、月终的财计报告先由宰夫命令督促各部门官吏整理上报，宰夫就地稽核，发现违法乱纪者，可越级向天宫冢宰或周王报告，加以处罚。由此可见，宰夫是独立于财计部门之外的职官，标志着我国政府审计的产生。

秦朝时期设"御史大夫"一职，其主要职责是主管监察全国民政和财政，其中就包括审计，并实施了"上计制度"。所谓"上计"，就是皇帝亲自参加听取和审核各级地方官吏的财政会计报告，以决定赏罚的制度。汉承秦制，并把上计制度用法律条文规定下来，称为"上计律"。御史制度是秦汉时期审计建制的重要组成部分，秦汉时期的御史大夫不仅行使政治、军事的监察之权，还行使经济监督之权，控制和监督财政收支活动。应该指出的是，秦汉时期审计制度虽已确立，但仍属初步发展时期。隋唐时期设比部，隶属刑部，拥有司法监督之权，主要负责审计事宜，这是我国最早的审计机构。据记载，唐朝的内外（指皇室和国家）一切收支都由比部审计，即使是军费开支、工程建设也要经过比部审计；并要求审计人员"明于勘复、稽失无隐"，即对有关问题要审查核实清楚，客观公正地审查各种错弊，不隐瞒真实情况。总之，秦汉隋唐时代对审计比较重视，审计的地位也比较高，审计工作具有较高的独立性和权威性。

至宋代，财政监督机构的变化较大。宋太祖时设立度支、户部和盐铁三司，既管财物经营，又管财物监督，实行的是财审合一的体制。宋太宗淳化三年（公元 992 年）正式设立审计司（院），但不久就撤销了，这是"审计"一词在我国历史上最早的出现，从此，"审计"一词便成为财政监督的专用名词。宋神宗元丰改制时（公元 1080 年）又设审计司。由于宋代的审计建制几经反复，经济监督软弱，审计的监督作用并没有充分发挥出来。但是，宋代审计机构的设置及其称谓对后世确有深远的影响。

元、明、清各代，君主专制日益强化，审计虽有发展，但总体上是停滞不前的。元代取消比部，户部兼管会计报告的审核，独立的审计机构也随之取消。明初设比部，不久即取消，洪武十五年设置都察院，以左右都御史为长官，审查中央财政。清承明制，设置都察院，职掌为"对君主进行规谏，对政务进行评价，对大小官吏进行纠弹"，成为最高的监察、监督、弹劾和建议机关。虽然明清时期的都察院制度有所加强，但其行使审计职能，却具有一揽子性质。由于取消了比部这样的独立审计组织，其财政监督和政府审计职能严重软化，与唐代行使司法审计监督职能的比部相比，后退了一大步。

1912 年中华民国成立，并在国务院下设审计处。1914 年北洋政府改为审计院，同年颁布了《审计法》。南京国民党政府于 1920 年也设立了审计院，并要求在全国各省设立审计处，且可根据需要在各地或部门设审计办事处，分别对中央和地方各级行政机关及其事业单位的财政和财务收支实行审计监督，并于 1928 年颁布了《审计法》和实施细则，此年还颁布了《审计组织法》，审计人员有审计、协审、稽察等职称。但由于政治的腐败，审计监督没有起到应有的作用。第二次国内革命战争时期，在当时解放区的中华苏维埃政府就设置了审计委员会，开展了一定的审计工作。

中华人民共和国成立之后相当长的一段时期内，国家并没有设置独立的审计机构，而是通过不定期的会计检查对企业的财税等情况进行监督。直到 1982 年修改了宪法，才规定实行国家审计监督制度。1983 年 9 月，成立了国家审计署，县以上各级人民政府也先后成立了各级审计机关。1985 年 8 月发布了《国务院关于审计工作的暂行规定》，1988 年 11 月颁布了《中华人民共和国审计条例》，1994 年 10 月颁布了《中华人民共和国审计法》，从法律上进一步确立了国家审计的地位，为有效地发挥国家审计的监督作用提供了有力保障。

西方政府（官厅）审计最早起源于几个首先进入私有制社会的文明古国。古罗马在公元前443 年曾设立财物官和审计官，协助元老院处理日常财政事务，并由此开创了西方官厅审计先河。在古埃及的奴隶主王宫里就设有监督官，对受托负责经管财物的官吏的账目进行检查。古希腊雅典城邦曾出现对即将卸任的官员所经管的财物账目由公民选出的代表审查后方可离任的制度。

2）民间审计的产生和发展

民间审计起源于意大利合伙企业制度，形成于英国股份制企业制度，发展和完善于美国发达的资本市场，是伴随着商品经济的发展而产生和发展起来的。

在 16 世纪左右，地中海沿岸的商业城市已经比较繁荣，而威尼斯是地中海沿岸国家航海贸易中最为发达的地区，是东西方贸易枢纽，其商业贸易经营规模不断扩大。由于单个的业主难以向企业投入巨额资金，为适应筹集所需大量资金的需要，合伙制企业便应运而生。合伙经营方式促使了企业所有权与经营权的分离，两权分离不仅提出了会计主体概念，促进了复式簿记在意大利的产生和发展，同时在客观上也产生了一个与任何一方均无利害关系的第三者能对合伙企业进行监督、检查的需求，人们开始聘用会计专家来担任查账和公证的工作，这些人逐渐将查账和公证当成了职业，可以说这就是民间审计的起源，也就是注册会计师审计的起源。随着从事民间审计的专业人员的增多，1581 年威尼斯会计协会诞生，其后，米兰等城市的职业会计师也成立了类似的组织。

虽然民间审计起源于意大利，但其在后来的民间审计形成和发展中所发挥的作用并不大，民间审计的职业形成和传播主要是在英国。18 世纪下半叶，英国的资本主义经济得到了迅速发展，企业的所有权与经营权进一步分离，企业主希望由外部的会计师来检查他们所雇用的管理人员是否存在贪污、盗窃和其他舞弊行为，于是英国出现了第一批以查账为职业的独立会计师。他们接受企业主委托，对企业会计账目逐笔检查，目的是查错防弊，检查结果也只向企业主报告。因为是否聘请独立会计师进行查账由企业主自行决定，所以这一时期的独立审计尚为任意审计。

随着股份有限公司的兴起和发展，企业的所有权和经营权进一步分离，绝大多数股东已完全脱离经营管理，出于自身利益的考虑，他们非常关心公司的经营成果。另外，随着证券市场的建立和金融资本对产业资本的进一步渗透，证券潜在投资人和企业债权人同样特别关心公司的财务状况及经营成果，以判断其自身的风险，而公司的经营成果主要通过财务报表来反映，因此在客观上产生了由独立会计师对公司财务报表进行审计，以保证会计报表真实可靠的需求。1721 年，英国的"南海公司事件"成为民间审计（注册会计师审计）的"催产剂"。当时的南海公司以虚假的会计信息欺骗投资人，最终公司破产，使广大投资人损失惨重。英国议会聘请会计师查尔斯·斯耐尔对南海公司进行审计。斯耐尔以"会计师"名义出具了"查账报告书"，从而宣告了独立会计师——注册会计师的诞生。

教学互动1-1

为了让学生对民间审计的产生有更深刻的认识，将学生分成若干个小组，分组讨论英国南海公司破产案。

初步问题：

（1）南海公司为什么会破产？

（2）英国议会对南海公司作出了怎样的处理？依据是什么？

（3）南海公司破产案导致了英国股票市场的什么现象？

进一步问题：

（1）英国政府颁布的《泡沫公司取缔法》的目的是什么？

（2）英国南海公司破产审计对现代民间审计有何影响？

（3）近代民间审计产生的客观基础是什么？

要求： 鼓励学生踊跃发言、积极讨论。可以让其中两组同学来回答问题，另外两组同学分析其合理性。

为了保护投资者和债权人的利益，防止公司的经营管理者徇私舞弊，避免"南海公司事件"重演，英国政府于 1844 年颁布了《公司法》，规定股份公司必须设监察人，负责审查公司的账目。1845 年，英国政府又对《公司法》进行了修订，规定股份公司的账目必须经董事以外的人员审计。于是，独立会计师业务得到迅速发展，从事该行业的人员也越来越多，为了规范该行业，英国政府采取了资格确认准入制度。1853 年，苏格兰爱丁堡创立了第一个注册会计师的专业团体——爱丁堡会计师协会。该协会的成立标志着注册会计师职业的诞生。1862 年，英国《公司法》确定注册会计师为法定的破产清算人，奠定了注册会计师审计的法律地位。1844 年到 20 世纪初是注册会计师审计的形成时期。在这一时期，英国注册会计师审计得到了迅速发展，并对当时欧洲、美国及日本等地区或国家产生了重要影响。这一时期英国注册会计师审计的主要特点是：注册会计师审计的法律地位得到了确认；审计的目的是查错防弊，保护企业资产的安全和完整；审计的方法是对会计账目进行详细审计；审计报告使用人主要是企业股东等。

进入20世纪，全球经济发展重心逐步由欧洲转向美国，因此，美国的注册会计师审计得到了迅速发展，它对注册会计师职业在全球的迅速发展发挥了重要作用。1887年，美国公共会计师协会（American Association of Public Accountants，AAPA）成立，1916年该协会改组为美国注册会计师协会，后来成为世界上最大的注册会计师职业团体。注册会计师审计逐步渗透到社会经济领域的不同层面。更为重要的是，在20世纪初期，由于金融资本对产业资本更为广泛的渗透，企业同银行利益关系更为密切，银行逐渐把企业资产负债表作为判断企业信用的主要依据，因而在美国产生了帮助贷款人及其他债权人了解企业信用的资产负债表审计，即美国式注册会计师审计。审计方法也逐步从单纯的详细审计过渡到初期的抽样审计。在这一时期，美国注册会计师审计的主要特点是：审计对象由会计账目扩大到资产负债表；审计的主要目的是通过对资产负债表数据的检查，判断企业信用状况；审计方法从详细审计初步转向抽样审计；审计报告使用人由企业投资人扩大到企业债权人。

1929—1933年经济危机过后，西方国家的经济受到了重创，企业的投资人和债权人蒙受了巨大的经济损失。这在客观上促使企业利益相关者从只关心企业财务状况转变到更加关心企业盈利水平，产生了对企业利润表进行审计的客观要求。美国1933年的《证券法》规定，在证券交易所上市企业的财务报表必须接受注册会计师审计，向社会公众公布注册会计师出具的审计报告。因而，审计报告使用人扩大到广大社会公众。这一时期注册会计师审计的特点是：审计对象由资产负债表转变为整个财务报表及其相关资料；审计的主要目的是对财务报表发表审计意见，以确定财务报表的可信度，达到查错防弊的目的；审计的范围已扩大到测试相关的内部控制，并以控制测试为基础进行抽样审计；审计报告使用人扩大到企业外部所有利益关系人；审计准则开始拟订，审计工作向标准化、规范化过渡；注册会计师资格考试制度开始推行，注册会计师专业素质普遍提高；随着经济发展水平和科学技术的进步，审计技术也在不断发展，抽样审计方法得到普遍运用，风险导向审计方法得到推广，计算机辅助审计技术得到广泛采用。

我国自辛亥革命后才开始有民间审计，1918年北洋政府农商部颁布了《会计师暂行章程》，准许私人进行执业审计，并于同年批准著名会计学家谢霖先生为我国第一位注册会计师，谢霖先生创办的我国第一家会计师事务所——正则会计师事务所也获准成立。随后，又逐步批准了一批注册会计师，建立了一批会计师事务所。到了1947年，全国已拥有注册会计师2 619人，这一时期的民间审计业务主要是为企业设计会计制度、代理纳税申报以及清查账目等。新中国成立后，在20世纪50年代初期保留了民间审计制度，后来随着私营工商业的改造和计划经济制度的建立，民间审计逐渐消失。

党的十一届三中全会以后，伴随着改革开放步伐的加快，商品经济逐步恢复，又逐步恢复了民间审计制度。1980年12月，财政部发布了《关于成立会计顾问处的暂行规定》，并在各地成立了一批会计师事务所；1986年7月，国务院颁布了《注册会计师条例》；1988年底，成立了中国注册会计师协会（CICPA）；1991年，注册会计师资格全国统一考试制度正式推出；1993年10月，我国颁布了《中华人民共和国注册会计师法》；2006年

2 月，我国颁布了《中国注册会计师职业准则》。这些都为我国民间审计工作的开展提供了有力保障。

3）内部审计的产生和发展

早在中世纪时，内部审计就已经萌芽，当时的内部审计主要形式为寺院审计、庄园审计、行会审计、城市审计等。至 20 世纪初，随着企业规模不断扩大和竞争的加剧，企业管理人员的经济责任不断加重，在企业内部管理上需要加强内部监控，以明确经济责任，确保企业经营目标实现，这就促成了近代内部审计的产生。在英国 1844 年的《公司法》中，明确要求企业设立监事一职，进行内部审计，从而初步确立了近代内部审计制度。第二次世界大战以后，跨国公司迅猛发展，对企业内部控制要求越来越高，企业的绩效考核被提到企业内部管理的日程，这些都对现代内部审计提出了新的要求，并促进了现代内部审计的发展。

业务链接1-2

21 世纪的审计发展趋势

（1）审计目标：降低信息风险。审计面临日益复杂的环境，信息使用者面临着比以往任何时候都多得多的信息，也面临着更多的信息不确定性。他们需要审计师对更多信息的可靠性作出鉴证，以降低信息风险。

（2）审计领域：不断拓展。针对客观环境的需要，同时也是出于审计生存发展的需要，审计实务界需要不断地开辟新的审计领域。诸如，非财务报表信息的审计、管理舞弊审计、网络安全鉴证等等。

（3）审计手段：网络审计。网络审计是以计算机网络为基础的审计，其含义包括：对网络信息系统和网络通讯系统的正确性、安全性、可靠性进行审计；利用计算机与网络开展审计。前者是审计领域的问题，后者是审计手段的问题。

（4）审计模式：风险导向战略系统审计。面对知识经济、经济全球化、信息技术等新的环境，企业组织形式更加复杂，企业经营模式更加复杂，这些都增加了审计的风险。因此，审计实务界和理论界提出了一种新的审计模式——风险导向战略系统审计。

1.3　审计的概念、对象和职能

1.3.1　审计的概念

随着社会经济的发展，审计也逐步形成了一套比较完备的学科体系。人们对审计的概念认识也越来越深刻，尽管不同学术团体和学者对审计的概念表述有所不同。这里简单列举以下几个观点：

中国审计学会 1989 年定义："审计是由专职机构和人员，依法对被审计单位的财政、财务收支及其有关经济活动的真实性、合法性和效益性进行审查，评价经济责任，用以维护财经法纪、改善经营管理、提高经济效益、促进宏观调控的独立性经济监督活动。"随后又在 1995 年修订为："审计是独立检查会计账目，监督财政、财务收支真实、合法、效益的行为。"

美国会计学会（AAA）在 1972 年给审计下了一个广义的定义："审计是一个客观地

获取并评价与各种经济活动及事项的声明有关的系统过程，以便查明这些声明与既定标准之间的符合程度，并将其结果传达给各有关利害关系人。"

美国注册会计师协会（AICPA）在《审计准则公告第一号》中，给审计下了一个较为狭义的定义："独立人员对财务报表加以检查，搜集必要证据。其目的是对这些报表是否按照公认会计原则公允地反映财务状况、经营成果和财务状况变化情况表示意见。"

上述各项定义所包括的共同含义是：独立性是审计监督的本质特征；审核检查反映经济活动的信息是审计工作的核心；审计对象必须明确；审计工作过程是收集和整理证据，以确定实际情况；审计工作必须有对照的标准和依据，才能从中得出审计结论；审计结果向各有关利害关系人报告。综上所述，审计是一项独立的经济监督活动。它是独立的机构或人员在接受委托或授权的前提下，对委托或授权监督对象的事项及资料进行鉴证、评价，并对其公允性、合规性或经济责任等发表意见的活动。

1.3.2 审计的对象

审计的对象是审计什么或者对什么进行审计，而不是审计谁的问题。正确认识审计的对象，有利于对审计概念的正确理解、审计方法的正确运用和审计职能进一步发挥。

教学互动1-2

为了让学生对审计的对象有较为深刻的认识，将学生分成若干个小组，分组讨论目前针对审计的对象的三种观点——会计信息论、经济活动论和经济责任论。

会计信息论认为，审计的对象是会计，是被审计单位的资金活动。换句话说，审计就是查账。

经济活动论认为，审计的对象是被审计单位的经济活动的合法性、真实性和公允性。

经济责任论认为，审计的对象是被审计单位的会计责任，或受托经济责任。

初步问题：

（1）这三种观点对吗？

（2）会计信息论、经济活动论和经济责任论各有什么缺陷？

（3）你认为哪种说法更有道理？

进一步问题：

（1）从以上的讨论中，你认为审计的对象应该是什么？

（2）审计的对象受哪些因素的影响？

要求： 同【教学互动1-1】的"要求"。

审计对象是指审计监督的客体，即审计监督的内容和范围的概括。也可以说，审计的对象是指被审计单位有关经济活动及其信息载体。审计的对象是随着审计职能发展而不断扩展的，现代审计的对象可以概括为：

（1）审计单位的财政、财务收支及有关的经营管理活动。

在审计过程中，需要根据审计的目的对被审计单位经济活动的有关方面进行适当的审计，对经济活动的合法性、有效性和有关经济信息的真实性、可靠性等作出评判。不同的审计主体，审计对象有所不同。国家审计主要是对国有企业、国家政府部门、国家金融机构等的财政、财务收支情况进行监督，并对国家建设项目预算的执行情况和决算进行审计监督；内部审计的对象主要是本部门、本单位的财务收支及有关的经营活动；民间审计的对象一般是指法律所规定的各项审计业务和有关的会计咨询、会计服务业务，如对企业会计报表进行鉴证、验证企业资本等。

（2）作为提供财务收支及其有关经营管理活动信息载体的会计资料和其他有关资料。

具体来看，审计对象主要包括记载和反映被审计单位财政、财务收支和有关经济活动情况的会计资料或其他资料，包括会计凭证、会计账簿、会计报表、有关的计划、预算、合同、会议记录等，此外还有计算机的磁盘等会计信息载体。

审计的对象是指被审计单位的财务收支及有关的经营管理活动以及作为提供这些经济活动信息载体的会计报表和其他有关资料。而会计报表和其他有关资料是审计对象的现象，其所反映的被审计单位的财务收支及有关的经营管理活动才是审计对象的本质。

1.3.3　审计的职能

审计的职能是指审计本身所固有的内在功能，是审计完成任务所需要具备的能力。审计的发展在一定程度上表现为审计职能的发展。审计的职能是随着社会经济发展而逐步提高的。社会经济的发展对审计要求越来越高，使得审计的范围不断扩大，要求审计以独立身份更多地参与社会经济事项，使得审计职能得到较高的发展。

从发展的角度来看，审计职能的发展大致经历了三个阶段。一是防护时期。这一时期主要是指18世纪初期之前的审计，其形式主要表现为官厅审计，主要审查政府的财政收支的真实性、正确性与合法性，进行事后监督。二是公证时期。18世纪初期到20世纪40年代，因委托经营的出现，审计范围由政府审计扩大到企业财务审计，审计在对财政、财务收支进行监督的基础上，发展到对企业财务状况、经营成果等事项进行公证。三是建设时期。时间上表现为20世纪40年代以后，政府和企业为了提高经济活动的效益、效率及效果，对经济活动的合理性、合法性及经济性要求提高，审计的范围也随之进一步扩展，出现了经营审计、管理审计、绩效审计以及管理咨询等新领域，审计发挥了建设性职能。

到目前为止，理论界和实务界通常都认为审计具有经济监督、经济评价和经济鉴证三个方面的职能。

1）经济监督

经济监督是指监察和督促被审计单位的全部经济活动或其某一特定方面限定在规定的范围以内，在正常的轨道上进行。经济监督职能是审计最基本的职能。审计的本质特征就在于它是一种具有独立性的经济监督活动。通过审计监督，一方面可以查清财政、财务收支等经济活动的真实情况，查处违法乱纪事项，促进经济效益提高；另一方面可以促进正确处理有关方面的经济利益关系，监督经济责任履行。要使审计发挥监督职能，必须具备两个条件：一是监督必须由权力机关实施；二是要有严格的客观标准和明确的是非界限。

2）经济评价

经济评价就是通过审核检查，评定被审计单位的计划、预算、决策、方案是否先进可行，经济活动是否按照既定的决策和目标进行，经济责任是否履行，经济效益的高低优劣，以及内部控制制度是否健全有效等，从而有针对性地提出意见和建议，以促使其改善经营管理，提高经济效益。经济评价只能是审计基本职能的延伸和发展。一方面，对被审计单位经济活动的评价要建立在有关数据资料审查核实的基础上，只有数据资料真实可靠，评价结果才有意义；另一方面，经济评价还必须参照规定的标准，这些标准必须是公认的、能够作为判断经济效益高低的依据，能够作为判断经济责任履行是否适当的依据。要发挥经济评价职能，应当具备两个条件：一是不断提高审计人员素质和构成；二是力求评价方法先进可行。

3) 经济鉴证

经济鉴证是指通过对被审计单位的会计报表及有关经济资料所反映的财务收支和有关经济活动的公允性、合法性的审核检查，确定其可信赖程度，并作出书面证明，以取得审计委托人或其他有关方面的信任。经济鉴证职能也是审计基本职能的延伸。履行该职能的基本步骤是：首先，审查和核实被审计事项的有关资料的有效性、合法性，并搜集审计证据；其次，对照有关标准，对财务信息的真实性和公允性进行评判；最后，根据审计结果发表审计鉴证意见。经济鉴证职能的发挥应当具备两个条件：一是审计组织的权威性；二是审计组织要有良好的信誉。权威和信誉是互为前提、相辅相成的。

1.3.4　审计的作用

审计的作用是指履行审计职能、实现审计目标过程中所产生的社会效果。通过执行审计的职能，完成审计的目标，审计的作用就显现出来。总结古今中外的审计实践，审计具有制约作用、促进作用和证明作用。

1) 制约作用

审计的制约作用主要表现为：通过对被审计单位的财务收支及其有关经营管理活动审核检查，对被审计单位的财务收支及经营管理活动进行监督和鉴证，揭示其差错和弊端，保护财产安全、堵塞漏洞，防止损失。在审查取证、揭示各种违法行为的基础上，通过对过失人或犯罪者的查处，提交司法、监察部门进行处理，有助于纠正或防止违法行为，维护财经法纪。

2) 促进作用

审计通过审查取证、评价揭示经营管理中的问题和管理制度上的薄弱环节，提出改进建议，促进其改善经营管理。同时，通过对被审计单位财务收支及其有关经营管理活动效益性的审查，评价受托经济责任，总结经验，指出影响经济效益不足之处，并提出改进建议，改进生产和经营管理工作，促进其提高经济效益。

3) 证明作用

审计的证明作用是在完成经济鉴证职能所赋予的任务后发挥出来的。审计通过审核检查，对于被审计单位经济活动的真相有所了解，然后以审计报告的形式将审查结果反映出来。审计报告能起到证明被审计单位某些经济情况、经济行为、经济事实真相的作用。同时，审计报告也证明了审计工作自身的质量，并证明了审计责任履行情况。

1.4　审计的特征

审计的特征表现为独立性、权威性、公正性三个方面。

1.4.1　独立性

独立性是审计的本质特征，也是保证审计工作顺利进行的必要条件。国内外审计实践经验表明，要做到审计独立，必须做到组织独立、工作独立、经济独立。为确保审计机构独立地行使审计监督权，审计机构必须是独立的专职机构，应单独设置，与被审计单位没有组织上的隶属关系。为确保审计人员能够实事求是地检查，客观公正地评价与报告，审计人员与被审计单位应当不存在任何经济利益关系，不参与被审计单位的经营管理活动；如果审计人员与被审计单位或者审计事项有利害关系，应当回避。审计人员依法行使审计职权应当受到国家法律保护。审计机构和审计人员应依法独立行使审计监督权，必须按照规定的审计目标、审计内容、审计程序，并严格地遵循审计准则、审计标准的要求进行证明资料的收集，作出审计判断、表达审计意见、提交审计报告。审计机构和审计人员应保持执业过程中精神上的独立性，不受其他行政机关、社会团体或个人的干涉。审计机构应有自己专门的经费来源或一定的经济收入，以保证有足够的经费独立自主地进行审计工作，不受被审计单位的牵制。审计监督虽说也是经济监督，但又不同于其他专业经济监督。审计监督是专设的部门所实行的监督，审计部门无任何经济管理职能，不参与被审计人及审计委托人任何管理活动，具有超脱性。

在现代审计体系中，审计的独立性在民间审计中表现得最为充分。民间审计的独立性是指注册会计师在执行审计业务、出具审计报告时，应当在实质上和形式上独立与委托单位和其他机构。所谓实质上的独立，是要求注册会计师与委托单位之间必须实实在在地毫无利害关系。注册会计师只有与委托单位保持实质上的独立，才能够以客观、公正心态发表审计意见。所谓形式上的独立，是对第三者而言的。注册会计师必须在第三者面前呈现一种独立于委托单位和被审计单位的身份，即在他人看来注册会计师是独立的。由于注册会计师的审计意见是相关利害关系人的决策依据，因此，注册会计师除了保持实质上的独立外，还必须保持形式上的独立，只有这样才会得到社会公众的信任。

1.4.2 权威性

审计的权威性，是保证有效行使审计权的必要条件。审计的权威性总是与独立性相关，它离不开审计组织的独立地位与审计人员的独立执业。各国法律对实行审计制度、建立审计机构以及审计机构的地位和权力都做了明确规定，这样使审计组织具有法律的权威性。我国实行审计监督制度在宪法中有明确规定，审计法中又进一步规定：国家实行审计监督制度。国务院和县级以上地方人民政府设立审计机关。审计机关根据法律规定的职权和程序，进行审计监督。

任何组织和个人不得拒绝、阻碍审计人员依法执行职务，不得打击报复审计人员。审计机关负责人在没有违法失职或者其他不符合任职条件的情况下，不得随意撤换。审计机关有要求报送资料权，检查权，调查取证权，采取临时强制措施权，建议主管部门纠正其有关规定权，通报、公布审计结果权，对被审计单位拒绝、阻碍审计工作的处理、处罚权，对被审计单位违反预算或者其他违反国家规定的财政收支行为的处理权，对被审计单位违反国家规定的财务收支行为的处理、处罚权，给予被审计单位有关责任人员行政处分的建议权等。我国审计人员依法行使独立审计权时受法律保护，如被审计单位拒绝、阻碍审计时，或有违反国家规定的财政、财务收支行为时，审计机关有权作出处理、处罚的决定或建议，这更加体现了我国审计的权威性。审计人员应当具备与其从事的审计工作相适应的专业知识和业务能力。审计人员应当执行回避制度和负有保密的义务，审计人员办理审计事项应当客观公正、实事求是、廉洁奉公、保守秘密。审计人员滥用职权、徇私舞弊、玩忽职守，构成犯罪的，依法追究刑事责任；不构成犯罪的，给予行政处分。这样不仅有利于保证审计执业的独立性、准确性和科学性，而且有利于提高审计报告与结论的权威性。各国为了保障审计的权威性，分别通过《公司法》《证券交易法》《商法》《破产法》等，从法律上赋予审计超脱的地位及监督、评价、鉴证职能。一些国际性的组织为了提高审计的权威性，也通过协调各国的审计制度、准则以及制定统一的标准，使审计成为一项世界性的权威的专业服务。

1.4.3 公正性

与权威性密切相关的是审计的公正性。从某种意义上说，没有公正性也就不存在权威性。审计的公正性反映了审计工作的基本要求。审计人员理应站在第三者的立场上，进行实事求是的检查，作出不带任何偏见的、符合客观实际的判断，并作出公正的评价和进行公正的处理，以正确地确定或解除被审计人的经济责任。审计人员只有同时保持独立性、公正性，才能取信于审计授权者或委托者以及社会公众，才能真正树立审计权威的形象。

同步思考1-2

如何理解审计的独立性？

理解要点： 首先，审计的机构和人员必须独立于委托人和被审计单位，以保持客观、公正的地位。其次，审计的机构和人员在审计事前、事中和事后所作出的任何判断均应保持第三方立场，不应受到任何干扰。最后，审计的机构和人员在经济上必须与委托人和被审计单位保持独立，不受被审计单位及与其相关的其他单位的制约。

1.5 审计的种类

研究审计种类的意义在于从不同角度加深对审计的认识，以便有效地组织和运用各种类型的审计，充分发挥审计的职能作用，并不断探索和开拓新的审计领域，有利于建立和完善我国审计理论体系、组织体系和工作体系。

参照国际审计分类的惯例，结合我国经济类型和审计监督的特点，审计可以分为基本分类和其他分类两大类。

1.5.1 审计的基本分类

审计的基本分类是指说明审计本质的分类。按审计主体分类、按审计内容和目的分类，都属于基本分类。基本分类中的审计类别分别从不同角度说明了审计的本质。

1）按审计主体分类

审计主体是指审计的执行人，即执行审计的一方。根据审计的发展和现状，按审计主体分类可将审计分为政府审计、民间审计（注册会计师审计）和内部审计。

政府审计是指由政府审计机关所进行的审计，也称为国家审计。根据我国宪法的规定，国务院设审计署，各省、自治区、直辖市、地、市、县地方各级人民政府设审计厅（局），组成政府审计机关。政府审计主要是依法对国务院各部门和地方各级人民政府、国家金融机构、全民所有制企事业单位，以及其他有国家资产的单位的财政、财务收支及其经济效益等情况进行审计监督。

民间审计是指由经国家有关部门审核批准成立的民间审计组织（如会计师事务所）所进行的审计，也称为社会审计、注册会计师审计。民间审计是受托审计。民间审计接受委托人委托，根据委托人的要求和双方达成的协议，依法对被审计单位的财政、财务收支及经济效益等进行审计，并提供受托的其他专业服务。

内部审计是指由各主管部门和企事业单位内部独立的审计机构或专职的审计人员所实施的审计。它是在本部门、本单位主要负责人的直接领导下，审查和监督本部门、本单位各项政策、计划、财经法纪等执行情况，以及会计资料及有关信息的真实性、可靠性，还要审查和监督经营管理工作的效率、资产安全完整性、内部控制的健全完整性、经济效益好坏等，其目的是查错防弊，改进管理，提高效率。其审计范围涉及部门管理和单位生产经营活动的各方面。

政府审计、民间审计（注册会计师审计）和内部审计共同构成了我国的审计监督体系。本教材后面章节主要介绍民间审计基本原理与程序。

2）按审计内容和目的分类

按审计内容和目的分类可将审计分为财政财务审计、财经法纪审计和经济效益审计。

财政财务审计是一种传统审计或常规审计。它是对被审计单位会计资料及相关资料的公允性及其所反映的财政收支、财务收支的合法性和合规性所进行的审计。就其内容来看，又可将审计分为财政审计和财务收支审计。财政审计是指由国家审计机关对国务院各部门和地方政府的财政收支、财政预决算等所进行的审计；财务收支审计是指审计机关对国家金融机构、企事业单位以及其他有国家资产单位的财务收支活动和财务状况、财务成果等所进行的审计。财政财务审计的主要内容包括两个方面：一是检查会计处理上的技术差错，这是形式上的审计；二是验证被审计单位受托经济责任的履行情况，这是实质性审计。

财经法纪审计是指审计机关对被审计单位或个人严重侵占国家资产、严重浪费，失职、渎职以及其他严重侵害国家和集体经济利益等违反财政法规和财经纪律等行为所进行的审计。它一般是对重大经济事件所进行的专案审计，是我国审计监督的一种重要形式。

经济效益审计是指审计机构对被审计单位有关经济效益方面的情况所实施的审计。其审查的重点主要包括两个方面：一是对被审计单位预算、计划和预测、决策方案的效益性进行审查和分析；二是对被审计单位预算或计划执行情况的效益性进行审查和分析。

1.5.2　审计的其他分类

1）按审计范围分类

按审计范围划分，审计可分为全面审计、局部审计和专题审计。

全面审计是指对本审计单位一定时期内的全部经济活动进行审查。这种审计工作量大、范围广，涉及企业供、产、销各部门各环节的所有经济活动和被审计单位会计资料及有关资料所反映的各项信息。这种审计便于对被审计单位进行全面审查和评价，但费时费力，花费较大，主要适用于规模小、业务简单、资料较少的企事业单位或内部控制及会计核算工作质量较差的被审计单位。

局部审计是对被审计单位一定时期内的部分经济活动所进行的审查，也称为部分审计。这种审计业务范围较窄，是有目的、有重点地选取部分业务或部门进行审计，如采购业务审计、成本审计、纳税情况审计等。它一般是根据授权人或委托人的要求以及被审计单位的具体情况来进行的。这种审计时间短、耗费少，能及时发现和纠正主要问题，达到预定的审计目的和要求，但也容易遗漏问题，所以具有一定的局限性。

专题审计又称为专项审计，是指对某一特定项目所进行的审计。其业务范围要比局部审计要小，如企业某一基建项目审计等。这种审计省时省力，重点突出，有利于为被审计单位经济决策服务。从审计范围来看，它仍属于局部审计范畴。

2）按审计实施时间分类

审计按照实施时间可以分为事前审计、事中审计和事后审计。

事前审计是在被审计单位经济活动发生之前所进行的审计，如对计划、预算、决策方案等所进行的审计都属于事前审计。事前审计可以达到预防错弊，防患于未然，保证经济活动的合理性和有效性。

事中审计是在被审计单位经济业务执行过程中所进行的审计。通过对费用预算、费用开支标准、材料消耗定额以及计划执行等经济业务执行过程中进行事中审计，有利于及时发现和纠正偏差，保证经济活动合法性、合理性和有效性。

事后审计是指在被审计单位经济活动结束之后，对经济活动的结果所进行的审计。如企业年度财务决算审计、财政年度决算审计等。事后审计适用范围广，主要是针对企事业单位的经济活动、财政、财务收支情况的合法性、合理性及有效性进行审计。

另外，审计按照实施时间还可以分为定期审计和不定期审计。所谓定期审计，是指按照预先计划的时间进行的审计，如企业年度报表审计等。不定期审计是出于日常工作需要而临时安排的审计，如财经法纪审计等。

3）按审计执行地点分类

审计按其执行地点分类，可以分为报送审计和就地审计。

报送审计即送达审计，是指被审计单位按照审计机构要求，将被审计的全部资料送到审计机构接受审计的行为。它主要是用于行政事业单位的定期审计。这种审计方式的优点在于省时省力，缺点是不易从送到的资料中发现被审计单位的实际问题。

所谓就地审计，是指审计人员直接到被审计单位所在地进行的审计，就地审计可以深入被审计单位的实际，进行调查研究，有利于全面掌握被审计单位的实际情况，有利于审计人员准确发表审计意见。按照就地审计具体方式不同，又可将就地审计分为常驻审计、专程审计和巡回审计三种。常驻审计是指审计机构委派人员常驻在被审计单位所进行的审计；专程审计是指审计机构为查明某些问题委派人员专程到被审计单位所进行的审计；巡回审计是指审计机构委派审计人员轮流对被审计单位所进行的就地审计。

4）按审计动机分类

审计按其动机分类，可以分为强制审计和任意审计。

所谓强制审计，是指根据国家法律、法规规定对被审计单位行使审计监督权力的审计。根据我国法律、法规的规定，我国审计机构有权对国务院各部门及地方各级人民政府的财政收支，国家金融机构和企事业单位的财务收支情况依法进行审计监督，任何人不得进行干涉。

所谓任意审计，是指根据被审计单位自身的需求，委托审计机构对其进行的审计。这种审计的审计目的、审计形式、审计对象等均由被审计单位根据自身需求而定。但需要说明的是，尽管任意审计是由被审计单位根据自身需求而定，但审计也需要依法进行委托，依法进行审计，其任意仅是相对于强制审计而言的。

5）按审计是否通知被审计单位分类

审计按照它在实施前是否预先告知被审计单位进行分类，可以分为预告审计和突击审计。

所谓预告审计，就是指在审计之前，就把审计目的、审计对象及内容和审计日期事先通知给被审计单位的一种审计方式。采用这种审计方式可以使被审计单位有充分时间进行准备，有利于审计工作的开展。通常，年度会计报表审计、经济效益审计等多采用这种方式，事前均会向被审计单位下达审计通知书或审计业务约定书。

所谓突击审计，是指在对被审计单位进行审计之前，不把审计目的、时间等通知被审计单位而进行的审计。其目的在于防止被审计单位在审计过程中弄虚作假、掩盖事实真相，以利于取得好的审计效果，这种审计主要适用于财经法纪审计等场合。

6）按审计使用的技术和方法分类

审计按照它所使用的技术和方法进行分类，可以分为账表导向审计、制度基础导向审计和风险导向审计。

所谓账表导向审计，是指审计人员在审计过程中以账表为审计起点而展开的审计。这种审计的主要目的在于对账表所反映的信息真实性、可靠性作出判断并发表审计意见，主要达到查错防弊的目的，如企业资产负债表审计等。

所谓制度基础导向审计，是指审计人员在审计过程中以判断内部控制是否完善为起点而进行的审计。这种审计通过判断被审计单位内部控制是否完善，在评价内部控制的基础上抽样，来确定会计报表重要问题及审计重点领域，鉴证会计报表的公允性和合法性，确定已审计会计报表的可靠程度。这种审计能够节省审计时间，提高审计效率，有利于审计质量提高，在现代审计中得到了广泛采用，但这种审计方式对审计人员自身素质要求较高。

所谓风险导向审计，是指在审计过程中审计人员以重大错报风险的识别、评估和应对为审计主线，确定重点领域，有针对性设计并实施进一步程序的审计。其目的在于最终做到合理保证，提高审计效率和效果。在现代审计过程中，由于被审计单位规模较大、业务复杂，审计人员较少以及时间有限，使得审计人员很难将被审计单位存在的所有问题均通过审计发现出来，从而给审计人员带来较大的审计风险，许多审计人员因此还承担了法律责任。因此，在审计过程中要求审计人员必须合理、科学地对审计风险作出判断，以确定审计工作是否可行，审计重点领域在何处，以降低审计人员的审计风险。

1.6 审计机构和审计人员

审计组织泛指根据国家有关法规规定的权力或职能开展审计工作的部门或机构。根据审计组织的地位和对象不同，审计组织可分为政府审计机关、民间审计组织和内部审计机构三种。在我国审计制度建立初期，审计组织体系表现为"一主两翼"或"一主两辅"的形式。随着经济体制改革的逐步深入，我国审计组织体系逐步演变为政府审计、内部审计和民间审计各自独立、相互配合、三位一体的格局。通常情况下，设置审计机构应做到以下两点：一是审计机构的设置必须保证其拥有较强的独立性；二是审计机构的设置必须保证其拥有较高的权威性。

1.6.1 审计机构

1）政府审计机关

目前，全世界已有 150 多个国家根据自己的国情设立了各自的审计机关。从这些审计机构来看，其隶属关系主要包括以下三类：

（1）隶属于议会。所谓隶属于议会是指审计机关由议会直接领导。这种类型的政府审计机关是根据国家赋予的法律权力，对政府的财政收支活动等实施审计，如美国的审计总署、加拿大的审计总局、英国的审计总署等。这些审计机关都是独立行使自己的职权，直接向议会报告审计工作，属于立法型审计机关，其地位高、独立性强，不受行政当局的控制和干预。现在世界上大多数国家的政府审计机关都属于此列。

（2）隶属于政府。所谓隶属于政府是指审计机关由政府直接领导。这种类型的政府审计机关是根据国家赋予的法律权力，对各级政府的财政收支活动、各部门和各单位的财政预算和决算以及财务收支活动等实施审计。审计机关直接对政府负责，其目的是保证政府的政策法令等能正确实施。这种隶属关系下的政府审计机关具有一定的独立性和权威性。

（3）隶属于财政部门。所谓隶属于财政部门是指审计机关由财政部门直接领导。这种类型的政府审计机关是根据国家赋予的法律权力，对各部门和各单位的财政预算、决算以及财务收支活动等实施审计。如瑞典的国家审计局、波兰的最高监察院等，都隶属于财政部门，其独立性和权威性相对较小。

由于各国国情不同，随着政府审计机关隶属关系不同，各政府审计组织关系也有较大的区别。具体表现为：

第一，各级政府审计机关独立行使职权，范围明确，不存在任何直接的领导和被领导关系。如实行联邦议会体制的美国、德国，实行君主立宪制的英国、日本，实行共和制的法国等，其政府审计国家审计机关与地方审计机关之间均不存在直接领导和业务指导关系，审计机关只向同级议会负责。

第二，各级政府审计机关之间存在着上下级的领导与被领导和业务指导关系。在这种审计体制下，全国各地均设立地方审计机构，由最高审计机关垂直领导。如马来西亚、印度和菲律宾等国家审计机关均是如此。

第三，各级政府审计机关之间只存在业务指导关系，不存在领导关系。如加拿大审计总署等。这种审计体制下的审计机关只负责中央一级的审计监督，上下级审计机关之间不存在领导与被领导关系，只存在业务指导关系。

2）内部审计机构

内部审计在世界范围内发展很快，国际交流日益增多。1941 年，美国内部审计师协会正式成立，标志着传统内部审计工作开始向现代内部审计发展。1944 年，美国内部审计师协会在加拿大多伦多设立分会，开始跨越国境开展活动。1948 年，美国内部审计师协会又在伦敦设立分会，到 20 世纪 50 年代逐步发展成为国际性组织。1987 年，中国内部审计学会以国家分会形式加入该组织。从此，中国内部审计学会成为国际内部审计师协会的成员国，标志着中国内部审计步入了国际化的轨道。

从当前的情况来看，内部审计机构的设置方式主要有：一是受本单位董事会及其下设的审计委员会领导；二是受本单位总裁或总经理领导；三是受本单位主计长（相当于我国企业的总会计师，一般由主管财务的副总裁兼任）领导；四是受本单位董事会下设的审计委员会和主计长双重领导。其中，领导内部审计的层次越高，越能保证内部审计的独立性和权威性，其审计监督职能就发挥得越充分。

3）民间审计组织

民间审计组织是指根据国家法律或条例规定，经政府有关部门审核、注册登记的会计师事务所。从世界范围看，民间审计的组织形式主要表现为：一是独资会计师事务所。由具有注册会计师职业资格的个人独立开业，承担无限责任。二是普通合伙制会计师事务所。由两位或两位以上注册会计师组成合伙组织，合伙人以各自的财产对其合伙组织的债务承担无限连带责任。三是有限公司制会计师事务所。由符合条件的注册会计师认购会计师事务所的股份，并以认购的股份为限对会计师事务所承担有限责任。四是有限责任合伙制会计师事务所。该种组织形式不要求无过失的合伙人对其他合伙人的过失或不当执业行为承担责任，这种组织形式吸收了普通合伙制和有限责任公司制的优点，又克服了各自的缺点，是当今注册会计师职业组织形式发展的新趋势。

根据2002年3月修订的《注册会计师法》，我国民间审计组织的构成有以下几种形式：有限责任制、合伙制、有限责任合伙制、个人执业、中外合作。我国不允许设立个人独资和股份公司制会计师事务所组织。

1.6.2　审计人员

为了完成审计任务，各类审计机构都必须配备适当的审计人员。与我国审计机构体系相配套，我国审计人员也分为政府审计人员、内部审计人员和民间审计人员。政府审计人员和内部审计人员是由政府审计机关和内部审计机构依据有关规定确定，民间审计人员主要是注册会计师。在我国，注册会计师资格主要通过考试途径取得，注册后方可执业。

第 2 章
审计的规范与法律责任

学习目标

通过本章学习，应该达到以下目标：

理论目标：通过本章的教学，使学生了解中国注册会计师执业准则的基本体系，了解与注册会计师相关的行政法律责任、民事法律责任和刑事法律责任；理解并掌握鉴证业务基本准则、质量控制准则和职业道德准则，正确理解注册会计师的法律责任概念及相关内容。

实务目标：学习和把握职业道德守则的基本内容，能运用所学知识对注册会计师的道德行为正确与否进行判断，讨论职业道德与社会公德的关系，关注注册会计师的道德困境。

案例目标：运用职业道德守则和法律责任的理论与实务知识研究相关案例，培养和提高在特定业务情境中分析问题与决策设计的能力；能结合本章教学内容，根据"职业道德探讨"的行业规范或标准，分析注册会计师在审计中的行为，强化相关知识和技能的培养。

实训目标：参加职业道德准则业务胜任能力的实践训练。在了解和把握本实训所涉及的相关技能点的"规范与标准"的基础上，通过切实体验"职业道德准则"各实训任务的完成，系列技能操作的实施等有质量、有效率的活动，培养运用职业道德知识，规范注册会计师行为，促进健全职业人格的塑造。

引例　麦克逊·罗宾斯药材公司破产案

背景与情境： 20世纪30年代，在美国经济发展进程中，上市公司自愿委托社会公认的会计师实施审计已形成风气。麦克逊·罗宾斯药材公司在纽约交易所公开上市，并依法在证券交易所注册登记。该公司及其子公司十多年来的会计报表均由美国第一流的普赖斯·沃特豪斯会计公司执行审计，普赖斯·沃特豪斯会计公司对麦克逊·罗宾斯药材公司的财务状况及经营成果一直出具无保留意见的审计报告。1938年年末，麦克逊·罗宾斯药材公司突然宣布倒闭，债权人汤普森公司因此遭受了重大损失。

1938年年初，债权人汤普森公司在与麦克逊公司的经济往来中发现该公司的财务资料有异常之处。其一，该公司制药原材料部门应该是盈利较高的经营部门，但公司经营者都直接对其重新投资，且该部门还没有资金积累；其二，公司账面制药原材料存货的保险金额较少。前任公司董事会决定减少存货金额，并要求时任经理菲利普科斯特仍执行这一决定，但1938年年末，公司存货却增加了100万美元。汤普森公司立即表示，在没有查明这两个疑问之前，不再予以贷款，并请求证券交易委员会调查此事。随后，证券交易委员会对麦克逊·罗宾斯药材公司进行了立案调查，事实真相是：（1）全部资产的20%以上并不存在，1937年12月31日的合并资产负债表上虚构存货1 000万美元、应收账款900万美元和银行存款7.5万美元，相应地虚构销售收入1 820万美元和毛利180万美元。（2）合谋舞弊公司，经理菲利普科斯特和他的三个兄弟都是犯有前科的诈骗犯，均用化名混入公司并爬上领导岗位，利用公司内部控制薄弱贪污巨款。（3）伪造存货和应收账款，存货的材料购买虚构了加拿大的卖主，天然药物的销售虚构了代理商，代收款虚构了蒙特利尔银行。

一般认为，如果执行了有效的存货监盘和应收账款函证程序，麦克逊·罗宾斯药材公司的财务舞弊案很可能被及时发现。但会计师事务所认为，其遵循了美国注册会计师协会1936年颁布的《独立注册会计师——对财务报表的检查》的各项规定，麦克逊·罗宾斯药材公司的诈骗是由于经理部门串通舞弊所致。在证券交易委员会的调停下，沃特豪斯会计师事务所退回了历年来收取的审计费用50万美元，作为对债权人汤普森公司部分债权损失的赔偿。

问题： 在审计实践中，没有明确、严格的审计规范及审计理论作为指导行吗？

从引例可以看出，麦克逊·罗宾斯药材公司破产案对美国民间审计准则的出台具有深远意义，它给美国民间审计界以极其具有说服力的警示，引起美国证券交易委员会对规范民间审计行为的重视，震动了美国职业会计师协会，为1947年出台的《审计标准草案》奠定了客观基础。从审计理论意义上讲，证明了没有明确、严格的审计规范及审计理论作为指导，审计实践必然出现盲目性，审计质量工作就难以保证。

2.1　审计执业准则

执业准则是用来规范审计人员执行审计业务，获取审计证据，形成审计结论，出具审计报告的专业标准。审计执业准则按审计主体分为国家审计准则体系、内部审计准则体系和注册会计师执业准则体系。这里主要阐述我国注册会计师的执业准则。

2.1.1　中国注册会计师执业准则的基本体系框架

中国注册会计师执业准则体系受注册会计师执业道德守则统御，包括注册会计师业务准则和会计师事务所质量控制准则三大部分构成（共计 48 项准则）。第一部分审计、审阅与其他鉴证业务准则（45 个），具体包括中国注册会计师鉴证业务基本准则（1 个）、中国注册会计师审计准则（41 个）、中国注册会计师审阅业务准则（1 个）、中国注册会计师其他鉴证业务准则（2 个）；第二部分相关服务准则（2 个）；第三部分会计师事务所质量控制准则（1 个）。其结构如图 2-1 所示：

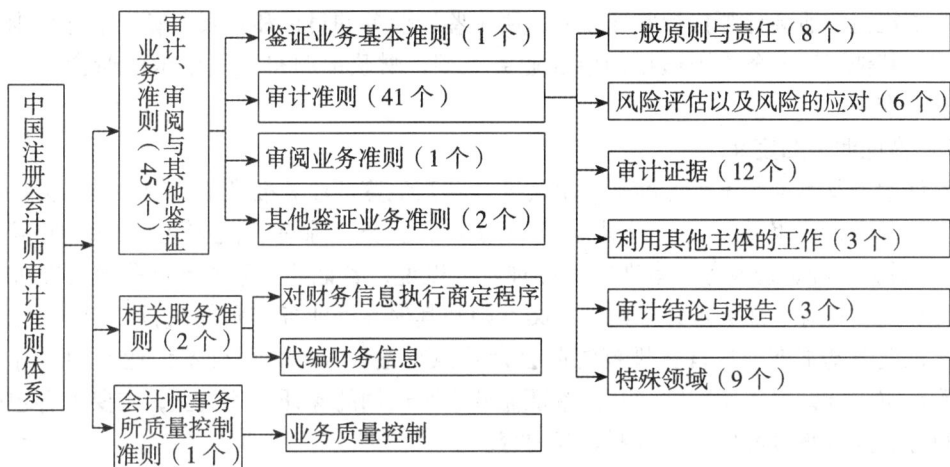

图 2-1　中国注册会计师执业准则体系

按照鉴证业务提供的保证程度和鉴证对象的不同，分为中国注册会计师审计准则、中国注册会计师审阅准则和中国注册会计师其他鉴证业务准则（分别简称审计准则、审阅准则和其他鉴证业务准则）。其中，审计准则是整个执业准则体系的核心。

审计准则用以规范注册会计师执行历史财务信息的审计业务。在提供审计服务时，注册会计师对所审计信息是否不存在重大错报提供合理保证，并以积极方式提出结论。审阅准则用以规范注册会计师执行历史财务信息的审阅业务。在提供审阅服务时，注册会计师对所审阅信息是否不存在重大错报提供有限保证，并以消极方式提出结论。

其他鉴证业务准则用以规范注册会计师执行历史财务信息审计或审阅以外的其他鉴证业务，根据鉴证业务的性质和业务约定的要求，提供有限保证或合理保证。

相关服务准则用以规范注册会计师代编财务信息、执行商定程序、提供管理咨询等其他服务。在提供相关服务时，注册会计师不提供任何程度的保证。

质量控制准则用以规范会计师事务所在执行各类业务时应当遵守的质量控制政策和程序，是对会计师事务所质量控制提出的制度要求。

同步思考2-1

注册会计师执行的下列业务中，对保证程度描述不正确的是(　　　)。

A. 代编财务信息不需要任何程度的保证

B. 财务信息执行商定程序仅需要有限保证

C. 内部控制审核业务有可能是有限保证也有可能是合理保证

D. 验资需要合理保证

理解要点：答案为 B。选项 A 是相关服务，不需要任何程度的保证；选项 C 的内部控制审核业务，如果对某一期间内部控制进行鉴证是有限保证，对截止某一时间点的内部控制进行鉴证是合理保证；选项 D 验资的业务是审计业务，要提供合理保证；选项 B 是相关服务，不需要提供任何程度的保证。

2.1.2　中国注册会计师鉴证业务基本准则

为了规范注册会计师执行鉴证业务，明确鉴证业务的目标和要素，确定审计准则、审阅准则、其他鉴证业务准则适用的鉴证业务类型，财政部颁布了《中国注册会计师鉴证业务基本准则》。

1）鉴证业务的定义

鉴证业务基本准则是审计准则、审阅准则和其他鉴证业务准则的总纲。注册会计师如果从事涉及会计、审计、税务或其他事项的鉴证业务，除有特定要求者外，应当参照《中国注册会计师鉴证业务基本准则》办理。可以说，鉴证业务基本准则是鉴证业务的理论概括和高度提炼，成为审计准则、审阅准则和其他鉴证业务准则的基石。《中国注册会计师鉴证业务基本准则》旨在规范注册会计师执行鉴证业务，明确鉴证业务的目标和要素，确定审计准则、审阅准则和其他鉴证业务准则适用的鉴证业务类型；主要内容包括定义和目标、业务承接和鉴证业务要素等内容。

鉴证业务是指注册会计师对鉴证对象信息提出结论，以增强除责任方之外的预期使用者对鉴证对象信息信任程度的业务。鉴证对象信息是按照标准对鉴证对象进行评价和计量的结果。如责任方按照会计准则和相关会计制度（标准）对其财务状况、经营成果和现金流量（鉴证对象）进行确认、计量和列报（包括披露，下同）而形成的财务报表（鉴证对象信息）。

鉴证业务包括历史财务信息审计业务、历史财务信息审阅业务和其他鉴证业务。注册会计师执行历史财务信息审计业务、历史财务信息审阅业务和其他鉴证业务时，应当遵守此准则以及依据此准则制定的审计准则、审阅准则和其他鉴证业务准则。鉴证对象信息应当恰当反映既定标准运用于鉴证对象的情况。如果没有按照既定标准恰当反映鉴证对象的情况，鉴证对象信息可能存在错报，而且可能存在重大错报。

鉴证业务也可分为基于责任方认定的业务和直接报告业务。在基于责任方认定的业务中，责任方对鉴证对象进行评价或计量，鉴证对象信息以责任方认定的形式为预期使用者获取。如在财务报表审计中，被审计单位管理层（责任方）对财务状况、经营成果和现金流量（鉴证对象）进行确认、计量和列报（评价或计量）而形成的财务报表（鉴证对象信息）即为责任方的认定，该财务报表可为预期报表使用者获取，注册会计师针对财务报表出具审计报告。在直接报告业务中，注册会计师直接对鉴证对象进行评价或计量，或者从责任方获取对鉴证对象评价或计量的认定，而该认定无法为预期使用者获取，预期使用者只能通过阅读鉴证报告获取鉴证对象信息。如在内部控制鉴证业务中，注册会计师可能无法从管理层（责任方）获取其对内部控制有效性的评价报告（责任方认定），或虽然注册会计师能够获取该报告，但预期使用者无法获取该报告，注册会计师直接对内部控制的有效性（鉴证对象）进行评价并出具鉴证报告，预期使用者只能通过阅读该鉴证报告获得内部控制有效性的信息（鉴证对象信息）。

同步思考 2-2

鉴证业务中，注册会计师执行的下列业务中属于直接报告业务的有(　　)。

A. 对 X 公司 2008 年财务报表进行审计

B. 对 X 公司的 IT 系统进行鉴证

C. 对 X 公司 2008 年度预测性财务信息进行审核

D. 对 X 公司 2008 年开发的新产品进行质量鉴证

理解要点： 答案为 BD。选项 A、C 是注册会计师执行的基于责任方认定的业务，选项 B、D 是注册会计师执行的直接报告业务。

2）鉴证业务的要素

鉴证业务基本准则规范了鉴证业务的三方关系、鉴证对象、标准、证据和鉴证报告等鉴证要素。这些要素构成一个完整的"鉴证链"。

（1）三方关系。它包括注册会计师、责任方和预期使用者。

（2）鉴证对象。鉴证对象具有多种不同的表现形式，如财务或非财务的经营业绩或状况、物理特征、系统与过程、行为等。不同的鉴证对象具有不同的特征。

（3）标准。用于对鉴证对象进行评价或计量的基准，当涉及列报时，还包括列报的基准。

（4）证据。审计是一个获取证据的过程，取得充分、适当的审计证据是注册会计师提出合理鉴证结论的前提。

（5）鉴证报告。针对鉴证对象信息或鉴证对象在所有重大方面是否符合适当的标准，注册会计师在审计的基础上，应以书面报告的形式发表能够提供一定保证程度的结论。

3）鉴证业务的目标

鉴证业务的保证程度分为合理保证和有限保证。合理保证的鉴证业务的目标是注册会计师将鉴证业务风险降至该业务环境下可接受的低水平，以此作为以积极方式提出结论的基础。如在历史财务信息审计中，要求注册会计师将审计风险降至可接受的低水平，对审计后的历史财务信息提供高水平保证（合理保证），在审计报告中对历史财务信息采用积极方式提出结论。这种业务属于合理保证的鉴证业务。

有限保证的鉴证业务的目标是注册会计师将鉴证业务风险降至该业务环境下可接受的水平，以此作为以消极方式提出结论的基础。如在历史财务信息审阅中，要求注册会计师将审阅风险降至该业务环境下可接受的水平（高于历史财务信息审计中可接受的低水平），对审阅后的历史财务信息提供低于高水平的保证（有限保证），在审阅报告中对历史财务信息采用消极方式提出结论。这种业务属于有限保证的鉴证业务。

4）业务承接

在接受委托前，注册会计师应当初步了解业务环境。业务环境包括业务约定事项、鉴证对象特征、使用的标准、预期使用者的需求、责任方及其环境的相关特征，以及可能对鉴证业务产生重大影响的事项、交易、条件和惯例等其他事项。在初步了解业务环境后，只有认为符合独立性和专业胜任能力等相关职业道德要求，并且拟承接的业务具备一定特征时，注册会计师才能承接。

5）鉴证业务的三方关系

鉴证业务涉及的三方关系人包括注册会计师、责任方和预期使用者。责任方与预期使用者可能是同一方，也可能不是同一方。

（1）注册会计师。注册会计师可以承接符合准则规定的各类鉴证业务。如果鉴证业务涉及的特殊知识和技能超出了注册会计师的能力，注册会计师可以利用专家协助执行鉴证业务。在这种情况下，注册会计师应当确信包括专家在内的项目组整体已具备执行该项鉴证业务所需的知识和技能，并充分参与该项鉴证业务和了解专家所承担的工作。

（2）责任方。责任方是指下列组织或人员：在直接报告业务中，对鉴证对象负责的组织或人员；在基于责任方认定的业务中，对鉴证对象信息负责并可能同时对鉴证对象负责的组织或人员。责任方可能是鉴证业务的委托人，也可能不是委托人。注册会计师通常提请责任方提供书面声明，表明责任方已按照既定标准对鉴证对象进行评价或计量，无论该声明是否能为预期使用者获取。在直接报告业务中，当委托人与责任方不是同一方时，注册会计师可能无法获取此类书面声明。

（3）预期使用者。预期使用者是指预期使用鉴证报告的组织或人员。责任方可能是预期使用者，但不是唯一的预期使用者。

注册会计师可能无法识别使用鉴证报告的所有组织和人员，尤其在各种可能的预期使用者对鉴证对象存在不同的利益需求时。注册会计师应当根据法律法规的规定或与委托人签订的协议识别预期使用者。在可行的情况下，鉴证报告的收件人应当明确为所有的预期使用者。

在可行的情况下，注册会计师应当提请预期使用者或其代表，与注册会计师和责任方（如果委托人与责任方不是同一方，还包括委托人）共同确定鉴证业务约定条款。无论其他人员是否参与，注册会计师都应当负责确定鉴证业务程序的性质、时间和范围，并对鉴证业务中发现的、可能导致对鉴证对象信息作出重大修改的问题进行跟踪。

当鉴证业务服务于特定的使用者，或具有特定目的时，注册会计师应当考虑在鉴证报告中注明该报告的特定使用者或特定目的，对报告的用途加以限定。

6）鉴证对象

（1）鉴证对象与鉴证对象信息的表现形式。鉴证对象与鉴证对象信息具有多种形式，主要包括：①当鉴证对象为财务业绩或状况时（如历史或预测的财务状况、经营成果和现金流量），鉴证对象信息是财务报表；②当鉴证对象为非财务业绩或状况时（如企业的运营情况），鉴证对象信息可能是反映效率或效果的关键指标；③当鉴证对象为物理特征时（如设备的生产能力），鉴证对象信息可能是有关鉴证对象物理特征的说明文件；④当鉴证对象为某种系统和过程时（如企业的内部控制或信息技术系统），鉴证对象信息可能是关于其有效性的认定；⑤当鉴证对象为一种行为时（如遵守法律法规的情况），鉴证对象信息可能是对法律法规遵守情况或执行效果的声明。

（2）鉴证对象特征。鉴证对象具有不同的特征，可能表现为定性或定量、客观或主观、历史或预测、时点或期间。这些特征将对下列方面产生影响：①按照标准对鉴证对象进行评价或计量的准确性；②证据的说服力。鉴证报告应当说明与预期使用者特别相关的鉴证对象特征。

（3）鉴证对象应当具备的条件。适当的鉴证对象应当同时具备下列条件：①鉴证对象可以识别；②不同的组织或人员对鉴证对象按照既定标准进行评价或计量的结果合理一致；③注册会计师能够收集与鉴证对象有关的信息，获取充分、适当的证据，以支持其提出适当的鉴证结论。

7）鉴证标准

（1）标准的概念、类型与特征。标准是指用于评价或计量鉴证对象的基准，当涉及列报时，还包括列报的基准。标准可以是正式的规定，如编制财务报表所使用的会计准则和相关会计制度；也可以是某些非正式的规定，如单位内部制定的行为准则或确定的绩效水平。

运用职业判断对鉴证对象作出评价与计量，离不开适当的标准。适当的标准应当具备下列所有特征：①相关性：相关的标准有助于得出结论，便于预期使用者作出决策；②完整性：完整的标准不应忽略业务环境中可能影响得出结论的相关因素，当涉及列报时，还包括列报的基准；③可靠性：可靠的标准能够使能力相近的注册会计师在相似的业务环境中，对鉴证对象作出合理一致的评价或计量；④中立性：中立的标准有助于得出无偏向的结论；⑤可理解性：可理解的标准有助于得出清晰、易于理解、不会产生重大歧义的结论。

在具体鉴证业务中，需要通过职业判断得出评价标准各项特征的相对重要程度。标准可能是由法律法规规定的，或由政府主管部门或国家认可的专业团体根据公开、适当的程序发布的，也可能是专门制定的。采用标准的类型不同，注册会计师为评价该标准对于具体鉴证业务的适用性所需执行的工作也不同。注册会计师基于自身的预期、判断和个人经验对鉴证对象进行的评价和计量，不构成适当的标准。注册会计师应当考虑运用于具体业务的标准是否具备上述的特征，以评价该标准对此项业务的适用性。对于公开发布的标准，注册会计师通常不需要对标准的"适当性"进行评价，而只需要评价标准对具体业务的"适用性"；对专门制定的标准，注册会计师首先要对这些标准本身的"适当性"进行评价。

（2）标准的取得。标准应当能够为预期使用者获取，以使预期使用者了解鉴证对象的评价或计量过程。标准可以通过下列方式供预期使用者获取：①公开发布；②在陈述鉴证对象信息时以明确的方式表述；③在鉴证报告中以明确的方式表述；④常识理解，如计量时间的标准是小时或分钟。如果确定的标准仅能为特定的预期使用者获取，或仅与特定目的相关，鉴证报告的使用也应限于这些特定的预期使用者或特定目的。

8）证据

（1）总体要求。注册会计师应当以职业怀疑态度计划和执行鉴证业务，获取有关鉴证对象信息是否不存在重大错报的充分、适当的证据，注册会计师应当及时对制订的计划、实施的程序、获取的相关证据以及得出的结论做好记录。

注册会计师在计划和执行鉴证业务时，尤其在确定证据收集程序的性质、时间和范围时，应当考虑重要性、鉴证业务风险以及可获取证据的数量和质量。

（2）职业怀疑态度。职业怀疑态度代表的是注册会计师执业时的一种精神状态，是指注册会计师以质疑的思维方式评价所获取证据的有效性，并对相互矛盾的证据以及引起对文件记录或责任方提供的信息的可靠性产生怀疑的证据保持警觉。鉴证业务通常不涉及鉴定文件记录的真伪，注册会计师也不是鉴定文件记录真伪的专家，但应当考虑用作证据的信息的可靠性，包括考虑与信息生成和维护相关的控制的有效性。

如果在执行业务过程中识别出的情况使其认为文件记录可能是伪造的或文件记录中的某些条款已发生变动，注册会计师应当作出进一步调查，包括直接向第三方询证，或考虑利用专家的工作，以评价文件记录的真伪。

（3）证据的充分性和适当性。证据的充分性是对证据数量的衡量，主要与注册会计师确定的样本量有关。证据的适当性是对证据质量的衡量，即证据的相关性和可靠性。所需证据的数量受鉴证对象信息重大错报风险的影响，即风险越大，可能需要的证据数量越多；所需证据的数量也受证据质量的影响，即证据质量越高，可能需要的证据数量越少。

（4）重要性。在确定证据收集程序的性质、时间和范围，评估鉴证对象信息是否不存在错报时，注册会计师应当考虑重要性。在考虑重要性时，注册会计师应当了解并评估哪些因素可能会影响预期使用者的决策。

注册会计师应当综合数量和性质因素考虑重要性。在具体业务中评估重要性以及数量和性质因素的相对重要程度，需要注册会计师运用职业判断。

（5）鉴证业务风险。鉴证业务风险是指在鉴证对象信息存在重大错报的情况下，注册会计师提出不恰当结论的可能性。在直接报告业务中，鉴证对象信息仅体现在注册会计师的结论中，鉴证业务风险包括注册会计师不恰当地提出鉴证对象在所有重大方面遵守标准的结论的可能性。

在合理保证的鉴证业务中，注册会计师应当将鉴证业务风险降至具体业务环境下可接受的低水平，以获取合理保证，作为以积极方式提出结论的基础。在有限保证的鉴证业务中，由于证据收集程序的性质、时间和范围与合理保证的鉴证业务不同，其风险水平高于合理保证的鉴证业务；但注册会计师实施的证据收集程序至少应当足以获取有意义的保证水平，作为以消极方式提出结论的基础。

当注册会计师获取的保证水平很有可能在一定程度上增强预期使用者对鉴证对象信息的信任时，这种保证水平是有意义的保证水平。

鉴证业务风险通常体现为重大错报风险和检查风险。重大错报风险是指鉴证对象信息在鉴证前存在重大错报的可能性。检查风险是指某一鉴证对象信息存在错报，该错报单独或连同其他错报是重大的，但注册会计师未能发现这种错报的可能性。注册会计师对重大错报风险和检查风险的考虑受具体业务环境的影响，特别受鉴证对象性质，以及所执行的是合理保证鉴证业务还是有限保证鉴证业务的影响。

（6）证据收集程序的性质、时间和范围。证据收集程序的性质、时间和范围因业务的不同而不同。注册会计师应当清楚表达证据收集程序，并以适当的形式运用于合理保证的鉴证业务和有限保证的鉴证业务。

（7）可获取证据的数量和质量。可获取证据的数量和质量受下列因素的影响：①鉴证对象和鉴证对象信息的特征；②业务环境中除鉴证对象特征以外的其他事项。

（8）记录。注册会计师应当记录重大事项，以提供证据支持鉴证报告，并证明其已按照鉴证业务准则的规定执行业务。对需要运用职业判断的所有重大事项，注册会计师应当记录推理过程和相关结论。如果对某些事项难以进行判断，注册会计师还应当记录得出结论时已知悉的有关事实。在运用职业判断确定工作底稿的编制和保存范围时，注册会计师应当考虑，使未曾接触该项鉴证业务的有经验的专业人士了解实施的鉴证程序，以及作出重大决策的依据。

9）鉴证报告

注册会计师应当出具含有鉴证结论的书面报告，该鉴证结论应当说明注册会计师就鉴证对象信息获取的保证。注册会计师应当考虑其他报告责任，包括在适当时与治理层沟通。

2.2　会计师事务所质量控制准则

审计质量控制旨在规范会计师事务所建立并保持有关财务报表审计和审阅、其他鉴证和相关服务业务的质量控制制度。质量控制制度旨在规范会计师事务所的业务质量控制，明确会计师事务所及其人员的控制责任。它是保证审计准则得到遵守和落实的重要手段，是会计师事务所内部控制体系的核心内容，是会计师事务所生存和发展的基本条件。

2.2.1　质量控制制度要素

会计师事务所质量控制制度均应包括针对下列要素而制定的政策和程序：对业务质量承担的领导责任；职业道德规范；客户关系和具体业务的接受与保持；人力资源；业务执行；业务工作底稿；监控。

为了规范质量控制政策和程序，便于质量控制政策和程序的执行，会计师事务所应当将质量控制政策和程序形成书面文件，传达到全体人员。

2.2.2　对业务质量的领导责任

会计师事务所应当制定政策和程序，培育以质量为导向的内部文化。这些政策和程序，要求会计师事务所主任会计师对质量控制制度承担最终责任；项目负责人则对会计师事务所分派的每项审计业务的总体质量负责。具体来说，主要包括：职业道德规范、客户关系和具体业务的接受与保持、人力资源、业务执行、业务工作底稿、监控、记录等方面。

会计师事务所的领导层应当树立质量至上的意识，通过清晰、一致及经常的行动示范和信息传达，强调质量控制政策和程序的重要性，并要求按照法律法规、职业道德规范和业务准则的规定执行工作，出具恰当的报告。同时，主任会计师必须委派适当的人员并授予其必要的权限进行质量控制制度运作。

2.2.3　客户关系和具体业务的接受与保持

会计师事务所应当对新客户作出评价，并对老客户进行经常性的检查。在决定接受或保留某客户时，无论是新接受还是连续接受委托，会计师事务所都应考虑其独立性，是否有能力完成审计委托，以及委托人的主要管理人员是否正直、诚实等情况。

会计师事务所应当制定有关客户关系和具体业务接受与保持的政策和程序，以合理保证只有在下列情况下，才能接受或保持客户关系和具体业务：①已考虑客户的诚信，没有信息表明客户缺乏诚信；②具有执行业务必要的素质、专业胜任能力、时间和资源；③能够遵守职业道德规范。

在接受新客户的业务前，或决定是否保持现有业务或考虑接受现有客户的新业务时，会计师事务所应当根据具体情况获取规定的信息。当识别出问题而又决定接受或保持客户关系或具体业务时，会计师事务所应当记录问题如何得到解决。

2.2.4 业务执行

业务执行是编制和实施业务计划、形成和报告业务结果的总称。审计全面质量控制，是一个会计师事务所为合理地确信其执行的所有审计业务按照独立审计准则进行而采取的控制政策和程序。业务执行对业务质量有直接的影响，会计师事务所应当确定全面质量控制政策，并据此合理制定和有效实施相应的全面质量控制程序。

1）指导、监督与复核

（1）指导。通过书面的审计程序表、时间预算表、审计计划摘要方式传达助理人员工作责任、要完成的审计程序及目标、被审计单位业务性质及要注意的重大的会计事项和审计事项、其他可能影响具体审计程序性质、时间、范围的事项，并提供适当的团队工作和培训。

（2）监督。在监督过程中，通过适时追踪业务进程，以检查各成员是否能顺利完成业务工作；考虑项目组成员的素质和专业胜任能力，以及是否有足够的时间执行工作，是否理解工作指令，是否按照计划方案执行工作，而决定是否进一步的提供指导，或是否进行工作调整，或采取补救措施；解决在执行业务过程中发现的重大问题，考虑其重要程度并适当修改原计划的方案；识别在执行业务过程中需要咨询的事项，或需要由经验丰富的项目组成员考虑的事项。

（3）复核。复核范围可能随业务的不同而不同，一般包括：总体审计计划与具体审计计划；对固有风险与控制风险的评价，包括根据符合性测试结果对总体审计计划和具体审计计划的修改；进行实质性测试所取得的审计证据及形成的审计结论；会计报表、审计调整事项、审计报告草稿。确定复核人员的原则是，由项目组内经验较丰富的人员复核经验较少的人员执行的工作。在复核项目组成员已执行的工作时，复核人员应当考虑：①工作是否已按照法律法规、职业道德规范和业务准则的规定执行；②重大事项是否已提请进一步考虑；③相关事项是否已进行适当咨询，由此形成的结论是否得到记录和执行；④是否需要修改已执行工作的性质、时间和范围；⑤已执行的工作是否支持形成的结论，并得以适当记录；⑥获取的证据是否充分、适当；⑦业务程序的目标是否实现。

2）咨询

为解决疑难问题或争议事项，注册会计师在必要时应向会计师事务所内部或外部其他专业人士进行咨询。会计师事务所应当形成一种良好的咨询文化，鼓励会计师事务所人员就疑难问题或争议事项进行咨询。

项目组应当考虑就重大的技术、职业道德及其他事项，向会计师事务所内部或在适当情况下向会计师事务所外部具备适当知识、资历和经验的其他专业人士咨询，并适当记录和执行咨询形成的结论。

3）意见分歧的处理

会计师事务所应当制定政策和程序，以处理和解决项目组内部、项目组与被咨询者之间以及项目负责人与项目质量控制复核人员之间的意见分歧。形成的结论应当得以记录和执行。只有意见分歧问题得到解决，项目负责人才能出具报告。

4）项目质量控制复核

项目质量控制复核是指在出具报告前，对项目组作出的重大判断和在准备报告时形成的结论作出客观评价的过程。会计师事务所应当制定政策和程序，要求对特定业务实施项目质量控制复核，以客观评价项目组作出的重大判断以及在准备报告时得出的结论。会计师事务所对应当实施项目质量控制复核的特定业务没有完成项目质量控制复核之前，不得出具报告。

2.2.5　业务工作底稿

审计工作底稿，是指注册会计师对制订的审计计划、实施的审计程序、获取的相关审计证据，以及得出的审计结论作出的记录。审计工作底稿可以以纸质、电子或其他介质形式存在。审计工作底稿通常包括总体审计策略、具体审计计划、分析表、问题备忘录、重大事项概要、询证函回函、管理层声明书、核对表、有关重大事项的往来信件（包括电子邮件）以及对被审计单位文件记录的摘要或复印件等。

同步案例 2-1

ABC 会计师事务所的业务质量控制制度

背景与情境：ABC 会计师事务所是一家新成立的事务所，最近制定了业务质量控制制度，有关内容摘录如下：

（1）合伙人考核和晋升制度规定，连续三年业务收入额排名前三位的高级经理晋级为合伙人，连续三年业务收入额排名后三位的合伙人降级为高级经理。

（2）内部业务检查制度规定，以每三年为一个周期，对已完成业务进行检查，如果事务所当年接受相关部门的外部检查，则当年暂停对所有业务的内部检查。

（3）项目质量控制复核制度规定，除上市公司审计业务外，其他需要实施质量控制复核的审计业务由审计项目组负责人执行项目质量控制复核。

（4）工作底稿保管制度规定，推行业务档案电子化，就是将纸质工作底稿经电子扫描后，保存为业务电子档案，同时销毁纸质工作底稿。

（5）独立性政策规定，每年需要保持独立性的人员提供关于独立性要求的培训，并要求高经经理以上（含高级经理）的人员每年签署遵守独立性要求的书面确认函。

（6）分所管理制度规定，分所可以根据自身的实际情况，自行制定业务质量控制制度。

问题：针对上述内容，分别指出 ABC 会计师事务所业务质量控制制度是否符合会计师事务所质量控制准则的规定，并简要说明理由。

分析提示：

（1）不符合事务所质量控制准则规定。会计师事务所制定的业绩评价、工薪及晋升程序应当强调，提高业务质量及遵守职业道德规范是晋升更高职位的主要途径，而不应当以业务收入额作为标准和途径。

（2）不符合事务所质量控制准则规定。会计师事务所应当周期性地选取已完成的业务进行检查，周期最长不得超过三年。在确定检查范围时，会计师事务所可以考虑外部独立检查的范围或结论，但这些检查不能替代自身的内部监控。

（3）不符合事务所质量控制准则规定。项目质量控制复核，是指会计师事务所挑选不参与该业务的人员，在出具报告前，对项目组作出的重大判断和在准备报告时形成的结论作出客观评价的过程。因此，审计项目组负责人不能作为复核人员执行本项目的质量控制复核工作。

（4）不符合事务所质量控制准则规定。如果原纸质记录经电子扫描后存入业务档案，会计师事务所应当保留已扫描的原纸质记录。

（5）不符合事务所质量控制准则规定。会计师事务所应当每年至少一次向所有受独立性要求约束的人员获取其遵守独立性政策和程序的书面确认函，而不是仅要求高级经理以上（含高级经理）的人员每年签署遵守独立性要求的书面确认函。

（6）不符合事务所质量控制准则规定。根据会计师事务所质量控制准则第五条，会计师事务所在制定质量控制政策和程序时，应当考虑自身规模和业务特征等因素。相关的质量控制制度是事务所整体（含分所）都要遵守的。

2.3 审计职业道德规范

审计职业道德是指审计人员在审计实践活动中应遵循的行为规范。审计人员的职业性质决定了其应承担的责任。实行注册会计师制度的国家，大都制定有本国的注册会计师职业道德准则，其出发点包括：一是为了使注册会计师切实担负起对社会公众的职责，为社会公众提供高质量的、可信赖的专业服务，在社会公众中树立良好的职业形象和职业信誉；二是规范注册会计师职业道德行为，提高注册会计师职业道德水准。注册会计师职业道德是典型的审计职业道德，本书立足于注册会计师职业诠释审计职业道德。

2.3.1 审计职业道德的含义和目的

1）审计职业道德的含义

审计职业道德规范，是在审计实践活动中应当遵循的行为规范，是对审计人员思想意识、品德修养等方面所规定的基本要求，注册会计师职业道德是对注册会计师的职业品德、职业纪律、专业胜任能力及职业审计责任等的总称。

（1）职业品德。职业品德是指注册会计师所应当具备的职业品格和道德行为。它是职业道德体系的核心部分，其基本要求是独立、客观和公正。

（2）职业纪律。职业纪律是指约束审计职业行为的法纪和戒律，尤其是指注册会计师应当遵循职业准则及国家其他相关法规。

（3）专业胜任能力。专业胜任能力是指注册会计师所应当具备胜任其专业职责的能力。

（4）职业责任。职业责任是指注册会计师对客户、同行及社会公众所应当履行的责任。

2）制定审计职业道德的目的

制定审计职业道德的基本目的是为了规范审计职业道德行为，提高审计人员职业道德水准，维护审计职业形象，保护社会公众利益。

具体目的可以概括为以下三个方面：

（1）确立衡量注册会计师行为的道德标准，约束注册会计师职业行为，促使注册会计师恪守独立、客观、公正的原则，以应有的职业谨慎态度提供各种专业服务，有效发挥注册会计师的鉴证与服务作用。

（2）明确注册会计师的职业要求和职业纪律，促使会计师事务所和注册会计师遵守独立审计准则及相关的职业准则，不断提高技术技能和道德水准，维护和提高注册会计师的职业形象。

（3）明确注册会计师的职业责任，维护注册会计师的正当权益，维护社会公众利益，保护投资者和其他利害关系人的合法权益，促进社会主义市场经济的健康发展。

2.3.2　注册会计师职业道德的基本原则

注册会计师职业道德准则中的基本原则主要是指注册会计师应具备的职业道德的原则性要求，也是整个职业道德准则中最重要的要求。我国注册会计师在职业道德方面应当遵循的基本原则包括：独立、客观、公正；专业胜任能力和应有的关注；保密；职业行为；技术准则。

1）独立、客观、公正

注册会计师在执行鉴证业务时，应当恪守独立、客观、公正的原则。独立、客观、公正是注册会计师职业道德中的三个重要的概念，也是对注册会计师职业道德的最基本的要求。

（1）独立性。独立性原则是指注册会计师执行审计或其他鉴证业务时，应当在形式上和实质上独立于委托单位和其他组织。实质上的独立，是指注册会计师在发表意见时其专业判断不受影响，公正执业，保持客观和专业怀疑；形式上的独立，是指会计师事务所或鉴证小组避免较为重大的情形，使得拥有充分相关信息的理性第三方推断其公正性、客观性或专业怀疑受到损害。

独立性是现代审计中的一个十分重要的概念，是注册会计师审计的精髓，是注册会计师执行鉴证业务的灵魂，因为注册会计师要以自身的信誉向社会公众表明，被审计单位的财务报表是真实与公允的。没有审计的独立性，就没有审计的公正性。独立性是当今世界各国审计理论与实务中普遍遵循的一项最基本的原则。

对于向审计客户提供的鉴证业务，要求会计师事务所、鉴证小组成员独立于该客户；对于向非审计客户提供的鉴证业务，如果报告没有明确限定于指定的使用者使用，则要求会计师事务所和鉴证小组成员独立于该客户；对于向非审计客户提供鉴证业务，如果报告明确限定于指定的使用者使用，则要求鉴证小组成员独立于该客户，并且会计师事务所不应当在该客户内有重大的直接或间接经济利益。

会计师事务所如与客户存在可能损害独立性的利害关系，不得承接其委托的审计或其他鉴证业务。注册会计师与委托单位存在有关利害关系时，应向所在的会计师事务所声明，并实行回避制度。注册会计师不得兼营或兼任不相容业务或职务，如不得兼任客户的经常性工作，支领工作性薪金或担任客户的常年会计顾问等。

会计师事务所和鉴证小组成员有责任考虑执业环境、对独立性的威胁和能够消除威胁或将其降至可接受水平的防范措施。这种考虑将受到诸如威胁的重要性、鉴证业务的性质、鉴证报告的预期使用者及会计师事务所的结构等因素的影响。防范措施包括：由职业、法律或规章产生的防范措施；鉴证客户内部的防范措施；会计师事务所自身制度和程序中的防范措施。

同步思考2-3

职业道德守则要求会员保持实质上和形式上的独立性，以下关于对独立性的陈述不正确的是(　　)。

A. 实质上的独立性要求注册会计师在提出结论时不受有损于职业判断的因素影响

B. 实质上的独立性要求会员不能与客户之间存在任何经济利益关系

C. 如果会员在形式上不独立，则很可能被推定为其诚信、客观或职业怀疑态度已经受到损害

D. 注册会计师在执行鉴证业务时必须在实质上独立和形式上独立

理解要点： 答案为B。会计师事务所承接业务就要向客户收取费用，审计收费的经济利益关系是存在的，但并不影响实质上的独立性。同时，即使存在经济利益威胁独立性的情形，只要能够采取措施消除威胁或降低威胁至可接受的水平，注册会计师承接该业务就不会影响独立性。

职业道德探讨2-1

审计项目组的独立性是否受到威胁

背景与情境： ABC会计师事务所负责审计甲公司2008年度财务报表，并委派A注册会计师担任审计项目组负责人。在审计过程中，审计项目组遇到下列与职业道德有关的事项：

(1) A注册会计师与甲公司副总经理H同为京剧社票友，经H介绍，A注册会计师从其他企业筹得款项，成功举办个人专场演出。

(2) 审计项目组成员B与甲公司基建处处长I是战友，I将甲公司职工集资建房的指标转让给B，B按照甲公司职工的付款标准交付了集资款。

(3) 审计项目组成员C与甲公司财务经理J毕业于同一所财经院校。

(4) 审计项目组成员D的朋友于2007年2月购买了甲公司发行的公司债券20万元。

(5) ABC会计师事务所原行政部经理E于2005年10月离开事务所，担任甲公司办公室主任。

(6) 甲公司系乙上市公司的子公司。2008年年末，审计项目组成员F拥有乙上市公司300股流通股股票，该股票每股市值为12元。

问题： 针对上述事项，分别指出是否对审计项目组的独立性构成威胁，并简要说明理由。

分析提示：

(1) 产生威胁。项目组负责人A注册会计师与审计客户的高级管理人员副总经理H之间存在长期交往，产生的密切关系对独立性构成威胁。

(2) 产生威胁。项目组成员B与审计客户的基建处处长I关系密切，而且因为I是基建处处长，所以很可能会对财务报表中的在建工程等产生重大影响。同时，项目组成员B是按照甲公司职工的付款标准付款的，并不是市场上的公允价，所以构成对独立性的

威胁。

（3）不产生威胁。项目组成员 C 与审计客户甲公司的财务经理是校友关系，但不构成密切关系，所以不构成对独立性的影响。

（4）不产生威胁。项目组成员 D 的朋友拥有甲公司的债券，并不能够视同 D 拥有审计客户的经济利益关系，所以不构成对独立性的影响。

（5）不产生威胁。原会计师事务所行政部经理 E 进入审计客户公司担任办公室主任的职务。由于 E 在会计师事务所没有具体从事过对甲公司的审计业务，同时在审计客户担任的职务对财务报表审计业务也没有影响，而且时间已经相隔 3 年，所以不构成对独立性的影响。

（6）产生威胁。项目组成员 F 拥有乙上市公司的股票，也就是拥有直接经济利益，而且乙上市公司对审计客户甲公司施加控制（由于甲是乙的子公司），因而可能产生重大的自身利益威胁。

（2）客观性。客观性原则是指注册会计师对有关事项的调查、判断和意见表述应当基于客观的立场，力求公平，以客观事实为依据，实事求是，不依据个人的主观愿望，也不为委托单位或第三者的意见所左右。注册会计师不得因成见或偏见、利益冲突和他人影响而损害其客观性。在分析、处理问题时，注册会计师不能以个人的好恶或偏见行事。客观性要求注册会计师在执业中必须一切从实际出发，注重调查研究。

（3）公正性。公正性原则是指注册会计师应当具备正直、诚实的品质，在提供服务时应当将社会公众利益置于个人利益之上，不偏不倚地对待有关利益各方，不以牺牲一方利益为条件而使另一方受益。无论提供何种服务，担任何种职务，注册会计师都应维护其专业服务的公正性，并在判断中保持客观性。公正还有公平交易和真实的含义。

客观性原则和公正性原则适用于注册会计师提供的各种专业服务，应当是注册会计师职业道德方面追求的最高目标，也是注册会计师保持独立性的重要原因。对职业人员提出这两方面的要求是十分必要的，这将有助于巩固执业人员良好的道德观，有利于职业道德准则中其他条款的贯彻实施。

2）专业胜任能力

职业道德准则中关于专业胜任能力方面的要求是保证注册会计师工作质量的重要手段。

（1）注册会计师不得从事不能胜任的业务。专业胜任能力既要注册会计师具有专业知识、技能和经验，又要求其经济、有效地完成客户委托的业务。注册会计师提供专业服务时，应保持应有的职业关注、专业胜任能力和勤勉，并且随着业务、法规和技术的不断发展，应使自己的专业知识和技能保持在一定水平之上，以确保客户能够享受到高水平的专业服务。注册会计师在执业过程中应当保持应有的职业谨慎，以质疑的思维方式评价所获取证据的有效性，并对产生怀疑的证据保持警觉。

（2）对业务助理人员和专家工作的利用。注册会计师所从事的业务中，大部分都需要业务助理人员的协助，在一些特殊的业务中还往往需要聘请其他专家的帮助才能胜任。但由于签章注册会计师对审计报告负责，也就要求注册会计师对业务助理人员和专家的工作结果负责。所以，要求注册会计师对业务助理人员和专家的业务能力进行评价，看其能否胜任所分派的工作；在执行业务之前，应就项目的性质、时间、范围、方法等对业务助理人员和专家进行必要的培训；在业务执行过程中，应对业务助理人员和专家予以切实的指导、监督、检查，包括复核其工作底稿。

3）保密性

商业机密是职业道德中的重要话题。职业道德准则规定"注册会计师应当对执行业务过程中知悉的商业机密保密，并不得利用其为自己或他人谋取利益"。在以下 4 种情况下，注册会计师应当披露必要的信息：

（1）当委托方同意披露信息时，注册会计师可在委托方同意的范围内加以披露。

（2）事务所为了保证审计质量，实施三级复核制度时，从事审计的注册会计师应当向复核的注册会计师披露所需要的所有信息。

（3）当法庭、主管财政机关、注册会计师对事务所或注册会计师的业务依法进行调查时，事务所及注册会计师不得以保密为由拒绝调查。

（4）注册会计师组织同业复核时，被复核的会计师事务所和注册会计师应当无保留地提供所需的信息。

同步思考 2-4

注册会计师正在执行对上市公司 X 公司 2012 年度财务报表审计业务，下列情形中遵循了保密原则的有（　　）。

A. 在未得到 X 公司同意的情况下将 X 公司利润分配政策提供给 X 公司所在行业联营单位

B. 在未得到 X 公司授权情况下向中国证监会报告其发现的 X 公司隐瞒巨额收入偷税行为

C. 在未得到 X 公司授权情况下向法庭提供作为共同被告而证实自己遵循审计准则的审计工作底稿

D. 在未得到 X 公司授权情况下向后任注册会计师提供 2012 年审计工作底稿

理解要点：答案为 BC。选项 A 中注册会计师将所审计 X 公司的重要商业信息提供给其联营单位属于违背保密原则；选项 B 是法律法规要求披露的情形，未违背保密原则；选项 C 是法律法规未予禁止的情形，未违背保密原则；选项 D 是前后任注册会计师沟通的情形，注册会计师应取得 X 公司的授权，未经授权则违背了保密原则。

4）职业行为

注册会计师在执业过程中应履行对社会公众、客户和同行的责任。

（1）对社会公众的责任。注册会计师行业的一个显著标志是对社会公众承担责任、维护社会公众利益。社会公众利益是指注册会计师为之服务的人士和机构组成的整体的共同利益。注册会计师行业作为一个肩负重大社会责任的行业，应以维护社会公众利益为根本目标。

（2）对客户的责任。注册会计师对社会公众履行责任的同时，也对客户承担着特殊责任。具体包括：在维护社会公众利益的前提下，竭诚为客户服务；按照业务约定履行对客户的责任；对执行业务过程中知悉的商业秘密保密，并不得利用其为自己或他人谋取利益；除有关法规允许的情形外，会计师事务所不得以或有收费形式为客户提供鉴证服务。

（3）对同行的责任。对同行的责任是指会计师事务所、注册会计师在处理与其他会计师事务所、注册会计师相互关系中所应遵循的道德标准。具体包括：会计师事务所、注册会计师与同行保持良好的工作关系，配合同行工作；不得诋毁同行，不得损害同行利益；会计师事务所不得雇用正在其他会计师事务所执业的注册会计师。注册会计师不得以个人名义同时在两家或两家以上的会计师事务所执业；会计师事务所不得以不正当手段与同行争揽业务。

（4）其他责任。这里的其他责任主要是指在业务承接方面的责任。具体包括：注册会计师应当维护职业形象，不得有可能损害职业形象的行为；注册会计师及其所在会计师事务所不得采用强迫、欺诈、利诱等不正当手段招揽业务；注册会计师及其所在会计师事务所不得对其能力进行广告宣传以招揽业务；注册会计师及其所在会计师事务所不得以向他人支付佣金等不正当方式招揽业务，也不得向客户或通过客户获取服务费之外的任何利益；会计师事务所、注册会计师不得允许他人以本所或本人的名义承办业务。

5）技术准则

注册会计师应当遵照相关的技术准则提供专业服务。注册会计师有责任在执业时保持应有的关注和专业胜任能力，并在遵守公正性、客观性要求的限度内为客户提供优质服务；在执行审计、审阅和其他鉴证业务时，还应遵守独立性的要求。注册会计师应当遵守以下技术准则：①中国注册会计师执业准则；②企业会计准则；③与执业相关的其他法律、法规和规章。

2.3.3　其他与职业道德相关的具体要求

1）收费与佣金

注册会计师运用专业技能和知识为客户提供专业服务，会计师事务所有权获得报酬。

在市场经济条件下，注册会计师行业的竞争是客观存在的。由于注册会计师提供服务的高度专业性，消费者无法作出类似的评价和判断——至少不能同等程度上作出类似评价或判断。因此，注册会计师的竞争与其他商业竞争是不同的。在这种情况下，注册会计师行业的过度竞争——特别是低价竞争，使得注册会计师面临很大的时间和预算压力，往往导致服务质量达不到标准，降低其服务质量，而且有可能削弱注册会计师的独立性。因此，许多国家都禁止低价竞争。

（1）收费。注册会计师收费的多少，应以服务性质、工作量大小、参加人员层次的高低等为主要依据，按照规定标准合理收费。收费需要考虑的因素：①专业服务所需的知识和技能；②所需专业人员的水平和经验；③每一专业人员提供服务所需的时间；④提供专业服务所需承担的责任。

或有收费：或有收费是指收费与否或收费多少以鉴证工作结果或实现特定目的为条件。或有收费分为收费与否型的或有收费和收费水平型的或有收费。审计客户要求注册会计师发表标准审计报告，否则就不付费，这属于收费与否型的或有收费；审计客户按照审计后的净利润水平高低付费，这属于收费水平型的或有收费。会计师事务所如果以或有收费方式提供鉴证服务，往往会发表不恰当的意见，做出有违社会公众利益的行为。

除法规允许外，会计师事务所不得以或有收费方式提供鉴证服务，收费与否或多少不得以鉴证工作结果或实现特定目的为条件。

如果是经法院或其他公共管理机构确定的收费，则不应视为或有收费。除得到法律认可或作为某种专业服务的公认做法而被职业组织认可外，按照百分比或其他类似基础收取费用应被视为或有收费。

（2）佣金。佣金也是影响注册会计师服务质量和行业形象的一个重要因素。一方面，如果会计师事务所和注册会计师为了招揽业务而向推荐方支付佣金，或因向第三方推荐客户而收取佣金，就相当于支付佣金的一方的业务收费降低，从而影响执业质量。另一方面，如果会计师事务所和注册会计师因宣传他人的产品或服务而收取佣金，很容易导致形式上的不独立，降低行业在社会公众中的形象。注册会计师及其所在会计师事务所不得以向他人支付佣金等不正当方式招揽业务；不得因向第三方推荐客户而收取佣金；也不得向客户或通过客户获取服务费之外的任何利益，包括经济利益和非经济利益。会计师事务所和注册会计师不得因宣传他人的产品或服务而收取佣金。

2）接任前任注册会计师的审计业务

根据《中国注册会计师审计准则第 1152 号——前后任注册会计师的沟通》的规定，前任注册会计师，是指代表会计师事务所对最近期间会计报表出具审计报告或接受委托但未完成审计工作，已经或可能与委托人解除业务约定的注册会计师。后任注册会计师，是指代表会计师事务所正在考虑接受委托或已经接受委托，接替前任注册会计师执行会计报表审计业务的注册会计师。前后任注册会计师的关系，仅限于审计业务。注册会计师应当配合同行工作。委托单位变更会计师事务所，后任注册会计师应与前任注册会计师取得联系，相互了解和介绍变更委托的情况和原因，前任注册会计师应对后任注册会计师的工作给予支持和合作。在接受委托前，后任注册会计师应当与前任注册会计师进行必要沟通，并对沟通结果进行评价，以确定是否接受委托。后任注册会计师在接任前任注册会计师的审计业务时，不得蓄意侵害前任注册会计师的合法权益。接受委托后，如果需要查阅前任注册会计师的工作底稿，后任注册会计师应当征得被审计单位同意，并与前任注册会计师进行沟通。

3）广告、业务招揽和宣传

这里所说的广告，是指为招揽业务，会计师事务所将其服务和技能等方面的信息向社会公众进行传播，而刊登设立、合并、分立、解散、迁址、名称变更、招聘员工等信息以及注册会计师协会为会员所做的统一宣传不在此列；业务招揽，是指会计师事务所和注册会计师与非客户接触以争取业务；宣传，是指会计师事务所和注册会计师向社会公众告知有关事实，其目的不是抬高自己。

（1）广告。《注册会计师法》和《中国注册会计师职业道德基本准则》规定，会计师事务所不得利用新闻媒体对其能力进行广告宣传。其主要有三条理由：一是注册会计师的服务质量及能力无法由广告内容加以评估；二是广告可能威胁专业服务的精神；三是广告可能导致同行之间的不正当竞争。

（2）业务招揽。会计师事务所和注册会计师不得采用强迫、欺诈、利诱或骚扰等方式招揽业务。

（3）宣传。在不允许做广告的情况下，会计师事务所和注册会计师所做的宣传如果符合下列条件，则是可以接受的：宣传的目的是向公众或有关部门告知事实，且这种告知没有采取错误、误导或欺骗的方式；宣传具有高品位；维护了职业尊严；避免经常重复或不恰当地突出执行业务的注册会计师的姓名。

职业道德探讨 2-2

关于是否违反职业道德的探讨

背景与情境： 上市公司甲公司系 ABC 会计师事务所的常年审计客户。2010 年 4 月 1 日，ABC 会计师事务所与甲公司续签了 2010 年度财务报表审计业务约定书。XYZ 会计师事务所和 ARC 会计师事务所使用同一品牌，共享重要的专业资源。ABC 会计师事务所遇到下列与职业道德有关的事项：

（1）ABC 会计师事务所委派 A 注册会计师担任甲公司 2010 年度财务报表审计项目合伙人。A 注册会计师曾担任甲公司 2004—2008 年度财务报表审计项目合伙人，但未担任甲公司 2009 年度财务报表审计项目合伙人。

（2）2010 年 9 月 15 日，甲公司收购了乙公司 80% 的股权，乙公司成为其控股子公司。A 注册会计师自 2009 年 1 月 1 日起担任乙公司的独立董事，任期 5 年。

（3）B 注册会计师系 ABC 会计师事务所的合伙人，与 A 注册会计师同处一个业务部门。2010 年 3 月 1 日，B 注册会计师购买了甲公司股票 5 000 股，每股 10 元，由于尚未出售该股票，ABC 会计师事务所未委派 B 注册会计师担任甲公司审计项目组成员。

（4）丙公司系甲公司的母公司，甲公司审计项目组成员 C 的妻子在丙公司担任财务总监。

（5）甲公司审计项目组成员 D 曾在甲公司人力资源部负责员工培训工作，于 2010 年 2 月 10 日离开甲公司，加入 ABC 会计师事务所。

（6）2010 年 2 月 25 日，XYZ 会计师事务所接受甲公司委托，提供内部控制设计服务。

问题： 针对上述事项，请逐项指出 ABC 会计师事务所及其人员是否违反中国注册会计师职业道德守则，并简要说明理由。

分析提示：

（1）违反。A 注册会计师担任关键审计合伙人 5 年轮换后，再次担任该客户的关键审计合伙人需要在 2 年后，否则会因自我评价违反职业道德守则。

（2）违反。因企业合并导致乙公司成为 ABC 事务所的审计客户，A 注册会计师担任审计客户（乙公司）的独立董事，会因自我评价违反职业道德守则。

（3）违反。A 注册会计师所在分部的其他合伙人在审计客户中拥有直接经济利益，因经济利益违反职业道德守则。

（4）违反。审计项目组成员的主要近亲属（其妻子）是审计客户的高级管理人员，其岗位职责对财务报表产生重大影响，因密切关系违反职业道德守则。

（5）不违反。审计项目组成员曾在审计客户（甲公司）负责员工的培训工作，其岗位职责对财务报表不产生重大影响，不存在密切关系违反职业道德守则。

（6）违反。ABC 事务所和 XYZ 事务所属于网络事务所，XYZ 事务所承担内部控制设计服务属于承担审计客户管理层职责，因自我评价违反职业道德守则。

2.4　注册会计师的法律责任

法律责任是审计人员在执业过程中违反法律法规所应承担的责任。审计人员在履行其审计职责过程中，如果因违约、过失或欺诈而导致委托人、被审计单位和有关的第三者经济损失，那么就必须承担由此引起的法律责任，包括行政责任、民事责任和刑事责任。

2.4.1 注册会计师法律责任的成因

在现代社会，注册会计师成为被告的原因来自多个方面，这里面既有环境方面的原因，也有审计委托受托双方的原因。

1) 社会成因

从目前情况看，注册会计师涉及法律诉讼的数量和金额呈上升趋势，可能出于以下原因：

（1）法律环境方面。①法院对注册会计师法律责任的看法与审计职业界的看法不同；②"深口袋"理论的盛行。社会日益赞同受害的一方向有能力提供赔偿的一方提起诉讼，而不论错在哪一方；③注册会计师败诉的案例日益增多。民事法庭在审理起诉会计师事务所的案件中，会计师事务所败诉的案例日益增多。这便促使律师以或有收费为基础提供法律服务，无论是否有道理，都将会计师事务所作为起诉的对象；④法庭在理解专业性事项方面存在困难；⑤许多会计师事务所宁愿在庭外和解法律问题，以避免高昂的法律费用和公开的负面影响，而不愿通过司法程序来解决这些问题；⑥所能搜集的证据明显不足。

（2）在审计功能与作用的认识上，审计职业界与社会公众的期望存在差异。

（3）会计信息质量日益受到重视。

（4）财务报表使用者对注册会计师的责任日趋了解。

（5）政府监管部门保护投资者的意识日益加强，监管措施日益完善，处罚力度日益增大。

（6）由于审计环境发生了很大变化，企业规模扩大，业务全球化以及企业经营的错综复杂性，使会计业务更加复杂，审计风险变大。

2) 被审计单位的原因

（1）经营失败。被审计单位在经营失败时，也可能会连累注册会计师。很多会计和法律专业人士认为，财务报表使用者控告会计师事务所的主要原因之一是不理解经营失败和审计失败之间的差别。

经营失败，是指企业由于经济或经营条件的变化而无法满足投资者的预期，如经济萧条、没有获得重要的合同、诉讼失败、不当的管理决策或出现意料之外的行业竞争等情况都可能导致经营失败。经营失败的极端情况是申请破产。经营风险是导致经营失败的主要原因之一。

审计失败，是指注册会计师由于没有遵守审计准则的要求而发表了错误的审计意见。例如，注册会计师可能指派了不合格的助理人员去执行审计任务，未能发现应当发现的财务报表中存在的重大错报。审计风险是财务报表中存在重大错报，而审计人员发表不恰当审计意见的可能性，这种可能性是客观存在的，是导致审计失败的主要原因之一。

经营失败不等于审计失败，但经营失败容易导致审计失败，对于有经营失败迹象的被审计单位，注册会计师应保持应有的职业谨慎。因为在绝大多数情况下，审计失败的诱因是注册会计师在审计过程中没有尽到应有的职业谨慎。在这种情况下，法律通常允许因注册会计师未尽到应有的职业谨慎而遭受损失的各方获得由审计失败导致的部分或全部损失的补偿。但是，由于审计业务的复杂性，判断注册会计师未能尽到应有的谨慎也是一件困难的工作。尽管如此，注册会计师如果未能恪守应有的职业谨慎态度，通常由此承担责任，并可能致使会计师事务所也遭受损失。

（2）错误、舞弊和违反法律、法规行为。所谓错误，是指会计报表中存在的非故意的错报或漏报，即被审计单位由于疏忽、错误等原因，在注册会计师所审计的会计报表中产生了错报和漏报。错误强调的是被审计单位的非故意错报行为。错误主要包括：①原始记录和会计数据的计算、抄写错误；②对事实的疏忽和误解；③对会计政策的误用。

所谓舞弊，是指导致会计报表产生不实反映的故意行为，即被审计单位故意在注册会计师所审计的会计报表中造成错报和漏报。此处强调的是被审计单位的故意错报行为。舞弊主要包括：①伪造、变造记录或凭证；②侵占资产；③隐瞒或删除交易或事项；④记录虚假的交易或事项；⑤蓄意使用不当的会计政策。

所谓违法行为，是指被审计单位故意或非故意地违反除《企业会计准则》及国家其他有关财会法规以外的国家法律、行政法规、部门规章和地方性法规、规章的行为。

注册会计师如果未能发现或揭露被审计单位的严重的错误、舞弊，违反法律、法规行为，可能给财务报表使用者造成损失，注册会计师可能因此受到控告。当然，由于审计的固有限制，即使严格按照审计准则的规定恰当地计划和实施审计工作，注册会计师也不能对财务报表整体不存在重大错报提供绝对保证。因此，不能要求注册会计师对所有未查出的会计报表中的错误与舞弊情况负责，但是，这也不意味着注册会计师对未能查出的会计报表中的重大错误与舞弊没有任何责任，关键要看未能查出的原因是否源自注册会计师本身的过错。

3）会计师事务所和注册会计师的原因

除了被审计单位的原因之外，也有些原因来自会计师事务所和注册会计师本身。例如，对被审计单位经营情况了解不够；职业道德素质低下；注册会计师受制于买方市场压力，同业竞争激烈，削价求售，品质下降；专业胜任能力不够；审计程序不妥；未能保持应有的职业谨慎；所搜集的证据明显不足；未能将审计证据恰当地记录于工作底稿；对客户舞弊的研究和重视不够。

因会计师事务所和注册会计师本身存在上述原因，出现违约、过失和欺诈等被追究法律责任。

（1）违约。它是指合同的一方或几方未能达到合同条款的要求。当违约给人造成损失时，注册会计师应负违约责任。比如，会计师事务所在商定的期间内未能提交纳税申报表，或违反了与被审计单位订立的保密协议等。

（2）过失。它是指在一定条件下，缺少应具备的合理的谨慎。评价注册会计师的过失，是以其他合格注册会计师在相同条件下可做到的谨慎为标准的。当过失给他人造成损失时，注册会计师应负过失责任。通常将过失按其程度不同分为普通过失和重大过失。普通过失（也称"一般过失"）通常是指没有保持职业上应有的合理的谨慎，对注册会计师则是指没有完全遵循专业准则的要求。比如，未按特定审计项目取得必要和充分的审计证据就出具审计报告的情况，可视为普通过失。重大过失是指连起码的职业谨慎都不保持，对业务或事务不加考虑，满不在乎，对注册会计师而言，则是指根本没有遵循专业准则或没有按专业准则的基本要求执行审计。另外，还有一种过失称"共同过失"，即对他人过失，受害方自己未能保持合理的谨慎，因而蒙受损失。比如，被审计单位未能向注册会计师提供编制纳税申报表所必要的信息，后来又控告注册会计师未能妥当地编制纳税申报表，这种情况可能使法院判定被审计单位有共同过失。再如，在审计中未能发现现金等资产短少时，被审计单位可以过失为由控告注册会计师，而注册会计师又可以说现金等问题是由缺乏适当的内部控制造成的，并以此为由来反击被审计单位的诉讼。注册会计师过失程度的大小没有特别严格的界限，在实务中往往也很难界定。前面提到了它们之间的主要区别，具体到每一个案例则由法院根据具体情况给予解释。

（3）欺诈。欺诈又称舞弊，是以欺骗或坑害他人为目的的一种故意的错误行为。对于注册会计师而言，欺诈就是为了达到欺骗他人的目的，明知委托单位的财务报表有重大错报，却加以虚伪的陈述，出具无保留意见的审计报告。与欺诈相关的另一个概念是"推定欺诈"，又称"涉嫌欺诈"，是指虽无故意欺诈或坑害他人的动机，但却存在极端或异常的过失。推定欺诈和重大过失这两个概念的界限往往很难界定，在美国许多法院曾经将注册会计师的重大过失解释为推定欺诈，特别是近年来有些法院放宽了"欺诈"一词的范围，推动推定欺诈在法律上成为等效的概念。这样，具有重大过失的注册会计师的法律责任就进一步加大了。

2.4.2 我国注册会计师承担法律责任的种类

注册会计师因违约、过失或欺诈给被审计单位或其他利害关系人造成损失的，按照有关法律和规定，可能被判负行政责任、民事责任或刑事责任。这三种责任可单处，也可并处。

业务链接 2-1

现代审计的社会角色与责任

在信息风险广泛存在的现代社会里，针对注册会计师的社会角色与承担的责任，有两种观点比较盛行：其一，认为注册会计师是"信息风险降低者"；其二，认为注册会计师是"信息风险分摊者"。

（1）信息风险降低论。这种观点认为，注册会计师的作用之一在于通过审计减少会计信息中可能存在的故意或非故意的错报，降低信息使用人的信息风险。这种观点的理论依据主要是来源于"信息论"和"保险论"的结合。信息风险的复杂性决定了注册会计师只能是降低信息风险，而无法完全分担这种信息风险。

（2）信息风险分摊论。这种观点认为，注册会计师要对欺诈和错误行为承担足够的责任，审计行为被视为分担社会风险的过程，这就使得注册会计师的社会责任压力过重，从而使得这种审计期望变得不现实。

实际上，注册会计师无论多么勤勉尽职，也无法保证其审计后的会计数据绝对真实公允。注册会计师的定位不能仅仅迎合人们的主观愿望，注册会计师不是警察，他们并不具有警察的强制性，注册会计师的作用不能被盲目夸大。我们认为，注册会计师在现代社会中应当扮演"信息风险降低者"的角色，同时也应承担相应的社会责任。

1）民事责任

民事责任是指注册会计师由于民事违法而应承担的法律后果。民事责任的承担方式一般来说包括停止侵害、消除影响、赔偿损失等，对注册会计师来说，民事责任形式主要有赔偿受害人损失、支付违约金等。

1986 年 4 月 12 日，第六届全国人民代表大会第四次会议通过的《民法通则》对民事责任的规定相对比较集中。其中，第一百零六条规定："公民、法人违反合同或者不履行其他义务的，应当承担民事责任。公民、法人由于过错侵害国家的、集体的财产，侵害他人财产、人身的应当承担民事责任。没有过错，但法律规定应当承担民事责任的，应当承担民事责任。"第一百一十一条规定："当事人一方不履行合同义务或者履行合同义务不符合约定条件的，另一方有权要求履行或者采取补救措施，并有权要求赔偿损失。"第一百一十三条规定："当事人双方都违反合同的，应当分别承担各自应负的民事责任。"第一百一十七条规定："侵占国家的、集体的财产或者他人财产的，应当返还财产，不能返还财产的，应当折价赔偿。损坏国家的、集体的财产或者他人财产的，应当恢复原状或者折价赔偿。受害人因此遭受其他重大损失的，侵害人并应当赔偿损失。"

1993 年 10 月 31 日颁布、1994 年 1 月 1 日实施的《注册会计师法》在第六章"法律责任"中规定了注册会计师行政、刑事和民事责任。其中关于民事责任的条款是第 42 条"会计师事务所违反本法规定，给委托人、其他利害关系人造成损失的，应当依法承担赔偿责任"。

由四川省德阳东方贸易公司验资法律纠纷而引发的最高人民法院法函〔1996〕56 号，成为关于注册会计师因出具虚假验资报告而应承担民事责任的第一个专门司法解释，连同最高人民法院随后颁布的法释〔1997〕10 号和法释〔1998〕3 号，为验资报告使用人运用《注册会计师法》第 42 条向会计师事务所进行民事赔偿提供了依据。

2005 年 12 月 29 日新修订的《证券法》第一百七十三条规定："证券服务机构为证券的发行、上市、交易等证券业务活动制作出具审计报告、资产评估报告、财务顾问报告、资信评级报告或者法律意见书等文件，应当勤勉尽责，对所制作、出具的文件内容的真实性、准确性、完整性进行核查和验证。其制作、出具的文件有虚假记载、误导性陈述或者重大遗漏，给他人造成损失的，应当与发行人、上市公司承担连带赔偿责任，但是能够证明自己的没有过错的除外。"

2005 年 10 月 27 日新修订的《公司法》第二百零八条第三款规定："承担资产评估、验资或者验证的机构因出具的评估结果、验资或者验证证明不实，给公司债权人造成损失的，除能够证明自己没有过错外，在其评估或者证明不实的金额范围内承担赔偿责任。"

2）行政责任

行政责任是指注册会计师由于行政违法而应承担的法律后果。行政责任的具体表现是依据法律规定，承受一定的制裁。行政制裁是国家行政机关、行业管理部门对行政违法行为追究行政责任所给予的制裁，分为行政处罚和纪律处分两种。行政处罚对注册会计师个人来说，包括警告、没收违法所得、罚款、暂停执业（暂停执业的最长期限为 12 个月）、吊销有关执业许可证、吊销注册会计师证书；对会计师事务所而言，包括警告、没收违法所得、罚款、暂停执业（暂停执业的最长期限为 12 个月）、吊销有关执业许可证、撤销等。

《注册会计师法》第三十九条规定："会计师事务所违反本法第二十条、第二十一条规定的，由省级以上人民政府财政部门给予警告，没收违法所得，可以并处违法所得一倍以上五倍以下的罚款；情节严重的，并可以由省级以上人民政府财政部门暂停其经营业务或者予以撤销。注册会计师违反本法第二十条、第二十一条规定的，由省级以上人民政府财政部门给予警告，情节严重的，可以由省级以上人民政府财政部门暂停其执行业务或者吊销注册会计师证书。"

《证券法》第二百零一条规定："为股票的发行、上市、交易出具审计报告、资产评估报告或者法律意见书等文件的证券服务机构和人员，违反本法第四十五条的规定买卖股票的，责令依法处理非法持有的股票，没收违法所得，并处以买卖股票等值以下的罚款。"第二百零七条规定："违反本法第七十八条第二款的规定，在证券交易活动中作出虚假陈述或者信息误导的，责令改正，处以三万元以上二十万元以上的罚款，属于国家工作人员的，还应当依法给予行政处分。"第二百二十三条规定："证券服务机构未勤勉尽责，所制作、出具的文件有虚假记载、误导性陈述或者重大遗漏的，责令改正，没收业务收入，暂停或者撤销证券服务业务许可，并处以业务收入一倍以上五倍以下的罚款。对直接负责的主管人员和其他直接责任人员给予警告，撤销证券从业资格，并处以三万元以上十万元以下的罚款。"第二百二十五条规定："上市公司、证券公司、证券交易所、证券登记结算机构、证券服务机构，未按照有关规定保存有关文件和资料的，责令改正，给予警告，并处以三万元以上三十万元以下的罚款；隐匿、伪造、篡改或者毁损有关文件和资料的，给予警告，并处以三十万元以上六十万元以下的罚款。"

《公司法》第二百零八条规定："承担资产评估、验资或者验证的机构提供虚假材料的，由公司登记机关没收违法所得，处以违法所得一倍以上五倍以下的罚款，并可以由有关主管部门依法责令该机构停业、吊销直接责任人员的资格证书、吊销营业执照。承担资产评估、验资或者验证的机构因过失提供有重大遗漏的报告的，由公司登记机关责令改正，情节较严重的，处以所得收入一倍以上五倍以下的罚款，并可以由有关主管部门依法责令该机构停业、吊销直接责任人员的资格证书，吊销营业执照。"

3）刑事责任

刑事责任是指注册会计师由于违反国家的法律法规，情节严重，构成刑事犯罪行为而应承担的法律后果。刑事责任的表现，就是按有关法律程序判处一定的徒刑或附带罚金。一般来说，因违约和过失可能使注册会计师负行政责任和民事责任，因欺诈可能会使注册会计师负民事责任和刑事责任。

《注册会计师法》第二十条、第二十一条的规定，会计师事务所，注册会计师违反本法，故意出具虚假的审计报告、验资报告、构成犯罪的，依法追究刑事责任。《证券法》第二百三十一条规定："违反本法规定，构成犯罪的，依法追究刑事责任。"《公司法》第二百一十六条规定："违反本法规定，构成犯罪的，依法追究刑事责任。"《刑法》第二百二十九条规定："承担资产评估、验资、验证、会计、审计、法律服务等职责的中介组织的人员故意提供虚假证明文件，情况严重的，处五年以下有期徒刑或者拘役，并处罚金。"

教学互动 2-1

甲、乙、丙三位出资人共同投资设立丁有限责任公司（以下简称丁公司）。甲、乙出资人按照出资协议的约定按期缴纳了出资额，丙出资人通过与银行串通编造虚假的银行进账单，虚构了出资。ABC 会计师事务所的分支机构接受委托对拟设立的丁公司的注册资本进行审验，并委派 A 注册会计师担任项目组负责人。审验过程中，A 注册会计师按照执业准则的要求，实施了检查文件记录、向银行函证等必要的程序，保持了应有的职业谨慎，但未能发现丙出资人的虚假出资情况。A 注册会计师在出具的验资报告中认为，各出资人已全部缴足出资额，并在验资报告的说明段中注明"本报告仅供工商登记使用"。丁公司注册登记半年后，丙出资人补足了虚构的出资额。一年后，乙出资人抽逃其全部出资额。两年后，丁公司因资金短缺和经营不善等原因导致资不抵债，无力偿付戊供应商的材料款。戊供应商以 ABC 会计师事务所出具不实验资报告为由，向法院提起民事诉讼，要求 ABC 会计师事务所承担连带赔偿责任。ABC 会计师事务所提出以下三项抗辩理由，要求免于承担民事责任：一是审验工作乃分支机构所为，与本会计师事务所无关；二是戊供应商与本会计师事务所及分支机构不存在合约关系，因而不是利害关系人；三是验资报告已经注明"仅供工商登记使用"，戊供应商因不当使用验资报告而遭受损失与本会计师事务所无关。

初步问题：

（1）戊供应商可以对哪些单位或个人提起民事诉讼？

（2）ABC 会计师事务所提供的抗辩理由是否成立？

进一步问题： ABC 会计师事务所是否可以免于承担民事责任？

要求： 同【教学互动 1–1】的"要求"。

2.4.3 注册会计师避免法律诉讼的对策

注册会计师的职业性质决定了其容易遭受法律诉讼，那些蒙受损失的受害人总想通过起诉注册会计师尽可能使损失得以补偿。因此，法律诉讼一直是困扰着西方国家会计师职业的一大难题，会计师行业每年不得不为此付出大量的精力、支付巨额的赔偿金、购买高昂的保险费。如何避免法律诉讼，已成为我国注册会计师非常关注的问题。

面对注册会计师法律责任问题，应该通过注册会计师协会和注册会计师个人的共同努力，尽量避免法律诉讼。

1）政府和注册会计师协会从改善职业环境方面采取的措施

由于法律责任是关系到注册会计师行业发展的一项重要内容，关系到会员的利益、行业的声誉以及社会对行业的信任，因此作为行业的管理者，财政部门和协会必须尽其所能，避免法律诉讼的发生。通常情况下，需要做好以下几项工作：

（1）进一步开展审计理论研究，完善执业审计准则建设。

（2）改善法律层面的环境，帮助法律界理解注册会计师责任。

（3）积极宣传注册会计师职能，减小公众对注册会计师工作的期望差。

（4）培养注册会计师职业道德意识，注重后续教育。

（5）加强行业监督制度。注册会计师行业的同业互查制度和对不称职注册会计师的行政处罚制度是保障鉴证业务质量的好方法。严格监督制度的实施，防止其流于形式可以防患于未然。

2）注册会计师与事务所避免法律诉讼的具体措施

注册会计师和事务所避免法律诉讼的具体措施可以概括为以下几点：

（1）谨慎选择合伙人。

（2）审慎选择被审计单位。

（3）招收合格的助审人员，并予适当的培训和监督。

（4）恪守职业道德和专业标准，保持必要的谨慎。

（5）建立、健全会计师事务所质量控制制度。

（6）与委托人签订业务约定书。

（7）深入了解被审计单位的业务。

（8）提取风险基金或购买责任保险。

（9）聘请熟悉注册会计师法律责任的律师。

（10）注册会计师减少过失和防止欺诈。注册会计师要避免法律诉讼，就必须在执行审计业务时坚持独立性、保持职业谨慎、强化执行监督，尽量减少过失行为，防止欺诈行为。

第3章
审计中的重要性和审计风险

学习目标

通过本章学习，应该达到以下目标：

理论目标：学习并把握重要性水平和审计风险的概念，理解审计成本与审计证据数量、审计证据数量与审计风险的关系。

实务目标：学习并把握重要性和审计风险的确定中常用的方法；能用其规范"重要性和审计风险"的相关技能活动。

案例目标：运用重要性和审计风险的理论与实务知识研究相关案例，培养和提高在特定业务情境中分析问题与决策设计的能力；能结合本章教学内容，根据"职业道德探讨"的行业规范或标准，分析注册会计师在重要性和审计风险评估过程中的行为，强化相关知识和技能的培养。

实训目标：参加"重要性和审计风险"业务胜任能力的实践训练。在了解和把握本实训所涉及的相关技能点的"规范与标准"的基础上，通过切实体验"重要性和审计风险"各实训任务的完成，系列技能操作的实施等有质量、有效率的活动，培养运用重要性和审计风险知识，并能结合被审计单位的具体情况评估重要性和审计风险的专业能力，强化解决问题的职业核心能力，并通过职业态度等行为规范，促进健全职业人格的塑造。

引例　美国联区金融集团租赁公司审计案

背景与情境：美国联区金融集团是一家从事金融服务的企业，公司有可公开交易的债券上市，美国证券交易委员会要求它定期提供财务报表。经过 7 年的发展，联区金融集团租赁公司的雇员已超过 4 万名，在全国各地设有 10 个分支机构，未收回的应收租赁款接近 4 亿美元，占合并总资产的 35%。

1981 年年底，联区金融集团租赁公司进攻型市场策略的弊端开始显现出来，债务拖欠率日渐升高，该公司不得不采用多种非法手段来掩饰其财务状况已经恶化的事实。美国证券交易委员会指控，联区金融集团租赁公司在其定期报送的财务报表中始终没有对应收租赁款计提充足的坏账准备金。1981 年以前，联区金融集团租赁公司的坏账准备金率为 1.5%，1981 年调增至 2%，1982 年调增至 3%。尽管这种估计坏账损失的会计方法得到了美国证券交易委员会的认可，但后者一再重申，联区金融集团租赁公司所选用的坏账准备金率实在太小了。事实上，截至 1982 年 9 月，该公司应收账款中拖欠期超过 90 天的金额已高达 20% 以上。对坏账准备金缺乏应有的控制所引起的一个直接后果，就是财务报表中该账户的金额被严重低估。

美国证券交易委员会对塔奇·罗斯会计师事务所在联区金融集团租赁公司 1981 年度审计中的表现极为不满，指责该年度的审计"没有进行充分的计划和监督"。美国证券交易委员会宣称，事务所在编制联区金融集团租赁公司 1981 年度的审计计划及设计审计程序时，没有充分考虑存在于该公司的大量审计风险因素。事实上，美国证券交易委员会发现，1981 年度的审计计划"大部分是以前年度审计计划的延续"。该审计计划缺陷如下：

（1）塔奇·罗斯会计师事务所没有对超期应收租赁款账户的内部会计控制加以测试、评估控制风险和应用审计风险模型。由于审计计划没有测试公司的会计制度是否能准确地确定应收租赁款的超期时间，审计人员无法判断从客户那里获取的账龄汇总表是否准确。

（2）塔奇·罗斯会计师事务所的审计计划没用恰当评估重要性水平和考虑重要性和审计证据数量的关系，只要求测试一小部分（8%）未收回的应收租赁款。由于把大部分注意力集中在金额超过 5 万美元、拖欠期达 120 天的超期应收租赁款上，塔奇·罗斯会计师事务所忽略了相当部分无法收回的应收租赁款。

（3）尽管审计计划要求对客户坏账核销政策进行复核，但并没有要求外勤审计人员去确定该政策是否被实际执行。事实上，该公司并没有遵循其坏账核销政策。联区金融集团租赁公司实际采用的是一种核销坏账的预算方法，可以随时将大量无法收回的租赁款冲销坏账准备，而事先却根本没有对这些应收租赁款计提坏账准备金。据美国证券交易委员会称，某些无法收回的应收租赁款挂账多达几年。

（4）塔奇·罗斯会计师事务所无视联区金融集团租赁公司审计的复杂性以及非同寻常的高风险性，在所分派的执行 1981 年度审计聘约的审计人员中，大多数人对客户以及租赁行业的情况非常陌生。事实上，该公司的会计主管后来作证说，塔奇·罗斯会计师事务所第一次分派了一些对租赁行业少有涉猎或缺乏经验甚至一无所知的审计人员来执行审计。

最后，美国证券交易委员会决定对该事务所进行惩罚，并批评了塔奇·罗斯会计师事务所负责监督指导联区金融集团租赁公司 1980—1982 年度审计工作的合伙人。

问题：为什么要编制审计计划？审计计划有何作用？

从引例可见，审计计划是审计人员为了高效地完成某项审计业务而制定的预期性的、整体性的工作安排。塔奇·罗斯会计师事务所在审计计划中忽视了联区金融集团租赁公司审计的复杂性及高风险性，没有恰当评估重要性水平和审计风险，在人员的分工与计划的执行上都有漏洞，结果导致了审计失败。联区金融集团租赁公司审计案例的发生，说明在具体实施审计之前要非常重视重要性和审计风险的评估，在制定可行的总体审计策略的基础上，还应当注重总体审计策略的执行。同时，为了降低审计风险，要充分考虑负责的注册会计师的专业胜任能力，进行合理的分工。

3.1　审计中的重要性

审计重要性是审计的一个基本概念。审计重要性概念的运用贯穿于整个审计过程。在计划审计工作时，注册会计师应当考虑导致财务报表发生重大错报的原因，并应当在了解被审计单位及其环境的基础上，确定一个可接受的重要性水平，即首先为财务报表层次确定重要性水平，以发现在金额上重大的错报。同时，注册会计师还应当评估各类交易、账户余额及列报认定层次的重要性，以便确定进一步审计程序的性质、时间和范围，将审计风险降至可接受的低水平。在确定审计意见类型时，注册会计师也需要考虑重要性水平。

3.1.1　重要性的含义

重要性取决于在具体环境下对错报金额和性质的判断。如果一项错报单独或连同其他错报可能影响财务报表使用者依据财务报表作出的经济决策，则该项错报是重大的。

财务报告编制基础通常从编制和列报财务报表的角度阐释重要性概念。财务报告编制基础可能以不同的术语解释重要性，但通常而言，重要性概念从以下几方面进行理解：

（1）如果合理预期错报（包括漏报）单独或汇总起来可能影响财务报表使用者依据财务报表作出的经济政策，则通常认为错报是重大的。

（2）对重要性的判断是根据具体环境作出的，并受错报的金额或性质的影响，或受两者共同作用的影响。

（3）判断某事项对财务报表使用者是否重大，是在考虑财务报表使用者整体共同的财务信息需求的基础上作出的。由于不同财务报表使用者对财务信息的需求可能差异很大，因此不考虑错报对个别财务报表使用者可能产生的影响。

同步思考 3-1

下列有关审计重要性的表述中，错误的是(　　)。

A. 在考虑一项错报是否重要时，既要考虑错报的金额，又要考虑错报的性质

B. 如果一项错报单独或连同其他错报可能影响财务报表使用者依据财务报表作出的经济决策，则该项错报是重要的

C. 重要性水平一旦确定就不能修改

D. 重要性的确定离不开职业判断

理解要点：答案为 C。在计划审计工作时，注册会计师应当确定一个可接受的重要性水平，随着审计过程的推进，注册会计师应当及时评价计划阶段确定的重要性水平是否仍然合理，并根据具体环境的变化或在审计执行过程中进一步获取的信息，修正计划的重要

性水平，进而修改进一步审计程序的性质、时间和范围。

3.1.2 重要性与审计风险的关系

重要性与审计风险之间存在反向关系。重要性水平越高，审计风险越低；重要性水平越低，审计风险越高。这里所说的重要性水平高低指的是金额的大小。通常情况下，6 000元的重要性水平比4 000元的重要性水平高。在理解两者之间的关系时，必须注意，重要性水平是注册会计师从财务报表使用者的角度进行判断的结果。如果重要性水平是6 000元，则意味着低于6 000元的错报不会影响到财务报表使用者的决策，此时注册会计师通过执行有关审计程序合理保证就能发现高于6 000元的错报。如果重要性水平是4 000元，则金额在4 000元以上的错报就会影响财务报表使用者的决策，此时注册会计师通过执行有关审计程序合理保证就能发现金额在4 000元以上的错报。显然，重要性水平为4 000元时审计不出这样的重大错报的可能性即审计风险，要比重要性水平为6 000元时的审计风险高。

值得注意的是，注册会计师不能通过不合理的人为调高重要性水平来降低审计风险。因为重要性是依据重要性概念中所述的判断标准确定的，而不是由主观期望的审计风险水平决定。

由于重要性和审计风险存在上述反向关系，而且这种关系对注册会计师将要执行的审计程序的性质、时间、范围有直接的影响，因此，注册会计师应当综合考虑各种因素，合理确定重要性水平。

同步思考3-2

重要性和审计证据之间存在何种关系？

理解要点： 重要性与审计证据之间存在反向关系。重要性水平越低，审计风险越高，越要求注册会计师收集更多有效的审计证据，以将审计风险降至可接受的低水平。因此，重要性和审计证据之间是反向变动关系。

3.1.3 计划审计工作时对重要性的评估

在计划审计工作时，注册会计师应当确定一个可接受的重要性水平，以发现在金额上重大的错报。注册会计师在确定计划的重要性水平时需要考虑对被审计单位及其环境的了解、审计的目标、财务报表各项目的性质及其相互关系、财务报表项目的金额及其波动幅度。同时，还应当从性质和数量两个方面合理确定重要性水平。

1）确定计划的重要性水平时应考虑的因素

在计划审计工作时，注册会计师应当确定一个可接受的重要性水平，以发现在金额上重大的错报。注册会计师在确定计划的重要性水平时，需要考虑以下主要因素：

（1）对被审计单位及其环境的了解。被审计单位的行业状况、法律环境与监管环境等其他外部因素，以及被审计单位业务的性质、对会计政策的选择和应用、被审计单位的目标、战略及相关的经营风险、被审计单位的内部控制等因素，都将影响注册会计师对重要性水平的判断。

（2）审计的目标，包括特定报告要求。信息使用者的要求等因素影响注册会计师对重要性水平的确定。例如，对特定报表项目进行审计的业务，其重要性水平可能需要以该项目金额，而不是以财务报表的一些汇总性财务数据为基础加以确定。

(3) 财务报表各项目的性质及其相互关系。财务报表使用者对不同的报表项目的关心程度不同。一般而言，财务报表使用者十分关心流动性较高的项目，注册会计师应当对此从严制定重要性水平。由于财务报表各项目之间是相互联系的，注册会计师在确定重要性水平时，需要考虑这种相互关系。

(4) 财务报表项目的金额及其波动幅度。财务报表项目的金额及其波动幅度可能促使财务报表使用者作出不同的反应。因此，注册会计师在确定重要性水平时，应当深入研究这些项目的金额及其波动幅度。

此外，注册会计师应当考虑较小金额错报的累计结果可能对财务报表产生重大影响。

总之，只要影响预期财务报表使用者决策的因素，都可能对重要性水平产生影响。注册会计师应当在计划阶段充分考虑这些因素，并采用合理的方法，确定重要性水平。

2）从数量方面考虑重要性

注册会计师应当考虑财务报表层次和各类交易、账户余额、列报认定层次的重要性。

前面已提及，注册会计师应当从数量和性质两个方面考虑重要性。重要性的数量即重要性水平，是针对错报的金额大小而言。重要性水平是一个经验值，注册会计师只能通过职业判断确定重要性水平。在审计过程中，注册会计师应当考虑财务报表层次和各类交易、账户余额、列报认定层次的重要性水平。

(1) 财务报表层次的重要性水平。由于财务报表审计的目标是注册会计师通过执行审计工作对财务报表发表审计意见，因此，注册会计师应当考虑财务报表层次的重要性。只有这样，才能得出财务报表是否公允反映的结论。注册会计师在制定总体审计策略时，应当确定财务报表层次的重要性水平。

确定多大错报会影响到财务报表使用者所作的决策，是注册会计师运用职业判断的结果。很多注册会计师根据所在会计师事务所的惯例及自己的经验，考虑重要性水平。注册会计师通常先选择一个恰当基准，再选用适当的百分比乘以该基准，从而得出财务报表层次的重要性水平。

在实务中，有许多汇总性财务数据可以作为确定财务报表层次重要性水平的基准，例如总资产、净资产、销售收入、费用总额、毛利、净利润等。在选择适当的基准时，注册会计师应当考虑的因素包括：财务报表的要素（如资产、负债、所有者权益、收入、费用和利润等）、适用的会计准则和相关会计制度所定义的财务报表指标（如财务状况、经营成果和现金流量），以及适用的会计准则和相关会计制度提出的其他具体要求；对被审计单位而言，是否存在财务报表使用者特别关注的报表项目（如特别关注与评价经营成果相关的信息）；被审计单位的性质及所在行业；被审计单位的规模、所有权性质以及融资方式。

注册会计师对基准的选择有赖于被审计单位的性质和环境。例如，对于以盈利为目的的被审计单位而言，来自经常性业务的税前利润或税后利润可能是一个适当的基准；而对于收益不稳定的被审计单位或非盈利组织来说，选择税前利润或税后净利润作为判断重要性水平的基准就不合适。对于资产管理公司来说，净资产可能是一个适当的基准。注册会计师通常选择一个相对稳定、可预测且能够反映被审计单位正常规模的基准。由于销售收入和总资产具有相对稳定性，注册会计师经常将其用作确定计划重要性水平的基准。

在确定恰当的基准后，注册会计师通常运用职业判断合理选择百分比，据以确定重要性水平。以下是一些参考数值的举例：对于以营利为目的的企业，为经常性业务的税前利润或税后净利润的 5%，或总收入的 0.5%；对于非营利组织，为费用总额或总收入的 0.5%；对于共同基金公司，为净资产的 0.5%。

注册会计师执行具体审计业务时，为了更有效实现审计目标，可以根据被审计单位的具体情况作出职业判断，采用比上述百分比更高或更低的比例也是适当的。因为这些百分比只是一般的经验数值。

此外，注册会计师在确定重要性时，通常考虑以前期间的经营成果和财务状况、本期的经营成果和财务状况、本期的预算和预测结果、被审计单位情况的重大变化（如重大的企业并购）以及宏观经济环境和所在行业环境发生的相关变化。例如，注册会计师在将净利润作为确定某单位重要性水平的基准时，因情况变化使该单位本年利润出现意外的增加和减少，注册会计师可能认为选择近几年的平均净利润作为重要性水平的基准更加合理。

注册会计师在确定重要性水平时，不需要考虑与具体项目计量相关的固有不确定性。例如，财务报表含有高度不确定性的大额估计，注册会计师不会因此而确定一个比不含有该估计的财务报表的重要性更高或更低的重要性水平。

同步案例3-1

XYZ 股份有限公司财务报表重要性水平的确定

背景与情境： A 和 B 注册会计师对 XYZ 股份有限公司 2011 年度财务报表进行审计，其未经审计的有关财务报表项目金额如下：资产总计 180 000 万元；股东权益合计 88 000 万元；营业收入 240 000 万元；利润总额 36 000 万元；净利润 24 120 万元。

问题： 如果以资产总额、净资产（股东权益）、营业收入和净利润作为判断基础，采用固定比率法，并假定资产总额、净资产、营业收入和净利润的固定百分比数值分别为 0.5%、1%、0.5% 和 5%，请计算确定 XYZ 股份有限公司 2011 年度财务报表层次的重要性水平。

分析提示： 资产总额、净资产、营业收入和净利润指标以固定比率法计算的重要性水平如下：

180 000×0.5% = 900（万元）

88 000×1% = 880（万元）

240 000×0.5% = 1 200（万元）

24 120×5% = 1 206（万元）

经过对比可以确定，XYZ 股份有限公司 2011 年度财务报表层次的重要性水平为 880 万元。

（2）各类交易、账户余额、列报认定层次的重要性水平。由于财务报表提供的信息由各类交易、账户余额、列报认定层次的信息汇集加工而成，注册会计师只有通过对各类交易、账户余额、列报认定实施审计，才能得出财务报表是否公允反映的结论。因此，注册会计师还应当考虑各类交易、账户余额、列报认定层次的重要性。

各类交易、账户余额、列报认定层次的重要性水平称为"可容忍错报"。可容忍错报的确定以注册会计师对财务报表层次重要性水平的初步评估为基础。它是在不导致财务报表存在重大错报的情况下，注册会计师对各类交易、账户余额、列报确定的可接受的最大错报。

在确定各类交易、账户余额、列报认定层次的重要性水平时，注册会计师应当考虑以下主要因素：一是各类交易、账户余额、列报的重要性水平与财务报表层次重要性水平的关系。二是各类交易、账户余额、列报的性质及错报的可能性。三是审计成本的高低。

不同账户的审查难度不同，有些账户审查起来难度大、手续复杂、耗费时间长，审计费用高；而有些账户的审查就相对容易些。在保证审计证据的充分性和适当性的前提下，可以考虑对那些审查容易的项目少分配一些重要性额度，而对那些余额大、审查难度大的账户，可适当多分配一些重要性额度。

由于为各类交易、账户余额、列报确定的重要性水平即可容忍错报对审计证据数量有直接的影响，因此，注册会计师应当合理确定可容忍错报。在确定各类交易、账户余额、列报的重要性水平时，要注意各类交易、账户余额、列报的重要性水平的总和不能超过财务报表层次的重要性水平。

3）从性质方面考虑重要性

金额不重要的错报从性质上看有可能是重要的。注册会计师在判断错报的性质是否重要时应该考虑的具体情况包括：

（1）错报对遵守法律法规要求的影响程度。

（2）错报对遵守债务契约或其他合同要求的影响程度。

（3）错报掩盖收益或其他趋势变化的程度（尤其在联系宏观经济背景和行业状况进行考虑时）。

（4）错报对于评价被审计单位财务状况、经营成果或现金流量的有关比率的影响程度。

（5）错报对财务报表中列报的分部信息的影响程度。例如，错报事项对分部或被审计单位其他经营部分的重要程度，而这些分部或经营部分对被审计单位的经营或盈利有重大影响。

（6）错报对增加管理层报酬的影响程度。例如，管理层通过错报来达到有关奖金或其他激励政策规定的要求，从而增加其报酬。

（7）错报对某些账户之间错误分类的影响程度，这些错误分类影响到财务报表中应单独披露的项目。例如，经营收益和非经营收益之间的错误分类，非盈利单位的受到限制资源和非限制资源的错误分类。

（8）相对于注册会计师所了解的以前向报表使用者传达的信息（如盈利预测）而言，错报的重大程度。

（9）错报是否与涉及特定方的项目相关。例如，与被审计单位发生交易的外部单位是否与被审计单位管理层的成员有关联。

（10）错报对信息漏报的影响程度。在有些情况下，适用的会计准则和相关会计制度并未对该信息作出具体要求，但是注册会计师运用职业判断，认为该信息对财务报表使用者了解被审计单位的财务状况、经营成果或现金流量很重要。

（11）错报对与已审计财务报表一同披露的其他信息的影响程度，该影响程度能被合理预期将对财务报表使用者作出经济决策产生影响。

需要指出是，这些因素只是举例，不可能包括所有情况，也并非所有审计都会出现上述全部因素。注册会计师也不能以存在这些因素为由而必然认为错报是重大的。这些因素仅供参考。

4）实际执行的重要性

实际执行的重要性，是指注册会计师确定的低于财务报表整体重要性的一个或多个金额，旨在将未更正和未发现错报的汇总数超过财务报表整体的重要性的可能性降至适当的低水平。

确定实际执行的重要性并非简单机械的计算，需要注册会计师运用职业判断，并考虑下列因素的影响：①对被审计单位的了解（这些了解在实施风险评估程序的过程中得到更新）；②前期审计工作中识别出错报的性质和范围；③根据前期识别出的错报对本期错报作出预期。

通常而言，实际执行的重要性通常为财务报表整体重要性的50%～75%。接近财务报表整体重要性50%的情况如下：①经常性审计；②以前年度审计调整较多，项目总体风险较高（如处于高风险行业，经常面临较大市场压力，首次承接的审计项目或者需要出具特殊目的报告等）。接近财务报表整体重要性75%的情况如下：①经常性审计，以前年度审计调整较少；②项目总体风险较低（如处于低风险行业，市场压力较小）。

同步案例3-2

东方公司的账户情况

背景与情境： 东方工业股份有限公司（以下简称东方公司）以生产及销售W型电机设备为其主营业务。该公司的原料来自全国各地以及欧洲、南北美洲等地区，其主要生产设备为新型流水线，一般在十年内无需大修。为保障原料供应，东方公司于三年前与沈阳市一家国有企业签订了期限为40年的投资及供货协议。该企业接受东方公司投资后，生产经营稳定，效益较高。北京中信泰会计师事务所的注册会计师周琳接受事务所指派，担任东方公司2011年度财务报表审计业务的项目负责人。根据以往经验，周琳确定以东方公司资产总额的1%为财务报表层的重要性水平，采用分配的方法确定资产类各项目、交易层的重要性。

问题： 请结合东方公司的具体情况及各账户的性质，回答下列问题：

（1）表3-1所列各资产账户有哪些一般特性？周琳在确定各账户的重要性水平时应如何具体考虑各账户、各交易的性质及错报、漏报的可能性。

（2）逐一分析表3-1所列的各个重要性分配方案，指出有无明显不足之处。如没有，请简要说明理由；如有，请针对本方案指出最具代表性的一条。

表3-1　　　　　　　　　**各账户重要性水平的分配方案**

项目	金额	A方案	B方案	C方案	D方案
库存现金	1 000	10	1	0	2
应收账款	6 000	60	90	99	130
存货	10 000	100	155	150	120
固定资产	100 000	100	50	50	30
长期投资	3 000	30	4	1	18
合计	300 000	300	300	300	300

分析提示：（1）周琳在确定各账户的重要性水平时，既应考虑账户的一般特性，又应结合具体情况，分别考虑各账户的性质、错报、漏报的可能性。

库存现金账户敏感性高、流动性强，性质严重，注册会计师应从严确定该项目的重要性水平。

应收账款属于制造业企业的重要账户，占资产总额比例较高、发生频繁，存在错误的可能性较高，可适当调高重要性水平。

存货具有占资产比例较大、收发频繁、种类繁多等特点，是较难审计、耗费时间较多的项目。具体到东方公司，供货方为数众多，分布很广，有些甚至远在国外，这就需要花费更多的审计时间。为节省时间，周琳应适当提高本项目的重要性水平。

固定资产与长期股权投资项目的共同特点是业务发生的笔数少，变动较少，所需审计时间较少。东方公司被审计年度内没有新增业务，可适当降低这两个账户的重要性水平。

（2）除方案 B 之外，其他各方案均存在明显的不足之处。

方案 A 存在缺陷：对各账户按同一比例分配重要性水平，这意味着没有考虑各账户、各交易的性质和错弊的可能性。

方案 B 没有明显的不足之处：较好地结合了东方公司的具体情况，降低了性质最强的库存现金项目和问题较少的固定资产、长期股权投资项目的重要性水平，提高了应收账款、存货项目的重要性水平。

方案 C 存在缺陷：将现金项目的重要性降低到零，这对于以公允性为特征的当代审计而言，是难以达到的、不现实的。

方案 D 存在缺陷：分配给应收账款的重要性水平高于分配给存货项目的重要性水平。事实上，东方公司存货项目所需的审计时间要高于应收账款项目，分配给存货项目的重要性水平应高于分配给应收账款的重要性水平。

3.1.4　对计划阶段确定的重要性水平的调整

在审计执行阶段，随着审计过程的推进，注册会计师应当及时评价计划阶段确定的重要性水平是否仍然合理，并根据具体环境的变化或在审计执行过程中进一步获取的信息，修正计划的重要性水平，进而修改进一步审计程序的性质、时间和范围。例如，随着审计证据的累积，注册会计师可能认为初始选用的重要性判断基准并不恰当，需要选用其他的基准来计算重要性水平。

在确定审计程序后，如果注册会计师决定接受更低的重要性水平，审计风险将增加。注册会计师应当选用下列方法将审计风险降至可接受的低水平：

（1）如有可能，通过扩大控制测试范围或实施追加的控制测试，降低评估的重大错报风险，并支持降低后的重大错报风险水平。

（2）通过修改计划实施的实质性程序的性质、时间和范围，降低检查风险。

3.1.5　评价错报的影响

错报，是指某一财务报表项目的金额、分类、列报或披露，与按照适用的财务报告编制基础应当列示的金额、分类、列报或披露之间存在的差异；或根据注册会计师的判断，为使财务报表在所有重大方面实现公允反映，需要对金额、分类、列报或披露作出的必要调整。错报可能是由于错误或舞弊导致的。错报可能由下列事项导致：收集或处理用以编制财务报表的数据时出现错误；遗漏某项金额或披露；由于疏忽或明显误解有关事实导致作出不正确的会计估计；注册会计师认为管理层对会计估计作出不合理的判断或对会计政策作出不恰当的选择和运用。

1）尚未更正错报的汇总数

尚未更正错报的汇总数包括已经识别的具体错报和推断误差，分别说明如下：

（1）已经识别的具体错报。它是指注册会计师在审计过程中发现的，能够准确计量的错报，包括下列两类：①对事实的错报。这类错报产生于被审计单位收集和处理数据的错误，对事实的忽略或误解，或故意舞弊行为。例如，注册会计师在审计测试中发现最近购入存货的实际价值为 15 000 元，但账面记录的金额却为 10 000 元。因此，存货和应付账款分别被低估了 5 000 元，这里被低估的 5 000 元就是已识别的对事实的具体错报。②涉及主观决策的错报。这类错报产生于两种情况：一是管理层和注册会计师对会计估计值的判断差异。例如，由于包含在财务报表中的管理层作出的估计值超出了注册会计师确定的一个合理范围，导致出现判断差异。二是管理层和注册会计师对选择和运用会计政策的判断差异，由于注册会计师认为管理层选用会计政策造成错报，管理层却认为选用会计政策适当，导致出现判断差异。

在任何情况下，注册会计师都应当要求管理层就已识别的错报调整财务报表。

（2）推断误差。也称"可能误差"，是指注册会计师对不能明确、具体地识别的其他错报的最佳估计数。推断误差通常包括：通过测试样本估计出的总体的错报减去在测试中发现的已经识别的具体错报。例如，应收账款年末余额为 2 000 万元，注册会计师抽查 10% 样本发现金额有 100 万元的高估，高估部分为账面金额的 20%，据此注册会计师推断总体的错报金额为 400 万元（2 000×20%），那么上述 100 万元就是已识别的具体错报，其余 300 万元即推断误差。通过实质性分析程序推断出估计错报。例如，注册会计师根据客户的预算资料及行业趋势等要素，对客户年度销售费用独立作出估计，并与客户账面金额比较，发现两者间存在 50% 的差异；考虑到估计的精确性有限，注册会计师根据经验认为 10% 的差异通常是可接受的，而剩余 40% 的差异需要有合理解释并取得佐证，则该部分差异金额即为推断误差。

2）评价尚未更正错报的汇总数的影响

注册会计师应当根据重要性评估在审计过程中已识别但尚未更正错报的汇总数是否重大。

注册会计师需要在出具审计报告之前，评估尚未更正错报单独或累计的影响是否重大。在评估时，注册会计师应当从特定的某类交易、账户余额及列报认定层次和财务报表层次考虑这些错报的金额和性质，以及这些错报发生的特定环境。

注册会计师应当分别考虑每项错报对相关交易、账户余额及列报的影响，包括错报是否超过之前为特定交易、账户余额及列报所设定的较财务报表层次重要性水平更低的可容忍错报。此外，如果某项错报是（或可能是）由舞弊造成的，无论其金额大小，注册会计师均应当按照《中国注册会计师审计准则第 1141 号——财务报表审计中对舞弊的考虑》的规定，考虑其对整个财务报表审计的影响。考虑到某些错报发生的环境，即使其金额低于计划的重要性水平，注册会计师仍可能认为其单独或连同其他错报从性质上看是重大的。前已提及，可能影响注册会计师评估错报从性质上看是否重大的因素包括：错报是否与违反监管要求或合同规定有关；是否掩盖了收益或其他趋势的变化；是否影响用来评价被审计单位财务状况、经营成果和现金流量的相关比率；是否会导致管理层报酬的增加；是否影响财务报表中列示的分部信息等等。

　　注册会计师在评估未更正错报是否重大时，不仅需要考虑每项错报对财务报表的单独影响，而且需要考虑所有错报对财务报表的累积影响及其形成原因，尤其是一些金额较小的错报，虽然单个看起来并不重大，但是其累计数却可能对财务报表产生重大的影响。例如，某个月末发生的错报可能并不重要，但是如果每个月末都发生相同的错报，其累计数就有可能对财务报表产生重大影响。为全面地评价错报的影响，注册会计师应将审计过程中已识别的具体错报和推断误差进行汇总。

　　尚未更正错报与财务报表层次重要性水平相比，可能出现以下三种情况：

　　（1）尚未更正错报的汇总数低于重要性水平（并且特定项目的尚未更正错报也低于考虑其性质所设定的更低的重要性水平，下同）。如果尚未更正错报汇总数低于重要性水平，对财务报表的影响不重大，注册会计师可以发表无保留意见的审计报告。

　　（2）尚未更正错报的汇总数超过重要性水平。如果尚未更正错报汇总数超过了重要性水平，对财务报表的影响可能是重大的，注册会计师应当考虑通过扩大审计程序的范围或要求管理层就已识别的错报调整财务报表。如果管理层拒绝调整财务报表，并且扩大审计程序范围的结果不能使注册会计师认为尚未更正错报的汇总数不重大，注册会计师应当考虑出具非无保留意见的审计报告。

　　（3）尚未更正错报的汇总数接近重要性水平。如果已识别但尚未更正错报的汇总数接近重要性水平，注册会计师应当考虑该汇总数连同尚未发现的错报是否可能超过重要性水平，并考虑通过实施追加的审计程序，或要求管理层调整财务报表降低审计风险。

　　在评价审计程序结果时，注册会计师确定的重要性和审计风险可能性与计划审计工作时评估的重要性和审计风险存在差异。在这种情况下，注册会计师应当考虑实施的审计程序是否充分。

同步案例 3-3

H 注册会计师应提出何种建议和审计意见

　　背景与情境：H 注册会计师在审查 S 公司 2008 年度的会计报表时，确定该公司会计报表的重要性水平为 180 万元，同时确定该公司部分会计报表项目的重要性水平如表 3-2 所示。审查确认除在表中各项目内发现若干笔业务的错报金额外，会计报表其他项目均未发现有错报和漏报的情况。

表 3-2　　　　　　　　　　部分会计报表项目的重要性水平

项目名称	重要性水平	错报金额	错报金额合计
应收账款	50	70，30，25，15，5	145
存货	40	28，20，15，2	65
固定资产	45	10，10，5，3，2	30
长期投资	30	90，7，3	100
银行存款	3	2，1，1，1	5
短期借款	2	1	1
管理费用	5	1	1
盈余公积	5	2，1	3
合计	180	350	350

问题：（1）H 注册会计师应如何根据各项目的重要性建议 S 公司调整其错漏报，并确定建议调整的错报总金额的下限？

（2）如果考虑审计重要性水平，S 公司拒绝 H 注册会计师提出的相应的处理建议，H 注册会计师应发表何种审计意见？

分析提示：

（1）若不考虑会计报表层次的重要性，H 注册会计师根据各项目的重要性建议 S 公司调整其错漏报时，应选择大额的错漏报依次建议 S 公司调整，直至该项目中剩余的未建议调整的错报金额合计低于该项目的重要性。因此，H 注册会计师建议 S 公司调整的错报金额为 70+30+28+90+2＝220 万元。

（2）如果考虑审计重要性水平，S 公司拒绝 H 注册会计师提出的相应的处理建议，由于汇总的错报总数为 350 万元，远大于公司会计报表的重要性水平为 180 万元，H 注册会计师应发表否定意见的审计报告。

3.2　审计风险

历史财务信息审计业务要求注册会计师将审计风险降至可接受的低水平，对所审计信息是否不存在重大错报提供合理保证，并以积极方式提出结论。合理保证意味着审计风险始终存在，注册会计师应当通过计划和实施审计工作获取充分、适当的审计证据，将审计风险降至最低水平。

审计风险是指财务报表存在重大错报而注册会计师发表不恰当审计意见的可能性。需要注意的是，审计风险并不包含下面这种情况，即财务报表不含有重大错报，而注册会计师错误地发表了财务报表含有重大错报的审计意见的风险。

可接受的审计风险的确定，需要考虑会计师事务所对审计风险的态度、审计失败对会计师事务所可能造成损失的大小等因素。其中，审计失败对会计师事务所可能造成的损失大小又受到所审计财务报表的用途、使用者的范围等因素的影响。但必须注意，审计业务是一种保证程度高的鉴证业务，可接受的审计风险应当足够低，以使注册会计师能够合理保证所审计财务报表不含有重大错报。可见，合理保证与审计风险互为补数，即合理保证与审计风险之和等于 100%。如果注册会计师将审计风险降至可接受的低水平，则为财务报表不存在重大错报获取了合理保证。

审计风险取决于重大错报风险和检查风险。注册会计师应当实施审计程序，评估重大错报风险，并根据评估结果设计和实施进一步审计程序，以控制检查风险。

3.2.1　重大错报风险

重大错报风险是指财务报表在审计前存在重大错报的可能性。在设计审计程序以确定财务报表整体是否存在重大错报时，注册会计师应当从财务报表层次和各类交易、财务余额、列报认定层次方面考虑重大错报风险。《中国注册会计师审计准则第 1211 号——了解被审计单位及其环境并评估重大错报风险》对注册会计师如何评估财务报表层次和认定层次的重大错报风险提出了详细的要求。

1）两个层次的重大错报风险

财务报表层次重大错报风险与财务报表整体存在广泛联系，可能影响多项认定。此类风险通常与控制环境有关，如管理层缺乏诚信、治理层形同虚设而不能对管理层进行有效监督等；但也可能与其他因素有关，如经济萧条。此类风险难以界定于某类交易、账户余额、列报的具体认定；相反，此类风险增大了任何数目的不同认定发生重大错报的可能性。此类风险对注册会计师考虑由舞弊引起的风险特别相关。

注册会计师评估财务报表层次重大错报风险的措施包括：考虑审计项目组承担重大责任的人员的学识、技术和能力，是否需要专家介入；考虑给予业务助理人员适当程度的监督指导；考虑是否存在导致注册会计师怀疑被审计单位持续经营假设合理性的事项或情况。

注册会计师同时考虑各类交易、账户余额、列报认定层次的重大错报风险，考虑的结果直接有助于注册会计师确定认定层次上实施的进一步审计程序的性质、时间和范围。注册会计师在各类交易、账户余额、列报认定层次获取审计证据，以便能够在审计工作完成时，以可接受的低审计风险水平对财务报表整体发表审计意见。《中国注册会计师审计准则第 1231 号——针对评估的重大错报风险实施的程序》对注册会计师针对评估的认定层次重大错报风险如何设计和执行进一步的审计程序，提出了详细的要求。

2）固有风险和控制风险

认定层次的重大错报风险又可以进一步细分为固有风险和控制风险。

固有风险是指假设不存在相关的内部控制，某一认定发生重大错报的可能性，无论该错报单独考虑，还是连同其他错报构成重大错报。

某些类别的交易、账户余额、列报及其认定，固有风险较高。例如，复杂的计算比简单计算更可能出错；受重大计量不确定性影响的会计估计发生错报的可能性较大。产生经营风险的外部因素也可能影响固有风险。例如，技术进步可能导致某项产品陈旧，进而导致存货易于发生高估错报（计价认定）。被审计单位及其环境中的某些因素还可能与多个甚至所有类别的交易、账户余额、列报有关，进而影响多个认定的固有风险。这些因素包括维持经营的流动资金匮乏、被审计单位处于夕阳行业等。

控制风险是指某项认定发生了重大错报，无论该错报单独考虑，还是连同其他错报构成重大错报，而该错报没有被企业内部控制及时防止、发现和纠正的可能性。控制风险取决于与财务报表编制有关的内部控制的设计和运行的有效性。由于控制的固有局限性，某些程序的控制风险始终存在。

教学互动3-1

注册会计师王胜、李明接受利洋股份有限公司委托对其下属的 W 公司实施财务收支审计。为证实 W 公司往来款项的真实性，他们采取了如下程序和方法：（1）审阅应收账款和应付账款明细账，并采取核对的方法证实各明细账户是否账账、账证相符。（2）了解赊销、赊购业务内控制度的健全性、有效性。经调查发现，W 公司的相关内控制度存在诸多漏洞。（3）王胜、李明为提高审计工作效率，决定仅就市内的客户（应收账款 19家，应付账款 23 家）采用面询的方式证实其真实性，而对于外地客户（应收账款 108家，应付账款 187 家）只要账账、账证相符即可认定其真实性。

问题：

（1）讨论本案例中往来款项的固有风险和控制风险。

（2）讨论注册会计师王胜、李明采取的审计程序和运用审计方法的恰当性，以及由此产生的审计风险。

要求：同教学互动【1-1】的"要求"。

需要特别说明的是，由于固有风险和控制风险不可分割地交织在一起，有时无法单独进行评估，审计准则通常不再单独提到固有风险和控制风险，而只是将这两者合并称为"重大错报风险"。但这并不意味着，注册会计师既可以对两者进行单独评估，也可以对两者进行合并评估。具体采用的评估方法取决于会计师事务所偏好的审计技术、方法及实务上的考虑。

同步思考3-3

下列与重大错报风险相关的表述中，正确的是（　　　）。

A. 重大错报风险是因错误使用审计程序产生的

B. 重大错报风险是假定不存在相关内部控制，某一认定发生重大错报的可能性

C. 重大错报风险独立于财务报表审计而存在

D. 重大错报风险可以通过合理实施审计程序予以控制

理解要点：答案为C。本题考查的是对重大错报风险的概念理解，选项A和选项B与重大错报风险的概念不符。依据审计风险模型，审计风险＝重大错报风险×检查风险，注册会计师通过风险评估程序评估的是重大错报风险，不能够控制重大错报风险，能够控制的是检查风险，故选项C正确，选项D不正确。

3.2.2　检查风险

1）检查风险的内涵

检查风险是指某一认定存在错报，该错报单独或连同其他错报是重大的，但注册会计师未能发现这种错报的可能性。检查风险取决于审计程序设计的合理性和执行的有效性。由于注册会计师通常并不对所有的交易、账户余额和列报进行检查，再加上其他原因，检查风险不可能降低为零。其他原因包括注册会计师可能选择了不恰当的审计程序、审计过程执行不当，或者错误解读了审计结论。这些其他因素可以通过适当计划、在项目组成员之间进行恰当的职责分配、保持职业怀疑态度以及监督、指导和复核助理人员所执行的审计工作得以解决。

2）检查风险与重大错报风险的反向关系

在既定的审计风险水平下，可接受的检查风险水平与认定层次重大错报风险的评估结果呈反向关系。评估的重大错报风险越高，可接受的检查风险越低；评估的重大错报风险越低，可接受的检查风险越高。检查风险与重大错报风险的反向关系用数学模型表示如下：

审计风险＝重大错报风险×检查风险

这个模型也就是审计风险模型。假设针对某一认定，注册会计师将可接受的审计风险水平设定为5%，注册会计师实施风险评估程序后将重大错报风险评估为25%，则根据这一模型，可接受的检查风险为20%。当然，实务操作中注册会计师不一定用绝对数量表达这些风险水平，而选用"高"、"中"、"低"等文字描述。

注册会计师应当合理设计审计程序的性质、时间和范围，并有效执行审计程序，以控制检查风险。上例中，注册会计师根据确定的可接受检查风险（20%），设计审计程序的

性质、时间和范围。审计计划在很大程度上围绕确定审计程序的性质、时间和范围而展开。

同步思考3-4

当可接受的检查风险降低时，注册会计师可能采取的措施是(　　)。

A. 缩小实质性程序的范围

B. 将计划实施实质性程序的时间从期中移至期末

C. 降低评估的重大错报风险

D. 消除固有风险

理解要点：答案为 B。可接受的检查风险越低，实质性程序的范围越大，故选项 A 不正确；可接受的检查风险越低，针对该认定所需的审计证据的相关性和可靠性要求也就越高，注册会计师越应当考虑将实质性程序集中在期末（或接近期末）实施，故选项 B 正确；根据风险模型，在可接受的审计风险一定的情况下，可接受的检查风险越低，评估的认定层次的重大错报风险越高，故选项 C 不正确；固有风险是实际存在的，是不能消除的，故选项 D 不正确。

第**4**章
审计证据与审计工作底稿

学习目标

通过本章学习，应该达到以下目标：

理论目标：学习并把握审计证据和审计工作底稿，掌握审计证据的含义、分类和特征，熟悉审计程序的定义和内容，熟悉审计工作底稿的含义及归档要求，能用所学知识指导"审计证据和审计工作底稿"的相关认知活动。

实务目标：学习并把握审计证据的获取程序，审计工作底稿的编制程序，结合被审计单位的具体情况选择恰当的方式获取审计证据及编制审计工作底稿，相关"业务链接"等程序性知识；能用其规范"审计证据的获取"和"审计工作底稿编制"的相关技能活动。

案例目标：运用获取审计证据、编制审计工作底稿的理论与实务知识研究相关案例，培养和提高在特定业务情境中对审计证据分析和辨别的能力，以及对工作底稿编制与设计的能力；能结合本章教学内容，根据"职业道德探讨"的行业规范或标准，强化职业道德素质。

实训目标：参加"审计工作底稿编制及审计证据的获取"业务胜任力的实践训练。在了解和把握本实训所涉及的相关技能点的"规范与标准"的基础上，通过切实体验"审计工作底稿编制及审计证据的获取"各实训任务的完成，系列技能操作的实施，各项目实训报告编制的准备、撰写、讨论与交流等有质量、有效率的活动，培养运用恰当的审计程序整理和分析审计证据并编制出适合审计目的的审计工作底稿，强化解决问题的职业核心能力，并通过职业态度等行为规范，促进健全职业人格的塑造。

引例　审计证据的作用

背景与情境：美国安达信会计师事务所是美国五大会计师事务所之一，在全世界 84 个国家拥有合伙人 4 700 名，专业人员 85 000 人，在世界各地的合作伙伴超过了 2 000 家。安达信 2001 年财政年度的收入为 93.4 亿美元，相当于中国所有会计师事务所年收入的 10 倍。美国能源业巨头安然公司自 1985 年成立以来，一直由安达信负责其审计工作，并同时提供咨询服务。2000 年，安达信从安然公司获得高达 5 200 万美元的收入。利益驱使安达信帮助安然公司造假，出具虚假审计报告。2001 年 10 月，安然公司重新公布了 1997—2000 年期间的财务报表，结果累积利润比原先减少了 5.91 亿美元，而债务却增加 6.38 亿美元。事发之后，安达信故意销毁了安然公司的大量电子文件、审计文件以及与安然公司财务审计有关的信息资料，试图逃避美国证券交易委员会的调查。美国司法部门于 2002 年 10 月 16 日，美国休斯敦联邦地区法院对安达信妨碍司法调查作出判决：罚款 50 万美元，并禁止它在 5 年内开展业务。这是公司因妨碍司法而受到的最严厉的惩罚。安达信还可能被处以超出非法行为带来的利润或损失两倍的罚款。整个事件真相暴露后，安达信会计师事务所信誉受损，客户流失，使具有 89 年历史的安达信从此退出审计业务市场。

问题：安达信会计师事务所为什么要销毁安然公司的大量电子文件、审计文件以及与安然公司财务审计有关的信息资料？

从上述案例中我们可以看出，作为美国五大会计师事务所之一的安达信会计师事务所在安然公司事发后销毁大量电子文件、审计文件以及与安然公司财务审计有关的信息资料，试图逃避美国证券交易委员会的调查，足可以证明这些文件对于整个案件的重要性，它们在该案件中起着举足轻重的作用，是案件侦破的重要证据，同时也是审计工作的审计证据。

4.1　审计证据

在确定审计目标后，就必须搜集和评价审计证据来实现。从某种程度而言，审计过程就是注册会计师搜集证据、鉴定证据、综合证据、评价证据，最后形成审计结论和审计意见的过程。换言之，注册会计师需要把审计证据作为支持审计结论和审计意见的根本依据，并把审计过程视为搜集证据和运用证据的有机统一过程。审计证据是审计中的一个核心概念。

4.1.1　审计证据的含义

审计证据是指注册会计师为了得出审计结论、形成审计意见而使用的所有信息，包括财务报表依据的会计记录中含有的信息和其他信息。

4.1.2　审计证据的内容

审计证据的内容包括财务报表依据的会计记录中含有的信息和其他信息，如图 4-1 所示。

1）会计记录中含有的信息

依据会计记录编制财务报表是被审计单位管理层的责任，注册会计师应当测试会计记

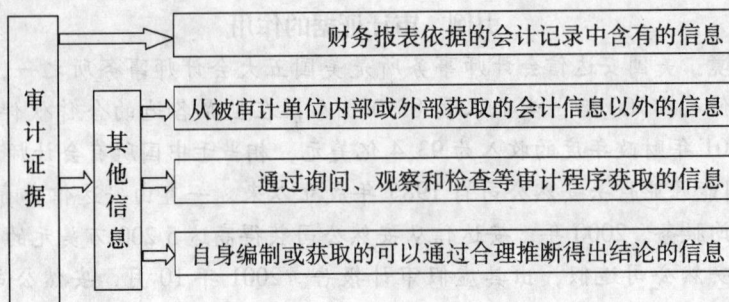

图4-1 审计证据的内容

录以获取审计证据。会计记录主要包括原始凭证、记账凭证、总分类账和明细分类账、未在记账凭证中反映的对财务报表的其他调整，以及支持成本分配、计算、调节和披露的手工计算表和电子数据表。上述会计记录是编制财务报表的基础，构成注册会计师执行财务报表审计业务所需获取的审计证据的重要部分。这些会计记录通常是电子数据，因而要求注册会计师对内部控制予以充分关注，以获取这些记录的真实性、准确性和完整性。进一步而言，电子形式的会计记录可能只能在特定时间获取，如果不存在备份文件，特定期间之后有可能无法再获取这些记录。

2）其他信息

会计记录中含有的信息本身并不足以提供充分的审计证据作为对财务报表发表审计意见的基础，注册会计师还应当获取用作审计证据的其他信息。可用作审计证据的其他信息包括注册会计师从被审计单位内部或外部获取的会计记录以外的信息，如被审计单位会议记录、内部控制手册、询证函的回复、分析师的报告、与竞争者的比较数据等；通过询问、观察和检查等审计程序获取的信息，如通过检查存货获取存货存在性的证据等；以及自身编制或获取的可以通过合理推断得出结论的信息，如注册会计师编制的各种计算表、分析表等。

3）两种信息的关系

财务报表依据的会计记录中包含的信息和其他信息共同构成了审计证据，两者缺一不可。如果没有前者，审计工作将无法进行；如果没有后者，可能无法识别重大错报风险。只有将两者结合在一起，才能将审计风险降至可接受的低水平，为注册会计师发表审计意见提供合理基础。

同步案例4-1

小王应如何取得证据

背景与情境：XYZ公司2011年12月31日的财务报表显示，其应收账款余额为20万元，备抵坏账6 000元。注册会计师小王运用所有的审计程序审核了上述两个账户，认为表述恰当，符合会计准则要求。但在2012年1月15日外勤工作尚未结束时，XYZ公司的主要客户ABC公司因遭受火灾而无力偿还应付XYZ公司的债务。2011年12月31日的账面显示，当时应收ABC公司的账款金额为44 000元。注册会计师小王与XYZ公司的财务经理讨论了有关火灾情况后认为：报表上要调整这一火灾损失。而财务经理则认为不应调整这一损失，因为火灾发生在2011年。

问题：

（1）小王应如何取得这一损失发生在 2012 年，而不是在 2011 年的证据？

（2）哪些证据将成为调整 2011 年财务报表的依据？

分析提示：

（1）注册会计师应通过取得有关部门对火灾的鉴定报告，来证实火灾确实发生在 2012 年而不是在 2011 年。如消防保险以及公安消防部门等。

（2）根据这些报告日期，可以基本确认坏账发生在 2011 年的年度财务报表结算日之后，所以可确认 2011 年 XYZ 公司财务状况良好，欠款可以收回，故 2011 年不应增加提取坏账准备。但由于该项损失重大，因此应在 2011 年财务报表的附注中予以说明，或者另行编制调整后的财务报表提供参考，披露 ABC 公司无力偿债后对 XYZ 公司财务状况的影响。

4.1.3　审计证据的分类

一般情况下，注册会计师所获取的审计证据按其外形特征可分为实物证据、书面证据、口头证据和环境证据四大类。

1）实物证据

实物证据是指注册会计师通过实际观察或检查有形资产所取得的、用以确定某些实物资产是否确实存在的证据。例如，库存现金的数额可以通过有形资产检查加以验证，各种存货和固定资产也可以通过有形资产检查方式判定其是否确实存在。实物证据通常是证明实物资产是否存在的非常有说服力的证据，但实物资产的存在并不完全能证实被审计单位对其拥有所有权。例如，年终盘点的存货可能包括其他企业寄售或委托加工的部分，或者已经销售而尚未发运的商品。另外，通过对某些实物资产的清点，虽然可以确定其实物数量，但其质量好坏有时难以判断，而质量的优劣往往影响到资产的计价。因此，对于取得实物证据的账面资产，还应就其所有权归属及其价值情况另行审计。

2）书面证据

书面证据是注册会计师所获取的各种以书面文件形式存在的一类证据，包括与审计有关的各种原始凭证、会计记录（记账凭证、会计账簿和各种明细表）、会议记录和文件、合同、通知书、报告书及函件等。在审计过程中，注册会计师往往要大量地获取和利用书面证据，因此，书面证据是审计证据的主要组成部分，也称为基本证据。

书面证据按其来源可分为两类：外部证据和内部证据。

（1）外部证据是指由被审计单位以外的组织机构或人士所编制和处理的证据，如采购业务所取得的购货发票、函证回函等，一般具有较强的证明力，是一类非常重要的审计证据。

外部证据按照具体处理过程不同，又可划分为由被审计单位以外的组织机构或人士所编制，并由其直接递交注册会计师的外部证据，以及由被审计单位以外的机构或人士编制，但为被审计单位持有并递交注册会计师的书面证据两种。前者如应收账款函证回函、被审计单位律师与其他独立的专家关于被审计单位资产所有权和或有负债等的证明函件、保险公司或证券经纪人的证明等，这类外部证据因未经被审计单位有关职员之手，排除了伪造、更改的可能，证明力最强；后者如银行对账单、购货发票、应收票据、顾客订购单及有关的契约、合同等，此类证据因已经过被审计单位职员之手，有被涂改或加工伪造的可能性，证明力稍差。但一般情况下，外部证据仍被认为比内部证据更具有证明力。

此外，在外部证据中，往往还包括注册会计师为证明某个事项而自己动手编制的各种计算表、分析表等。

（2）内部证据是由被审计单位内部机构或职员编制和提供的书面证据，如被审计单位的会计记录、被审计单位管理当局声明书以及其他各种由被审计单位编制和提供的书面文件。

一般来说，内部证据不如外部证据可靠。但如果内部证据在外部流传，并获得其他单位或个人的承认（如销售发票、付款支票等），则具有较强的可靠性。即使只在被审计单位内部流转的书面证据，其可靠程度也因被审计单位内部控制的好坏而异。若内部证据（如收料单与发料单）预先都有连续编号并按序号依次处理，并经过被审计单位不同部门的审核、签章，则这些内部证据也具有较强的可靠性；相反，若被审计单位的内部控制不健全，注册会计师就不能过于信赖其内部自制的书面证据。

3）口头证据

口头证据是被审计单位职员或其他有关人员对注册会计师的提问进行口头答复所形成的一类证据。在审计过程中，注册会计师通常会向被审计单位有关人员询问会计记录、文件的存放地点，采用特别会计政策和方法的理由，收回逾期应收账款的可能性等。对于这些问题的口头答复，就构成了口头证据。

在审计过程中，注册会计师应把各种重要的口头证据尽快做成记录，并注明是何人、何时、在何种情况下所做的口头陈述，必要时还应获得被询问者的签名确认。一般情况下，口头证据本身并不足以证明事情的真相，而需得到其他相应证据的支持，当不同人员对同一问题所做的口头陈述相同时，口头证据具有较高的可靠性。注册会计师往往通过口头证据发掘出一些重要线索，从而有利于对某些需审核的情况做进一步的调查，以搜集到更为可靠的证据。例如，注册会计师在对应收账款进行账龄分析后，可以询问应收账款负责人对收回逾期应收账款的可能性的意见。如果其意见与注册会计师自行估计的坏账损失基本一致，则这一口头证据就可以成为证实注册会计师有关坏账损失判断的重要证据。

4）环境证据

环境证据又称状况证据，是指对被审计单位产生影响的各种环境事实。具体包括以下几种：

（1）有关内部控制情况。如果被审计单位有着良好的内部控制，且日常管理又一贯地遵守内部控制中的有关规定，就可认为被审计单位现行的内部控制为财务报表项目的可靠性提供了强有力的证据，即良好的内部控制增强了会计资料的可信赖程度。同时，被审计单位内部控制的完善程度还决定着注册会计师所需的从其他各种渠道搜集的审计证据的数量：内部控制愈健全、愈严密，所需的其他各类审计证据就愈少；否则，注册会计师就必须获取较大数量的其他审计证据。

（2）被审计单位管理人员素质。被审计单位管理人员素质越高，其所提供的证据发生差错的可能性就越小，在该环境下获取的审计证据的可靠性就越高。例如，当被审计单位会计人员素质较高时，其会计记录就不容易发生错误。也就是说，会计人员的素质对会计资料的可靠性产生了影响。

（3）各种管理条件和管理水平。通常情况下，在良好的管理条件和较高的管理水平下提供的审计证据可靠性较强；反之，则可靠性相对较弱。

必须指出，环境证据一般不属于基本证据，但它可帮助注册会计师了解被审计单位及其经济活动所处的环境，是注册会计师进行判断所必须掌握的资料。

尽管各种不同的审计证据可用来实现不同的审计目标，但是对每一具体账户及其相关的认定来说，注册会计师应选择能以最低成本实现全部审计目标的证据，力求做到证据搜集既有效又经济。

4.1.4　审计证据的特征

审计证据的充分性和适当性是审计证据具有说服力的具体表现，是审计证据的两个基本特征。注册会计师应当保持职业怀疑态度，运用职业判断，评价审计证据的充分性和适当性。

1）审计证据的充分性

审计证据的充分性是对审计证据数量的衡量，主要与注册会计师确定的样本量有关。如对某个审计项目实施某一选定的审计程序，从 300 个样本中获得的证据要比从 200 个样本中获得的证据更充分。充分性是对注册会计师形成审计意见所应当获取的审计证据的最低数量要求。

审计证据的数量要足够使得注册会计师形成客观公正的审计意见，而并非注册会计师搜集的审计证据越多越好。注册会计师需要获取的审计证据的数量受重大错报风险水平的影响：重大错报风险水平越高，需要获取的审计证据可能越多。具体来说，在可接受的审计风险水平一定的情况下，被评估的重大错报风险越高，注册会计师就应实施越多的测试工作，将检查风险降至可接受水平，从而将审计风险控制在可接受的低水平范围内。

同步思考 4-1

审计证据要满足充分性，是不是说审计证据的数量越多越好，为什么？

理解要点： 在考虑审计证据的充分性时，必须考虑以下几个方面的因素：

一是重要性因素。它包括被审计对象的重要性和审计证据自身的重要性，重要性程度高的被审计对象对审计证据的充分性要求较高。

二是审计风险性因素。审计风险取决于重大错报风险和检查风险，注册会计师应实施审计程序，评估重大错报风险，并根据评估结果设计和实施进一步审计程序，以控制检查风险，其中与审计证据直接相关的是重大错报风险。审计人员对审计项目的重大错报风险估计越高，从实质性测试中获取的审计证据就越多，当重大错报风险评价较高时，审计人员必须考虑实质性测试是否可以提供充分适当的审计证据，以降低审计风险至某一可接受水平。

三是评价审计证据的充分性还须考虑取得审计证据的经济性。一般地，审计人员取得的有说服力的审计证据越多，其说服力越强。但从另一角度来讲，审计人员在决定审计证据的充分性时，也要考虑证据的效用与收集、评价这些证据的成本。

可见，审计证据的充分性不仅仅是对审计证据的纯数量上的要求。

2）审计证据的适当性

（1）审计证据的适当性的含义。审计证据的适当性是对审计证据质量的衡量，即审计证据在支持各类交易、账户余额、列报的相关认定，或发现其中存在错报方面具有相关性和可靠性。相关性是指审计证据应与审计目标相关联；可靠性是指审计证据能如实地反映客观事实，即审计证据的可信程度。相关性和可靠性是审计证据适当性的核心内容，只有相关且可靠的审计证据才是高质量的。

（2）审计证据的相关性。审计证据要有证明力，必须与注册会计师确定的审计目标相关联。注册会计师也只有获取与审计目标相关联的审计证据，才能据以证明或否定被审计单位所认定的相关事项。例如，注册会计师在审计过程中怀疑被审计单位发出存货却没有给顾客开具发票，需要确认销售是否完整。注册会计师应当从发货单中选取样本，追查与每张发货单相应的销售发票副本，以确定是否每张发货单均已开具发票。如果注册会计师从销售发票副本中选取样本，并追查至与每张发票相应的发货单，由此所获得的证据与完整性目标就不相关。再如，存货监盘所获得的审计证据只能证明存货的存在性，却不能证明存货的计价和所有权问题。

在确定审计证据的相关性时，注册会计师应当考虑：

①特定的审计程序可能只为某些认定提供相关的审计证据，而与其他认定无关。例如，检查期后应收账款收回的记录和文件，可以提供有关存在和计价的审计证据，但是不一定与期末截止是否适当相关。

②针对同一项认定可以从不同来源获取审计证据或获取不同性质的审计证据。例如，注册会计师可以分析应收账款的账龄和应收账款的期后回收情况，以获取与坏账准备计价有关的审计证据。

③只与特定认定相关的审计证据并不能替代与其他认定相关的审计证据。例如，证实存货实物存在的审计证据并不能替代与存货计价相关的审计证据。

（3）审计证据的可靠性。只有如实反映客观事实的审计证据才值得信赖，才具有可靠性。审计证据的可靠性受其来源和性质的影响，并取决于获取审计证据的具体环境。

业务链接4-1

判别审计证据的可靠程度有哪些标准

一般说来，审计证据的可靠程度可以参考以下标准来判断：（1）外部证据比内部证据可靠，已获独立第三者确认的内部证据比未获独立第三者确认的内部证据可靠；（2）书面证据比口头证据可靠；（3）注册会计师自行获得的审计证据比由被审计单位提供的审计证据可靠；（4）内部控制较好时的内部证据比内部控制较差时的内部证据可靠；（5）不同来源或不同性质的审计证据相互印证时，审计证据较为可靠；反之，若通过某一来源所获取的证据与通过其他来源获取的证据不相一致，或者不同性质的证据相互矛盾时，注册会计师就需要进一步审计。

3）充分性和适当性的关系

充分性和适当性是审计证据的两个重要特征，两者缺一不可，只有充分且适当的审计证据才是有证明力的。

注册会计师需要获取的审计证据的数量也受到审计证据质量的影响。审计证据质量越高，需要的审计证据数量可能越少。也就是说，审计证据的适当性会影响审计证据的充分性。例如，被审计单位内部控制健全时生成的审计证据更可靠，注册会计师只需获取适量的审计证据，就可以为发表审计意见提供合理的基础。

需要注意的是，充分性和适当性相关，但如果审计证据的质量存在缺陷，注册会计师仅靠获取更多的审计证据可能无法弥补其质量上的缺陷。也就是说，审计证据的充分性不会影响审计证据的适当性。例如，注册会计师应当获取销售收入完整性相关的证据，实际获取到的却是有关销售收入真实性的证据，审计证据与完整性目标不相关，即使获得的证据再多，也证明不了收入的完整性。同样，如果注册会计师获取的证据不可靠，那么证据数量再多也难以起到证明作用。

同步思考4-2

A注册会计师在对甲公司2010年度财务报表进行审计时，收集到以下六组审计证据：

（1）收料单与购货发票；

（2）销售发票副本与产品出库单；

（3）领料单与材料成本计算表；

（4）工资计算单与工资发放单；

（5）存货盘点表与存货监盘记录；

（6）银行询证函回函与银行对账单。

请分别说明每组审计证据中哪项审计证据较为可靠，并简要说明理由。

理解要点：

（1）购货发票比收料单可靠。这是因为购货发票来自于公司以外的机构或人员，而收料单是公司自行编制的。

（2）销售发票副本比产品出库单可靠。这是因为销售发票是在外部流转，并获得公司以外的机构或个人的承认，而产品出库单只在公司内部流转。

（3）领料单比材料成本计算表可靠。这是因为领料单预先被连续编号，并且经过公司不同部门人员的审核，而材料成本计算表只在会计部门内部流转。

（4）工资发放单比工资计算单可靠。这是因为工资发放单需经会计部门以外的工资领取人签字确认，而工资计算单只在会计部门内部流转。

（5）存货监盘记录比存货盘点表可靠。这是因为存货监盘记录是注册会计师自行编制的，而存货盘点表是公司提供的。

（6）银行询证函回函比银行对账单可靠。这是因为银行询证函回函是注册会计师直接获取的，未经公司有关职员之手，而银行对账单经过公司有关职员之手，存在伪造、涂改的可能性。

4.1.5　获取审计证据的审计程序

1）审计程序的作用

注册会计师面临的主要决策之一，就是通过实施审计程序，获取充分、适当的审计证据，以满足对财务报表发表意见的要求。受到成本的约束，注册会计师不可能检查和评价所有可能获取的证据，因此对审计证据充分性、适当性的判断是非常重要的。注册会计师利用审计程序获取审计证据涉及以下四个方面的决策：一是选用何种审计程序；二是对选定的审计程序，应当选取多大的样本规模；三是应当从总体中选取哪些项目；四是何时执行这些程序。

审计程序是指注册会计师在审计过程中的某个时间，对将要获取的某类审计证据如何进行收集的详细指令。在设计审计程序时，注册会计师通常使用规范的措辞或术语，以使审计人员能够准确理解和执行。

2）审计程序的种类

在审计过程中，注册会计师可根据需要单独或综合运用以下审计程序，以获取充分、适当的审计证据。

（1）检查。检查是指注册会计师对被审计单位内部或外部生成的，以纸质、电子或其他介质形式存在的记录和文件进行审查，或对资产进行实物审查。检查记录或文件可以提供可靠程度不同的审计证据，审计证据的可靠性取决于记录或文件的性质和来源，而在检查内部记录或文件时，其可靠性则取决于生成该记录或文件的内部控制的有效性。将检查用作控制测试的一个例子，就是通过检查记录以获取关于授权的审计证据。

某些文件是表明一项资产存在的直接审计证据，如构成金融工具的股票或债券，但检查此类文件并不一定能提供有关所有权或计价的审计证据。此外，检查已执行的合同可以提供与被审计单位运用会计政策（如收入确认）相关的审计证据。

检查有形资产可为其存在提供可靠的审计证据，但不一定能够为权利和义务或计价等认定提供可靠的审计证据。对个别存货项目进行的检查，可与存货监盘一同实施。

（2）观察。观察是指注册会计师察看相关人员正在从事的活动或实施的程序。例如，注册会计师对被审计单位人员执行的存货盘点或控制活动进行观察。观察可以提供执行有关过程或程序的审计证据，但观察所提供的审计证据仅限于观察发生的时点，而且被观察人员的行为可能因被观察而受到影响，这也会使观察提供的审计证据受到限制。

（3）询问。询问是指注册会计师以书面或口头方式，向被审计单位内部或外部的知情人员获取财务信息和非财务信息，并对答复进行评价的过程。作为其他审计程序的补充，询问广泛应用于整个审计过程中。

一方面，知情人员对询问的答复可能为注册会计师提供尚未获悉的信息或佐证证据。另一方面，对询问的答复也可能提供与注册会计师已获取的其他信息存在重大差异的信息，如关于被审计单位管理层凌驾于控制之上的可能性的信息。在某些情况下，对询问的答复为注册会计师修改审计程序或实施追加的审计程序提供了基础。

尽管对通过询问获取的审计证据予以佐证通常特别重要，但在询问管理层意图时，获取的支持管理层意图的信息可能是有限的。在这种情况下，了解管理层过去所声称意图的实现情况、选择某项特别措施时声称的原因以及实施某项具体措施的能力，可以为佐证通过询问获取的证据提供相关信息。

针对某些事项，注册会计师可能认为有必要向管理层（如适用）获取书面声明，以证实对口头询问的答复。

（4）函证。函证是指注册会计师直接从第三方（被询证者）获取书面答复以作为审计证据的过程，书面答复可以采用纸质、电子或其他介质等形式。当针对的是与特定账户余额及其项目相关的认定时，函证常常是相关的程序。但是，函证不必局限于账户余额。例如，注册会计师可能要求对被审计单位与第三方之间的协议和交易条款进行函证。注册会计师可能在询证函中询问协议是否作过修改，如果作过修改，要求被询证者提供相关的详细信息。此外，函证程序还可以用于获取不存在某些情况的审计证据，如不存在可能影响被审计单位收入确认的"背后协议"。

由于函证来自独立于被审计单位的第三方，通过函证获取的证据可靠性较高，因此，函证是受到高度重视并经常被使用的一种重要程序。注册会计师通常应当对下列内容实施函证：

①银行存款、借款及与金融机构往来的其他重要信息。注册会计师应当对银行存款（包括零余额账户和在本期内注销的账户），借款及与金融机构往来的其他重要信息实施函证程序，除非有充分证据表明某一银行存款、借款及与金融机构往来的其他重要信息对财务报表不重要且与之相关的重大错报风险很低。如果不对这些项目实施函证程序，注册会计师应当在审计工作底稿中说明理由。

②应收账款。注册会计师应当对应收账款实施函证程序，除非有充分证据表明应收账款对财务报表不重要，或函证很可能无效。如果认为函证很可能无效，注册会计师应当实施替代审计程序，获取相关、可靠的审计证据。如果不对应收账款函证，注册会计师应当在审计工作底稿中说明理由。

③其他内容。注册会计师可以根据具体情况和实际需要对以下内容（包括但并不限于）实施函证：交易性金融资产；应收票据；其他应收款；预付账款；由其他单位代为保管、加工或销售的存货；长期股权投资；应付账款；预收账款；保证、抵押或质押；或有事项；重大或异常的交易。

可见，函证通常适用于账户余额及其组成部分（如应收账款明细账），但是不一定限于这些项目。例如，为确认合同条款是否发生变动及变动细节，注册会计师可以函证被审计单位与第三方签订的合同条款。注册会计师还可向第三方函证是否存在影响被审计单位收入确认的背后协议或某项重大交易的细节。

注册会计师通常以资产负债表日为截止日，在资产负债表日后适当时间内实施函证。如果重大错报风险评估为低水平，注册会计师可选择资产负债表日前适当日期为截止日实施函证，并对所函证项目自该截止日起至资产负债表日止发生的变动实施实质性程序。

注册会计师可采用积极的或消极的函证方式实施函证，也可将两种方式结合使用。如果采用积极的函证方式，注册会计师应当要求被询证者在所有情况下必须回函，确认询证函所列示信息是否正确，或填列询证函要求的信息。如果采用消极的函证方式，注册会计师只要求被询证者仅在不同意询证函列示信息的情况下才予以回函。

积极的函证方式通常比消极的函证方式提供的审计证据可靠。当同时存在下列情况时，注册会计师可考虑采用以下消极的函证方式：重大错报风险评估为低水平；涉及大量余额较小的账户；预期不存在大量的错误；没有理由相信被询证者不认真对待函证。

当被审计单位管理层要求对拟函证的某些账户余额或其他信息不实施函证时，注册会计师应当考虑该项要求是否合理，并获取审计证据予以支持。如果认为管理层的要求合理，注册会计师应当实施替代审计程序，以获取与这些账户余额或其他信息相关的充分、适当的审计证据。如果认为管理层的要求不合理，且被其阻挠而无法实施函证，注册会计师应当视为审计范围受到限制，并考虑对审计报告可能产生的影响。

分析管理层要求不实施函证的原因时，注册会计师应当保持职业怀疑态度，并考虑以下几点：管理层是否诚信；是否可能存在重大的舞弊或错误；替代审计程序能否提供与这些账户余额或其他信息相关的充分、适当的审计证据。如果认为管理层的要求可能显示存在舞弊，注册会计师应当遵循《中国注册会计师审计准则第 1141 号——财务报表审计中与舞弊相关的责任》的有关规定。

同步思考4-3

对应收账款进行函证时是否需要对所有债务人进行函证？在确定函证规模时应考虑哪些因素？

理解要点： 执行应收账款的函证程序时，为了提高审计效率，一般不需对所有债务人进行函证，可以根据审计抽样确定的样本规模，并结合以下几种因素的影响来选定函证对象。

(1) 应收账款在全部资产中的重要程度。如果应收账款在全部资产中所占的比例较大，那么，函证量也应大一些。

(2) 被审计单位内部控制的强弱。如果内部控制比较健全，可以相应缩小函证范围，反之，就要扩大函证范围。

(3) 以前年度的函证结果。如果以前年度函证中发现重大差异或欠款纠纷较多，函证范围应扩大一些。

(4) 函证方式的选择。如果选择肯定式函证，可相应减少函证量；如果选择否定式函证，则应增加函证量。

一般情况下，账龄长、金额大、应收账款存在纠纷、账户名称不正常、有贷方余额的账户，都是注册会计师必须向债务人函证的对象。

(5) 重新计算。重新计算是指注册会计师以人工方式或使用计算机辅助审计技术，对记录或文件中的数据计算的准确性进行核对。重新计算通常包括计算销售发票和存货的总金额、加总日记账和明细账、检查新旧费用和预付费用的计算、检查应纳税额的计算等。

一般而言，重新计算不仅包括对被审计单位的凭证、账簿和报表中有关数字的验算，而且还包括对会计资料中有关项目的加总或其他计算。在财务报表审计中，注册会计师往往需要大量地运用加总技术来获取必要的审计证据。

当然，注册会计师在重新计算时并不一定按照被审计单位原先的计算形式和顺序进行，并且在关注计算结果是否一致的同时，还要对某些其他可能的差错予以关注。

(6) 重新执行。重新执行是指注册会计师以人工方式或使用计算机辅助审计技术，重新独立执行作为被审计单位内部控制组成部分的程序或控制。例如，注册会计师利用被审计单位的银行存款日记账和银行对账单，重新编制银行存款余额调节表，并与被审计单位编制的银行存款余额调节表进行比较。

(7) 分析程序。分析程序是指注册会计师通过研究不同财务数据之间以及财务数据与非财务数据之间的内在关系，对财务信息作出评价。分析程序还包括调查识别出的、与其他相关信息不一致或与预期数据严重偏离的波动和关系。例如，注册会计师可以对被审计单位的财务报表以及相关资料中的重要比率及变动趋势进行分析性复核，以发现其中的异常变动项目，并对其重新考虑所采用的审计方法是否适当，必要时要追加适当审计程序以获取相应的审计证据。

注册会计师实施分析程序的目的包括：

①用作风险评估程序，以了解被审计单位及其环境。注册会计师在将分析程序用作风险评估程序时，应当遵守《中国注册会计师审计准则第1211号——通过了解被审计单位

及其环境识别和评估重大错报风险》的相关规定。准则规定，注册会计师可以将分析程序与询问、检查和观察程序结合运用，以获取对被审计单位及其环境的了解，识别和评估财务报表层次及具体认定层次的重大错报风险。分析程序可以帮助注册会计师发现财务报表中的异常变化，或者预期发生而未发生的变化，识别存在潜在重大错报风险的领域。分析程序还可以帮助注册会计师发现财务状况或盈利能力发生变化的信息和征兆，识别那些表明被审计单位持续经营能力存在问题的事项。

②当使用分析程序比细节测试能更有效地将认定层次的检查风险降至可接受的水平时，分析程序可以用作实质性程序。在针对评估的重大错报风险实施进一步审计程序时，注册会计师可以将分析程序作为实质性程序的一种，单独或结合其他细节测试，收集充分、适当的审计证据。此时运用分析程序可以减少细节测试的工作量，节约审计成本，降低审计风险，使审计工作更有效率和效果。

在设计和实施实质性分析程序时，无论单独使用或与细节测试结合使用，注册会计师都应当注意以下几点：考虑针对所涉及认定评估的重大错报风险和实施的细节测试（如有），确定特定实质性分析程序对这些认定的适用性；考虑可获得信息的来源、可比性、性质和相关性以及与信息编制相关的控制，评价在对已记录的金额或比率作出预期时使用数据的可靠性；对已记录的金额或比率作出预期，并评价预期值是否足够精确以识别重大错报（包括单项重大的错报和单项虽不重大但连同其他错报可能导致财务报表产生重大错报的错报）；确定已确定记录金额与预期值之间可接受的，且无需按《中国注册会计师审计准则第 1313 号——分析程序》第七条的要求进一步调查的差异额。

③在审计结束或临近结束时对财务报表进行总体复核。在审计结束或临近结束时，注册会计师应当运用分析程序，在已收集的审计证据的基础上，对财务报表整体的合理性作出最终把握，评价报表仍然存在重大错报风险而未被发现的可能性，考虑是否需要追加审计程序，以便为发表审计意见提供合理基础。

在总体复核阶段执行分析程序，所进行的比较和使用的手段与风险评估程序中使用的分析程序基本相同，但两者的目的不同。在总体复核阶段实施的分析程序主要在于强调并解释财务报表项目自上个会计期间以来发生的重大变化，以证实财务报表中列报的所有信息与注册会计师对被审计单位及其环境的了解一致，与注册会计师取得的审计证据一致。因此，两者的主要差别在于实施分析程序的时间和重点不同，以及所取得的数据的数量和质量不同。另外，因为在总体复核阶段实施的分析程序并非为了对特定账户余额和披露提供实质性的保证水平，因此并不如实质性分析程序那样详细和具体，而往往集中在财务报表层次。

在运用分析程序进行总体复核时，如果识别出以前未识别的重大错报风险，注册会计师应当重新考虑对全部或部分各类交易、账户余额和披露评估的风险是否恰当，并在此基础上重新评价之前计划的审计程序是否充分，是否有必要追加审计程序。

教学互动 4-1

分析程序相比其他获取审计证据的审计程序理解起来较为抽象，为让学生对分析程序有一个具体的认识，防止"眼高手低"现象的出现，结合财务会计和财务管理中相关的财务报表知识，运用发散性思维方式，将学生分成若干小组，分组讨论下列问题：

初步问题： 你作为一名注册会计师在对财务报表审计时，这种分析程序可以用在哪些方面的审计呢？

进一步问题： 财务报表中最常出现的舞弊情况有哪些呢？分析程序针对它们如何处理？我们能从中发现什么样的潜在问题呢？

要求： 同【教学互动 1-1】的"要求"。

职业道德探讨 4-1

"银广夏"事件中注册会计师针对审计证据的处理

背景与情境： 中天勤会计师事务所在对银广夏的审计过程中，中天勤会计师事务所对于其 2000 年年末的应缴增值税余额为负数的问题，只要用传统查账方法进行账面上的证实与核对就能发现，却被刘、徐所忽略。对于"银广夏"虚构收入的问题，只要采用函证和实物监盘就能发现，但中天勤在函证上犯了十分明显的错误，并且现场盘点却很少做。当天津广厦的会计资料被毁时，本应视为内控的严重失误，但中天勤却未引起重视。就连《财经》杂志的记者提出的对中草药和农产品种植的奇高利润的质疑，注册会计师只要用比率分析法——对照就能发现，却也从他们眼皮底下溜过。关于引进的萃取技术和设备所能达到的产量和利润问题，会计师事务所如有人知道或向外界专家咨询一下就能解决的问题，最后中天勤会计师事务所终于掉进了"银广夏陷阱"。

问题： 注册会计师对"银广夏"事件中审计证据的处理存在什么问题？

分析提示： 在"银广夏"事件中，管理当局固然要负首要责任，但中介机构在其审计过程中因未能严格遵循审计原则，未能保持应有的职业谨慎而导致审计失败也应引起相当的重视。其中，注册会计师在其审计过程中过分依赖被审计单位提供的会计资料可能是"银广夏"审计失败的原因之一。面对被审计单位提供的审计证据，注册会计师不假思索地全盘接收，无视"银广夏"近乎奇迹般的增长。如果注册会计师在审计之初多花点时间到生产、管理现场做符合性审计，与相关工作人员——操作员、质检员、库管员、统计员、业务员等交谈，真实的生产经营及销售情况是不难被发现的。另外，如果注册会计师对相关的供应商、代理商、消费者、类似产品的市场竞争者等外部环境进行调查，通过虚开增值税发票来虚增收入的作假行为也不难发现。注册会计师在审计过程中一个重要的失误就是到生产、管理现场的时间太少，而把大量时间花费在对会计数据的整理上，这样做就会造成被审计单位一旦提供严重失真的会计资料，注册会计师也很难发现。注册会计师在审计过程中一定不可为了审计而审计，要严格遵守"实质重于形式"原则，保持职业谨慎性，亲自取证，以确保审计证据的真实可靠。

4.1.6 审计证据的整理与分析

注册会计师运用各种方法搜集到的审计证据往往是分散和个别的。要使它们变成充分、适当的具有证明力的证据，以正确评价被审计单位会计报表等有关会计资料是否恰当地反映了其财务状况、经营成果及资金变动情况，就必须采用一定的方法对审计证据进行分类、整理与分析，使之系统化、条理化。只有这样，注册会计师才能对各种审计证据合理地进行审计小结，并在此基础上恰当地形成整体的审计意见。审计证据的搜集与管理分析并不是互不相关的独立存在的环节，相反，它们经常是交叉进行的，在搜集审计证据时就有了整理，而在整理过程中一方面能形成新的审计证据，另一方面还可发现证据的不足，以便进一步搜集证据。

1) 审计证据整理与分析的方法

审计证据的整理与分析并没有一个固定的模式，审计目的不同，审计证据的种类不同，其整理与分析的方法也不尽相同。常见的整理、分析审计证据的方法主要有：

（1）分类。它是指将各种审计证据按证明力的强弱，或按证据与审计目标的关系是否直接等分门别类排列成序。

（2）计算。它是指按照一定的方法对数据方面的审计证据进行计算，并从计算中得出所需的新证据。

（3）比较。它包括两方面的内容：一方面是要将各种审计证据进行反复比较，从中分析出被审计单位经济业务的变动趋势及其特征；另一方面还要与审计目标进行比较，判断其是否符合要求（如不符合要求，则需补充搜集有关的审计证据）。

（4）小结。它是指在上述分类、计算和比较的基础上，注册会计师对审计证据进行归纳、总结，进而得出具有说服力的局部的审计结论。

（5）综合。它是指注册会计师对各类审计证据及其所形成的局部的审计结论进行综合分析，最终形成整体的审计意见。

2) 审计证据整理与分析过程中应注意的几个问题

（1）审计证据的取舍。通常情况下，注册会计师不必也不可能把审计证据反映的内容全部包括在审计报告中，他必须舍弃那些无关紧要的证据，选择那些具有代表性的、典型的、重要的审计证据在审计报告中加以反映。审计证据的取舍标准主要有：

①金额大小。一般来说，金额越大越重要。对于那些金额较大、足以对被审计单位财务状况或经营成果产生重大影响的证据，应作为重要证据。

②问题性质的严重程度。有些审计证据本身所揭露的金额并不大，但其性质较为严重，可能导致其他重要问题的产生或与其他可能存在的重要问题有关，这类证据也应被视为重要证据。

（2）分清现象与本质。某些审计证据所反映的可能只是一种假象，注册会计师应对其认真研究，弄清事实本质。

（3）排除伪证。伪证是指审计证据的提供者出于某种动机而伪造的证据，或是有关方面基于主观或客观原因而提供的假证。这类证据若不排除，就会误导注册会计师得出错误审计结论。

同步思考 4-4

注册会计师在对某公司进行审计时，发现该公司内部控制不健全。在此情况下，注册会计师能否依赖下列证据：（1）销售发票副本；（2）存货监盘盘点表；（3）律师声明书；（4）管理层声明书；（5）会计记录；（6）对行业成本变化趋势的分析。

理解要点：

（1）不能依赖。销售发票副本属于被审计单位自己提供的，在内部控制制度具有严重缺陷的情况下，其可靠性较低，所以不能依赖。如果该销售发票副本与向购货单位函证的结果一致，则可靠性高一些。

（2）可以依赖。监盘客户的存货是注册会计师亲自实施的，证明力较强，其可靠程度一般不受内部控制制度的影响，但不能确定存货所有权归属及其价值情况。

（3）可以依赖。律师声明书属于被审计单位外部人员提供的，在内部控制制度具有严重缺陷的情况下，其证明力仍较强。

（4）不可依赖。被审计单位管理层声明书是一种可靠性较低的证据。在内部控制制度具有严重缺陷时，它的可靠性更低。

（5）不可依赖。会计记录属于被审计单位自己编制和记录的，在内部控制制度具有严重缺陷时，出现错误舞弊的可能性较大，所以不可依赖。

（6）可以依赖。对行业成本变化趋势的分析是注册会计师通过分析程序取得的证据，这类证据在内部控制制度具有严重缺陷时会显示重大的异常波动，更应引起注册会计师的关注。所以，这类证据也可以依赖。

4.2 审计工作底稿

4.2.1 审计工作底稿概述

审计工作底稿，是指注册会计师对制订的审计计划、实施的审计程序、获取的相关审计证据，以及得出的审计结论作出的记录。审计工作底稿是审计证据的载体，是注册会计师在审计过程中形成的审计工作记录和获取的资料。它形成于审计过程，也反映了整个审计过程。

编制审计工作底稿的文字应当使用中文。少数民族自治地区可以同时使用少数民族文字。中国境内的中外合作会计师事务所、国际会计公司成员所和联系所可以同时使用某种外国文字。会计师事务所执行涉外业务时可以同时使用某种外国文字。

会计师事务所应当按照《会计师事务所质量控制准则第 5101 号——业务质量控制》的规定，对审计工作底稿实施适当的控制程序，以满足下列要求：

（1）安全保管审计工作底稿并对审计工作底稿保密。

（2）保证审计工作底稿的完整性。

（3）便于对审计工作底稿的使用和检索。

（4）按照规定的期限保存审计工作底稿。

为了保证审计工作底稿的完整性，注册会计师不得对其进行不当删除、废弃或改动。

4.2.2 审计工作底稿的性质

1）审计工作底稿的存在形式

审计工作底稿可以以纸质、电子或其他介质形式存在。

随着信息技术的广泛运用，审计工作底稿的形式从传统的纸质形式扩展到电子或其他介质形式。但无论审计工作底稿以哪种形式存在，会计师事务所都应当针对审计工作底稿设计和实施适当的控制，以实现下列目的：

（1）使审计工作底稿清晰地显示其生成、修改及复核的时间和人员。

（2）在审计业务的所有阶段，尤其是在项目组成员共享信息或通过互联网将信息传递给其他人员时，保护信息的完整性和安全性。

（3）防止未经授权改动审计工作底稿。

（4）允许项目组和其他经授权的人员为适当履行职责而接触审计工作底稿。

在实务操作中，为便于复核，注册会计师可以将以电子或其他介质形式存在的审计工作底稿通过打印等方式，转换成纸质形式的审计工作底稿，并与其他纸质形式的审计工作底稿一并归档。同时，应单独保存这些以电子或其他介质形式存在的审计工作底稿。

2）审计工作底稿的内容

审计工作底稿通常包括总体审计策略、具体审计计划、分析表、问题备忘录、重大事项概要、询证函回函、管理层声明书、核对表、有关重大事项的往来信件（包括电子邮件），以及对被审计单位文件记录的摘要或复印件等。此外，审计工作底稿通常还包括业务约定书、管理建议书、项目组内部或项目组与被审计单位举行的会议记录、与其他人士的沟通文件及错误汇总表等。

一般情况下，分析表主要是指对被审计单位财务信息执行分析程序的记录。例如，记录对被审计单位本年各月收入与上一年度的同期数据进行比较的情况，记录对差异的分析等。

问题备忘表一般是指对某一事项或问题的简要汇总记录。在问题备忘录中，注册会计师通常记录该事项或问题的基本情况、执行的审计程序或具体审计步骤，以及得出的审计结论。例如，有关存货监盘审计程序或审计过程中发现问题的备忘录。

核对表一般是指会计师事务所内部使用的，为便于核对某些特定审计工作或程序的完成情况的表格。例如，特定项目审计程序核对表、审计工作完成情况核对表等。它通常以列举的方式列出审计过程中注册会计师应当进行的审计工作或程序以及特别需要提醒注意的问题，并在适当情况下索引至其他审计工作底稿。便于注册会计师核对是否已按照审计准则的规定进行了审计。

3）审计工作底稿通常不包括的内容

审计工作底稿通常不包括已被取代的审计工作底稿的草稿或财务报表的草稿、对不全面或初步思考的记录、存在印刷错误或其他错误而作废的文本，以及重复的文件记录等。由于这些草稿中错误的文本或重复的文件记录不直接构成审计结论和审计意见的支持性证据，因此，注册会计师通常无需保留这些记录。

4.2.3　审计工作底稿的格式、要素

1）总体要求

（1）编制工作底稿应达到的要求。注册会计师编制的审计工作底稿，应当使得未曾接触该项审计工作的有经验的专业人士清楚了解：①按照审计准则的规定所实施的审计程序的性质、时间和范围；②实施审计程序的结果和获取的审计证据；③就重大事项得出的结论。

此处所指的有经验的专业人士，是指对下列方面有合理了解的人士：①审计过程；②相关法律法规和审计准则的规定；③被审计单位所处的经营环境；④与被审计单位所处行业相关的会计和审计问题。

（2）确定审计工作底稿的格式、内容和范围需考虑的因素。在确定审计工作底稿的

格式、内容和范围时，注册会计师应当考虑下列因素：

①实施审计程序的性质。通常情况下，不同的审计程序会使得注册会计师获取不同性质的审计证据，由此注册会计师可能会编制不同格式、内容和范围的审计工作底稿。例如，注册会计师编制的函证程序的审计工作底稿和存货监盘程序的审计工作底稿在内容、格式及范围方面是不同的。

②已识别的重大错报风险。识别和评估的重大错报风险水平的不同，可能导致注册会计师事务所实施的审计程序和获取的审计证据不尽相同。例如，如果注册会计师识别出应收账款存在较高的重大错报风险，而其他应收款的重大错报风险较低，则注册会计师可能对应收账款的记录会比针对测试其他记录的内容多且范围广。

③在执行审计工作和评价审计结果时需要作出判断的范围。审计程序的选择和实施及审计结果的评价通常需要不同程度的职业判断。例如，运用非统计抽样的方法选取样本进行应收账款函证程序时，注册会计师可能基于应收账款账龄、以前的审计经验及是否为关联方欠款等因素，考虑哪些应收款项存在较高的重大错报风险时，运用职业判断在总体中选取样本，并对作出职业判断时的考虑事项进行适当的记录。因此，在作出职业判断时所考虑的因素及范围可能使注册会计师做出不同的内容和范围的记录。

④已获取审计证据的重要程度。注册会计师通过执行多项审计程序可能会获取不同的审计证据，有些审计证据的相关性和可靠性较高，有些质量则较差。注册会计师可能区分不同的审计证据进行有选择性的记录。因此，审计证据的重要程度也会影响审计工作底稿的格式、内容和范围。

⑤已识别的例外事项的性质和范围。有时注册会计师在执行审计程序时会发现例外事项，由此可能导致审计工作底稿在格式、内容和范围方面的不同。例如，某个函证的回函表明存在不符事项，如果在实施恰当的追查后发现该例外事项并未构成错报，注册会计师可能只在审计工作底稿中解释发生该例外事项的原因及影响；反之，如果该例外事项构成错报，注册会计师可能需要执行额外的审计程序并获取更多的审计证据。由此编制的审计工作底稿在内容和范围方面可能有很大不同。

⑥当从已执行审计工作或获取审计证据的记录中不易确定结论或确定结论的基础时，记录结论或结论的基础的必要性。在某些情况下，特别是在涉及复杂的事项时，注册会计师仅将已执行的审计工作或获取的审计证据记录下来，并不容易使其他有经验的注册会计师通过合理的分析，得出审计结论或结论的基础。此时，注册会计师应当考虑是否需要进一步说明并记录得出结论的基础及该事项的结论。

⑦使用的审计方法和工具。使用的审计方法和工具可能影响审计工作底稿的形式、内容和范围。例如，如果使用计算机辅助审计技术对应收账款的账龄进行重新计算时，通常可以针对总体进行测试，而采用人工方式重新计算时，则可能会针对样本进行测试，由此形成的审计工作底稿会在格式、内容和范围方面有所不同。

考虑以上因素，有助于注册会计师确定审计工作底稿的格式、内容和范围是否恰当。注册会计师在考虑以上因素时需注意，根据不同情况确定审计工作底稿的格式、内容和范围均是为达到执业准则中所述的编制审计工作底稿的目的，特别是提供证据的目的。例如，细节测试和实质性分析程序的审计工作底稿所记录的审计程序有所不同，但两类审计工作底稿都应当充分、适当地反映注册会计师执行的审计程序。

2）审计工作底稿的要素

通常，审计工作底稿包括下列全部或部分要素：

（1）审计工作底稿的标题。每张底稿应当包括被审计单位的名称、审计项目的名称以及资产负债表日或底稿覆盖的会计期间（如果与交易相关）。

（2）审计过程记录。在记录审计过程时，应当特别注意以下几个重点方面：

①具体项目或事项的识别特征。在记录实施审计程序的性质、时间安排和范围时，注册会计师应当记录测试的具体项目或事项的识别特征，记录具体项目或事项的识别特征可以实现多种目的。例如，这能反映项目组履行职责的情况，也便于对例外事项或不符事项进行调查，以及对测试的项目或事项进行复核。

识别特征是指被测试的项目或事项表现出的特征或标志。识别特征因审计程序的性质和测试的项目或事项不同而不同。对某一个具体项目或事项而言，其识别特征通常具有唯一性，这种特性可以使其他人员根据识别特征在总体中识别该项目或事项并重新执行该测试。为帮助理解，以下列举部分审计程序中所测试的样本的识别特征：

如在对被审计单位生成的订购单进行细节测试时，注册会计师可以以订购单的日期或其唯一编号作为测试订购单的识别特征。需要注意的是，在以日期或编号作为识别特征时，注册会计师需要同时考虑被审计单位对订购单编号的方式。例如，若被审计单位按年对订购单依次编号，则识别特征是××年的××号；若被审计单位以序列号进行编号，则可以直接将该号码作为识别特征。

对于需要选取或复核既定总体内一定金额以上的所有项目的审计程序，注册会计师可以记录实施程序的范围并指明该总体。例如，银行存款日记账中一定余额以上的所有会计分录。

对于需要系统化抽样的审计程序，注册会计师可能会通过记录样本的来源、抽样的起点及抽样间隔来识别已选取的样本。例如，若被审计单位对发运单顺序编号，测试的发运单的识别特征可以是：对 4 月 1 日至 9 月 30 日的发运记录，从第 12345 号发运单开始每隔 125 号系统抽取发运单。

对于需要询问被审计单位中特定人员的审计和程序，注册会计师可能会以询问的时间、被询问人的姓名及职位作为识别特征。

对于观察程序，注册会计师可以以观察的对象或观察过程、观察人员及其各自的责任、观察的地点和时间作为识别特征。

②重大事项及相关重大职业判断。注册会计师应当根据具体情况判断某一事项是否属于重大事项。重大事项通常包括：引起特别风险的事项；实施审计程序的结果，该结果表明财务信息可能存在重大错报，或需要修正以前对重大错报风险的评估和针对这些风险拟采取的应对措施；导致注册会计师难以实施必要审计程序的情形；导致出具非标准审计报告的事项。

注册会计师应当记录与管理层、治理层和其他人员对重大事项的讨论，包括所讨论的重大事项的性质以及讨论的时间、地点和参加人员。

有关重大事项的记录可能分散在审计工作底稿的不同部分。将这些分散在审计工作底稿中的有关重大事项的记录汇总在重大事项概要中，不仅可以帮助注册会计师集中考虑重大事项对审计工作的影响，还便于审计工作的复核人员全面、快速地了解重大事项，从而提高复核工作的效率。对于大型、复杂的审计项目，重大事项概要的作用尤为重要。因此，注册会计师应当考虑编制重大事项概要，将其作为审计工作底稿的组成部分，以有效地复核和检查审计工作底稿，并评价重大事项的影响。

重大事项概要包括审计过程中识别的重大事项及其如何得到解决，或对其他支持性审计工作底稿的交叉索引。

注册会计师在执行审计工作和评价审计结果时运用职业判断的程度，是决定记录重大事项的审计工作底稿的格式、内容和范围的一项重要因素。在审计工作底稿中对重大职业判断进行记录，能够解释注册会计师得出的结论并提高职业判断的质量。这些记录对审计工作底稿的复核人员非常有帮助，同样也有助于执行以后期间审计的人员查阅具有持续重要性的事项（如根据实际结果对以前作出的会计估计进行复核）。

③针对重大事项如何处理不一致的情况。如果识别出的信息与针对某重大事项得出的最终结论不一致，注册会计师应当记录如何处理不一致的情况。

上述情况包括但不限于注册会计师针对该信息执行的审计程序、项目组成员对某事项的职业判断不同而向专业技术部门的咨询情况，以及项目组成员和被咨询人员不同意见（如项目组与专业技术部门的不同意见）的解决情况。

记录如何处理识别出的信息与针对重大事项得出的结论不一致的情况是非常必要的，它有助于注册会计师关注这些不一致，并对此执行必要的审计程序以恰当地解决这些不一致。

但是，对如何解决这些不一致的记录要求并不意味着注册会计师需要保留不正确的或被取代的审计工作底稿。例如，某些信息初步显示与针对某重大事项得出的最终结论不一致，注册会计师发现这些信息是错误的或不完整的，并且初步显示的不一致可以通过获取正确或完整的信息得到满意的解决，则注册会计师无须保留这些错误的或不完整的信息。此外，对于职业判断的差异，若初步的判断意见是基于不完整的资料或数据，则注册会计师也无须保留这些初步的判断意见。

（3）审计结论。审计工作的每一部分都应包含与已实施审计程序的结果及其是否实现既定审计目标相关的结论，还应包括审计程序识别出的例外情况和重大事项如何得到解决的结论。注册会计师恰当地记录审计结论非常重要。注册会计师需要根据所实施的审计程序及获取的审计证据得出结论，并以此作为对财务报表发表审计意见的基础。在记录审计结论时需注意：在审计工作底稿中记录的审计程序和审计证据是否足以支持所得出的审计结论。

同步思考4-5

注册会计师通过执行分析程序判断某公司的存货计价可能存在重大错报，但在随后的抽样计价测试中却没有发现重大错报，那么注册会计师只需在审计工作底稿中记录形成的存货计价的最终结论。这种做法正确吗？

理解要点： 该种做法是错误的。审计工作底稿是对审计工作过程的全面记录，注册会计师不能仅记录形成最终结论的部分，还应当在审计工作底稿中记录如何处理分析程序结果与存货计价测试结果的矛盾。

（4）审计标识及其说明。审计标识被用于与已实施审计程序相关的底稿。每张底稿都应包含对已实施程序的性质和范围所作的解释，以支持每一个标识的含义。审计工作底稿中可使用各种审计标识，但应说明其含义，并保持前后一致。以下是注册会计师在审计工作底稿中列明标识并说明其含义的例子，供参考。在实务中，注册会计师也可以依据实际情况运用更多的审计标识。

∧：纵加核对

<：横加核对

B：与上年结转数核对一致

T：与原始凭证核对一致

G：与总分类账核对一致

S：与明细账核对一致

T/B：与试算平衡表核对一致

C：已发询证函

C\：已收回询证函

（5）索引号及编号。通常，审计工作底稿需要注明索引号及顺序编号，相关审计工作底稿之间需要保持清晰的勾稽关系。为了汇总及便于交叉索引和复核，每个事务所都会制定特定的审计工作底稿归档流程。因此，每张表或记录都应有一个索引号，例如，A1、D6 等等，以说明其在审计工作底稿中的位置。工作底稿中每张表所包含的信息都应当与另一张表中的相关信息进行交叉索引，例如，现金盘点表应当与列示所有现金余额的导表进行交叉索引。利用计算机编制工作底稿时，可以采用电子索引和链接。随着审计工作的推进，链接表还可以自动更新。例如，审计调整表可以链接到试算平衡表，当新的调整分录编制完后，计算机会自动更新试算平衡表，为相关调整分录插入索引号。同样，评估的固有风险或控制风险可以与针对特定风险领域设计的相关审计程序进行交叉索引。

在实务操作中，注册会计师可以按照所记录的审计工作的内容层次进行编号。例如，固定资产汇总表的编号为 C1，按类别列示的固定资产明细表的编号为 C1-1，房屋建筑物的编号为 C1-1-1，机器设备的编号为 C1-1-2，运输工具的编号为 C1-1-3，其他设备的编号为 C1-1-4。相互引用时，需要在审计工作底稿中交叉注明索引号。

（6）编制人员和复核人员及执行日期。为了明确责任，在完成与特定工作底稿相关的任务之后，编制者和复核者都应在工作底稿上签名并注明编制日期和复核日期。在记录已实施审计程序的性质、时间安排和范围时，注册会计师应当记录以下事项：测试的具体项目或事项的识别特征；审计工作的执行人员及完成审计工作的日期；审计工作的复核人员及复核的日期和范围。

在需要项目质量控制复核的情况下，还需要注明项目质量控制复核人员及复核的日期。

通常情况下，需要在每一张审计工作底稿上注明执行审计工作的人员和复核人员、完成该项审计工作的日期以及完成复核的日期。

在实务操作中，如果若干页的审计工作底稿记录同一性质的具体审计程序或事项，并且编制在同一个索引号中，此时可以仅在审计工作底稿的第一页上记录审计工作的执行人员和复核人员并注明日期。例如，应收账款函证核对表的索引号为 L3-1-1/21，相对应的询证函回函共有 20 份，每一份应收账款询证函回函索引号以 L3-1-2/21、

L3-1-3/21……L3-1-21/21 表示，对于这种情况，就可以仅在应收账款函证核对表上记录审计工作的执行人员和复核人员并注明日期。

（7）其他应说明事项。

4.2.4　审计工作底稿的归档

对每项具体审计业务，注册会计师应当将审计工作底稿归整为审计档案。审计工作底稿的归档期限为审计报告日后六十天内。如果注册会计师未能完成审计业务，审计工作底稿的归档期限为审计业务中止后的六十天内。

1）审计档案按其内容和使用期限可以分为永久性档案和当期档案

（1）永久性档案。永久性档案是指那些记录内容相对稳定，具有长期使用价值，并对以后审计工作具有重要影响和直接作用的审计工作底稿所组成的审计档案。例如，被审计单位的组织结构、批准证书、营业执照、章程、重要资产的所有权或使用权证明文件复印件等。若永久性档案中的某些内容已发生变化，注册会计师应当及时予以更新。为保持资料的完整性以便满足日后查阅历史资料的需要，永久性档案中被替换下的资料一般也需保留。例如，被审计单位因增加注册资本而变更了企业执照等法律文件，被替换的旧营业执照等文件可以汇总在一起，与其他有效的资料分开，作为单独部分归整在永久性档案中。

永久性档案包括审计业务约定书、审计计划、审计报告未定稿、审计总结及审计调整分录等综合性的审计工作记录和重要法律性文件、重要会议记录与纪要、重要经济合同与协议、企业营业执照、公司章程等的副本或复印件。

（2）当期档案（一般档案）。当期档案是指那些记录内容在各年度之间经常发生变化，只供当期审计使用和下期审计参考的审计底稿所组成的审计档案。由于这类工作底稿的基本内容经常变动，只能用来说明被审计单位在该次审计时间范围内的经济活动情况。如审计工作日记、试算平衡表、纳税申报表、盘点表、应收账款账龄分析表、询证函、内部控制制度测试和评价表等在当期审计中形成的资料。

2）审计档案按审计工作底稿的性质和作用分为综合类工作底稿、业务类工作底稿和备查类工作底稿

（1）综合类工作底稿是指注册会计师在审计计划阶段和审计报告阶段，为规划、控制和总结整个审计工作，并发表审计意见所形成的审计工作底稿。它主要包括审计业务约定书、审计计划、审计总结、未审计会计报表、试算平衡表、审计差异调整表、审计报告、管理建议书、被审计单位声明书以及注册会计师对整个审计工作进行组织管理的所有记录和资料。

（2）业务类工作底稿是指注册会计师在审计实施阶段为执行具体审计程序所形成的审计工作底稿。它主要包括注册会计师对某一审计循环或审计项目所做控制测试或实质性程序的记录和资料。

（3）备查类工作底稿是指注册会计师在审计过程中形成的、对审计工作仅具有备查作用的审计工作底稿。它主要包括被审计单位的设立批准证书、营业执照、合营合同、协议、章程、组织机构及管理层人员结构图、董事会会议纪要、重要经济合同、相关内部控制制度及其研究与评价记录、验资报告等资料的复印件或摘录。

第5章
审计的目标、过程和方法

学习目标

通过本章学习，应该达到以下目标：

理论目标：学习和把握审计的总目标和具体审计目标、审计的程序、审计的方法、审计抽样、抽样风险、非抽样风险、统计抽样、非统计抽样的概念；能用所学知识指导"审计的方法和程序选择"的相关认知活动。

实务目标：学习和把握审计的过程和程序、审计抽样的方法和抽样风险、分析程序、"业务链接"等程序性知识；能用其规范"审计的方法和程序选择"的相关技能活动。

案例目标：运用审计的具体目标、审计方法的理论与实务知识研究相关案例，培养和提高在特定业务情境中分析问题与决策设计的能力；能结合本章教学内容，根据"职业道德探讨"的行业规范或标准，分析注册会计师在审计过程中的行为，强化职业道德素质。

实训目标：参加"审计的方法和程序选择"业务胜任能力的实践训练。在了解和把握本实训所涉及的相关技能点的"规范与标准"的基础上，通过切实体验"审计的方法和程序选择"各实训任务的完成，系列技能操作的实施，各项目实训报告编制的准备、撰写、讨论与交流等有质量、有效率的活动，培养根据审计的具体目标，结合被审计单位的具体情况选择恰当的审计程序和有效的审计方法的专业能力，强化解决问题的职业核心能力，并通过职业态度等行为规范，促进健全职业人格的塑造。

引例 应收账款中的抽样

背景与情境：诚信会计师事务所接受委托对华兴公司 2010 年度会计报表进行审计。为了出具恰当意见的审计报告，注册会计师了解了华兴公司的行业状况、公司性质、组织结构、筹资与投资和内部控制等方面的情况，评估认为该公司的内部控制较好，整体风险较低，但应收账款金额较大，因此将应收账款确定为重点审计领域。在对应收账款的审计过程中，从 40 户期末应收账款客户中抽取出 18 户为样本，占抽出样本总户数的 45%，抽取样本的总金额为 1 000 万元，占期末应收账款余额的 76%。收到回函的样本金额为 969 万元，占总样本的 96.9%。注册会计师对收回的样本回函进行了分析，发现有 436 万元的应收账款产生了差异，经追查，由于华兴公司业务往来的内部控制及其应收账款的管理混乱，华兴公司记错账的达 364 万元。据此，注册会计师作出了如下决定：扩大函证的范围或执行替代审计程序，以获取充分、适当的审计证据。

问题：

(1) 在审计过程中，何时会用到审计抽样？

(2) 审计抽样的过程是怎样的？如何抽出恰当的样本？

(3) 如何对样本实施审计程序？

(4) 如何根据样本评价总体？

从引例可见，注册会计师为了对财务报表包含的信息（或拟报告的其他历史信息）是否存在重大错报作出结论，达到审计的目标，必须设计各种审计程序，从而获取充分、适当的审计证据。那么，如何根据审计目标选择合适的审计程序和方法呢？

5.1 审计的目标

5.1.1 审计目标的内涵

审计目标是指人们在特定的社会历史环境中，期望通过审计实践活动达到的最终结果，或者说是指审计活动的目的与要求。

一般来说，各类审计目标都必须满足其服务领域的特殊需要，无论是国家审计、内部审计还是民间审计（注册会计师审计），它们都具有各自相对独立的审计目标。审计目标的确定，除受审计对象的制约以外，还取决于审计社会属性、审计基本职能和审计授权者或委托者对审计工作的要求。同时，审计目标规定了审计的基本任务，决定了审计的基本过程和应办理的审计手续。由于本教材主要介绍注册会计师审计原理及程序，所以在此主要介绍财务报表的审计目标。它包括财务报表审计的总目标以及与各类交易、账户余额、列报相关的具体审计目标两个层次。

5.1.2 财务报表审计的总目标

1) 审计总目标的演变

注册会计师审计自诞生以来，从其内容发展来说，主要经历了详细审计、资产负债表审计和财务报表审计三个阶段，审计总目标也随之有所变化。

在详细审计阶段，注册会计师通过对被审计单位一定时期内会计记录的逐笔审查，判定有无技术错误和舞弊行为。查错防弊是此阶段的审计目标。在资产负债表审计阶段，注册会计师通过对被审计单位一定时期内资产负债表所有项目余额的真实性、可靠性进行审查，判断其财务状况和偿债能力。在此阶段，审计目标是对历史财务信息进行鉴证，查错防弊这一目标依然存在，但已退居第二位，审计的功能从防护发展为公证。在财务报表审计阶段，注册会计师判定被审计单位一定时期内的财务报表是否公允地反映其财务状况和经营成果以及现金流量，并在出具审计报告的同时，提出改进经营管理的意见。在此阶段，审计由静态审计发展到动态审计，并且增加了"管理审计"的内容（包括经营审计、效益审计、效果审计）。审计目标不再局限于查错防弊和为社会提供公证，而是向管理领域有所深入和发展。此阶段的审计工作已比较有规律，且形成了一套较完整的理论和方法。

尽管审计总目标发生了变化，但注册会计师审计的主要职责始终是对被审计单位财务报表进行审计。财务报表审计是审计相关业务的基础，其他性质的审计业务是财务报表审计的延伸和发展。

2）我国财务报表审计的总目标

（1）对财务报表发表审计意见。目前，理论界关于审计目标的研究较多，实务中各国对审计目标的表述也不尽相同。美国注册会计师协会公布的第一号《审计准则说明书》将财务报告审计的总体目标表述如下："独立注册会计师对财务报告实施一般检查的目标是对财务报告的编制是否符合公认会计原则、公允地反映财务状况、经营成果和现金流动状况表达意见。"国际审计准则规定，财务报告审计的目的在于使审计人员能够对财务报告编制中所确认的会计政策结构表示意见。英国《公司法》对审计目标的表述是，审计是对企业财务报告的独立检查，目的是对这些报表的反映是否真实和公允并符合相关法规表示意见。通过比较我们可以看出，各国都认为审计目标是要对财务报告发表意见，不同之处在于对财务报告的要求不同。是只强调报表反映的公允性，还是除公允性外还要求真实性、合法性？审计目标的确定，除受审计对象的制约以外，还取决于审计主体的性质和审计授权或委托者的要求，要反映社会政治经济生活对审计的客观需要。各种影响因素不同，审计目标的定位也就不同。

从我国的实际情况来看，将审计目标定位于合法性、公允性更为恰当。《中国注册会计师审计准则第 1101 号——财务报表审计的目标和一般原则》中规定，财务报表审计的目标是注册会计师通过执行审计工作，对财务报表的下列方面发表审计意见：财务报表是否按照适用的会计准则和相关会计制度的规定编制；财务报表是否在所有重大方面公允反映被审计单位的财务状况、经营成果和现金流量。

但是，注册会计师在实际执业时关注的重点是财务报表"不合法"和"不公允"的情形。其中，"不合法"表面上是指财务报表不符合适用的会计准则和相关会计制度，实质上就是"审计差异"，而且"审计差异"内容按是否需要调整账户记录分为核算误差和重分类误差。

（2）评价财务报表的编制是否合法。在评价财务报表是否按照适用的会计准则和相关会计制度的规定编制时，注册会计师应当考虑下列内容：一是选择和运用的会计政策是否符合适用的会计准则和相关会计制度，并适合于被审计单位的具体情况；二是管理层作出的会计估计是否合理；三是财务报表所反映的信息是否具有相关性、可靠性、可比性和可理解性；四是财务报表是否作出充分披露，使财务报表使用者能够理解重大交易和事项对被审计单位财务状况、经营成果和现金流量的影响。

（3）评价财务报表是否公允性。在评价财务报表是否作出公允反映时，注册会计师应当考虑下列内容：一是经管理层调整后的财务报表是否与注册会计师对被审计单位及其环境的了解一致；二是财务报表的列报、结构和内容是否合理；三是财务报表是否真实地反映了交易和事项的经济实质。

3）审计目标的导向作用

财务报表审计的目标对注册会计师的审计工作发挥着导向作用，它界定了注册会计师的责任范围，直接影响注册会计师计划和实施审计程序的性质、时间和范围，决定了注册会计师如何发表审计意见。例如，既然财务报表审计目标是对财务报表整体发表审计意见，注册会计师就可以只关注与财务报表编制和审计有关的内部控制，而不对内部控制本身发表鉴证意见。同样，注册会计师关注被审计单位的违反法规行为，是因为这些行为影响到财务报表，而不是对被审计单位是否存在违反法规行为提供鉴证。

业务链接5-1

影响审计目标确立的因素

审计目标是特定审计环境的产物。审计目标的确定主要受到社会的需求和审计自身的能力两方面因素的影响。社会需求是社会生产和服务的出发点，也是影响审计目标确立的根本因素。审计作为一种服务性行业，其目标的发展自然受到社会需求的重要影响，这可以从审计产生、发展的历史演变中得以验证。社会环境对审计需求的不断扩大和对审计作用的过高期望，常常使人们卷入不愉快的责任诉讼中。审计能力是影响审计目标确立的决定性制约因素。审计能力是有限的，当审计工作的结果不能满足社会对它的全部期望时，或者说当社会与审计职业界对审计的内容和要求不一致时，就会出现二者在审计目标上的差距。事实上，审计自产生以来，始终在为满足社会的需求而努力，但始终无法完全满足社会的需求。因此，审计能力的有限性决定了审计所能满足的社会需求是相对的，而不是绝对的。只有当审计具备了满足社会需求的能力时，这种社会需求才能成为审计目标。

5.1.3　确定具体审计目标

审计具体目标是审计总目标的进一步具体化，它包括一般审计目标和项目审计目标。一般审计目标是进行所有项目审计均必须达到的目标；项目审计目标是每个项目分别确定的目标，比如应收账款的具体目标、存货的具体目标。具体目标的确定有助于注册会计师按照独立审计准则的要求收集充分、适当的审计证据，并根据项目的实际情况确定应收集的证据。

1）财务报表审计的循环法

财务报表审计的组织方式大致有两种：一是对报表的每个账户余额单独进行审计，此方法称为账户法。账户法对审计工作的"分块"通常使工作效率低下，因为该法将紧密联系的相关账户人为分割开，从而会造成整个审计工作的脱节和重复。二是将财务报表分成几大块进行审计，即把紧密联系的交易种类和账户余额归入同一板块中，此方法称为循环法。比如，销售、销售退回、收现及坏账冲销是导致应收账款增减的四种交易，可以把这四种交易及应收账款划入"销售及收款循环"进行审计。循环法不仅使审计工作更便于管理，而且有助于更好地向审计小组的不同成员分派任务。实际上，循环法是将记录于不同记账凭证中的这些交易同这些交易所影响的总账余额合并起来考虑，以便更有效地安排审计工作。

不同行业的企业经营性质不同，因此可将其财务报表分为不同的循环，即使是同一企业，不同注册会计师也可能有不同的循环划分法。一般情况下，将财务报表划分为以下四个循环：销售与收款循环、采购与付款循环、存货与仓储循环和筹资与投资循环。在循环法下，注册会计师审计各个循环时，最有效的方法是在审计循环中各类交易及相关账户期末余额的基础上，合并形成对某类交易及其相关账户余额的保证水平。在注册会计师得出报表整体公允表达的结论之前，必须实现各类交易的审计目标和各个账户余额的审计目标。

同步思考 5-1

审计具体目标跟什么有关呢？

理解要点：首先，审计具体目标跟审计总目标有关。我们的审计总目标是对财务报表发表审计意见，具体而言就是出具审计报告。为了出具恰当意见的审计报告，注册会计师必须获取充分适当的审计证据，以合理保证报表不存在重大错弊。那么，报表存在重大错弊的原因是什么呢？当然与被审计单位的会计核算有关，也就是与被审计单位管理层对财务报表的认定（即管理层的认定）有关。

2）被审计单位管理层的认定

（1）被审计单位管理层对财务报表认定的概念。所谓认定，是指管理层对财务报表组成要素的确认、计量、列报作出的明确或隐含的表达。审计目标与被审计单位管理层的认定密切相关，因为注册会计师的基本职责就在于确定被审计单位管理层对其财务报表的认定是否恰当。

管理层对财务报表的认定有些是明确表达的，有些则是隐含表达的。例如，管理层在资产负债表列报固定资产及其金额 100 万元，意味着作出了下列明确的认定：一是 100 万元对应的固定资产数量是存在的；二是固定资产以恰当的金额 100 万元包括在财务报表中，与之相关的计价或分摊调整已恰当记录。同时，管理层也作出了下列隐含的认定：一是所有应报告的固定资产均已包括在内；二是所有记录的固定资产均由被审计单位拥有。

（2）认定的内容。在被审计单位的财务报表形成过程中，管理层进行了哪些认定呢？从经济业务发生到入账，再到编制报表，管理层作了三个方面的认定：将经济业务入账；将资产负债类账户结出余额；在财务报表中披露。

第一，与各类交易和事项相关的认定。注册会计师对所审计期间发生的各类交易和事项运用的认定通常分为以下类别：一是发生，即记录的交易和事项已发生，且与被审计单位有关；二是完整性，即所有应当记录的交易和事项均已记录；三是准确性，即与交易和事项有关的金额及其他数据已恰当记录；四是截止，即交易和事项已记录于正确的会计期间；五是分类，即交易和事项已记录于恰当的账户。

第二，与期末账户余额相关的认定。注册会计师对期末账户余额运用的认定通常分为以下类别：一是存在，即记录的资产、负债和所有者权益是存在的；二是权利和义务，即记录的资产由被审计单位拥有或控制，记录的负债是被审计单位应当履行的偿还义务；三是完整性，即所有应当记录的资产、负债和所有者权益均已记录；四是计价和分摊，即资产、负债和所有者权益以恰当的金额包括在财务报表中，与之相关的计价或分摊调整已恰当记录。

第三，与列报相关的认定。注册会计师对列报运用的认定通常分为以下类别：一是发生以及权利和义务，即披露的交易、事项和其他情况已发生，且与被审计单位有关；二是完整性，即所有应当包括在财务报表中的披露均已包括；三是分类和可理解性，即财务信息已被恰当地列报和描述，且披露内容表述清楚；四是准确性和计价，即财务信息和其他信息已公允披露，且金额恰当。

3）审计具体目标及其确定

既然审计具体目标与审计的总目标有关，与被审计单位管理层对财务报表的认定有关，而且审计本身就是对管理层认定的再认定，那么，审计的具体目标就是根据审计的总目标和管理层对财务报表的认定确定的。

教学互动 5-1

为了让学生对审计的具体目标的确定有全方位的认识，对实务中的具体情况有较为准确地把握，可将学生分成若干个小组，分组讨论审计人员在审计中确定审计的具体目标时，需要考虑的问题。

初步问题：

（1）审计的具体目标跟管理层的认定有什么关系？

（2）审计的具体目标有几类？是怎么划分的？

进一步问题：

（1）管理当局的认定是如何分类的？为什么？

（2）审计的总目标如何实现？

（3）审计的具体目标、审计程序和采用的方法有何关联？

要求：同【教学互动 1-1】的"要求"。

（1）与各类交易和事项相关的审计目标。第一，由发生认定推导的审计目标能够确认已记录的交易是真实的。例如，如果销售没有发生，但在销售记日记账中记录了一笔销售，则违反了该目标。发生认定所要解决的问题是管理层是否把那些不曾发生的项目列入财务报表，它主要与财务报表组成要素的高估有关，通常用逆查法审计。逆查法，是指在检查过程中逆着记账程序进行检查的方法，又叫倒查法。这种方法通常先从记账程序的终端检查，从会计报表或账簿上发现线索、寻找疑点，然后逆着记账程序追根求源进行检查。例如，从会计报表查到会计账簿，再查到记账凭证，最后查到原始凭证。

同步思考 5-2

注册会计师小王在了解 A 公司的过程中，通过分析程序发现该公司的销售收入有异常，怀疑该公司账面的收入不真实，小王应如何安排下一步的审计程序呢？

理解要点：小王怀疑 A 公司账面的收入不真实，就是说 A 公司账面收入有可能多记，因此小王此时的具体审计目标应该是收入的真实性。那么，多记的收入在哪儿能找到呢？一定被混在真实的收入中，也就是说在销售明细账中。小王应该以销售明细账为起点，抽取一定量的样本，然后追查至记账凭证和原始凭证。比如，抽取 12 月 3 号凭证，账面显示取得收入 80 万元，查看凭证后附的原始单据发票、货运单据以及销售合同，如果货运单据或者销售合同注明是在下个年度交货，则此笔 80 万元的收入就可以认定是不真实的。

第二，完整性认定。由完整性认定推导的审计目标能够确认已发生的交易已经记录。例如，如果发生了销售交易，但没有在销售明细账和总账中记录，则违反了该目标。发生和完整性两者强调的是相反的关注点。发生目标针对潜在的高估，而完整性目标则针对漏计交易（低估）。完整性认定通常使用顺查法。顺查法又称为正查法，是指按照会计业务处理的先后顺序依次进行查证的方法。这种方法从检查原始凭证开始，以原始凭证为依据，核对检查记账凭证，再以记账凭证和记账凭证汇总表等为依据，核对检查日记账、明细分类账和总分类账，最后根据会计账簿核对检查会计报表。

第三，准确性认定。由准确性认定推导出的审计目标能够确认已记录的交易是按正确金额反映的。例如，如果在销售交易中发出商品的数量与账单上的数量不符，或是开账单时使用了错误的销售价格，或是账单中的乘积或加总有误，或是在销售明细账中记录了错误的金额，则违反了该目标。准确性与发生、完整性之间存在区别。例如，如果记录的销售交易是不应当记录（如发生的商品是寄销商品）的，那么即使发票的金额准确，仍然违反了发生目标。再如，若已入账的销售交易是对正确发生的商品的记录，但金额计算错误，则违反了准确性目标，但没有违反发生目标。在完整性与准确性之间也存在同样的关系。

第四，截止认定。由截止认定推导出的审计目标能够确认接近资产负债表日的交易记录于恰当的期间。例如，如果本期交易推迟到下期，或下期交易提前到本期，均违反了截止目标。

第五，分类认定。由分类认定推导的审计目标能够确认被审计单位记录的交易经过适当分类。例如，如果将现销记录为赊销，将出售经营性固定资产所得的收入记录为营业收入，则导致交易分类的错误，违反了分类的目标。

（2）与期末账户余额相关的审计目标。它主要包括以下四点：

第一，存在认定。由存在认定推导的审计目标能够确认记录的金额确实存在。例如，如果不存在某顾客的应收账款，在应收账款明细表中却列入了对该顾客的应收账款，则违反了存在性目标。

第二，权利和义务认定。由权利和义务认定推导的审计目标能够确认资产属于被审计单位的权利，负债属于被审计单位的义务。例如，将他人寄售商品列入审计单位的存货中，则违反了权利目标；将不属于被审计单位的债务记入账内，则违反了义务目标。

第三，完整性认定。由完整性认定推导的审计目标能够确认已存在的金额均已记录。例如，如果在应收账款明细表中却没有列入对某顾客的应收账款，则违反了完整性目标。

第四，计价和分摊认定。资产、负债和所有者权益以恰当的金额体现在财务报表中，与之相关的计价或分摊调整已恰当记录。

（3）与列报相关的审计目标。各类交易和账户余额的正确认定只是为列报正确打下必要的基础，财务报表还可能因被审计单位误解有关列报的规定或舞弊等而产生错误。另外，还可能因被审计单位没有遵守一些专门的披露要求而导致财务报表错误。因此，即使注册会计师审计了各类交易和账户余额的认定，实现了各类交易和账户余额的具体审计目标，也并不意味着获取了足以对财务报表发表审计意见的充分、适当的审计证据。因此，注册会计师还应当对各类交易、账户余额及相关事项在财务报表中列报的正确性实施审计。

第一，发生及权利和义务认定。将没有发生的交易、事项或与被审计单位无关的交易、事项包括在财务报表中，则违反该目标。例如，复核董事会会议记录中是否记录了固定资产抵押等事项，询问管理层固定资产是否被抵押，即是对列报的权利认定的运用。如果抵押固定资产则需要在财务报表中列报，说明其权利受到限制。

第二，完整性认定。如果应当披露的事项没有包括在财务报表中，则违反了该目标。例如，检查关联方和关联交易，以验证其在财务报表中是否得到了充分披露，即是对列报的完整性认定的运用。

第三，分类和可理解性认定。财务信息已被恰当地列报和描述，且披露内容表述清楚。例如，检查存货的主要类别是否已被披露，是否将一年内到期的长期负债列为流动负债，即是对列报的分类和可理解性认定的运用。

第四，准确性和计价认定。财务信息和其他信息已披露，且金额恰当。例如，检查财务报表附注是否分别对原材料、在产品和产成品等存货成本核算方法进行了恰当说明，即是对列报的准确性和计价认定的运用。

4）认定、具体审计目标、审计程序与审计证据之间的关系

注册会计师为了证明会计报表项目的各种认定，要设置不同具体审计目标（以便于收集审计证据），为了实现具体审计目标，需要收集各种审计证据，为了获取审计证据，需要采用各种审计程序。即四者的关系要放在"认定→具体审计目标→证据→程序"这个框架中去理解。

在审计过程中，为了实现由管理当局会计报表认定推论出的众多具体审计目标，注册会计师就要使用各种审计程序来获取各类审计证据。通常一种审计程序可产生多种审计证据，而要获取某类证据，也可选用多种审计程序。因此，审计程序同审计证据之间并不是一一对应关系。表5-1以应收账款为例说明认定、具体审计目标、审计程序的关系。

表5-1　　　　　以应收账款为例说明认定、具体审计目标、审计程序的关系

应收账款的相关认定	具体审计目标	审计程序
存在	应收账款是否存在	（1）向客户函证 （2）检查销售合同、销售发票和发运凭证
权利	应收账款是否归被审计单位所有	（1）检查销售合同、销售发票和发运凭证 （2）以应收账款明细账为起点，检查有关合同，确定是否已经贴现、出售或质押
完整性	应收账款增减变动记录是否完整（或所有应当记录的应收账款是否均已记录）	（1）选取发运凭证，追查至销售发票和银行存款日记账、应收账款明细账 （2）选取销售发票，追查至发运凭证和银行存款日记账、应收账款明细账
计价	应收账款是否可以收回，计提的坏账准备是否适当	（1）检查期后已收回应收账款情况 （2）分析应收账款账龄，确定坏账准备计提是否适当

5.2　审计的过程

注册会计师在确定审计目标后，围绕审计目标搜集审计证据，以便对财务报表的合法性和公允性发表意见，而审计证据又是在审计过程中搜集的，因此审计目标的实现与审计过程密切相关。审计过程是指审计项目从开始到结束的过程中，审计人员所采取的系统性的工作步骤，一般包括接受业务委托、计划审计工作、实施风险评估程序、实施控制测试和实质性程序及完成审计工作和编制审计报告。

5.2.1　开展初步业务活动，签订业务约定书

注册会计师在计划审计工作前，需要开展初步业务活动。根据质量控制准则的要求，注册会计师要针对保持客户关系和具体审计业务实施相应的质量控制程序，特别是评价客户诚信度，并根据中国注册会计师职业道德规范的要求，评价是否具备独立性和专业胜任能力，就业务约定书条款与被审计单位达成一致理解。

1）开展初步业务活动，谨慎承接业务

会计师事务所谨慎承接业务，是控制审计风险的关键一步。这应当从以下四个方面来进行控制：

（1）会计师事务所应当委派有经验的注册会计师与客户洽谈业务，并由风险控制专家小组讨论是否承接业务，以避免注册会计师个人私自承接业务，同时也能有效地防止企业经营风险转移给会计师事务所。

（2）重视对客户及其项目的了解。对于大项目，会计师事务所应当专门委派注册会计师做前期的审慎调查，以确定是否承接业务，也为制订审计计划做准备；对于一般项目，注册会计师也应当广泛地收集相关资料和信息，初步了解客户的诚信程度及其审计风险。

（3）关注客户的一些特殊事项，如更换会计师事务所、审计委托的特殊要求以及客户及其管理层面临的压力等。

（4）不与不诚信或面临较大经营困难的客户打交道。在实务中，当注册会计师发现客户存在以下情形的，应该谨慎承接业务：公司重组后业绩发生惊人变化；公司所处行业与该公司的获利水平长期不相称；公司的经营水平与其产能不相称；当地政府或部门对公司的干预或"关心"过多，如通过税收优惠、减免、"拉郎配重组"等方式干预公司的经营；公司面临突变的市场或政策时，存在需要保持原有业绩的压力。

同步案例 5-1

李浩的建议

背景与情境： 华兴公司是一个商贸类的上市公司，2002 年更换会计师事务所，拟委托信勇会计师事务所审计其 2001 年度会计报表。信勇会计师事务所委派注册会计师李浩与华兴公司洽谈业务。李浩首先从上市公司指定披露信息的报刊中收集了一些关于华兴公司的信息，了解到华兴公司主营百货文化用品、五金交电、油墨及印刷器材、家具、食品、针纺织品、日用杂货、烟酒等等。该公司自 1999 年上市以来，业务迅速扩张，股价也不断攀升。李浩向华兴公司索要了该公司 2000—2001 各年的会计报表及其前任会计

师的审计报告，了解到华兴公司 2000 年和 2001 年分别实现主营业务收入 34.82 亿元和 70.46 亿元，同比增长 152.69% 和 102.35%，同时，总资产也分别增长了 178.25% 和 60.43%，但利润率从 2000 年开始出现明显的下降，由 2000 年的 2% 下降到 2001 年的 0.69%，远远低于商贸类上市公司 3.77% 的平均水平。另外，2001 年公司利润总额中 40% 为投资收益，据李浩询问华兴公司相关人员得知，投资收益系华兴公司利用银行承兑汇票（承兑期长达 3~6 个月）进行账款结算，从回笼贷款到支付贷款之间有 3 个月的时间差，把这笔巨额资金委托华南证券进行短期套利所得。当李浩询问华兴公司更换会计师事务所的理由时，华兴公司说明仅仅是由于公司董事会不满意前任注册会计师的工作效率。

李浩建议最好不要接受华兴公司的审计委托。

问题：说明李浩的建议是否正确？为什么？

分析提示：在该案例中，注册会计师李浩通过了解客户的基本情况，发现以下问题：（1）该公司历年来资产、营业收入和利润突变不合理，公司 2000 年和 2001 年分别实现主营业务收入 34.82 亿元和 70.46 亿元，同比增长 152.69% 和 102.35%，同时，总资产也分别增长了 178.25% 和 60.43%，但利润率从 2000 年开始出现明显的下降，由 2000 年的 2% 下降到 2001 年的 0.69%，远远低于商贸类上市公司 3.77% 的平均水平。（2）公司利润主要来源于对银行承兑汇票时间差的投机。（3）更换会计师事务所的原因可能存在购买会计政策的因素。于是，注册会计师李浩建议最好不要接受华兴公司的审计委托是有道理的。

职业道德探讨 5-1

谨慎承接业务

背景与情境：注册会计师张凡是诚信会计师事务所的合伙人之一，其业务专长是工业企业审计，尤其是对国有工业企业进行会计报表审计。2009 年 2 月 3 日，张凡接到好朋友李杰的电话，说其亲戚开办的华东高科技公司正在寻找合适的会计师事务所审计其 2008 年度的会计报表。李杰希望张凡能够承接该项业务。张凡非常爽快地答应了，并于 2009 年 2 月 6 日亲自带领审计小组到华东高科技公司实施审计。华东高科技公司属于私营公司，主营计算机软件开发，兼营计算机硬件、配件销售等，开业 5 年以来业务发展态势很好，但从没有接受过注册会计师审计。

问题：张凡承接此项业务是否合适？为什么？

分析提示：承接业务前，张凡没能评价自身的独立性和专业胜任能力就接受了委托，是不合适的，这种做法容易导致审计失败。从独立性的角度看，根据《中国注册会计师职业道德规范指导意见》的规定，当注册会计师与委托单位负责人和主管人员、董事或委托事项当事人为近亲关系时，应当回避。其次，从胜任能力的角度看，张凡对高新科技这一特殊行业的审计能力存在疑问。诚信会计师事务所如果要接受该公司的审计委托，从独立性和专业胜任能力方面考虑，不能委派张凡承担该项审计业务，应当委派熟悉计算机行业，并具有丰富的软件开发审计经验的其他注册会计师承接该项业务，同时应当提请注册会计师在审计中注意华东高科技公司属于私营公司和以前年度没有接受过注册会计师审计这两个方面所带来的审计风险。

2）及时签订或修改审计业务约定书

在作出接受或不接受保持客户关系及具体审计业务的决策后，注册会计师应当按照《中国注册会计师审计准则第1111号——审计业务约定书》的规定，在审计业务开始前，与被审计单位就审计业务约定条款达成一致意见，签订或修改审计业务约定书，以避免双方对审计业务的理解产生分歧。

5.2.2　计划审计工作

根据审计准则的规定，计划审计工作是注册会计师必须做的工作。不合理的计划不仅会导致盲目实施审计程序，无法获取充分、适当的审计证据，无法将审计风险降至可接受的低水平，影响审计目标的实现，而且还会浪费有限的审计资源，增加不必要的审计成本，影响审计工作的效率。因此，对任何一项审计业务，注册会计师在执行具体审计程序之前，都必须根据具体情况制订科学、合理的计划，使审计业务以有效的方式得到执行。一般来说，计划审计工作包括：制定总体审计策略；制订具体审计划等（见表5-2）。

1）总体审计策略

注册会计师应当为审计工作制定总体审计策略。总体审计策略用以确定审计范围、时间和方向，并指导制订具体审计计划。在制定总体审计策略时，注册会计师应当考虑以下主要事项：

（1）审计范围。注册会计师应当确定审计业务的特征，包括采用的会计准则和相关会计制度、特定行业的报告要求以及审计单位组成部分的分布等，以界定审计范围，具体包括需要审计的集团内组成部分的数量及所在地点、母公司和集团内其他组成部分之间存在的控制关系的性质、编制合并财务报表的范围等。

（2）报告目标、时间安排及所需沟通。总体审计策略的制定应当包括明确审计业务的报告目标，以计划审计的时间安排和所需沟通的性质，包括提交审计报告的时间要求，预期与管理层和治理层沟通的重要目标等。

（3）审计方向。总体审计策略的制定应当包括考虑影响审计业务的重要因素，以确定项目组工作方向，包括确定适当的重要性水平，初步识别可能存在较高重大错报风险的领域，初步识别重要的组成部分和账户余额，评价是否需要针对内部控制的有效性获取审计证据，识别被审计单位所处行业、财务报告要求及其他相关方面最近发生的重大变化等。

在确定审计方向时，注册会计师需要考虑下列事项：①重要性方面，制定报表层的重要性水平以便在审计过程中考虑重要性；②重大错报风险较高的审计领域；③评估的财务报表层次的重大错报风险对指导、监督及复核的影响；④项目组人员的选择（在必要时包括项目质量控制复核人员）和工作分工，包括向重大错报风险较高的审计领域分派具备适当经验的人员；⑤项目预算，包括考虑为重大错报风险可能较高的审计领域分配适当的工作时间。

注册会计师应当根据实施风险评估程序的结果对上述内容予以调整。总体审计策略一经制定，注册会计师应当针对总体审计策略中所识别的不同事项，制订具体审计计划，并考虑通过有效利用审计资源以实现审计目标。总体审计策略的详略程度应当随被审计单位的规模及该项审计业务的复杂程度的不同而变化。在对规模较小的被审计单位的审计过程中，全部审计工作可能由一个很小的审计项目组执行，项目组成员间容易沟通和协调，总体审计策略可以相对简单。

表 5-2   **审计计划（总体+具体）**

被审计单位：B 国有企业	编制人：李豪 编制日期：2011 年 1 月 27 日 索引号：
会计期间和截止日：2010 年 12 月 31 日	复核人：王一 复核日期：2011 年 1 月 28 日 页次：

一、委托审计的目的、范围

审计 B 企业 2010 年 12 月 31 日资产负债表和该年度利润表、现金流量表。

二、审计策略（是否实施预审，是否进行符合性测试；实质性测试按业务循环还是按报表项目等）

由于 B 企业是常年客户，不进行全面符合性测试，但对于变动较大的项目实施双重目的的测试；按会计报表项目进行实质性测试。

三、评价内部控制和审计风险

内部控制制度较健全，但由于本年度企业由盈转亏，可能存在某种程度的财务问题，审计风险较大。

四、重要会计问题及重点审计领域

1. 营业收入、营业成本项目；
2. 影响利润的其他业务利润、费用、营业外支出项目；
3. 应收账款项目；
4. 存货项目；
5. 在建工程项目。

五、重要性标准初步估计

采用总收入法：

按前三年平均营业收入（万元）计算：38 088×0.5% = 190.44；

按 2010 年营业收入（万元）计算：28 399×0.5% = 141.995；

综合考虑 B 企业的审计风险，B 企业报表总体重要性水平可初步评价为 120 万元。

六、计划审计日期

外勤工作自 2011 年 1 月 26 日至 2011 年 2 月 2 日，共计 8 天 48 人次。

七、编写报告日期

自 2011 年 2 月 3 日至 2 月 10 日。

八、审计小组组成及人员分工

姓名	职务或职称	分工	备注
王一	副主任会计师	审批审计计划、复核底稿	
李豪	注册会计师	编制审计计划、综合类底稿，复核底稿	项目小组组长
王景	注册会计师	所有者权益类项目	
张雷	注册会计师	资产类、负债类项目	
赵华	助理人员	盘点，协助张雷审计资产类项目	
周文	助理人员	发函证，协助张雷审计负债类项目	

九、修订计划记录

2）具体审计计划

注册会计师应当针对总体审计策略中所识别的不同事项，制订具体审计计划。具体审计计划比总体审计策略更加详细，包括为获取充分、适当的审计证据以将审计风险降至可接受的低水平，项目组成员拟实施的审计程序的性质、时间和范围。具体审计计划包括的内容有：

（1）风险评估程序。具体审计计划应当包括按照《中国注册会计师审计准则第 1211 号——了解被审计单位及其环境并评估重大错报风险》的规定，为了足够识别和评估财务报表重大错报风险，注册会计师计划实施的风险评估程序的性质、时间和范围。

（2）计划实施的进一步审计程序。具体审计计划应当包括按照《中国注册会计师审计准则第 1231 号——针对评估的重大错报风险实施的程序》的规定，针对评估的认定层次的重大错报风险，注册会计师计划实施的进一步审计程序的性质、时间和范围。

需要强调的是，随着审计工作的推进，对审计程序的计划会一步步深入，并贯穿于整个审计过程。例如，计划风险评估程序通常在审计开始阶段进行，计划进一步审计程序则需要依风险评估程序的结果进行。因此，为达到编制具体审计计划的要求，注册会计师需要完成风险评估程序，识别和评估重大错报风险，并针对评估的认定层次的重大错报风险，计划实施进一步审计程序的性质、时间和范围。

（3）计划其他审计程序。具体审计计划应当包括根据审计准则的规定，注册会计师针对审计业务需要实施的其他审计程序。计划的其他审计程序可以包括上述进一步程序的计划中没有涵盖的、根据其他审计准则的要求注册会计师应当执行的既定程序。例如，对舞弊的考虑、持续经营问题和对关联方交易的考虑等。当然，由于被审计单位所处行业、环境各不相同，特别项目可能也有所不同。例如，有些企业可能涉及环境事项、电子商务等，在实务中注册会计师应根据被审计单位的具体情况确定特定项目并执行相应的审计程序。

3）审计过程中对计划的更改

计划审计工作并非审计业务的一个孤立阶段，而是一个持续的、不断修正的过程，贯穿于整个审计业务的始终。由于未预期事项、条件的变化或在实施审计程序中获取的审计证据等原因，注册会计师在必要时应当对总体审计策略和具体审计计划作出更新和修改。

审计过程可以分为不同阶段，通常前面阶段的工作结果会对后面阶段的工作计划产生一定的影响，而后面阶段的工作过程中有可能发现需要对已制订的相关计划进行相应的更新和修改。通常来讲，这些更新和修改涉及比较重要的事项。例如，对重要性水平的修改，对某类交易、账户余额和列报的重大错报风险的评估和进一步审计程序（包括总体方案和拟实施的具体审计程序）的更新及修改等。一旦计划被更新和修改，审计工作也就应当进行相应修正。例如，在制订审计计划时，注册会计师基于对材料采购交易的相关控制的设计和执行获取的审计证据，认为相关控制设计合理并得以执行，因此未将其评价为高风险领域并且计划执行控制测试。但是在执行控制测试时获得的审计证据与审计计划阶段获得的审计证据相矛盾，注册会计师认为该交易的控制没有得到有效执行，此时，注册会计师可能需要修正对该类交易的风险评估，并在修正后重新评估审计方案，如采用实质性方案。

5.2.3　实施风险评估程序

风险导向审计的核心内容即是实施风险评估，它贯穿于整个审计过程。审计准则规定，注册会计师必须实施风险评估程序，以此作为评估财务报表层次和认定层次重大错误风险的基础。

所谓风险评估程序，是指注册会计师实施的了解被审计单位及其环境并识别和评估财务报表重大错报风险的程序。风险评估是必要程序，了解被审计单位及其环境特别是为注册会计师在许多关键环节作出职业判断提供了重要基础。了解被审计单位及其环境实际上是一个连续和动态地收集、更新与分析信息的过程，贯穿于整个审计过程的始终。注册会计师应当运用职业判断确定需要了解被审计单位及其环境的程序。一般来说，实施风险评估程序的主要工作包括：了解被审计单位及其环境；识别和评估财务报表层次以及各类交易、账户余额、列报认定层次的重大错报风险，包括确定需要特别考虑的重大错报风险（即特别风险）以及通过实施实质性程序无法应对的重大错报风险等。

5.2.4　实施控制测试和实质性程序

注册会计师实施风险评估程序本身并不足以为发表审计意见提供充分、适当的审计证据，注册会计师还应当实施进一步审计程序，包括实施控制测试（必要时或决定测试时）和实质性程序。因此，注册会计师评估财务报表重大错报风险后，应当运用职业判断，针对评估的财务报表层次重大错报风险确定总体应对措施，并针对评估的认定层次重大错报风险设计和实施进一步审计程序，以将审计风险降至可接受的低水平。

由于注册会计师对重大错报风险的评估是一种判断，并且内部控制存在固有局限性，因此，无论评估的重大错报风险结果如何，注册会计师均应当针对所有重大的各类交易、账户余额、列报实施实质性程序，以获取充分、适当的审计证据。

由此可见，风险评估程序和实质性程序是每次财务报表审计都应实施的必要程序，而控制测试则不是。在财务报表审计业务中，注册会计师必须通过实施风险评估程序、控制测试（必要时或决定测试时）和实质性程序，才能获取充分、适当的审计证据，得出合理的审计结论，作为形成审计意见的基础。

5.2.5　完成审计工作和编制审计报告

注册会计师在完成财务报表所有循环的进一步审计程序后，还应当按照有关审计准则的规定做好审计完成阶段的工作，并根据所获取的各种证据，合理运用专业判断，形成适当的审计意见。本阶段主要工作有：审计期初余额、比较数据、期后事项和或有事项；考虑持续经营问题和获取管理层声明；汇总审计差异，并提请被审计单位调整或披露；复核审计工作底稿和财务报表；与管理层和治理层沟通；评价所有审计证据，形成审计意见；编制审计报告等。

5.3　审计业务约定书

5.3.1　审计业务约定书的定义与作用

1）审计业务约定书的定义

审计业务约定书是指会计师事务所与被审计单位签订的，用以记录和确认审计业务的委托与受托关系、审计目标和范围、双方的责任以及报告的格式等事项的书面协议。注册会计师应当在审计业务开始前，与被审计单位就审计业务约定条款达成一致意见，并签订审计业务约定书，以避免双方对审计业务的理解产生分歧。会计师事务所承接任何审计业务，都应与被审计单位签订审计业务约定书。如果被审计单位不是委托人，在签订审计业务约定书签订前，注册会计师应当与委托人、被审计单位就审计业务约定相关条款进行充分沟通，并达成一致意见。

2）审计业务约定书的作用

审计业务约定书的目的是为了明确约定各方的权利和责任义务，促使各方遵守约定事项并加强合作，保护签约各方的正当利益。审计业务约定书主要有以下作用：

（1）可以增进事务所与委托人之间的了解。

（2）可作为被审计单位鉴定审计业务完成情况，也可作为事务所检查被审计单位履行约定义务情况的依据。

（3）出现法律诉讼时，确定双方应负责任的重要依据。

3）签订审计业务约定书之前应做的工作

会计师事务所在签订审计业务约定书前，应当指派注册会计师对被审计单位基本情况进行了解，就审计业务约定书相关条款特别是委托目的、审计范围、审计收费、被审计单位应提供的资料和信息以及必要工作条件与协助等进行充分沟通，并达成一致意见。

5.3.2　审计业务约定书的内容

会计师事务所就上述事项与被审计单位协商一致后，即可指派人员起草审计业务约定书。起草完毕的审计业务约定书一式两份。审计业务约定书在审计约定事项完成后，归入审计业务档案。

审计业务约定书的具体内容可能因被审计单位的不同而存在差异，但应当包括下列主要内容：

（1）财务报表审计的目标。

（2）管理层对财务报表的责任。

（3）管理层编制财务报表采用的会计准则和相关会计制度。

（4）审计范围，包括指明在执行财务报表审计业务时遵守的中国注册会计师审计准则。

（5）执行审计工作的安排，包括出具审计报告的时间要求。

（6）审计报告格式和对审计结果的其他沟通形式。

（7）由于测试的性质和审计的其他固有限制，以及内部控制的固有局限性，不可避免地存在着某些重大错报可能仍然未被发现的风险。

（8）管理层为注册会计师提供必要的工作条件和协助。

（9）注册会计师不受限制地接触任何与审计有关的记录、文件和所需要的其他信息。

（10）管理层对其作出的与审计有关的声明予以书面确认。

（11）注册会计师对执业过程中获知的信息保密。

（12）审计收费事项，包括收费的计算基础和收费安排。

（13）违约责任。

（14）解决争议的方法。

（15）签约双方法定代表人或其授权代表的签字盖章，以及签约双方加盖的公章。

5.4 审计抽样

5.4.1 审计测试的方法

在设计审计程序时，审计人员应当确定用以选取测试项目的适当方法，以获取充分、适当的审计证据，实现审计程序的目标。审计人员可以使用的方法有：选取全部项目、选取特定项目和审计抽样等。审计人员可以根据具体情况，单独或综合使用选取测试项目的方法。在确定适当的选取测试项目的方法时，审计人员应考虑与所测试认定有关的重大错报风险和审计效率。

1）选取全部项目

选取全部项目意味着对总体中的全部项目进行检查。通常，当存在下列情形之一时，审计人员应当考虑选取全部项目进行测试：

（1）总体由少量的大额项目构成。某类交易或账户余额中的所有项目的单个金额都较大时，审计人员可能需要测试所有项目，比如长期投资和利润分配项目。

（2）存在特别风险且其他方法未提供充分、适当的审计证据。某类交易或账户余额中所有项目可能单个金额不大但存在特别风险，则审计人员也可能需要测试所有项目。存在特别风险的项目主要包括：管理层高度参与的或错报可能性较大的交易事项或账户余额；非常规的交易事项或账户余额，特别是与关联方有关的交易或余额；长期不变的账户余额，例如滞销的存货余额或账龄较长的应收账款余额；可疑的或非正常的项目，或明显不规范的项目；以前发生过错误的项目；期末人为调整的项目；其他存在特别风险的项目。

（3）由于信息系统自动执行的计算或其他程序具有重复性，对全部项目进行检查符合成本效益原则，审计人员可运用计算机辅助审计技术选取全部项目进行测试。

2）选取特定项目

根据对被审计单位的了解、评估的重大错报风险以及所测试总体的特征等，审计人员可以确定从总体中选取特定项目进行针对性测试。选取的特定项目可能包括：①大额或关键项目；②超过某一金额的全部项目；③被用于获取某些信息的项目；④被用于测试控制活动的项目。例如，在测试现金的发生额时，审计人员可能首先将金额超过 2 000 元的明细账发生额作为特定项目选出，然后对金额不足 500 元的明细账余额实施分析程序。

需要注意的是，选取特定项目实施检查不构成审计抽样。这是因为，选取特定项目是在审计人员确定的标准范围内进行的，不符合审计人员选择标准的项目将没有机会被选取，并非所有抽样单元都有被选取的机会，选取的特定项目不能代表总体或某一子总体中全部项目的特征。因此，选取特定项目进行测试不能根据所测试项目中发现的误差推断审计对象总体的误差。

5.4.2 审计抽样与审计风险

1）审计抽样

审计抽样是指审计人员对某类交易或账户余额中低于百分之百的项目实施审计程序，

使所有抽样单元都有被选取的机会。其中，抽样单元是指构成总体的个体项目；总体是指审计人员从中选取样本并据此得出结论的整套数据。总体可分为多个层或子总体，每一层或子总体可予以分别检查。审计抽样使审计人员能够获取和评价与被选取项目的某些特征有关的审计证据，以形成或帮助形成对从中抽取样本的总体结论。

审计抽样应当具备三个基本特征：①对某类交易或账户余额中低于百分之百的项目实施审计程序；②所有抽样单元都有被选取的机会；③审计测试的目的是为了评价该账户余额或交易类型的某一特征。

同步思考 5-3

审计人员获取审计证据时可能使用以下三种目的的审计程序：风险评估、控制测试和实质性程序。请问：哪些程序可以用于审计抽样，哪些则不宜使用？

理解要点：

（1）风险评估程序通常不涉及审计抽样。原因是：风险评估程序的目的是了解被审计单位及其环境，识别和评估重大错报风险，不需要获取对总体的结论性证据。

（2）在控制测试中，当控制的运行留下轨迹时，审计人员可以考虑使用审计抽样实施控制测试；对于未留下运行轨迹的控制，审计人员通常实施询问、观察等审计程序，以获取有关控制运行有效性的审计证据，此时不涉及审计抽样。

（3）实质性程序包括对各类交易、账户余额、列报的实质性细节测试，以及实质性分析程序。在实施实质性细节测试时，审计人员可以使用审计抽样获取审计证据，以验证有关财务报表金额的一项或多项认定（如交易的存在性），或对某些金额作出独立估计（如资产的价值）。在实施实质性分析程序时，审计人员不宜使用审计抽样。

在审计过程中，审计人员如何选取审计测试的方法？在何种情况下适合用审计抽样呢？

在审计过程中，审计人员如果知道某些账户余额和交易类型更可能发生错报，那么就可以使用选择全部项目或选取特定项目的方法。然而，如果审计人员对于需要测试的账户余额或交易事项缺乏特别的了解，审计抽样就会更有用。另外，当总体中项目数量太大而导致无法逐项审查，或者虽能逐项审查但需耗费大量成本时，审计人员也可能使用审计抽样方法。随着被审计单位的规模和经营复杂程度不断增加，为了控制审计成本、提高审计效率和保证审计效果，审计人员在审计业务中使用审计抽样愈加普遍。

从审计人员的角度看，对某类交易或账户余额中百分之百的项目实施审计程序，比只测试部分交易或账户余额出现错报的可能性小。但是如果对某类交易或账户余额中百分之百的项目实施审计程序所花费的成本高和时间长，则可以考虑接受一定的风险，进行抽样审计。

在获取审计证据时，审计人员需要运用职业判断去评估重大错报风险，并设计进一步审计程序，以确保将审计风险降至可接受的低水平。审计风险取决于重大错报风险和检查风险。抽样风险和非抽样风险可能影响重大错报风险的评估和检查风险的确定。

2）抽样风险

抽样风险是指审计人员根据样本得出的结论，与对总体全部项目实施与样本同样的审计程序得出的结论存在差异的可能性。抽样风险分为以下两种类型：

（1）影响审计效果的抽样风险。它是指在实施控制测试时，审计人员推断的控制有效性高于其实际有效性的风险；或在实施实质性程序时，审计人员推断某一重大错报不存在而实际上存在的风险。此类风险影响审计的效果，并可能导致审计人员发表不恰当的审计意见。

（2）影响审计效率的抽样风险。它是指在实施控制测试时，审计人员推断的控制有效性低于其实际有效性的风险；或在实施实质性程序时，审计人员推断某一重大错报存在而实际上不存在的风险。此类风险影响审计的效率。

在控制测试和实质性程序中，这两类抽样风险的表现形式有所不同。

在实施控制测试时，审计人员要关注的两类抽样风险是信赖过度风险和信赖不足风险。信赖过度风险是指推断的控制有效性高于其实际有效性的风险。信赖过度风险与审计的效果有关。如果审计人员评估的控制有效性高于其实际有效性，从而导致评估的重大错报风险水平偏低，审计人员可能不适当地减少从实质性程序中获取的证据，因此审计的有效性下降。对于审计人员而言，信赖过度风险更容易导致审计人员发表不恰当的审计意见，因而更应予以关注。相反，信赖不足风险是指推断的控制有效性低于其实际有效性的风险。信赖不足风险与审计的效率有关。当审计人员评估的控制有效性低于其实际有效性时，评估的重大错报风险水平偏高。为了弥补审计人员根据评估的控制有效性而对重大错报风险评估的高水平，审计人员可能会增加不必要的实质性程序。在这种情况下，审计效率可能降低。

在实施实质性程序时，审计人员也要关注两类抽样风险：误受风险和误拒风险。误受风险是指审计人员推断某一重大错报不存在而实际上存在的风险。如果账面金额实际上存在重大错报而审计人员认为其没有存在重大错报，审计人员通常会停止对该账面金额继续进行测试，并根据样本结果得出账面金额无重大错报的结论。与信赖过度风险类似，误受风险影响审计效果，容易导致审计人员发表不恰当的审计意见，因此审计人员更应予以关注。误拒风险是指审计人员推断某一重大错报存在而实际上并不存在的风险。与信赖不足风险类似，误拒风险影响审计效率。如果账面金额不存在重大错报而审计人员认为其存在重大错报，审计人员会扩大实质性的范围并考虑获取其他审计证据，最终审计人员会得出恰当的结论。在这种情况下，审计效率可能降低。

同步案例5-2

审计抽样中的风险

背景与情境： 某注册会计师抽查了表5-3所列的情况：

表5-3   抽样情况

审查内容	样本及其容量	可容忍误差	推断误差	总体实际误差
未批准的赊销	销售发票副本200张	2%	1.5%	10%
假造应收账款	向150户顾客发函	10 000元	20 000元	14 000元
虚列现金支出	200笔支出及凭证	1%	25%	0.5%
漏计应付账款	材料验收单100张	5 000元	8 670元	3 000元

问题：

（1）在上表所列情况中，未批准赊销的情况属于哪种抽样风险？（2）在上表所列的四种情况中，哪种情况可能使注册会计师给予相关内部控制制度的信赖低于应当给予的信赖？（3）在上表所列四种情况中，哪种情况的抽样结果未引起抽样风险？（4）在上表所列四种情况中，哪种情况直接影响实质性测试的效率，但不影响实质性测试的效果？

分析提示：

（1）未批准赊销的情况属于信赖过度风险。信赖过度风险是指抽样结果使注册会计师对内部控制的信赖超过了其实际上可予信赖程度的可能性。

（2）虚列现金支出。因为总体实际误差远低于可容忍误差和推断误差，说明存在信赖不足风险。

（3）假造应收账款。因为总体实际误差接近可容忍误差但低于推断误差，说明抽样结果未引起抽样风险。

（4）漏计应付账款。因为可容忍误差和推断误差都大于总体实际误差，说明存在误拒风险，误拒风险直接影响实质性测试的效率，但不影响实质性测试的效果。

同步思考 5—4

为什么会出现抽样风险？如何降低抽样风险？

理解要点：抽样风险是由于抽样引起的，往往是抽取的样本不代表总体的特征，在报表审计中，抽取样本中的错报大于或小于总体中的错报。只要使用了审计抽样，抽样风险就总会存在。对特定样本而言，抽样风险与样本规模负相关：样本规模越小，抽样风险越大；样本规模越大，抽样风险越小。既然抽样风险只与被检查项目的数量有关，那么控制抽样风险的唯一途径就是控制样本规模。无论是控制测试还是实质性程序，审计人员都可以通过扩大样本规模降低抽样风险。如果对总体中的所有项目都实施检查，就不存在抽样风险，此时审计风险完全由非抽样风险组成。

3）非抽样风险

非抽样风险是指由于某些与样本规模无关的因素而导致审计人员得出错误结论的可能性。审计人员采用不适当的审计程序，或者误解审计证据而没有发现误差等，均可能导致非抽样风险。非抽样风险包括审计风险中不是由抽样所导致的所有风险。审计人员即使对某类交易或账户余额的所有项目实施某种审计程序，也可能发现不了重大错报或控制失效。在审计过程中，可能导致非抽样风险的原因包括下列情况：

（1）人为错误。如审计人员选择的总体不适合于测试目标，审计人员未能适当地定义控制偏差或错报，导致其未能发现样本中存在的偏差或错报。

（2）审计人员选择了不适合于实现特定目标的审计程序。例如，审计人员依赖应收账款函证来揭露未入账的应收账款。审计人员错误解读审计证据也可能导致没有发现误差。

（3）错误解释样本的结果。例如，审计人员对所发现误差的重要性的判断有误，从而忽略了性质十分重要的误差，导致得出不恰当的结论。

（4）其他原因。在有些情况下，即使对总体中的所有项目实施检查，审计程序也可能无效。

非抽样风险无法量化，而且对审计的效果和效率都可能产生影响。在使用非统计抽样时，由于审计人员无法量化抽样风险，只能根据职业判断对其进行定性的评价和控制。非抽样风险是由人为错误造成的，因而可以降低、消除或防范。虽然在任何一种抽样方法中审计人员都不能量化非抽样风险，但通过采取适当的质量控制政策和程序，对审计工作进行适当的指导、监督和复核，以及对审计人员实务的适当改进，可以将非抽样风险降至可以接受的水平。审计人员也可以通过仔细设计其审计程序尽量降低非抽样风险。如果可以从两种审计程序中加以选择，且两种程序均以大致相同的成本提供相同程度的保证，审计人员应选择非抽样风险水平较低的程序。

5.4.3　审计抽样的种类

1）统计抽样和非统计抽样

根据评价抽样结果方式的不同，审计抽样可以分为统计抽样与非统计抽抽样。审计人员执行审计抽样既可以用统计抽样，也可以用非统计抽样。

统计抽样就是审计人员在计算正式抽样结果时采用统计推断技术的一种抽样方法。同时具备下列特征的抽样方法才是统计抽样：①随机选取样本；②运用概率论评价样本结果，包括计量抽样风险。一方面，即使审计人员严格按照随机原则选取样本，如果没有对样本结果进行统计评估，就不能认为使用了统计抽样。另一方面，基于非随机选样的统计评估也是无效的。

非统计抽样是审计人员完全凭主观标准和个人经验来评价样本结果并对总体得出结论。采用非统计抽样不能量化抽样风险，这是非统计抽样与统计抽样的根本区别。

审计人员应当根据具体情况并运用职业判断，确定使用统计抽样或非统计抽样方法，以最有效地获取审计证据。例如，在控制测试中，与仅仅对偏差的发生进行定量分析相比，对偏差的性质和原因进行定性分析通常更为重要。在这种情况下，使用非统计抽样可能更为适当。另外，使用的抽样方法通常也不影响对选取的样本项目实施的审计程序。

同步思考 5-5

统计抽样与非统计抽样各自有何优缺点？如何选择使用？

理解要点： 审计人员在统计抽样与非统计抽样方法之间进行选择时，应主要考虑成本效益。统计抽样的优点在于能够客观地计量抽样风险，并通过调整样本规模精确地控制风险。但统计抽样又可能发生额外的成本。非统计抽样如果设计适当，也能提供与设计适当的统计抽样方法同样有效的结果。审计人员使用非统计抽样时，必须考虑抽样风险并将其降至可接受水平，但不能精确地测定出抽样风险。

2）属性抽样与变量抽样

按审计人员所了解的总体特征的不同，可将审计抽样分为属性抽样和变量抽样。

属性抽样是指在精确度界限和可依赖程度一定的条件下，为了测定总体特征的发生概率而采用的一类方法。一般将在符合性测试中按符合性测试的目的和特点（即估计总体中对既定控制的偏离率（次数））所采用的审计抽样称为属性抽样。

变量抽样是指用来估计总体金额而采用的一类方法（简称 PPS 抽样）。在进行变量抽样时除了要满足属性抽样的条件外，还要满足大数法则所要求的大样本要求，因而变量抽样的样本量一般都较大。通常将在实质性测试中按实质性测试的目的和特点（即估计总体的总金额或总错误金额）所常采用的审计方法统称为变量抽样方法。

5.4.4 审计抽样的过程

注册会计师在控制测试和细节测试中使用审计抽样方法，主要分为样本设计、样本选取和抽样结果评价三个阶段进行。

1）样本设计

在设计审计样本时，注册会计师应当考虑审计程序的目标和抽样总体的属性。也就是说，注册会计师首先应考虑拟实现的具体目标，并根据目标和总体的特点确定能够最好地实现该目标的审计程序组合，以及如何在实施审计程序时运用审计抽样。审计抽样中样本设计阶段的工作主要包括以下几个步骤：

（1）确定测试目标。审计抽样必须紧紧围绕审计测试的目标展开，因此确定测试目标是样本设计阶段的第一项工作。一般而言，控制测试是为了获取关于某项控制的设计或运行是否有效的证据，而细节测试的目的是确定某类交易或账户余额的金额是否正确，获取与错报有关的证据。

（2）定义总体和抽样单元。在实施抽样之前，审计人员必须仔细定义总体，确定抽样总体的范围。总体可以包括构成某类交易或账户余额的所有项目，也可以只包括某类交易或账户余额中的部分项目。

同步思考 5-6

抽样总体如何确定？请以应收账款为例进行说明。

理解要点：如果应收账款中没有个别重大项目，审计人员直接对应收账款账面余额进行抽样，则总体包括构成应收账款期末余额的所有项目。如果审计人员已使用选取特定项目的方法将应收账款中的个别重大项目挑选出来单独测试，只对剩余的应收账款余额进行抽样，则总体只包括构成应收账款期末余额的部分项目。

同步思考 5-7

抽样总体中的适当性应如何确定？

理解要点：在控制测试中，如果要测试用以保证所有发运商品都已开单的控制是否有效运行，审计人员从已开单的项目中抽取样本不能发现误差，因为该总体不包含那些已发运但未开单的项目。为发现这种误差，将所有已发运的项目作为总体通常比较适当。如果审计人员的目标是测试应付账款的高估，总体可以定义为应付账款清单。但在测试应付账款的低估时，总体就不是应付账款清单，而是后来支付的证明、未付款的发票、供货商的对账单、没有销售发票对应的收货报告，或能提供低估应付账款的审计证据的其他总体。

在定义抽样单元时，注册会计师应使其与审计测试目标保持一致。注册会计师在定义总体时通常都指明了适当的抽样单元。在控制测试中，抽样单元通常是能够提供控制运行证据的文件资料，而在细节测试中，抽样单元可能是一个账户余额、一笔交易或交易中的一个记录，甚至为每个货币单元。

同步思考 5-8

在抽样的过程中，如果注册会计师发现总体项目存在重大的变异性，那么应该如何确定总体？

理解要点：如果总体项目存在重大的变异性，审计人员应当考虑分层。分层是指将一个总体划分为多个子总体的过程，每个子总体由一组具有相同特征（通常为货币金额）的抽样单元组成。分层可以降低每一层中项目的变异性，从而在抽样风险没有成比例增加的前提下减小样本规模。审计人员可以考虑将总体分为若干个离散的具有识别特征的子总体（层），以提高审计效率。审计人员应当仔细界定子总体，以使每一抽样单元只能属于一个层。对某一层中的样本项目实施审计程序的结果，只能用于推断构成该层的项目。如果对整个总体做出结论，审计人员应当考虑与构成整个总体的其他层有关的重大错报风险。

同步思考 5-9

抽样过程中如何分层？请以管理费用为例进行说明。

理解要点：在对财务报表进行审计时，审计人员可以将"管理费用——业务招待费"账户按其每次发生额大小分为 3 层，即分为账户金额在 1 000 元以下的、账户金额为 1 000～5 000 元的和账户金额在 5 000 元以上的。然后，根据各层的重要性分别采取不同的选样方法。对于金额在 5 000 元以上的发生额，应进行全部审查；对于金额在 5 000 元以下的发生额，则可采用适当的选样方法选取样本。

2）选取样本

（1）确定样本规模。样本规模是指从总体中选取样本项目的数量。在审计抽样中，如果样本规模过小，就不能反映出总体的特征，审计人员就无法获取充分的审计证据，其审计结论的可靠性就会大打折扣，甚至可能得出错误的审计结论；相反，如果样本规模过大，则会增加审计工作量，造成不必要的时间和人力的浪费，降低审计效率，失去审计抽样的意义。审计人员确定样本规模受到多种因素的影响，且在控制测试和实质性中有所不同。影响样本规模的因素包括：

①可接受的抽样风险。样本规模受审计人员可接受的抽样风险水平的影响。样本规模与可接受的抽样风险负相关。审计人员可接受的风险水平越低，需要的样本规模就越大。反之，当审计人员愿意接受较高的风险水平时，则需要的样本就越小。

②可容忍误差。可容忍误差是指审计人员能够容忍的最大误差。在其他因素既定的条件下，可容忍误差越大，所需的样本规模越小。

③预计总体误差。预计总体误差是指审计人员预期在审计过程中发现的误差。预计总体误差越大，可容忍误差也应当越大。在既定的可容忍误差下，当预计总体误差增加时，所需的样本规模更大。预计总体误差越接近可容忍误差，审计人员越需要从样本中得到更精确的信息，以控制总体实际误差超出可容忍误差的风险，因而样本规模越大。

④总体变异性。总体变异性是指总体的某一特征在各项目之间的差异程度。在控制测试中，审计人员在确定样本规模时一般不考虑总体变异性。在实质性程序中，审计人员确定适当的样本规模时要考虑特征的变异性。总体项目的变异性越低，通常样本规模越小。

⑤总体规模。除非总体非常小，一般情况下总体规模对样本规模没有直接影响。审计人员通常将抽样单元超过 5 000 个的总体视为大规模总体。对大规模总体而言，总体的实际容量对样本规模几乎没有影响。对小规模总体而言，审计抽样比其他选择测试项目方法

的效率低。

（2）样本选取。在选取样本项目时，审计人员应当使总体中的所有抽样单元均有被选取的机会。在统计抽样中，审计人员应当随机选取样本项目，以便使每一抽样单元以已知的机会被选中。在非统计抽样中，审计人员应当运用职业判断选取样本项目。

①随机选样。使用随机数表或计算机辅助审计技术选择又称随机选样。应用随机数表选样的步骤如下：第一步，对总体项目进行编号，建立总体中的项目与表中数字的一一对应关系。一般情况下，编号可利用总体项目中原有的某些编号，如凭证号、支票号、发票号等等。第二步，确定连续选取随机数的方法。即从随机数表中选择一个随机起点和一个选号路线，随机起点和选号路线可以任意选择，但一经选定就不得改变。

同步思考 5-10

随机选样是如何进行的？

理解要点：注册会计师需要从由 40 页、每页 50 行组成的应收账款明细表中抽取 10 个样本。可采用 4 位数字编号，前两位由 01 到 40 的整数组成，表示该记录在明细表中的页数，后两位数字由 01 到 50 的整数组成，表示该记录的行次。这样，编号 0534 表示第 5 页第 34 行的记录。从随机数表中任选一行或任何一栏开始，按照一定的方向（上下左右均可）依次查找，符合总体项目编号要求的数字，即为选中的号码，与此号码相对应的总体项目即为选取的样本项目，一直到选足所需的样本量为止。从表 5-4 第一行第一列开始，每相邻两列随机数合并使用，逐行向右查找，则选中的样本为编号 1027、3623、1412、1509、2547、2841、2018、3605、3421、1918 的 10 个记录。

表 5-4　　　　　　　　　　　　　　随机数表

编号	1	2	3	4	5	6	7	8	9	10	11	12	13	14	15	16	17	18	19	20	23	22	23	24	25
1	10	27	53	96	23	71	50	54	36	23	54	31	04	82	93	04	14	12	15	09	26	78	25	47	47
2	28	41	50	61	88	64	85	27	20	18	83	36	36	05	56	39	71	65	09	62	94	76	62	11	89
3	34	21	42	57	02	59	19	18	97	48	80	30	03	30	98	05	24	67	70	07	84	97	50	87	46

随机数选样不仅使总体中每个抽样单元被选取的概率相等，而且使相同数量的抽样单元组成的每种组合被选取的概率相等。这种方法在统计抽样和非统计抽样中均适用。由于统计抽样要求审计人员能够计量实际样本被选取的概率，这种方法尤其适合于统计抽样。

②系统选样。系统选样也称等距选样，是指按照相同的间隔从审计对象总体中等距离地选取样本的一种选样方法。采用系统选样，首先要计算选样间距，确定选样起点，然后再根据间距顺序地选取样本。选样间距的计算公式如下：

选样间距＝总体规模÷样本规模

同步思考 5-11

如何采用系统选样抽取销售发票样本？

理解要点：假如销售发票的总体范围是 765～4765，设定的样本量是 200，那么选样间距为（4 765－765）÷200＝20。审计人员必须从 0 到 19 中选取一个随机数作为抽样起点。如果随机选择的数码是 6，那么第一个样本项目是发票号码为 771（765+6）的那一张，其余的项目是 791 （771+20）、811 （791+20）……依次类推。

系统选样方法的主要优点是使用方便，比其他选样方法节省时间。系统选样可以在非统计抽样中使用，在总体随机分布时也可适用于统计抽样。

（3）对样本实施审计程序。审计人员应当针对选取的每个项目，实施适合于具体审计目标的审计程序。对选取的样本项目实施审计程序旨在发现并记录样本中存在的误差。

审计人员通常对每一样本项目实施适合于特定审计目标的审计程序。如果选取的项目不适合实施审计程序，审计人员通常使用替代项目。例如，对应收账款的积极式函证没有收到回函时，审计人员必须审查期后收款的情况，以证实应收账款的余额。如果审计人员无法或者没有执行替代审计程序，则应将该项目视为一项误差。

3）样本结果评价

审计人员对样本实施必要的审计程序之后，要分析样本误差，推断总体误差并重估抽样风险，最后形成审计结论。

（1）分析样本误差。审计人员应当考虑样本的结果、已识别的所有误差的性质和原因，及其对具体审计目标和审计的其他方面可能产生的影响。

无论是统计抽样还是非统计抽样，对样本结果的定性评估和定量评估一样重要。即使样本的统计评价结果在可以接受的范围内，审计人员也应对样本中的所有误差（包括控制测试中的控制偏差和实质性中的金额错报）进行定性分析。

（2）推断总体误差。在实施控制测试时，由于样本的误差率就是整个总体的推断误差率，审计人员无须推断总体误差率。在控制测试中，审计人员将样本中发现的偏差数量除以样本规模，就计算出了样本偏差率。无论使用统计抽样或非统计抽样方法，样本偏差率都是审计人员对总体偏差率的最佳估计，但审计人员必须考虑抽样风险。当实施实质性测试时，审计人员应当根据样本中发现的误差金额推断总体误差金额，并考虑推断误差对特定审计目标及审计的其他方面的影响。

（3）形成审计结论。审计人员应当评价样本结果，以确定对总体相关特征的评估是否得到证实或需要修正。

①控制测试中的样本结果评价。在控制测试中，审计人员应当将总体偏差率与可容忍偏差率比较，但必须考虑抽样风险。在统计抽样中，如果估计的总体偏差率上限低于可容忍偏差率，则总体可以接受，也就是说，内控可以依赖；如果估计的总体偏差率上限大于或等于可容忍偏差率，则总体不能接受。

②实质性中的样本结果评价。在实质性中，审计人员首先必须根据样本中发现的实际错报要求被审计单位调整账面记录金额，然后将尚未更正错报与该类交易或账户余额的可容忍错报相比较，但必须考虑抽样风险。在统计抽样中，如果计算的总体错报上限低于可容忍错报，则总体可以接受。这时审计人员对总体得出结论，所测试的交易或账户余额不存在重大错报；如果计算的总体错报上限大于或等于可容忍错报，则总体不能接受。这时审计人员对总体得出结论，所测试的交易或账户余额存在重大错报。

5.5　审计的方法

在实施风险评估程序、控制测试或实质性程序时，注册会计师可根据需要单独或综合运用本节介绍的审计程序，以获取充分、适当的审计证据。

5.5.1　审计的八种方法

1）检查记录或文件

检查记录或文件是指注册会计师对被审计单位内部或外部生成的，以纸质、电子或其他介质形式存在的记录或文件进行审查。

检查记录或文件的目的是对财务报表所包含或应包含的信息进行验证。如被审计单位通常对每一笔销售交易都保留一份顾客订单、一张发货单和一份销售发票副本，这些凭证对于注册会计师验证被审计单位记录的销售交易的正确性是有用的证据。

检查记录或文件可提供可靠程度不同的审计证据，审计证据的可靠性取决于记录或文件的来源和性质。外部记录或文件通常被认为比内部记录或文件可靠，因为外部凭证经被审计单位的客户出具，又经被审计单位认可，表明交易双方都对凭证上记录的信息和条款达成一致意见。另外，某些外部凭证编制过程非常谨慎，通常由律师或有资格的专家进行复核，因而具有较高的可靠性，如土地使用权证、保险单、契约和合同等文件。

同步思考 5-12

在"银广夏事件"中，注册会计师对记录和文件的检查有何不妥？

理解要点：注册会计师在对银广夏的审计过程中，未能收集或严格审查重要的法律文件，主要表现在：收集了真假两种海关报关单，但未能予以必要关注；对于境外销售合同的行文不符合一般商业惯例的情况，未能予以关注。基于以上原因，就导致了注册会计师未能识别银广夏收入造假而造成的审计失败。

2）检查有形资产

检查有形资产是指注册会计师对资产实物进行审查。检查有形资产程序主要适用于存货和现金，也适用于有价证券、应收票据和固定资产等。

检查有形资产可为其存在性提供可靠的审计证据，但不一定能够为权利和义务或计价认定提供可靠的审计证据。检查有形资产是验证资产确实存在的直接手段，也是认定资产数量和规格的一种客观手段。在某些情况下，检查有形资产还是评价资产状况和质量的一种有用方法，但是要验证存在的资产确实为被审计单位所有，在财务报表中列报的金额计价准确，还需要通过其他审计程序获得充分适当的审计证据。

3）观察

观察是指注册会计师察看相关人员正在从事的活动或执行的程序。例如，对客户执行的存货盘点或控制活动进行观察。

观察提供的审计证据仅限于观察发生的时点，并且在相关人员已知被观察时，相关人员从事活动或执行程序可能与日常的做法不同，从而影响注册会计师对真实情况的了解。因此，注册会计师有必要获取其他类型的佐证证据。

4）询问

询问是指注册会计师以书面或口头方式，向被审计单位内部或外部的知情人员获取财务信息和非财务信息，并对答复进行评价的过程。

知情人员对询问的答复可能为注册会计师提供尚未获悉的信息或佐证证据，也可能提供与已获悉信息存在重大差异的信息；注册会计师应当根据询问结果考虑修改审计程序或实施追加的审计程序。

询问本身不足以发现认定层次存在的重大错报，也不足以测试内部控制运行的有效性，注册会计师还应当实施其他审计程序获取充分、适当的审计证据。

5）函证

函证是指注册会计师为了获取影响财务报表或相关披露认定的项目的信息，通过直接来自第三方对有关信息和现存状况的声明，获取和评价审计证据的过程。例如，对应收账款余额或银行存款的函证。

由于函证来自独立于被审计单位的第三方，通过函证获取的证据可靠性较高，因此，函证是受到高度重视并经常被使用的一种重要程序。注册会计师应当对银行存款、借款（包括零余额账户和在本期内注销的账户）及与金融机构往来的其他重要信息实施函证。注册会计师应当对应收账款实施函证，除非有充分证据表明应收账款对财务报表不重要，或函证很可能无效。如果不对应收账款函证，注册会计师应当在工作底稿中说明理由。如果认为函证很可能无效，注册会计师应当实施替代审计程序，以获取充分、适当的审计证据。

同步思考 5-13

注册会计师在对银广夏的审计中，函证程序错在哪里？

理解要点：注册会计师在对银广夏的审计过程中，未能有效执行应收账款函证程序，具体表现在：将所有询证函交由公司发出，而并未要求公司债务人将回函直接寄达注册会计师处。2000年，注册会计师通过银广夏公司发出14封询证函，却没有收到一封回函。对于无法执行函证的应收账款，审计人员在运用替代程序时，未取得海关报关单、运单、提单等外部证据，仅根据公司内部证据便确认公司应收账款。这也是注册会计师在银广夏审计中的失败之处。

注册会计师可采用积极的或消极的函证方式实施函证，也可将两种方式结合使用。如果采用积极的函证方式，注册会计师应当要求被询证者在所有情况下必须回函，确认询证函所列示信息是否正确，或填列询证函要求的信息。如果采用消极的函证方式，注册会计师只要求被询证者仅在不同意询证函列示信息的情况下才予以回函。

同步思考 5-14

在审计过程中，注册会计师如何选择函证的方式？

理解要点：积极的函证方式通常比消极的函证方式提供的审计证据可靠。当同时存在下列情况时，注册会计师可考虑采用消极的函证方式：（1）重大错报风险评估为低水平；（2）涉及大量余额较小的账户；（3）预期不存在大量的错误；（4）没有理由相信被询证者不认真对待函证。

6）重新计算

重新计算是指注册会计师以人工方式或使用计算机辅助审计技术，对记录或文件中的数据计算准确性进行核对。重新计算通常包括计算销售发票和存货的总金额、加总日记账和明细账、检查新旧费用和预付费用的计算、检查应纳税额的计算等。

一般而言，重新计算不仅包括对被审计单位的凭证、账簿和报表中有关数字的验算，而且还包括对会计资料中有关项目的加总或其他运算。在财务报表审计中，注册会计师往往需要大量地运用加总技术来获取必要的审计证据。

当然，注册会计师在重新计算时并不一定按照被审计单位原先的计算形式和顺序进行，而且在注意计算结果是否一致的同时，还要对某些其他可能的差错予以关注。

7）重新执行

重新执行是指注册会计师以人工方式或使用计算机辅助审计技术，重新独立执行作为被审计单位内部控制组成部分的程序或控制。例如，注册会计师利用被审计单位的银行存款日记账和银行对账单，重新编制银行存款余额调节表，并与被审计单位编制的银行存款余额调节表进行比较。

8）分析程序

分析程序是指注册会计师通过研究不同财务数据之间以及财务数据与非财务数据之间的内在关系，对财务信息作出评价。分析程序还包括调查识别出的、与其他相关信息不一致或与预期数据严重偏离的波动和关系。例如，注册会计师可以对被审计单位的财务报表以及相关资料中的重要比率及变动趋势进行分析性复核，以发现其中的异常变动项目，并考虑对其采用适当的审计方法，以获取相应的审计证据。

同步案例5-3

对蓝田股份造假行为的揭露

背景与情境：蓝田造假案的曝光，不是来自于对蓝田进行年报审计的注册会计师，而是来自于业外人士。2001 年 10 月 26 日，中央财经大学教授刘姝威在《金融内参》上发表文章《应立即停止对蓝田股份发放贷款》，对沈阳蓝田股份有限公司的造假行为进行了揭露。她在对蓝田股份有限公司的资产结构、现金流情况和偿债能力做了详尽分析后，得出的结论是蓝田股份业绩有惊人的虚假成分，公司已经无力归还 20 亿元贷款。发现的问题包括：（1）蓝田股份已无力还债。2000 年蓝田的流动比率是 0.77，说明短期可转换成现金的流动资产不足以偿还到期的流动负债；速动比率是 0.35，说明扣除存货后，流动资产只能偿还 35% 的到期流动负债；净营运资金 −1.3 亿元，说明蓝田股份将不能按时偿还 1.3 亿元的到期流动负债。（2）12.7 亿元农副水产品收入有造假嫌疑。（3）蓝田股份的资产结构是虚假的。2000 年，蓝田股份的流动资产占资产百分比约是同业平均值的 1/3；存货占流动资产百分比约高于同业平均值 3 倍；固定资产占资产百分比高于同业平均值 1 倍多；在产品占存货百分比高于同业平均值 1 倍；在产品绝对值高于同业平均值 3 倍；存货占流动资产百分比高于同业平均值 1 倍。

问题：此案例给我们的启示是什么？

分析提示：此案例给我们的启示是：注册会计师只要认真执行分析性复核程序，便可以轻易发现蓝田股份的造假问题，刘姝威就是这样发现的。但是，注册会计师在审计过程中却没有查出任何问题，这不能不说明其存在失职行为。

注册会计师实施分析程序时可以使用不同的方法，包括从简单的比较到使用高级统计技术的复杂分析。在实务中，可使用的方法主要有下列几种：

（1）趋势分析法。趋势分析法主要是通过对比两期或连续数期的财务或非财务数据，确定其增减变动的方向、数额或幅度，以掌握有关数据的变动趋势或发现异常的变动。典型的趋势分析是将本期数据与上期数据进行比较，更为复杂的趋势分析则涉及多个会计期间的比较。

用于趋势分析的数据既可以是绝对值，也可以是以比率表示的相对值。

当被审计单位处于稳定的经营环境下时，趋势分析法最适用。当被审计单位业务或经营环境变化较大或会计政策变更较大时，趋势分析法就不再适用。趋势分析法中涉及的会计期间的期数，取决于被审计单位经营环境的稳定性。经营环境越稳定，数据关系的可预测性越强，进行多个会计期间的数据比较越实用。

（2）比率分析法。比率分析法主要结合其他有关信息，将同一报表内部或不同报表间的相关项目联系起来，通过计算比率，反映数据之间的关系，用以评价被审计单位的财务信息。例如，应收账款周转率反映赊销销售收入与应收账款平均余额之间的比率，这一比率变小可能说明应收账款回收速度放慢，需要计提更多的坏账准备，也可能说明本期赊销销售收入与期末应收账款余额存在错报。

当财务报表项目之间的关系稳定并可直接预测时，比率分析法最为适用。

（3）合理性测试法。合理性测试法是通过彼此相关联的项目或造成某种变化的各种变量，来测试某种项目金额是否合理。例如，注册会计师对制造企业的营业收入进行分析时，可以考虑产品销售量与被审计单位可供销售产品数量（仓储能力、生产能力）的关系，并考虑被审计单位生产能力的利用情况等因素，将营业收入与运费、电费、水费、办公经费、销售人员工资等联系起来做配比分析。

（4）回归分析法。回归分析法是在掌握大量观察数据的基础上，利用统计方法建立因变量与自变量之间回归关系的函数表达式（即回归方程），并利用该函数表达式进行分析。例如，产品销售收入与广告费用之间通常存在正相关关系，注册会计师可以建立两者之间的回归模型，并根据模型估计某一年度产品销售收入的预期值。

回归分析法理论上能够考虑所有因素的影响，如相关经营数据、经营情况、经济环境的变化等，其预测精度较高，适用于中、短期预测。回归分析法的一个突出优点在于以可计量的风险和准确性水平，量化注册会计师的预期值。但注册会计师在选择适当关系时将耗费大量时间，审计成本较高。

业务链接 5-2

审计环境推动了审计技术与手段的进步

科学技术环境对审计技术与手段的影响是显而易见的。"科学技术是第一生产力"，计算机技术日新月异的发展，对传统审计业务造成了强烈的冲击，也为审计业务的开展带来了全新的计算机辅助审计技术。随着网络技术的发展，电子数据集散系统将把所有公司的可公开资料都收集起来，分层次发布，用户可以从中获取所需的信息。但是，从信息系统中得到的信息需要验证，用户要求注册会计师验证这些信息的可靠程度以提高信息的使用价值并对风险发出警报，这就给注册会计师采用何种审计技术对网上信息进行验证提供了一个新的课题。

5.5.2 分析程序在审计不同阶段的运用

注册会计师应当将分析程序用于风险评估阶段，以了解被审计单位及其环境，并在审计结束时对财务报表进行总体复核。注册会计师也可将分析程序用于实质性程序阶段。

1）分析程序用于风险评估阶段

注册会计师在实施风险评估程序时，运用分析程序是强制要求。准则规定，注册会计师可以将分析程序与询问、检查和观察程序结合使用，以获取对被审计单位及其环境的了解，识别和评估财务报表层次和认定层次的重大错报风险。分析程序可以帮助注册会计师发现财务报表中的异常变化，或者预期发生而未发生的变化，识别可能存在重大错报风险的领域。如通过对被审计单位的了解，得知本期产品成本中占较大比重的原材料价格大幅度下降，于是可以预期在销售收入没有较大变化情况下，销售毛利率应有较大幅度上升。但通过分析程序发现，本期毛利率与上期基本一致。据此可以把销售成本作为可能存在重大错报风险的领域，予以足够关注。当然，无须在实施风险评估的每一方面都运用分析程序。如在了解内部控制时，注册会计师一般不会运用分析程序。

同步思考 5-15

在风险评估阶段，注册会计师对 2010 年度未审会计报表项目与 2009 年度已审会计报表项目进行了比较分析，结果如下：营业收入、营业成本同比分别减少了 25.3%、27%，致使营业利润也减少了 19.9%；利润总额、净利润同比分别减少了 428%、467%；存货同比减少了 16.6%；应收账款同比增加了 16.7%；速动资产同比增加 18.7%；在建工程同比减少 43.1%。试问：如何运用分析性程序？

理解要点： 注册会计师对 2010 年度未审会计报表项目与 2009 年度已审会计报表项目进行了比较分析，结果如下：

（1）营业收入、营业成本同比分别减少了 25.3%、27%，致使营业利润也减少了 19.9%，说明本年度 A 企业产品销售情况不良，审计时应关注影响销售的因素，如何影响本年度的利润情况。

（2）利润总额、净利润同比分别减少了 428%、467%，说明除由于本年销售的影响外，还要关注其他业务利润、费用、营业外支出对本年利润的影响。

（3）存货同比减少了 16.6%，同营业成本减少基本同步。合理。

（4）应收账款同比增加了 16.7%，同营业收入减少相比，不合理。审计时要关注应收账款是否包含不属于交易债权的事项。

（5）速动资产同比增加 18.7%，与应收账款增加基本同步，合理。

（6）在建工程同比减少 43.1%。审计时要关注在建工程的减少对利润的影响。

2）分析程序用于实质性程序阶段

分析程序用于实质性程序阶段称为实质性分析程序。当使用分析程序比细节测试能更有效地将认定层次的检查风险降至可接受的水平时，注册会计师可以考虑单独或结合细节测试，运用实质性分析程序。尽管在某些审计领域实质性分析程序有特定作用，如重大错报风险较低且数据之间具有稳定的预期关系，注册会计师可以单独使用实质性分析程序获取充分、适当的审计证据，但实质性分析程序并非是在实施实质性程序时的必须程序。主要是因为分析程序有其运用的前提和基础，它并不适用于所有的财务报表认定。况且，针对认定层次的重大错报风险，注册会计师实施细节测试而不实施分析程序，同样可能实现实质性程序的目的。实质性分析程序的应用包括以下步骤：

（1）识别需要运用分析程序的账户余额或交易。

（2）估计期望值。期望值（估计可能的结果）在审计中使用分析性复核程序的基本假设是：在没有反证的情况下，数据之间预计继续存在一定的关系。根据这个假定，注册会计师可以根据各种不同来源的数据估计期望值。会计和非会计资料均可用来估计期望值。估计期望值的过程需要很多判断和业务经营的专门知识，因此，通常由审计小组中的高级审计人员或经理来完成。

（3）确定可接受的差异额。

（4）识别需要进一步调查的差异。

（5）调查异常数据关系。

（6）评估分析程序的结果。

需要强调的是，相对于细节测试而言，实质性分析程序能够达到的精确度可能受到种种限制，所提供的证据在很大程度上是间接证据，证明力相对较弱。从整个审计过程来看，注册会计师不能仅依赖实质性分析程序而忽略对细节测试的运用。

3）分析程序用于审计将要完成时

在审计结束或临近结束时，注册会计师运用分析程序的目的是确定财务报表整体是否与其对被审计单位的了解一致，注册会计师应当围绕这一目的运用分析程序。这时运用分析程序是强制要求，注册会计师在这个阶段应当运用分析程序。在总体复核阶段执行分析程序，所进行的比较和使用的手段与风险评估程序中使用的分析程序基本相同，但两者的目的不同。在总体复核阶段实施的分析程序主要在于强调并解释财务报表项目自上个会计期间以来发生的重大变化，以证实财务报表中列报的所有信息与注册会计师对被审计单位及其环境的了解一致，与注册会计师取得的审计证据一致。因此，两者的主要差别在于实施分析程序的时间和重点不同，以及所取得的数据的数量和质量不同。另外，因为在总体复核阶段实施的分析程序并非为了对特定账户余额和披露提供实质性的保证水平，因此并不如实质性分析程序那样详细和具体，而往往集中财务报表层次。在运用分析程序进行总体复核时，如果识别出以前未识别的重大错报风险，注册会计师应当重新考虑对全部或部分各类交易、账户余额、列报的评估风险是否恰当，并在此基础上重新评价之前计划的审计程序是否充分，是否有必要追加审计程序。

5.5.3 运用审计方法时应注意的问题

1）对于文件记录真伪的考虑

审计工作通常不涉及鉴定文件记录的真伪，注册会计师也不是鉴定文件真伪的专家，但应当考虑用于审计证据的信息的可靠性，并考虑与这些信息生成、维护相关的控制的有效性。

如果在审计过程中识别出的情况使其认为文件记录可能是伪造的或文件记录中的某些条款已发生变动，注册会计师应当作出进一步调查，包括直接向第三方询证，或考虑利用专家的工作以评价文件记录的真伪。

2）应用成本效益原则时的考虑

注册会计师在审计中，应当考虑获取审计证据的成本与所获取信息的有用性之间的关系，但不应将获取审计证据的成本高低和难易程度作为减少不可替代的审计程序的理由。

业务链接 5-3

选择审计方法时对成本效益原则的考虑

对于一张外地单位的巨额应收票据，注册会计师可采取以下两种方法来证明其是否可靠且能否到期收回：第一种方法，注册会计师直接向欠款单位发询证函，以获取票据金额、到期日和其他条件的书面证据；第二种方法，注册会计师获准审查该欠款单位的会计报表，并向该欠款单位的开户银行调查其信用情况，以测试票据到期可兑现的可能性。显然，采用第二种方法所获得的审计证据非常可靠，但相应地，其审计成本也将大大超过第一种方法。在这里，如果该应收票据为非重要的审计项目，注册会计师可采用第一种方法，但如果该应收票据为非常重要的审计项目，注册会计师不应将审计成本的高低或获取审计证据的难易程度作为减少必要审计程序的理由，而应当采用第二种方法。

3）对审计过程中发现的、尚有疑虑的重要事项的考虑

对审计过程中发现的、尚有疑虑的重要事项，注册会计师应进一步获取审计证据，以证实或消除疑虑；如在实施必要的审计程序后仍不能获取所需的审计证据，或无法实施必要的审计程序，注册会计师应出具保留意见或无法表示意见的审计报告。

第 6 章
风险评估程序

学习目标

通过本章学习，应该达到以下目标：

理论目标：学习和把握风险评估程序的总体目标、风险评估程序的具体类型，熟悉风险评估中了解被审计单位及其环境的具体内容，内部控制的内涵与要素构成，识别的风险类型；能用所学知识指导风险评估程序的相关认知活动。

实务目标：学习和把握审计实践中风险评估的具体方法，区分识别的不同层次重大错报风险方法，"业务链接"等程序性知识；能用其规范"风险评估程序"的相关技能活动。

案例目标：运用风险评估程序的理论与实务知识研究相关案例，培养和提高在不同业务情境中运用风险评估程序来识别风险的能力；能结合本章教学内容，根据"职业道德探讨"的行业规范或标准，分析注册会计师在审计过程中的行为，强化职业道德素质。

实训目标：参加"风险评估程序的具体应用"的实践训练。在了解和把握本实训所涉及的相关技能点的"规范与标准"的基础上，通过切实体验"风险评估程序"各实训任务的完成，系列技能操作的实施，各项目实训报告编制的准备、撰写、讨论与交流等有质量、有效率的活动，培养运用风险评估程序来评估审计风险的能力，强化风险评估与识别的审计核心能力培养。

引例 风险评估程序的实践应用

资料一：A公司所处行业的平均销售增长率是12%，管理层实行年薪制，总体薪酬水平根据经营目标的完成情况上下波动。公司2012年与2011年生产经营对比情况如下：A公司销售量、主要业务收入和净利润与2011年相比增长比率为25%。

资料二：A公司所处行业2012年价格竞争激烈，近年来原材料价格有较大幅度上涨，水、电、煤气等基础材料及人工成本保持较快的上升趋势，涨价因素大大提高了企业的生产成本，A公司期末存货占资产的比例较大。

资料三：A公司当年基本建设项目完工结转固定资产的占40%；根据统一管理的需要更换了财务软件。

根据以上资料，审计人员实施了以下风险评估程序：

(1) 询问被审计单位和内部其他相关人员以下事项：

管理层所关注的新竞争对手、主要客户和供应商的流失、新的税收法规的实施以及经营目标或战略的变化等主要问题；可能影响财务报告的交易和事项，目前发生的重大会计处理问题；被审计单位发生的所有权结构、组织机构的变化以及内部控制的变化等。

(2) 评价财务报表发生重大错报的可能性。

了解内部控制的设计和实施情况，评价财务报表发生重大错报的可能性；评估内部控制缺陷，根据缺陷的重大性和重要性确定财务报告可能产生错报的项目。

(3) 执行分析程序，确定财务报表项目的关键领域。

根据资料一，可以确定A公司销售量、主营业务收入和净利润与2011年相比增长率均为25%，但同行业2012年的平均销售增长率只有12%，因此A公司比同行业其他公司偏高；由于管理层的薪酬与销售增长指标挂钩，因此管理层多计主营业务收入的错报风险很大，营业收入的发生认定和应收账款的存在认定应作为重要的审计领域。设计有效的审计程序：编制收入明细表，了解收入确认的时间分布、业务种类及重要客户等基本情况，同时抽取大额销售资料，再到销售合同、存货出库及应收账款，如果收入的确认集中在年末还需执行销售截止测试程序。

根据资料二可以判定：第一，A公司期末存货的计价和分摊认定有较大风险；特别注意存货的质量，注意观察存货余额常年不动的账户，关注是否存在残、次、冷、背的积压存货；第二，成本控制有风险，A公司面临原材料价格、人工成本上涨、竞争强度加大等困难，以上因素的影响导致成本上升，面临极大的成本控制风险。

根据资料三可以判定：A公司面临主要的潜在错报风险如下：新增固定资产计价、折旧足额计提的风险；由于工作人员对新软件运用不熟悉发生错报的风险。

综合以上情况，项目组可以确定A公司2012年财务报表审计的关键领域是销售收入、存货和固定资产。

问题：

(1) 注册会计师可以采用的风险评估程序有哪些？

(2) 了解内部控制与控制测试的区别？

(3) 评价项目组确定的关键审计领域的恰当性？

通过以上案例的分析可以看出，在实施财务报告审计中，要从财务报表层次采取自上而下的方法，从内部控制整体风险的了解开始，将关注重点放在企业层面的控制上，将工作下移至重大账户、列报和认定上，执行以下程序：①从财务报表层次初步了解内部控制整体风险。②识别企业层面控制；了解重要账户、列报及其认定；了解错报的可能来源。③通过分析程序，确定报表层面风险事项和领域，进而识别重要账户。④关注业务流程和业务单元的复杂程度，关注高风险领域以降低审计风险控制。

6.1 风险评估程序的总目标

6.1.1 为什么要进行风险评估

伴随着经济全球化进程的加快，企业经营环境也发生了急剧变化，从而给我国审计行业带来了许多挑战。例如，审计行业面临的风险有日益增加的趋势、现代审计实务不能有效应对财务会计报表重大错报风险等。特别在最近几年发生的一些知名公司财务舞弊丑闻，严重损害了社会公众对审计有效性的信心。因此，如何提高审计工作效率与质量，已成为审计界刻不容缓的任务。为了防止审计失败再次出现，要求注册会计师在审计工程中调整审计思路，合理、科学地评估财务报表中重大错报风险，并采取积极应对措施，以降低审计风险，达到提高审计效率与质量的目的。

6.1.2 对风险评估的总体要求

注册会计师在开展审计工作时，应当了解被审计单位及其环境，以充分识别和评价财务会计报表重大错报风险，设计和实施进一步审计程序。了解被审计单位及其环境是必要程序，特别是为注册会计师在下列关键环节作出职业判断提供重要基础：①确定重要性水平，并随着审计工作的进程评估对重要性水平的判断是否仍然适当；②考虑会计政策的选择和运用是否恰当，以及财务报表的列报是否适当；③识别需要特别考虑的领域，包括关联交易、管理层运用持续经营假设的合理性；④确定在实施分析程序时所使用的预期值；⑤设计和实施进一步审计程序，以将审计风险降至可接受的低水平；⑥评价所获取审计证据的充分性和适当性。

了解被审计单位及其环境是一个连续和动态地收集、更新与分析信息的过程，贯穿于整个审计过程的始终。注册会计师应当运用职业判断确定需要了解被审计单位及其环境的程度。评价对被审计单位及其环境了解的程度是否恰当，关键看注册会计师对被审计单位及其环境的了解是否足以识别和评估财务报表的重大错报风险。如果了解被审计单位及其环境所获得的信息足以识别和评价财务报表的重大错报风险，设计和实施进一步审计程序，那么，这一了解程度就是恰当的，否则就需要进一步扩大了解范围。当然，注册会计师对被审计单位及其环境了解的程度往往低于管理层为经营管理企业而对被审计单位及其环境需要了解的程度。

6.1.3 风险评估程序和信息来源

1）风险评估程序

为了识别和评价财务报表层次的重大错报风险，注册会计师应当了解被审计单位及其环境。为了解被审计单位及其环境而实施的程序称为"风险评估程序"。注册会计师应当依据这些程序所获取的信息，评估重大错报风险，这些信息将成为审计证据的一部分。这些风险评估程序包括：询问被审计单位管理层和内部其他相关人员；实施分析程序；观察和检查。

（1）询问被审计单位管理层和内部其他相关人员。询问被审计单位管理层和内部其他相关人员是注册会计师了解被审计单位及其环境的一个重要信息来源。首先，注册会计师可以考虑向管理层和财务负责人询问的事项有：一是管理层所关注的主要问题，如新的竞争对手、主要客户和供应商的流失、新的税收法规的实施以及经营目标或战略的变化等；二是被审计单位最近财务状况、经营成果和现金流量；三是可能影响财务报告的交易和事项，或者目前发生的重大会计处理问题，如重大的并购、投资等事宜；四是被审计单位发生的其他重大变化，如所有权结构、组织结构以及内部控制等变化。

尽管注册会计师询问管理层和财务负责人可以获取大部分信息，但询问被审计单位内部其他人时可能为注册会计师提供不同的信息，有助于注册会计师识别重大错报风险。所以，注册会计师除了询问管理层和对财务报告负有责任的人外，还应考虑询问被审计单位内部其他人员，如内部审计人员、采购人员、生产人员、销售人员等，并考虑询问不同级别的员工，以获取对识别重大错报风险有用的信息。

注册会计师在确定对被审计单位哪些人员进行询问以及询问哪些问题时，应当考虑需要何种信息，以利于其识别和评估重大错报风险。例如：询问管理层，有助于注册会计师理解财务报表编制的环境；询问内部审计人员，有助于注册会计师了解其针对被审计单位内部控制设计和运行有效性而实施的工作，以及管理层对内部审计发现问题是否采取适当的措施；询问参与生成、处理或记录复杂或异常交易的员工，有助于注册会计师评估被审计单位选择和运用会计政策的适当性；询问内部法律顾问，有助于注册会计师了解有关法律法规遵循情况、合同的安排情况以及诉讼情况等；询问营销人员，有助于注册会计师了解被审计单位的营销策略及其变化、销售趋势以及客户情况等；询问采购人员和生产人员，有助于注册会计师了解被审计单位的采购政策及情况、生产状况等；询问仓库人员，有助于注册会计师了解被审计单位存货的进出、保管和盘点等情况。

（2）实施分析程序。分析程序是指注册会计师通过研究不同财务数据之间以及财务数据与非财务数据之间的内在关系，对财务信息作出判断和评价。分析程序还包括调查识别出的与其他相关信息不一致或与预期数据严重偏离的波动和关系。分析程序既可作为风险评估程序和实质性程序，也可用作对财务报表的总体复核。

实施分析程序有助于注册会计师识别被审计单位的异常交易或事项以及对财务报表和审计产生影响的金额、比率和趋势。在实施分析程序时，注册会计师应当预期可能存在的合理关系，与被审计单位记录的金额以及依据记录金额计算的比率或趋势进行比较，以便能够发现异常或未预期到的关系，并在识别重大错报风险时考虑这些比较结果。如果注册会计师在实施分析程序时使用了高度汇总的数据，这时分析程序结果有可能只初步显示财务报表存在重大错报风险，注册会计师应当将分析结果连同识别重大错报风险时获取的其他信息一并考虑。例如，被审计单位从事多种产品系列生产，而不同的产品系列的毛利率又存在较大的差异，这时对被审计单位总体毛利率分析的结果仅可能初步显示销售成本存在重大错报风险，因此注册会计师需要采用更为详细的分析程序，如对每一产品系列进行毛利率分析，或将总体毛利率分析结果连同其他信息一并考虑。

同步案例6-1

项目组对 B 公司年度报表的审计

背景与情境： 项目组承接了 B 公司的年度报表审计。B 公司为私营企业，主营水泥制造业，由于近年房地产项目的兴起，该行业盈利状况较好。公司内部控制制度并不完善，生产经营的重要环节由私营企业主指定的专人负责，该企业利润率低于同行业水平。

问题： 在风险评估中，如何运用分析程序确定重点风险领域？

分析提示： 针对该公司的实际情况，项目组可对 B 公司实施实地检查和分析程序。B 公司利润率低于同行业，原因可能是少计收入或多计成本。在实施详查过程中，项目组了解到以下资料：（1）所得税实行按季预缴，年终汇算清缴；（2）每季末有大额的材料暂估入账记录，且暂估的材料均在当期耗用，导致每季度盈利水平远低于行业平均值，季末原材料余额远低于正常库存量。根据以上情况，项目组确定存货认定审计是此次项目的重点风险领域。下一步的审计程序为：逆查到负债项目，检查暂估入库的账户有无冲回；向材料供货商发函询证，以证实 B 公司有无虚列材料采购来加大当期成本，以达到少计当期利润、少缴所得税的目的。

（3）观察和检查。观察和检查程序不仅可以提供有关被审计单位及其环境信息，还可以印证管理层和其他相关人员的询问结果。注册会计师在审计过程中可以采用的观察和检查程序有：

①观察被审计单位的生产经营活动。观察和检查被审计单位人员正在从事的生产活动，可以增加注册会计师对被审计单位如何进行生产经营活动的了解；观察被审计单位的内部控制活动，可以了解被审计单位如何开展内部控制。

②检查被审计单位的文件、记录和内部控制手册等。通过这些程序可以了解被审计单位内部控制是否健全、完整。

③阅读由管理层和治理层编制的报告。阅读被审计单位的年度财务报表、董事会会议记录、管理层讨论的战略计划等内部报告或其他特殊目的的报告等，可以了解被审计单位自上一审计期结束至本次审计期间发生的一些重大事项。

④实地观察被审计单位生产经营场所和设备。实施该程序有助于注册会计师了解被审计单位生产经营的性质和经营活动的内容，还有助于注册会计师对被审计单位的产能作出合理的判断。通过对被审计单位办公和经营场所的观察和调查，有利于注册会计师与被审计单位管理层以及不同级次人员进行接触，可以增加注册会计师对被审计单位经营活动和重大影响因素的了解。

⑤采用穿行测试程序。穿行测试程序即追踪交易在财务报告信息系统中的处理过程。这是注册会计师了解被审计单位业务流程及其相关控制时经常采用的审计程序。注册会计师通过追踪某笔或几笔交易在业务流程中如何生成、记录、处理和报告，以及相关控制如何执行，可以确定被审计单位的交易流程和相关控制是否与之前通过其他程序所获得的信息一致，并确定相关控制是否得到执行，从而判断重大错报风险。

同步思考6-1

什么是风险评估程序，它主要包括哪些内容？

理解要点：为了识别和评价财务报表层次重大错报风险，注册会计师应当了解被审计单位及其环境。为了解被审计单位及其环境而实施的程序就称为"风险评估程序"。注册会计师应当依据这些程序所获取的信息评估重大错报风险，相关信息将成为审计证据的一部分。风险评估程序包括：询问被审计单位管理层和内部其他相关人员；实施分析程序；观察和检查。

2）其他审计程序和信息来源

（1）其他审计程序。除了采用上述程序从被审计单位内部获取信息外，如果根据职业判断认为从被审计单位外部获取的信息有助于识别重大错报风险，注册会计师应当考虑实施其他审计程序来获取这些信息。这些程序包括：询问被审计单位聘请的外部法律顾问、专业评估师、投资顾问和财务顾问等；阅读包括证券分析师、银行、评级机构出具的有关被审计单位及其所处行业的经济或市场环境等状况报告。通过阅读外部信息也可能有助于注册会计师了解被审计单位及其环境。

（2）其他信息来源。注册会计师除了采用上述审计程序来搜集信息以识别重大错报风险外，还可以考虑其他信息来源，以有助于对重大错报风险作出判断。这些其他信息来源包括：注册会计师在承接客户或续约过程中获取的信息；向被审计单位提供其他服务所获得的经验等。一般情况下，注册会计师在业务承接时应当对被审计单位及其环境有一个初步了解，以确定是否承接该业务。即便是连续审计业务，注册会计师也应当在每年续约过程中对上年审计作出总体评价，并更新对被审计单位的了解和风险评估结果，以确定是否续约。对于连续审计业务，如果拟利用在以前期间获取的信息，注册会计师还应当考虑确定被审计单位及其环境是否已发生变化，以及该变化是否可能影响以前期间获取的信息在本期审计中的相关性。例如，通过前期审计获取的有关内部控制或错报的审计证据，以及错报是否得到及时更正等，以帮助注册会计师评估本期财务报表重大错报风险。但应该注意的是，被审计单位及其环境的变化可能导致此类信息在本期审计中已不具有相关性。如由于被审计单位环境变化导致前期的有关内部控制在本期发生变化等，这时注册会计师应当实施询问或其他适当的审计程序（如穿行测试），来确定该变化是否可能影响此类信息在本期审计中的相关性。另外，注册会计师还应当考虑向被审计单位提供其他服务（如执行中期财务报表审阅业务等）所获得的经验是否有助于识别重大错报风险。

需要强调的是，尽管注册会计师可以从不同方面了解被审计单位及其环境，但注册会计师无需在了解每个方面都实施以上所有的风险评估程序。例如，注册会计师在了解被审计单位内部控制时就不需要执行分析程序。

6.1.4　项目组内部讨论

根据有关规定，注册会计师应当在计划和实施审计工作时保持应有的职业怀疑态度，充分考虑可能存在导致财务报表发生重大错报的情形。这就要求审计项目组随时对审计中搜集的信息进行讨论。项目组在讨论时应当强调在整个审计过程中所保持的职业怀疑态度，警惕可能发生重大错报的迹象，并对这些迹象进行严格追踪。通过讨论，项目组成员可以交流和分享在整个审计过程中获得的信息，包括可能对重大错报风险评估产生影响的信息或针对这些信息实施审计程序的信息。

1）讨论的目标

项目组内部讨论可以为项目组成员提供交流信息和分享见解的机会。通过讨论，可以使项目组成员更好地了解在各自负责的领域中，是否存在由于舞弊或错误导致财务报表重大错报的可能性，并且也可以了解各自实施审计程序的结果如何影响审计的其他方面，包括对确定进一步审计程序的性质、时间和范围的影响。

2）讨论的内容

项目组应当讨论被审计单位面临的经营风险、财务报表容易发生错报的领域以及发生错报的方式，特别是由于舞弊导致重大错报的可能性。当然，项目组还可以根据实际情况，讨论其他重要事项。

3）参与讨论的人员

注册会计师应当运用职业判断确定项目组内部参与讨论的成员。项目组关键成员应当参与讨论，如果项目组需要拥有信息技术或其他特殊技能的专家，这些专家也应参与讨论。参与讨论人员的范围受项目组成员的职责经验和信息需要的影响。需要说明的是，并不是每次讨论都需要所有项目组成员全部参加，可以根据审计工作状况，结合职业判断来确定参与讨论人员。

4）讨论的时间和方式

项目组应当根据审计工作的具体状况，在整个审计过程中持续交换有关财务报表发生重大错报可能性的信息。

同步案例 6-2

对 C 公司年度财务报表的审计

背景与情境：项目组承接了 C 公司的年度财务报表审计业务。C 公司为粮油储运企业，因涉及行业改制，故需要对近三年的财务报表进行审计。经查，该公司具有进口粮油的外贸代理权，近三年的经营状况较好，但其盈利水平在整个行业中却很一般。

问题：在风险评估中，如何综合运用各种风险评估程序来确定审计重点领域？

分析提示：审计组根据情况介绍和仔细审阅报表，作出如下分析：由于该企业是储运企业，经营性资金净流量较大，而仓储及储运成本是营运成本中主要的构成部分，因此应当把成本的确认确定为财务报表审计的关键环节。在设计审计程序时，应当抽查大量的历年储运成本凭证并逆查到负债账户，检查相应的付款记录情况，确认有无可靠的付款依据。另外，还可以向收款方函证，核实款项的收款情况。通过以上审计程序的实施，可以确认 C 公司是否有虚列负债、增加仓储费用和转移利润的情况发生。

6.2 了解被审计单位及其环境

注册会计师在进行审计时，应当从下列方面了解被审计单位及其环境：①行业状况、法律环境与监管环境以及其他外部因素；②被审计单位的性质；③被审计单位对会计政策的选择和运用；④被审计单位的目标、战略以及相关经营风险；⑤被审计单位财务业绩的衡量和评价；⑥被审计单位的内部控制。其中，第①项是被审计单位的外部环境，②③④项以及第⑥项是被审计单位的内部因素，第⑤项则既有外部因素也有内部因素。通常，被审计单位这些方面可能会互相影响，因此，注册会计师在对被审计单位及其环境的各方面进行了解和评估时，应当考虑各因素之间的相互关系。注册会计师针对这些方面实施风险评估程序的性质、时间和范围既取决于审计业务的具体状况（如考虑被审计单位的规模和复杂程度等），也取决于注册会计师的相关审计经验（包括以前对被审计单位提供审计及相关服务的经验和对类似行业、类似企业的审计经验等）。值得注意的是，识别被审计单位及其环境在这些方面与以前期间相比发生的重大变化，对于充分了解被审计单位及其环境、识别和评估重大错报风险尤为重要。

6.2.1　行业状况、法律环境与监管环境以及其他外部因素

1）行业状况

了解被审计单位所处行业的状况，有助于注册会计师识别与被审计单位所处行业有关的重大错报风险。注册会计师应当了解被审计单位的行业状况主要包括：所处行业的市场供求与竞争；生产经营的季节性和周期性；产品生产技术的变化；能源供应与成本；行业的关键指标和统计数据。具体而言，这些情况包括：被审计单位所处行业的总体发展趋势是什么？被审计单位处于哪一发展阶段（包括起步、成长、成熟和衰退）？被审计单位所处市场的需求、市场容量和价格竞争如何？该行业是否受经济周期波动的影响，以及采取了什么行动使波动产生的影响最小化？该行业受技术发展影响的程度如何？是否开发了新技术？能源消耗在成本中所占比重如何，能源价格的变化对成本有何影响？谁是被审计单位最主要的竞争者，他们各自所占的市场份额是多少？与其竞争者相比，被审计单位的竞争优势在哪里？被审计单位业务的增长率和财务业绩与行业的平均水平及主要竞争者相比如何，存在重大差异的原因是什么？竞争者是否采取了某些行动，如并购活动、降低销售价格、开发新产品或新技术等，从而对被审计单位的经营活动产生了影响？

2）法律环境及监管环境

注册会计师之所以要了解法律环境及监管环境，其主要原因在于：一是某些法律法规或监管要求可能对被审计单位经营管理活动有重大影响，如不遵守将导致停业等严重后果；二是某些法律法规或监管要求（如环保法规等）规定了被审计单位某些方面的责任和义务；三是某些法律法规或监管要求决定了被审计单位需要遵循的行业惯例和核算要求。注册会计师应当了解被审计单位所处的法律环境及监管环境，主要包括：适用的会计准则、会计制度和行业特定惯例；对经营活动产生重大影响的法律法规及监管活动；对开展业务产生重大影响的政府政策，包括货币、财政、税收和贸易等政策；与被审计单位所处行业和所从事经营活动相关的环保要求。具体而言，注册会计师可能需要了解以下情况：国家对某一行业的企业是否有特殊的监管要求（如对银行、保险等行业的特殊监管要求）；是否存在新出台的法律法规（如新出台的有关产品责任、劳动安全或环境保护法律等），对被审计单位有何影响；国家货币、财政、税收和贸易等方面政策的变化是否会对被审计单位的经营活动产生影响；与被审计单位相关的财税法规是否发生变化等。

3）其他外部因素

注册会计师应当了解影响被审计单位经营的其他外部因素，这些因素主要包括：宏观经济的景气度；利率和资金供求状况；通货膨胀水平及币值变动；国际经济环境和汇率变动等。具体而言，注册会计师可能需要了解：一是当前的宏观经济状况以及未来的发展趋势如何？二是目前国内或本地区的经济状况（如经济增长率、通货膨胀率、失业率、利

率等）怎样影响被审计单位的经营活动？三是被审计单位的经营活动是否受到汇率波动或全球市场力量的影响。

4）了解的重点和程度

注册会计师对行业状况、法律环境与监管环境以及其他外部因素了解的范围和程度会因被审计单位所处行业、规模以及其他因素（如在市场中的地位）的不同而不同。例如，对于生产过程中容易产生污染的被审计单位，注册会计师可能更关注相关的环保法规；对于从事计算机硬件制造的被审计单位，注册会计师可能关心市场和竞争以及技术进步情况；对于金融机构，注册会计师可能更关心宏观经济走势以及货币、财政等方面宏观经济政策。针对这些因素，注册会计师应当考虑将了解的重点放在对被审计单位的经营活动可能产生重要影响的关键外部因素以及与前期相比发生的重大变化上。

另外，注册会计师还应当考虑被审计单位所在行业的业务性质或监管程度是否可能导致特定的重大错报风险，同时应考虑项目组是否配备了具有相关知识和经验的成员。例如，建筑行业长期合同涉及收入和成本的重大估计，可能导致重大错报风险；企业进行首次公开发行股票时，证监会对财务数据有特别要求，不能满足这一监管要求的企业可能有操纵财务报表的嫌疑。

6.2.2　被审计单位的性质

注册会计师应当主要从下列方面了解被审计单位的性质：所有权结构；治理结构；组织结构；经营活动；投资活动；筹资活动。了解被审计单位的性质有助于注册会计师理解预期在财务报表中反映的各类交易、账户余额及列报。

1）所有权结构

在审计过程中，对被审计单位所有权结构的了解有助于注册会计师识别关联方，并了解被审计单位的决策过程。审计过程中，注册会计师应当了解所有权结构以及所有者与其他人员或单位之间的关系，考虑关联方关系是否已经得到识别，以及关联方交易是否得到恰当核算。例如，在审计过程中，注册会计师应当了解被审计单位的企业类型，确定被审计单位属于国有企业、外商投资企业、民营企业还是属于其他企业类型；同时，还应当了解其直接控股母公司、间接控股母公司、最终控股母公司和其他股东的构成，以及所有者与其他人员或单位（如控股母公司控制的其他公司）之间的关系，注册会计师应当遵循有关审计准则的规定，了解被审计单位识别关联方的程序，获取被审计单位提供的所有关联方信息，并考虑关联方关系是否已经得到识别，关联方交易是否得到恰当记录和充分披露。

另外，注册会计师可能需要对被审计单位控股母公司（或股东）做进一步的了解，包括其所有权性质、管理风格及其对被审计单位经营活动及财务报表可能产生的影响；控股母公司与被审计单位在资产、业务、人员、机构、财务等方面是否分开，是否存在占用资金、资产等情况；控股母公司是否施加压力，要求被审计单位达到其设定财务业绩目标。

2）治理结构

被审计单位的治理结构是否良好，直接影响到被审计单位的经营和财务运作实施是否得到有效的监督，关系到能否降低财务报表发生重大错报的风险。注册会计师应当了解被审计单位的治理结构，如被审计单位董事会的构成情况、董事会内部是否有独立董事、治理结构中是否设有审计委员会或监事会及其运作状况等。通过了解来考虑治理层是否能够在独立于管理层的情况下对被审计单位事务（包括财务报告）作出客观判断。

3）组织结构

在审计过程中，注册会计师应当了解被审计单位的组织结构，考虑复杂组织结构可能导致的重大错报风险，包括财务报表合并、商誉摊销和减值、长期股权投资核算以及特殊目的实体核算等问题。

复杂的组织结构可能导致某些特定重大错报风险。例如，对于在多个地区拥有子公司、合营企业、联营企业或其他成员机构，或存在多个业务分部或地区分部的被审计单位，不仅编制合并财务报表的难度加大，还可能存在其他可能导致重大错报风险的复杂事项，包括对于子公司、合营企业、联营企业和其他股权投资类别的判断及其会计处理；商誉在不同业务分部间的减值等。

4）经营活动

了解被审计单位的经营活动有助于注册会计师理解预期在财务报表中反映的各类交易、账户余额、列报。注册会计师应当了解被审计单位的经营活动内容包括：

（1）主营业务的性质。主营业务的性质即被审计单位主营业务是制造业还是商品流通企业，是银行业、保险业还是其他金融服务业，是公用事业、交通运输业还是提供技术产品的服务业等。

（2）与生产产品或提供劳务相关的市场信息。这些信息包括：被审计单位主要客户和合同、付款条件、利润率、市场份额、竞争者、出口政策、定价政策、产品声誉、质量保证、营销策略等。

（3）业务开展的情况。如被审计单位业务分部的设立情况、产品和服务的交付、衰退或扩展的经营活动的详情等。

（4）联盟、合营与外包情况。

（5）从事电子商务的情况。被审计单位是否通过互联网销售产品和提供服务以及从事营销活动。

（6）地区与行业分布。被审计单位是否涉及跨地区经营和多种经营，各个地区和行业分布的相对规模以及相互之间是否存在依赖关系。

（7）生产设施、仓库的地理位置及办公地点。

（8）关键客户。例如，销售对象是少量的大客户还是众多的小客户；是否有被审计单位高度依赖的特定客户（如超过销售总额的10%的顾客）；是否有造成高回收性风险的若干客户或客户类别（如正处在一个衰退市场中的客户）；是否与某些客户订立了不寻常的销售条款或条件。

（9）重要供应商。例如，是否签订长期供应合同；原材料供应的可靠性和稳定性；付款条件；以及原材料是否受重大价格变动的影响。

（10）劳动用工情况。例如，分地区用工情况、劳动力供应情况、工资水平、退休金和其他福利、股权激励或其他奖金安排以及与劳动用工事项相关的法规、政策等。

（11）研究与开发活动及其支出。

（12）关联方交易。例如，有些客户或供应商是否为关联方；对关联方和非关联方是否采用不同的销售和采购条款。此外，还存在哪些关联方交易，这些交易采用怎样的定价政策。

5）投资活动

了解被审计单位投资活动有助于注册会计师关注被审计单位在经营策略和方向上的重大变化。注册会计师应当了解被审计单位的投资活动，其主要内容包括：一是近期拟实施或已实施的并购活动与资产处置情况，包括业务重组或某些业务的终止。注册会计师应当了解并购活动如何与被审计单位目前的经营业务相协调，并考虑这种并购是否会引发被审计单位进一步的经营风险。二是证券投资、委托贷款的发生与处置。三是资本性投资活动，包括固定资产和无形资产投资，近期或计划发生的变动，以及重大的资本承诺等。四是不纳入合并范围的投资，如联营、合营或其他投资，包括近期计划投资的项目等。

6）筹资活动

了解被审计单位筹资活动有助于注册会计师评估被审计单位在融资方面的压力，并可以进一步考虑被审计单位在可预见未来的持续经营能力。注册会计师应当了解被审计单位的筹资活动，主要内容包括：

（1）债务结构和相关条款，包括担保情况及表外融资。例如，被审计单位获得的信贷额度是否可以满足营运需要；得到的融资条件是否与竞争对手相似，如果不相似，其原因何在；是否存在违反借款合同中限制性条款的情况；是否承受重大的汇率与利率风险等。

（2）固定资产的租赁，包括被审计单位的融资租赁和经营租赁等筹资活动。

（3）关联方融资。例如，被审计单位关联方之间相互提供资金，并考虑是否存在特殊条款等。

（4）实际受益股东。注册会计师应当考虑被审计单位实际受益股东是国内的，还是国外的，其商业声誉和经验可能对被审计单位产生哪些影响。

（5）衍生金融工具的运用。注册会计师应当关注被审计单位衍生金融工具的目的，适用于交易目的还是套期保值目的，以及其运用衍生金融工具的种类、范围和交易对手等。

6.2.3 被审计单位会计政策的选择和运用

在了解被审计单位对会计政策的选择和运用是否适当时，注册会计师应当关注的重要事项有：重要项目的会计政策和行业惯例；重大和异常交易的会计处理方法；在新领域和缺乏权威性标准或共识的领域，采用重要会计政策产生的影响；会计政策的变更；被审计单位何时采用以及如何采用新颁布的会计准则和相关会计制度。

1）重要项目的会计政策和行业惯例

财务报表中重要项目的会计政策包括收入确认方法、存货计价方法、投资核算方法、固定资产折旧方法、借款费用处理方法、合并财务报表编制方法等。除会计政策以外，某些行业可能还存在一些行业惯例，注册会计师应当熟悉这些行业惯例。当被审计单位采用与行业惯例不同的会计处理方法时，注册会计师应当了解其原因，并考虑采用与行业惯例不同的会计处理方法是否适当。

2）重大和异常交易的会计处理方法

在实务中，企业有经营的需要，有时会发生重大和异常交易，注册会计师应当关注这些交易的会计处理方法。例如，本期发生的企业合并的会计处理方法；某些被审计单位可能存在与其所处行业相关的重大交易，如银行向客户发放贷款、证券公司对外投资、医药企业的研究与开发活动等，注册会计师应当考虑对重大的和不经常发生的交易的会计处理方法是否适当。

3）在新兴领域和缺乏权威性标准或共识的领域，采用重要会计政策产生的影响

在新兴领域和缺乏权威性标准或共识的领域，注册会计师应当关注被审计单位选用了哪些会计政策，为什么选用这些会计政策以及选用这些会计政策产生的影响。

4）会计政策的变更

注册会计师如果发现被审计单位变更了重要的会计政策，应当考虑变更的原因及其适当性：①会计政策变更是否是法律、行政法规或者适用的会计准则和相关会计制度要求的变更；②会计政策变更是否能够提供更可靠、更相关的会计信息。除此之外，注册会计师还应当关注会计政策的变更是否得到充分披露。

除上述与会计政策的选择和运用相关的事项外，注册会计师还应对被审计单位下列与会计政策运用相关的情况予以关注：是否采用激进的会计政策、方法、估计和判断；财会人员是否拥有足够的运用会计准则的知识、经验和能力；是否拥有足够的资源支持会计政策的运用，如人力资源及培训、信息技术的采用、数据和信息的采集等。

在上述的基础上，注册会计师还应当考虑被审计单位是否按照适用的会计准则和相关会计制度的规定恰当地进行了列报，并披露了重要事项。列报和披露的主要内容包括：财务报表及其附注的格式、结构安排、内容；财务报表项目使用的术语；披露信息的明细程度；项目在财务报表中的分类以及列报信息的来源等。注册会计师也应当考虑被审计单位是否已对特定事项进行了适当的列报和披露。

业务链接6-1

对新颁布财务报告准则、法律法规的关注

注册会计师审计中要关注国家新颁布的财务报告准则及相关法律法规对被审计单位会计政策选择上的新要求，关注被审计单位何时采用以及如何采用这些新规定。如新会计准则自 2007 年 1 月 1 日起在上市公司施行，并鼓励其他企业执行。注册会计师应考虑被审计单位的性质，如果是上市公司，是否已按照新会计准则的要求做好衔接调整工作，并收集执行新会计准则需要的信息资料，进行进一步查证核实。再如，针对发布的《小企业会计准则》，财政部要求自 2013 年 1 月 1 日起在小企业范围内施行，鼓励小企业提前执行，注册会计师要关注小企业客户的实施时间以及与原制度的衔接问题。

6.2.4　被审计单位的目标、战略以及相关经营风险

在审计过程中，注册会计师应当了解被审计单位的目标和战略，以及可能导致财务报表重大错报的相关经营风险。目标是企业经营活动的指针。企业管理层或治理层一般会根据企业经营面临的外部环境和内部各种因素，制定合理可行的经营目标。战略是管理层为实现经营目标采用的方法。经营风险指可能对被审计单位实现目标和实施战略的能力产生

不利影响的重要状况、事项、情况而导致的风险，或由于制定不恰当的目标和战略而导致的风险。

1）了解目标、战略与经营风险的内容

注册会计师应当了解被审计单位是否存在与下列方面有关的目标和战略，并考虑相应的经营风险：

（1）行业发展，及其可能导致的被审计单位不具备足以应对行业变化的人力资源和业务专长等风险。

（2）开发新产品或提供新服务，及其可能导致的被审计单位产品责任增加等风险。

（3）业务扩张，及其可能导致的被审计单位对市场需求的估计不准确等风险。

（4）新颁布的会计法规，及其可能导致的被审计单位执行法规不当或不完整，或会计处理成本增加等风险。

（5）监管要求，及其可能导致的被审计单位法律责任增加等风险。

（6）本期及未来的融资条件，及其可能导致的被审计单位由于无法满足融资条件而失去融资机会等风险。

（7）信息技术的运用，及其可能导致的被审计单位信息系统与业务流程难以融合等风险。

2）经营风险对重大错报风险的影响

注册会计师应当理解经营风险与财务报表重大错报风险是既有联系又相互区别的两个概念。前者比后者范围更广。注册会计师了解被审计单位的经营风险有助于其识别财务报表重大情报风险，但并非所有的经营风险都与财务报表相关，注册会计师没有责任识别或评估对财务报表没有影响的经营风险。

通常情况下，多数经营风险最终都会产生财务后果，从而影响财务报表。但并非所有经营风险都会导致重大错报风险，注册会计师应当根据被审计单位的具体情况考虑经营风险是否可能导致财务报表发生重大错报。经营风险可能对各类交易、账户余额以及列报认定层次或财务报表层次产生直接影响。如企业合并导致银行客户群减少，使银行信贷风险集中，由此产生的经营风险可能增加与贷款计价认定有关的重大错报风险。同样的风险，在经济紧缩时，可能具有更为长期的后果，注册会计师在评估持续经营假设的适当性时需要考虑这一问题。注册会计师应当根据被审计单位的具体情况考虑经营风险是否可能导致财务报表发生重大错报。

目标、战略、经营风险和重大错报风险之间的相互联系可以通过举例进行说明。例如，某企业当前的目标是在某一特定期间内进入某一新兴的海外市场，该企业选择的战略是在当地成立合资公司。从该战略本身来看是可以实现这一目标的。但是，成立合资公司可能会带来诸多的经营风险，比如，该企业应当如何与当地合资方在经营活动、企业文化等各方面进行协调；如何在合资公司中获得控制权或共同控制权；当地市场情况是否会发生变化；当地政府对合资公司的税收和外汇管理等方面政策是否稳定；合资公司的利润是否可以汇回；是否存在汇率风险等。这些经营风险反映到财务报表中，可能会因对合资公司是属于子公司、合营企业或联营企业的判断问题，投资核算问题，以及是否存在减值问题、对当地税收规定的理解问题和外币折算等问题而导致财务报表出现重大错报风险。

3）被审计单位的风险评估过程

一般地，被审计单位管理层通常会制定识别和应对经营风险的策略，注册会计师应当了解被审计单位的这些风险评估过程。这些风险评估过程是被审计单位内部控制的组成部分。

4）对小型被审计单位的考虑

小型被审计单位通常没有正式的计划和程序来确定其目标、战略并管理经营风险。注册会计师应当询问管理层或观察小型被审计单位如何应对这些事项。

6.2.5　被审计单位的财务业绩衡量与评价

1）了解财务业绩衡量与评价

被审计单位内部或外部对财务业绩的衡量和评价可能对管理层产生压力，促使其采取行动改善财务业绩或歪曲财务报表。注册会计师应当了解被审计单位财务业绩的衡量和评价情况，考虑这种压力是否可能导致管理层采取行动，以至于增加财务报表发生重大错报的风险。在了解被审计单位财务业绩衡量和评价情况时，注册会计师应当关注下列信息：一是关键业绩指标；二是业绩趋势；三是预测、预算和差异分析；四是管理层和员工业绩考核与激励性报酬政策；五是分部信息与不同层次部门的业绩报告；六是与竞争对手的业绩比较；七是外部机构提出的报告。

2）考虑内部财务业绩衡量的结果及其可靠性

内部财务业绩衡量可能显示未预期到的结果或趋势。在这种情况下，管理层通常会进行调查并采取纠正措施。与内部财务业绩衡量相关的信息可能显示财务报表存在错报风险。例如，内部财务业绩衡量可能显示被审计单位与同行业其他单位相比具有异常快的增长率或盈利水平，此类信息如果与业绩奖金或激励性报酬等因素结合起来考虑，可能显示管理层在编制财务报表时存在某种倾向的错报风险。所以，注册会计师应当关注被审计单位内部财务业绩衡量所显示的未预期到的结果或趋势、管理层的调查结果和纠正措施，以及相关信息是否显示财务报表可能存在重大错报。

在审计过程中，注册会计师如果拟利用被审计单位内部信息系统生成的财务业绩衡量指标，注册会计师应当考虑相关信息是否可靠，以及利用这些信息是否足以实现审计目标。如果被审计单位管理层在没有合理基础的情况下，认为内部生成的衡量财务业绩的信息是准确的，而实际上信息有误，那么根据有误的信息得出的结论也可能是错误的。如果注册会计师计划在审计中（如在实施分析程序时）利用被审计单位财务业绩指标，应当考虑相关信息是否可靠，以及在实施审计程序时利用这些信息是否足以发现重大错报。

此外，小型被审计单位通常没有正式的财务业绩衡量和评价程序，管理层往往依据某些关键指标，作为评价财务业绩和采取适当行动的基础，注册会计师应当了解管理层使用的关键指标。

需要强调的是，注册会计师了解被审计单位财务业绩的衡量与评价，是为了考虑管理层是否面临实现某些关键财务业绩指标的压力。这些压力既可能源于需要达到市场分析师或股东的预期，也可能产生于达到获取股票期权或管理层和员工奖金的目标。受压力影响的人员可能是高级管理人员（包括董事会成员），也可能是可以操纵财务报表的其他经理人员，如子公司或分支机构管理人员可能为达到奖金目标而操纵财务报表。在评价管理层是否存在歪曲财务报表的动机和压力时，注册会计师还应当考虑财务报表可能存在的其他情形。

同步思考6-2

注册会计师在进行审计时，应当从哪些方面了解被审计单位及其环境？

理解要点：注册会计师在进行审计时，应当从下列方面了解被审计单位及其环境：（1）行业状况、法律环境与监管环境以及其他外部因素；（2）被审计单位的性质；（3）被审计单位对会计政策的选择和运用；（4）被审计单位的目标、战略以及相关经营风险；（5）被审计单位财务业绩的衡量和评价；（6）被审计单位的内部控制。

6.3 了解被审计单位的内部控制

在审计中，注册会计师应当了解与审计相关的内部控制以识别潜在错报的类型，考虑导致重大错报风险的因素，以及设计和实施进一步审计程序的性质、时间和范围。

6.3.1 内部控制的内涵和要素

内部控制是被审计单位为了合理保证财务报告的可靠性、经营的效率和效果以及对法律法规的遵守，由治理层、管理层和其他人员设计和执行的政策及程序。内部控制的目标是合理保证：一是财务报告的可靠性，这一目标与管理层履行财务报告编制责任密切相关；二是经营的效率和效果，即经济有效地使用企业资源，以最优方式实现企业的目标；三是在所有经营活动中遵守法律法规的要求，即在法律法规的框架下从事经营活动。设计和实施内部控制的责任主体是治理层、管理层和其他人员，组织中的每一个人都对内部控制负有责任。实现内部控制目标的手段是设计和执行控制政策及程序。内部控制通常包括下列要素：控制环境；风险评估过程；信息系统与沟通；控制活动；对控制的监督。内部控制包括上述五项要素，而控制则包括上述一项或多项要素，或要素表现出的各个方面。

6.3.2 与审计相关的控制

内部控制的目标旨在合理保证企业财务报告的可靠性、经营的效率和效果以及对法律法规的遵守。注册会计师审计的目标是对财务报表是否不存在重大错报发表审计意见，尽管要求注册会计师在财务报表审计中考虑与财务报表编制相关的内部控制，但其目的并非对被审计单位内部控制的有效性发表意见。因此，注册会计师需要了解和评价的内部控制只是与财务报表审计相关的内部控制，并非被审计单位所有的内部控制。与审计相关的控制，包括被审计单位为实现财务报告可靠性目标设计和实施的控制。

业务链接6-2

对被审计单位内部控制了解的步骤

了解内部控制是注册会计师在审计时必须实施的审计程序，包括四个重要的步骤。第一步，识别所需要降低哪些风险以预防财务报表中发生重大错报。如果某个内部控制目标没有实现，风险因素通常被描述为"可能的错误"。第二步，记录相关的内部控制，其目的是识别是否存在内部控制降低第一步所列出的风险因素，但没有必要记录和评价与审计无关的内部控制。第三步，评估控制的执行。主要是实施穿行测试，以确信识别的内部控制实际上确实存在。如果存在，注册会计师就可完成对控制设计和执行的评价。第四步，评估内部控制的设计。汇总获得的所有信息，并根据风险因素描绘识别出的（或执行的）控制。完成上述四个步骤后，注册会计师应当确定内部控制是否存在重大弱点。

6.3.3 内部控制的局限性

在审计中，注册会计师应当充分认识到被审计单位的内部控制存在固有局限性，无论如何设计和执行，内部控制只能对财务报告的可靠性提供合理的保证。

通常情况下，内部控制存在的固有局限性包括：一是在决策时人为判断可能出现错误和由于人为失误而导致内部控制失效。例如，被审计单位信息技术工作人员没有完全理解系统如何处理销售交易，为了使系统能够处理新型产品的销售，可能错误地对系统进行更改；或者对系统的更改是正确的，但是程序员没能把此次更改转化为正确的程序代码等。二是可能由于两个或更多的人员进行串通或管理层凌驾于内部控制之上而被规避。例如，管理层可能与客户签订背后协议，对标准的销售合同做出变动，从而导致收入确认发生错误。再如，软件中的编辑控制旨在发现和报告超过赊销信用额度的交易，但这一控制可能被逾越或规避。此外，如果被审计单位内部行使控制职能的人员素质不适应岗位要求，也会影响内部控制功能的正常发挥。被审计单位实施内部控制的成本效益问题也会影响其效能，当实施某项控制成本大于控制效果而发生损失时，就没有必要设置控制环节或控制措施。内部控制一般都是针对经常而重复发生的业务而设置的，如果出现不经常发生或未预计到的业务，原有控制就可能不适用。

需要说明的是：小型被审计单位拥有的员工通常较少，限制了其职责分离的程度。业主凌驾于内部控制之上的可能性较大。注册会计师应当考虑一些关键领域是否存在有效的内部控制。

6.3.4 控制环境

注册会计师在了解被审计单位的内部控制时，应当了解其控制环境。

1）控制环境的内涵

一般地，控制环境包括治理职能和管理职能，以及治理层和管理层对内部控制及其重要性的态度、认识和措施。控制环境设定了被审计单位的内部控制基调，影响员工对内部控制的认识和态度。良好的控制环境是实施有效内部控制的基础。防止或发现并纠正舞弊和错误是被审计单位治理层和管理层的责任。注册会计师在评价控制环境的设计和实施情况时，应当了解管理层在治理层的监督下，是否营造并保持了诚实守信和合乎道德的文化，以及是否建立了防止或发现并纠正舞弊和错误的恰当控制。通常情况下，在审计业务承接阶段，注册会计师就需要对控制环境作出初步了解和评价。注册会计师在评价控制环境的设计时，应当考虑构成控制环境的一些要素，以及这些要素如何被纳入被审计单位业务流程，这些要素包括：对诚信和道德价值观念的沟通与落实；对胜任能力的重视；治理层的参与程度；管理层的理念和经营风格；组织结构；职权与责任的分配；人力资源政策与实务。

2）对诚信和道德价值观念的沟通与落实

被审计单位的诚信和道德价值观念是其控制环境的重要组成部分，影响到重要业务流程的设计和运行。内部控制是否有效直接依赖于负责创建、管理和监控内部控制的人员的诚信和道德价值观念。被审计单位是否存在道德行为规范，以及这些规范如何在被审计单位内部得到沟通和落实，决定了是否能产生诚信和道德的行为。对诚信和道德价值观念的沟通与落实既包括管理层如何处理不诚实、非法或不道德行为，也包括在被审计单位内部，通过行为规范以及高层管理人员的身体力行，对诚信和道德价值观念的营造和保持。例如，某企业管理层在行为规范中指出，员工不允许从供货商那里获得超过一定金额的礼品，超过部分必须报告和退回。尽管该行为规范本身并不能绝对保证员工都照此执行，但至少意味着管理层已对此进行明示，它连同其他程序，可能构成一个有效的预防机制。

3）对胜任能力的重视

所谓胜任能力，是指具备完成某一职位的工作所应有的知识和能力。企业管理层对胜任能力的重视包括对于特定工作所需的胜任能力水平的设定，以及对达到该水平所必需的知识和能力的要求。在审计中，注册会计师应当考虑主要管理人员和其他相关人员是否能够胜任承担的工作和职责。例如，财会人员是否对编报财务报表所适用的会计准则和相关会计制度有足够的了解并能正确运用。

4）治理层的参与程度

被审计单位的控制环境在很大程度上受治理层的影响。一般地，治理层的职责应在被审计单位的章程和政策中予以规定。治理层（董事会）通常通过其自身的活动，并在审计委员会或类似机构的支持下，监督被审计单位的财务报告政策和程序。因此，董事会、审计委员会或类似机构应关注被审计单位的财务报告，并监督被审计单位的会计政策以及内部、外部的审计工作和结果。治理层的职责还包括监督用于复核内部控制有效性的政策和程序设计是否合理，执行是否有效。

5）管理层的理念和经营风格

一般地，在企业管理过程中，管理层负责企业的运作以及经营策略和程序的制定、执行与监督。控制环境的每个方面在很大程度上都受管理层采取的措施和作出决策的影响，或在某些情况下受管理层不采取某些措施或不作出某种决策的影响。在有效的控制环境中，管理层的理念和经营风格可以创造一个积极的氛围，促进业务流程和内部控制的有效运行，同时创造一个减少错报发生可能性的环境。在管理层以一个或少数几个人为主时，管理层的理念和经营风格对内部控制的影响尤为突出。

衡量管理层对内部控制重视程度的重要标准，是管理层收到有关内部控制缺陷及违规事件的报告时是否作出适当反应。管理层及时下达纠弊措施，表明他们对内部控制的重视，也有利于加强企业内部的控制意识。此外，了解管理层的经营风格也很有必要，管理层的经营风格是指管理层所能接受的业务风险的性质。

6）组织结构及职权与责任的分配

在审计中，注册会计师应当考虑被审计单位组织结构中是否采用向个人或小组分配控制职责的方法，是否建立了执行特定职能（包括交易授权）的授权机制，是否确保每个人都清楚地了解报告关系和责任。注册会计师还需审查对分散经营活动的监督是否充分。有效的权责分配制度有助于形成整体的控制意识。需要强调的是：注册会计师应当关注被审计单位的组织结构和权责分配方法的实质而不是仅仅关注其形式。相应地，注册会计师应当考虑相关人员对政策与程序的整体认识水平和遵守程度，以及管理层对其实施监督的程度。此外，注册会计师对组织结构的审查，有助于其确定被审计单位的职责划分应该达到何种程度，也有助于其评价被审计单位在这方面的不足会对整体审计策略产生的影响。

7）人力资源政策与实务

通常情况下，企业的政策与程序（包括内部控制）是否有效，往往取决于执行人。因此，被审计单位员工的能力与诚信是控制环境中不可缺少的因素。人力资源政策与实务涉及招聘、培训、考核、晋升和薪酬等方面。被审计单位是否有能力招聘并保留一定数量既有能力又有责任心的员工在很大程度上取决于其人事政策与实务。例如，如果被审计单位招聘录用标准要求录用最合适的员工，包括强调员工的学历、经验、诚信和道德，这表明被审计单位希望录用有能力并值得信赖的人员。被审计单位有关培训方面的政策应显示员工应达到的工作表现和业绩水准，通过定期考核的晋升政策表明被审计单位希望具备相应资格的人员承担更多的职责。

同步思考 6-3

什么是内部控制？它包含哪些要素？

理解要点： 内部控制是被审计单位为了合理保证财务报告的可靠性、经营的效率和效果以及对法律法规的遵守，由治理层、管理层和其他人员设计和执行的政策和程序。内部控制通常包括下列要素：（1）控制环境；（2）风险评估过程；（3）信息系统与沟通；（4）控制活动；（5）对控制的监督。

同步案例 6-3

王朝和常诚的观点

背景与情境： 王朝和常诚是一对好朋友，作为注册会计师分别供职于不同的会计师事务所。有一天在共进午餐时，他们谈起了内部控制在决定应收集的审计证据的数量方面的重要性。常诚认为：在任何公司，不管其规模如何，都应该以类似的方式对内部控制进行细致的调查和评价。他所在的会计师事务所要求在执行每一项审计业务时，都要使用事务所设计的标准内部控制调查问卷，对于每类经济业务，都应该编制内部控制流程图。另外，事务所还要求注册会计师仔细评价内部控制制度，根据内部控制的强弱调整拟收集的审计证据的数量。王朝则指出，他所审计的大量小规模企业不可能有充分的、严密的内部控制。因此，他在从事审计时，通常假设内部控制不充分，从而忽略内部控制，直接进行大量的实质性测试。他说："当我一开始就知道内部控制制度中存在各种各样的弱点时，我为什么要浪费大量的时间和精力去调查内部控制、评价控制风险？我宁愿把花在填写内部控制调查评价表格上的时间用在测试财务报表的表述是否正确上。"

问题：

（1）概括大型企业和小型企业内部控制制度的主要区别。

（2）评价注册会计师王朝和常诚的观点。

（3）规模不同的企业，在调查内部控制、评价控制风险方面时有何共性和区别？

分析提示：

（1）相比大型企业，小型企业业务相对简单，人员较少，不相容职务分离不充分，业主或管理层积极地参与各种经济业务。因此，内部控制制度相对不健全，不严密。

（2）常诚和王朝的观点都有些偏颇。常诚认为不管企业规模大小，都应该细致地对内部控制制度进行调查和评价。这一点对于大部分小企业来说不适用。审计是需要成本的，当知道小企业内部控制制度不完善、不可能显著地降低控制风险时，还花大量的时间去了解内部控制制度不符合成本效益原则。

王朝认为小企业的内部控制不充分、不严密，不应该花时间去了解内部控制制度，而应该直接进行实质性测试。虽然小企业内部控制一般都不够充分严密，但毕竟企业与企业之间情况不同，内部控制的不健全有程度上的差别，不是所有小企业内部控制都不可信赖。而且，评价控制风险、设计恰当的实质性测试程序，不是调查企业的内部控制制度的唯一目的。对小企业的内部控制制度进行初步的调查和分析，有助于注册会计师评估财务报表的可信度，预测企业财务报表中的潜在错误，抓住审计重点。另外，注册会计师除了对企业的财务报表发表审计意见外，还需要就内部控制可以改进的方面向企业提出建议，这也要求对内部控制有所了解。

（3）共性：不管审计大企业还是小企业，都要对内部控制进行调查。

区别：企业的规模不同，对内部控制调查的程度可能不同。大企业内部控制较健全，评估的控制风险较低，因而对内部控制调查的程度较深。小企业内部控制相对不健全，评估的控制风险确定得较高甚至最高，因而对内部控制调查的程度较浅。

6.3.5　被审计单位的风险评估过程

1）被审计单位风险评估过程的含义

任何经济组织在经营活动中都会面临各种各样的风险，风险对其生存和竞争能力产生影响。很多风险并不为经济组织所控制，但管理层应当确定可以承受的风险水平，识别这些风险并采取一定的应对措施。被审计单位可能产生风险的事项和情形包括：监管及经营环境的变化，即监管和经营环境的变化会导致竞争压力的变化以及重大的相关风险；新员工的加入，即新员工可能对内部控制有不同的认识和关注点；新信息系统的使用或对原系统进行升级，信息系统的重大变化会改变与内部控制相关的风险；业务快速发展，由于快速的业务扩张可能会使内部控制难以应对，从而增加内部控制失效的可能性；新技术的运用，将新技术运用于生产过程和信息系统可能改变与内部控制相关的风险；新生产型号、产品和业务活动，进入新的业务领域和发生新的交易可能带来新的与内部控制相关的风险；企业重组，一般的重组可能带来裁员以及管理职责的重新划分，将影响与内部控制相关的风险；发展海外经营，海外扩张或收购会带来新的并且往往是特别的风险，进而可能影响内部控制，如外币交易的风险；会计准则的变化，可能会增大财务报告发生重大错报的风险。

被审计单位的风险评估过程包括识别与财务报告相关的经营风险，以及针对这些风险所采取的措施。注册会计师应当了解被审计单位的风险评估过程和结果。

2）对风险评估过程的了解

注册会计师在评价被审计单位风险评估过程的设计和执行时，应当确定管理层如何识别与财务报告相关的经营风险，如何估计该风险的重要性，如何评估风险发生的可能性，以及如何采取措施管理这些风险。如果被审计单位的风险评估过程符合其具体情况,那么了解被审计单位的风险评估过程和结果就有助于注册会计师识别财务报表重大错报风险。

注册会计师在对被审计单位整体层面的风险评估过程进行了解和评估时,应当考虑的因素包括(但不限于):被审计单位是否已建立并沟通其整体目标,并辅以具体策略和业务流程层面的计划;被审计单位是否已建立风险评估过程,包括识别风险、估计风险的重大性,评估风险发生的可能性以及确定需要采取的应对措施;被审计单位是否已建立某种机制,识别和应对可能对被审计单位产生重大且普遍影响的变化,如在金融机构中建立资产负债管理委员会,在制造型企业中建立期货交易风险管理组等;会计部门是否建立了某种流程,以识别会计准则的重大变化;当被审计单位业务操作发生变化并影响交易记录的流程时,是否存在沟通渠道以通知会计部门;风险管理部门是否建立了某种流程,以识别经营环境包括监管环境发生的重大变化。

在审计中,注册会计师还可以通过了解被审计单位及其环境的其他方面信息,评价被审计单位风险评估过程的有效性。例如,在了解被审计单位的业务情况时,发现了某些经营风险,注册会计师应当了解管理层是否也意识到这些风险以及如何应对;在对业务流程的了解中,注册会计师还可能进一步地获得被审计单位有关业务流程的风险评估过程的信息。例如,在销售循环中,如果发现了销售的截止性错报的风险,注册会计师应当考虑管理层是否也识别了该错报风险以及如何应对该风险。

6.3.6 信息系统与沟通

1)与财务报告相关的信息系统的含义

所谓与财务报告相关的信息系统,是指被审计单位用以生成、记录、处理和报告交易、事项和情况,对相关资产、负债和所有者权益履行经营管理责任的程序和记录。这里的交易可能通过人工或自动化程序生成。记录包括识别和收集与交易、事项有关的信息。处理包括编辑、核对、计量、估价、汇总和调节活动,可能由人工或自动化程序来执行。报告是指用电子或书面形式编制财务报告和其他信息,供被审计单位用于衡量和考核财务及其他方面的业绩。

被审计单位与财务报告相关的信息系统应当与其业务流程相适应。业务流程是指被审计单位开发、采购、生产、销售、发送产品和提供服务,保证遵守法律法规、记录信息等一系列活动。与财务报告相关的信息系统所生成信息的质量,对管理层能否作出恰当的经营管理决策以及编制可靠的财务报告具有重大影响。与财务报告相关的信息系统通常具有以下职能:识别与记录所有的有效交易;及时、详细地描述交易,以便在财务报告中对交易作出恰当分类;恰当计量交易,以便在财务报告中对交易的金额作出准确记录;恰当确定交易生成的会计期间;在财务报表中恰当列报交易。

2)对与财务报告相关的信息系统的了解

在审计过程中,注册会计师应当从以下方面了解与财务报告相关的信息系统:在被审计单位经营过程中,对财务报表具有重大影响的各类交易;在信息技术和人工系统中,对交易生成、记录、处理和报告的程序;与交易生成、记录、处理和报告有关的会计记录、支持性信息和财务报表中的特定项目;信息系统如何获取除各类交易之外的对财务报表具有重大影响的事项和情况;被审计单位编制财务报告的过程,包括作出的重大会计估计和披露；管理层凌驾于账户记录控制之上的风险。在了解与财务报告相关的信息系统时，注册会计师应当特别关注由于管理层凌驾于账户记录控制之上，或规避控制行为而产生的重大错报风险，并考虑被审计单位如何纠正不正确的交易处理。此外，自动化程序和控制可能降低了发生无意错误的风险，但是并没有消除个人凌驾于控制之上的风险，如某些高级管理人员可能篡改自动过入总分类账和财务报告系统的数据金额。当被审计单位运用信息技术进行数据的传递时，发生篡改可能不会留下痕迹或证据。

3）与财务报告相关的沟通的含义

与财务报告相关的沟通包括使员工了解各自在与财务报告有关的内部控制方面的角色和职责、员工之间的工作联系，以及向适当级别的管理层报告例外事项的方式。公开的沟通渠道有助于确保例外情况得到报告和处理。沟通可以采用政策手册、会计和财务报告手册及备忘录等形式进行，也可以通过发送电子邮件、口头沟通和管理层的行动来进行。

4）对与财务报告相关的沟通的了解

注册会计师应当了解被审计单位内部如何对财务报告的岗位职责，以及与财务报告相关的重大事项进行沟通。注册会计师还应当了解管理层与治理层之间的沟通，以及被审计单位与外部的沟通。具体包括：管理层就员工的职责和控制责任是否进行了有效沟通；针对可疑的不恰当事项和行为是否建立了沟通渠道；组织内部沟通的充分性是否能够使人员有效地履行职责；对于与客户、供应商、监管者和其他外部人士的沟通，管理层是否及时采取适当的进一步行动；被审计单位是否受到某些监管机构发布的监管要求的约束；外部人士如客户和供应商在多大程度上获知被审计单位的行为守则。

6.3.7 控制活动

在审计过程中，注册会计师应当了解控制活动，以足够评估认定层次的重大错报风险和针对评估的风险设计进一步审计程序。

1）相关的控制活动的内涵

控制活动是指有助于确保管理层的指令得以执行的政策和程序，包括与授权、业绩评价、信息处理、实物控制和职责分离等相关的活动。

这里的授权包括一般授权和特别授权，其目的在于保证交易在管理层授权范围内进行。

这里的业绩评价主要包括被审计单位分析评价实际业绩与预算（或预测、前期业绩）的差异，综合分析财务数据与经营数据的内在关系，将内部数据与外部信息来源相比较，评价职能部门、分支机构或项目活动的业绩，以及对发现的异常差异或关系采取必要的调查与纠正措施。通常情况下，通过调查非预期的结果和非正常的趋势，管理层可以识别可能影响经营目标实现的情形。管理层对业绩信息的使用，决定了业绩指标的分析是只用于经营目的，还是同时用于财务报告目的。注册会计师应当了解与业绩评价有关的控制活动。

这里信息处理是指信息技术一般控制和应用控制。被审计单位通常执行各种措施，检查各种类型信息处理环境下交易的准确性、完整性和授权。信息处理控制可以是人工的、自动化的，也可以是基于自动流程的人工控制。信息技术一般控制是指与多个应用系统有关的政策和程序，有助于保证信息系统持续恰当地运行（包括信息的完整性和数据的安全性），支持应用控制作用的有效发挥，通常包括数据中心和网络运行控制，系统软件的购置、修改及维护控制，接触或访问权限控制，应用系统的购置、开发及维护控制。信息技术应用控制是指主要在业务流程层次运行的人工或自动化程序，与用于生成、记录、处理、报告交易或其他财务数据的程序相关，通常包括检查数据计算准确性、审核账户和试算平衡表、设置对输入数据和数字序号的自动检查，以及对例外报告进行人工干预。注册会计师应当了解与信息处理有关的控制活动。

这里的实物控制活动主要包括对资产和记录采取适当的安全保护措施，对访问计算机程序和数据文件设置授权，以及定期盘点并将盘点记录与会计记录相核对。例如，现金、有价证券和存货的定期盘点控制。实物控制的效果影响资产的安全，从而对财务报表的可靠性及审计产生影响。

这里的职责分离是指被审计单位如何将交易授权、交易记录以及资产保管等职责分配给不同员工，以防范同一员工在履行多项职责时可能发生的舞弊或错误。当信息技术运用于信息系统时，职责分离可以通过设置安全控制来实现。注册会计师应当了解被审计单位的职责分离状况。

2）对控制活动的了解

在了解控制活动时，注册会计师应当重点考虑一项控制活动单独或连同其他控制活动是否能够以及如何防止或发现并纠正各类交易、账户余额、列报存在的重大错报。注册会计师的工作重点是识别和了解针对重大错报可能发生的领域的控制活动。如果多项控制活动能够实现同一目标，注册会计师不必了解与该目标相关的每项控制活动。注册会计师对被审计单位整体层面的控制活动进行的了解和评估，主要是针对被审计单位的一般控制活动，特别是信息技术的一般控制。在了解和评估一般控制活动时考虑的主要因素包括（但不限于）：被审计单位的主要经营活动是否都有必要的控制政策和程序；管理层在预算、利润和其他财务及经营业绩方面是否都有清晰的目标，在被审计单位内部是否对这些目标加以清晰的记录和沟通，并且积极地对其进行监控；是否存在计划和报告系统，以识别与目标业绩的差异并向适当层次的管理层报告该差异；是否由适当层次的管理层对差异进行调查，并及时采取适当的纠正措施；不同人员的职责应在何种程度上相分离，以降低舞弊和不当行为发生的风险；会计系统中的数据是否与实物资产定期核对；是否建立了适当的保护措施，以防止未经授权接触文件、记录和资产；是否存在信息安全职能部门负责监控信息安全政策和程序。

另外，在了解其他内部控制要素时，如果获取了控制活动是否存在的信息，注册会计师应当确定是否有必要进一步了解这些控制活动。

3）对小型被审计单位的考虑

小型被审计单位的控制活动可能没有大型被审计单位那样正式和复杂，并且某些控制活动可能直接由小型被审计单位中的管理层执行。例如，由管理层批准销售的信用额度、重大的采购等；可能不再需要更具体的控制活动。小型被审计单位通常难以实施适当的职责分离，注册会计师应当考虑小型被审计单位采取的控制活动能否有效实现控制目标。

6.3.8　对控制的监督

在审计中，注册会计师应当了解被审计单位对与财务报告相关的内部控制的监督活动，并了解如何采取纠正措施。

1）对控制的监督的内涵

对控制的监督，是指被审计单位评价内部控制在一段时间内运行有效性的过程，该过程包括及时评价控制的设计和运行，以及根据情况的变化采取必要的纠正措施。管理层的重要职责之一就是建立和维护控制并保证其持续有效运行，对控制的监督可以实现这一目标。监督是由适当的人员在适当、及时的基础上，评估控制的设计和运行情况的过程。例如，管理层对是否定期编制银行存款余额调节表进行复核、内部审计人员评价销售人员是否遵守公司关于销售合同条款的政策、法律部门定期监控公司的道德规范和商务行为准则是否得以遵循等，监督对控制的持续有效运行十分重要。假如没有对银行存款余额调节表是否得到及时和准确的编制进行监督，该项控制就可能无法得到持续的执行。

在审计中，注册会计师应当了解被审计单位对控制的持续监督活动和专门的评价活动。通常情况下，被审计单位通过持续的监督活动、专门的评价活动或两者相结合，实现对控制的监督。持续的监督活动通常贯穿于被审计单位的日常经营活动与常规管理工作中。被审计单位可能使用内部审计人员或具有类似职能的人员对内部控制的设计和执行进行专门的评价，以找出内部控制的优点和不足，并提出改进建议。关于内部审计人员在内部控制方面的职责，被审计单位也可能利用与外部有关各方沟通或交流所获取的信息监督相关的控制活动。在某些情况下，外部信息可能显示内部控制存在的问题和需要改进之处。

2）了解对内部控制的监督

注册会计师在对被审计单位整体层面的监督进行了解和评估时，考虑的主要因素可能包括：一是被审计单位是否定期评价内部控制；二是被审计单位人员在履行正常职责时，能够在多大程度上获得内部控制是否有效运行的证据；三是与外部的沟通能够在多大程度上证实内部产生的信息或者指出存在的问题；四是管理层是否采纳内部审计人员和注册会计师有关内部控制的建议；五是管理层是否及时纠正控制运行中的偏差；六是管理层根据监管机构的报告及建议是否及时采取纠正措施；七是是否存在协助管理层监督内部控制的职能部门（如内部审计部门）。如该职能部门存在，那么对内部审计职能需进一步考虑的因素包括：独立性和权威性；向谁报告（例如，直接向董事会、审计委员会或类似机构报告，对接触董事会、审计委员会或类似机构是否有限制）；是否有足够的人员、培训和特殊技能（例如，对于复杂的高度自动化的环境应使用有经验的信息系统审计人员）；是否坚持适用的专业准则；活动的范围（例如，财务审计和经营审计工作的平衡，在分散经营情况下，内部审计的覆盖程度和轮换程度）；计划、风险评估和执行工作的记录和形成结论的适当性；是否不承担经营管理责任。

同步思考 6-4

注册会计师在对被审计单位的会计报表进行审计时，应当研究评价其相关内部控制。具体而言，注册会计师在审计过程中可以依据各类审计程序的执行结果来评价有关内部控制的风险水平。对控制风险的评价，贯穿于审计的整个过程。请简要说明：

（1）在整个审计过程中，注册会计师对控制风险的评价一般分为哪几个层次？

（2）注册会计师在各层次的评价中分别依据哪种审计程序？

（3）进行各层次评价的主要目的何在？

（4）在进行各层次评价时，如果评价的控制风险过低，对注册会计师所执行的审计程序的性质、时间、范围有何影响？

理解要点：（1）在整个审计过程中，注册会计师对控制风险的评价可分为初步评价、进一步评价和最终评价三个层次。（2）对控制风险初步评价是基于对内部控制的了解进行的，通过观察、询问、检查和穿行测试收集到口头证据、书面证据及环境证据；随后进行的进一步评价是依据控制测试程序的实施结果进行的，通过检查、询问及重新执行内控程序，收集到的证据为书面证据和口头证据；对控制风险的最终评价则是依据实质性测试程序所得结论进行的。（3）注册会计师对控制风险进行初步评价的目的在于初步评价内控风险的高低，确定是否进行控制测试，以及进行控制测试的范围大小。如果内控风险高，则不必进行控制测试，直接进行实质性测试；如果内控风险低，则要收集大量证据来证实。进一步评价控制风险的目的在于确定内部控制的可信赖程度和注册会计师的可接受检查风险水平，从而确定实质性测试的时间和范围。最终评价的目的在于印证确定检查风险时所依据的控制风险水平是否适当。（4）如果初步评价的控制风险过低，可能使注册会计师执行了不应执行的或过多的控制测试；进一步评估的控制风险过低，将导致在执行过多的控制测试的同时执行了过少的实质性测试；如果最终评估的控制风险过低，将误导注册会计师没有补充那些应当及时补充的实质性测试。

6.4 风险评估的结果

在审计过程中，注册会计师依据了解的信息来识别和评估被审计单位的重大错报风险。

6.4.1 识别和评估财务报表层次和认定层次的重大错报风险

在审计中，注册会计师应当识别和评估财务报表层次以及各类交易、账户余额、列报认定层次的重大错报风险。

1）识别和评估重大错报风险的审计程序

在识别和评估重大错报风险时，注册会计师应当实施下列审计程序：

（1）在了解被审计单位及其环境的整个过程中识别风险，并考虑各类交易、账户余额、列报。注册会计师应当运用各项风险评估程序，在了解被审计单位及其环境的整个过程中识别风险，并将识别的风险与各类交易、账户余额和列报相联系。例如，被审计单位因相关环境法规的实施需要更新设备，可能面临原有设备闲置或贬值的风险；宏观经济的低迷可能预示应收账款的回收存在问题；竞争者开发的新产品上市，可能导致被审计单位的主要产品在短期内过时，预示将出现存货跌价和长期资产（如固定资产等）的减值。

（2）将识别的风险与认定层次可能发生错报的领域相联系。如被审计单位销售困难使产品的市场价格下降，可能导致年末存货成本高于其可变现净值而需要计提存货跌价准备，这显示存货的计价认定可能发生错报。

（3）考虑识别的风险是否重大。风险是否重大是指风险造成后果的严重程度。如在外部环境因素影响下，被审计单位原材料价格上涨，注册会计师除了需要关注该价格上涨给财务报表带来风险外，还必须考虑这一价格上涨的幅度以及对产品成本带来的影响。假如材料价格上涨导致被审计单位产品失去竞争力，影响到了被审计单位的毛利率（如毛利率由此变成负数），就需要识别其对财务报表的影响是否重大，这时需要看该产品在销售中的比重，以判断是否构成重大影响（如果比重小，则不构成重大影响；如果比重大，则可能构成了重大影响），注册会计师需要对此关注。

（4）考虑识别的风险导致财务报表发生重大错报的可能性。在审计过程中，注册会计师还需要考虑上述识别的风险是否导致财务报表发生重大错报。如应收账款账面余额是否重大、坏账准备计提是否适当等。需要注意的是，在某些情况下，尽管识别的风险重大，但仍不至于导致财务报表发生重大错报。例如，被审计单位对应收账款的坏账准备计提实施了比较有效的内部控制，管理层已根据应收账款的账龄计提了适当的坏账准备。在这种情况下，财务报表发生重大错报的可能性将相应降低。

在审计中，注册会计师应当利用实施风险评估程序获取的信息（包括在评价控制设计和确定其是否得到执行时获取的审计证据），作为支持风险评估结果的审计证据。注册会计师应当根据风险评估结果，确定实施进一步审计程序的性质、时间和范围。

2）可能表明被审计单位存在重大错报风险的事项和情况

在审计时，注册会计师应当关注以下事项和情况可能表明被审计单位存在重大错报风险：①在经济不稳定的国家或地区开展业务；②在高度波动的市场开展业务；③在严厉、复杂的监管环境中开展业务；④持续经营和资产流动性出现问题，包括重要客户流失；⑤融资能力受到限制；⑥行业环境发生变化；⑦供应链发生变化；⑧开发新产品或提供新服务，或进入新的业务领域；⑨开辟新的经营场所；⑩发生重大收购、重组或其他非经常性事项；⑪拟出售分支机构或业务分部；⑫复杂的联营或合资；⑬运用表外融资、特殊目的实体以及其他复杂的融资协议；⑭重大的关联方交易；⑮缺乏具备胜任能力的会计人员；⑯关键人员变动；⑰内部控制薄弱；⑱信息技术战略与经营战略不协调；⑲信息技术环境发生变化；⑳安装新的与财务报告有关的重大信息技术系统；㉑经营活动或财务报告受到监管机构的调查；㉒以往存在重大错报或本期期末出现重大会计调整；㉓发生重大的非常规交易；㉔按照管理层特定意图记录的交易；㉕应用新颁布的会计准则或相关会计制度；㉖会计计量过程复杂；㉗事项或交易在计量时存在重大不确定性；㉘存在未决诉讼和或有负债。

注册会计师应当充分关注可能表明被审计单位存在重大错报风险的上述事项和情况，并考虑由于上述事项和情况导致的风险是否重大，以及该风险导致财务报表发生重大错报的可能性。

3）识别两层次的重大错报风险

在对重大错报风险进行识别和评估后，注册会计师应当确定识别的重大错报风险是与特定的某类交易、账户余额、列报的认定相关，还是与财务报表整体广泛相关，进而影响多项认定。

某些重大错报风险可能与特定的某类交易、账户余额、列报的认定相关。例如，被审计单位存在复杂的联营或合资，这一事项表明长期股权投资账户的认定可能存在重大错报风险。又如，被审计单位存在重大的关联方交易，该事项表明关联方及关联方交易的披露认定可能存在重大错报风险。某些重大错报风险可能与财务报表整体广泛相关，进而影响多项认定。如在经济不稳定的国家和地区开展业务、资产的流动性出现问题、重要客户流失、融资能力受到限制等，都有可能导致注册会计师对被审计单位的持续经营能力产生重大疑虑。又如，管理层缺乏诚信或承受异常的压力可能引发舞弊风险，这些风险与财务报表整体相关。

教学互动6-1

为了让学生进一步对实务中遇到的问题有全方位的认识，准确把握识别风险的影响程度，将学生分成若干个小组，分组讨论以下实务问题：

审计人员在了解某单位及其行业情况时，得知被审计单位的产品主要是家禽肉制品，而同行业产品存在受到社会公众密切关注的质量问题，一些媒体也曝光了企业存在病死肉品没有严格按制度处理再出售，以及对周围环境造成污染的问题。同时，公司管理层以销售增长为主要业绩考核指标。

初步问题：

（1）审计中只关注被审计单位会计账簿中的问题，而不关注媒体披露的问题是否可行？

（2）如果关注媒体披露的问题，审计人员该如何评估风险？

进一步问题：

（1）风险评估过程中如何了解内部控制的情况？

（2）审计人员如何区分两个层次的重大错报风险？

（3）针对不同层次的风险，审计人员应如何应对？

要求：同【教学互动1-1】的"要求"。

4）控制环境对评估财务报表层次重大错报风险的影响

财务报表层次的重大错报风险很可能源于薄弱的控制环境。薄弱的控制环境带来的风险可能对财务报表产生广泛影响，难以限于某类交易、账户余额、列报，注册会计师应当采取总体应对措施。例如，被审计单位治理层、管理层对内部控制的重要性缺乏认识，没有建立必要的制度和程序，或管理层经营理念偏于激进，又缺乏实现激进目标的人力资源等，这些缺陷源于薄弱的控制环境，可能对财务报表产生广泛影响，需要注册会计师采取总体应对措施。

5）控制对评估认定层次重大错报风险的影响

在评估重大错报风险时，注册会计师应当将所了解的控制与特定认定相联系。这是由于控制有助于防止或发现并纠正认定层次的重大错报。在评估重大错报发生的可能性时，除了考虑可能的风险外，还要考虑控制对风险的抵消和遏制作用。有效的控制会减少错报发生的可能性，而控制不当或缺乏控制，错报就会由可能变成现实。

控制可能是与某一认定直接相关的，也可能是与某一认定间接相关的。关系越间接，控制对防止或发现并纠正认定错报的效果越差。例如，销售经理对分地区的销售网点的销售情况进行复核，与销售收入完整性的认定只是间接相关。相应地，该项控制在降低销售收入完整性认定中的错报风险方面的效果，要比与该认定直接相关的控制（如将发货单与销售发票相核对）的效果差。

注册会计师可能识别出有助于防止或发现并纠正特定认定发生重大错报的控制。在确定这些控制是否能够实现上述目标时，注册会计师应当将控制活动和其他要素综合考虑。

如将销售和收款的控制置于其所在的流程和系统中考虑，以确定其能否实现控制目标。因为单个的控制活动（如将发货单与销售发票相核对）本身并不足以控制重大错报风险，只有多种控制活动和内部控制的其他要素综合作用才足以控制重大错报风险。当然，也有某些控制活动可能专门针对某类交易或账户余额的个别认定。例如，被审计单位建立的、以确保盘点工作人员能够正确地盘点和记录存货的控制活动，直接与存货账户余额的存在性和完整性认定相关；注册会计师只需要对盘点过程和程序进行了解，就可以确定控制是否能够实现目标。

注册会计师应当考虑对识别的各类交易、账户余额和列报认定层次的重大错报风险予以汇总和评估，以确定进一步审计程序的性质、时间和范围。

6) 考虑财务报表的可审计性

注册会计师在了解被审计单位内部控制后，可能对被审计单位财务报表的可审计性产生怀疑。如对被审计单位会计记录的可靠性和状况的担心可能会使注册会计师认为可能很难获取充分、适当的审计证据，以支持对财务报表发表意见。再如，管理层严重缺乏诚信，注册会计师认为管理层在财务报表中作出虚假陈述的风险高到无法进行审计的程度，因此，如果注册会计师通过对内部控制的了解发现下列情况，并对财务报表局部或整体的可审计性产生疑问，应当考虑出具保留意见或无法表示意见的审计报告：①被审计单位会计记录的状况和可靠性存在重大问题，不能获取充分、适当的审计证据以发表无保留意见；②对管理层的诚信存在严重疑虑。必要时，注册会计师应当考虑解除业务约定。

职业道德探讨 6-1

重大错报风险的识别

背景与情境： 甲公司主要从事小型电子消费品的生产和销售。A 注册会计师负责审计甲公司 2012 年度财务报表。A 注册会计师了解到甲公司于 2012 年年初完成了部分主要产品的更新换代。由于利用现有主要产品（T 产品）生产线生产的换代产品（S 产品）的市场销售情况良好，甲公司自 2012 年 2 月起大幅减少了 T 产品的生产，两种产品所需原材料基本相同，原材料平均价格相比上年上涨了约 2%。由于 S 产品的功能更加齐全且设计新颖，其平均售价比 T 产品高约 10%。A 注册会计师进一步审查了甲公司的财务资料，2011 年 T 产品的销售毛利率为 4.56%，2012 年 S 产品的销售毛利率为 14.97%。在询问了销售人员与财务人员后，A 注册会计师认定 2012 年度 S 产品销售收入与成本不存在重大错报。

问题： A 注册会计师得出 S 产品销售收入与成本不存在重大错报的结论是否合适？为什么？

分析提示： A 注册会计师只经过询问就得出不存在重大错报的结论不合适。中国注册会计师协会发布的《中国注册会计师职业道德守则第 1 号——职业道德基本原则》第十七条明确指出，"注册会计师应当保持应有的关注，遵守执业准则和职业道德规范的要求，勤勉尽责，认真、全面、及时地完成工作任务"。注册会计师通过询问得到的口头证据证明力具有局限性，还必须实施进一步的审计程序。根据资料可知，2011 年 T 产品的销售毛利率为 4.56%，2012 年 S 产品的销售毛利率为 14.97%，S 产品的销售毛利率比 T 产品高出了 10.41%。但了解甲公司情况及其环境时，发现 S 产品与 T 产品的原材料基本相同，材料价格上涨 2%，同时 S 产品销售价格比 T 产品提高了 10%，所以 S 产品的销售毛利率高于 T 产品不应超过 10%，可能存在高估收入或低估成本的重大错报风险。

6.4.2　需要特别考虑的重大错报风险

1）特别风险的含义

作为风险评估的一部分，注册会计师应当运用职业判断，确定识别的风险哪些是需要特别考虑的重大错报风险（简称特别风险）。

2）确定特别风险时应考虑的事项

在确定哪些风险是特别风险时，注册会计师应当在考虑识别出的控制对相关风险的抵消效果前，根据风险的性质、潜在错报的重要程度和发生的可能性，判断风险是否属于特别风险。在确定风险的性质时，注册会计师应当考虑的事项有：①风险是否属于舞弊风险；②风险是否与近期经济环境、会计处理方法和其他方面的重大变化有关；③交易的复杂程度；④风险是否涉及重大的关联方交易；⑤财务信息计量的主观程度，特别是对不确定事项的计量存在较大区间；⑥风险是否涉及异常或超出正常经营过程的重大交易。

3）非常规交易和判断事项导致的特别风险

一般地，日常的、不复杂的、经正规处理的交易不太可能产生特别风险。特别风险通常与重大的非常规交易和判断事项有关。

非常规交易是指由于金额或性质异常而不经常发生的交易。如企业购并、债务重组、重大或有事项等。非常规交易具有以下特征：①管理层更多地介入会计处理；②数据收集和处理涉及更多的人工成分；③复杂的计算或会计处理方法；④非常规交易的性质可能使被审计单位难以对由此产生的特别风险实施有效控制。所以，与重大非常规交易相关的特别风险可能导致更高的重大错报风险。

判断事项通常包括作出的会计估计，如资产减值准备金额的估计、需要运用复杂估值技术确定的公允价值计量等。在实务中可能存在以下事项：①对涉及会计估计、收入确认等方面的会计原则存在不同的理解；②所要求的判断可能是主观和复杂的，或需要对未来事项作出假设。所以，与重大判断事项相关的特别风险可能导致更高的重大错报风险。

4）考虑与特别风险相关的控制

在审计过程中，了解与特别风险相关的控制，有助于注册会计师制定有效的审计方案予以应对。对于特别风险，注册会计师应当评价相关控制的设计情况，并确定其是否已经得到执行。由于与重大非常规交易或判断事项相关的风险很少受到日常控制的约束，注册会计师应当了解被审计单位是否针对该特别风险设计和实施了控制。例如，作出会计估计所依据的假设是否由管理层或专家进行复核、是否建立了作出会计估计的正规程序、重大会计估计结果是否由治理层批准等。再如，管理层在收到重大诉讼事项的通知时采取的措施，包括这类事项是否提交适当的专家（如内部或外部的法律顾问）处理、是否对该事项的潜在影响作出评估、是否确定该事项在财务报表中的披露问题以及如何确定等。如果管理层未能实施控制以恰当应对特别风险，注册会计师应当认为内部控制存在重大缺陷，并考虑其对风险评估的影响。在此情况下，注册会计师应当就此类事项与治理层沟通。

6.4.3　仅通过实质性程序无法应对的重大错报风险

作为风险评估的一部分，如果认为仅通过实质性程序获取的审计证据无法将认定层次的重大错报风险降至可接受的低水平，注册会计师应当评价被审计单位针对这些风险设计的控制，并确定其执行情况。在被审计单位对日常交易采用高度自动化处理的情况下，审计证据可能仅以电子形式存在，其充分性和适当性通常取决于自动化信息系统相关控制的有效性，注册会计师应当考虑仅通过实施实质性程序不能获取充分、适当审计证据的可能性。例如，某企业通过高度自动化的系统确定采购品种和数量，生成采购订单，并通过系统中设定的收货确认和付款条件进行付款。除了系统中的相关信息以外，该企业没有其他有关订单和收货的记录。在这种情况下，如果认为仅通过实施实质性程序不能获取充分、适当的审计证据，注册会计师应当考虑依赖的相关控制的有效性。

6.4.4 对风险评估的修正

注册会计师对认定层次重大错报风险的评估应以获取的审计证据为基础，并可能随着不断获取审计证据而作出相应的变化。例如，注册会计师对重大错报风险的评估可能基于预期控制运行有效这一判断，即相关控制可以防止或发现并纠正认定层次的重大错报。但在测试控制运行的有效性时，注册会计师获取的证据可能表明相关控制在被审计期间并未有效运行。同样，在实施实质性程序后，注册会计师可能发现错报的金额和频率比在风险评估时预计的金额和频率要高。因此，如果通过实施进一步审计程序获取的审计证据与初始评估获取的审计证据相矛盾，注册会计师应当修正风险评估结果，并相应修改原计划实施的进一步审计程序。

由此可见，评估重大错报风险与了解被审计单位及其环境一样，也是一个连续和动态地收集、更新与分析信息的过程，贯穿于整个审计过程的始终。

6.4.5 与治理层和管理层的沟通

1）就内部控制重大缺陷与治理层和管理层沟通

一般地，被审计单位管理层有责任在治理层的监督下，建立、执行和维护有效的内部控制，以合理保证企业经营目标的实现。注册会计师应当及时将注意到的内部控制设计或执行方面的重大缺陷告知适当层次的管理层或治理层，这将有助于管理层和治理层履行其在内部控制方面的职责。

内部控制的重大缺陷是指内部控制设计或执行存在严重不足，使被审计单位管理层或员工无法在正常行使职能的过程中及时发现和纠正错误或舞弊引起的财务报表重大错报。内部控制五个要素中都可能存在控制缺陷。在了解和测试内部控制的过程中可能会发现偏差，偏差是否构成重大缺陷，取决于偏差的性质、频率和后果。在作出职业判断时，注册会计师通常考虑以下因素：①偏差的性质和原因是什么？②偏差数量和控制执行频率的比例是多少？③偏差涉及的账户、披露和认定的性质是怎样的？④缺陷可能影响到哪些财务报表金额或交易事项？⑤相关资产或负债是否容易遭受损失或产生舞弊？⑥控制的目的是什么？⑦该控制对数据可靠性的影响程度如何？⑧控制的影响是否具有广泛性（例如，该控制属于控制五个要素中的哪项，影响力如何）？⑨所测试的信息处理目标的重要程度如何？⑩控制是预防性的还是检查性的？⑪控制设计或控制运行的文件记录是否足够？⑫是否存在行业性的或法规要求的控制实施标准？⑬是否存在针对同一风险或认定的补偿性的控制或程序？⑭谁完成控制程序？⑮偏差是否导致财务报表的重大错报？⑯如果存在因错误或舞弊导致的重大错报，是否尚未得到更正？

此外，在以下情况下通常表明内部控制存在重大缺陷：注册会计师在审计工作中发现了重大错报，而被审计单位的内部控制没有发现这些重大错报；控制环境薄弱；存在高层管理人员舞弊迹象（无论涉及金额大小）。

2）就重大错报风险的控制与治理层沟通

在审计过程中，注册会计师如果识别出被审计单位未加控制或控制不当的重大错报风险，或认为被审计单位的风险评估过程存在重大缺陷，应当就此类内部控制缺陷与治理层沟通。

同步案例 6-4

背景与情境： 某会计师事务所于 2011 年 3 月对甲公司 2010 年度财务报表进行了审计。

（1）注册会计师在了解被审计单位内部控制及其环境中通过与被审计单位管理层座谈，了解到以下情况：

①近几年，受国家扩大内需、加大基础设施建设政策的影响，五金制品市场供销两旺。该公司为适应市场形势需要，在周边 10 多个城市增设了办事处，外地办事处数量达到了 25 个。同时，该公司从本公司及下属公司抽调了 20 多名非财会人员，进行简单培训后充实到各办事处从事会计工作。

②由于原财务经理与总经理在工作上存在意见分歧，原财务经理辞职，原行政部经理调任财务经理。新财务经理上任后，对财务部和驻外地办事处财会人员进行了岗位调整，有的财务人员被频繁调动。

③由于五金制品销售情况很好，许多客户提前预交货款，使用现金交款的情况很常见，而且有的数额较大。大多数外地办事处只有一名财务人员，缺乏有效的内部控制。

④通过查阅以前年度的审计报告，发现销售退回和折让、应付利息以及按权益法核算的长期投资及投资收益等业务存在较多的漏记。

（2）该公司提供了 2009 年和 2010 年两个年度的会计报表、总账和明细分类账等资料，有关数据如下（见表 6-1）：

表 6-1　　　　　　　　　　　　　　　报表数据（一）　　　　　　　　　　　　　　单位：万元

项目	2009 年	2010 年
营业收入	108 000	114 800
营业税金及附加	8 640	9 169
电费支出	3 600	4 160
管理费用	2 144	2 240
预收账款余额	11 360	14 240
营业利润	12 080	12 800

问题： 如何评估甲公司报表层次和认定层次的重大错报风险？

分析提示：

（1）报表层次的重大错报风险主要表现在：

①企业经营规模较大，外地设立的分支机构较多。

②会计人员素质较差，有 20 多名人员仅进行了简单的培训就从事会计工作。

③管理人员异常变动，与总经理存在工作意见分歧的原财务经理辞职，而新任财务经理又可能与总经理关系密切，存在协同操纵会计信息的可能性。

④会计人员频繁调动。

（2）认定层次存在的重大错报风险：

①根据所给数据计算各项目 2010 年度的增长情况，得出表 6-2。

表 6-2　　　　　　　　　　　　　　　报表数据（二）　　　　　　　　　　　　单位：万元

项目	2009 年	2010 年	增长率（%）
营业收入	108 000	114 800	6. 30
营业税金及附加	8 640	9 169	6. 12
电费支出	3 600	4 160	15. 56
管理费用	2 144	2 240	4. 48
预收账款余额	11 360	14 240	25. 35
营业利润	12 080	12 800	5. 96

②认定层次存在的重大错报风险主要表现在：

A. 该公司有大量现金收入业务，而且驻外地的办事处缺乏有效的内部控制，而现金是容易损失或被挪用的资产，重大错报风险较高。

B. 电费支出可能存在重大错报风险。电费支出增长率是 15.56%，同其他项目比，增长幅度较大，应进行重点审计，主要检查电费支出是否真实，有无存在虚列电费支出的问题。

C. 预收账款可能存在重大错报风险。预收账款余额的增长率为 25.35%，增长幅度较大，属异常变动，应对预收账款进行重点审计，主要检查预收账款记录是否真实完整，期末余额是否正确，已实现销售的业务是否及时冲销了预收账款。

D. 营业收入可能存在重大错报风险。虽然营业收入单纯从增长幅度看不存在异常，但也应对营业收入进行重点审计。因为营业收入与预收账款余额、电费支出存在依存关系。预收账款余额大幅度增长，大大高于营业收入的增长水平，说明企业基本不存在赊销，可能存在将已实现收入的业务不转销，从而少计营业收入的问题；电费支出大幅度增加，与营业收入增长幅度不相称，也表明营业收入应该有较大幅度的增长。因而营业收入看似正常的增长率可能隐含了企业隐匿、少计营业收入的问题。

E. 容易发生错报或漏报的会计报表项目，如销售退回和折让、投资收益以及应付利息等存在较高的固有风险，再加上以前的审计报告反映该公司存在漏报问题，因而此类项目存在较高的重大错报风险。

第**7**章
进一步审计程序

学习目标

通过本章学习，应该达到以下目标：

理论目标：学习和把握实施进一步审计程序的总体方案的内容，掌握进一步审计程序的内涵和要求，掌握控制测试和实质性程序的含义及包含的具体内容，能用所学知识指导"进一步审计程序"的相关认知活动。

实务目标：学习和把握控制测试和实质性程序的常见的方法，"业务链接"等应用知识；能用其指导并规范针对财务报表中各种错报风险的应对措施的相关技能活动。

案例目标：运用进一步审计程序与其中控制测试、实质性程序的理论和实务知识研究相关案例，培养和提高在特定业务情境中分析问题与程序设计的能力；能结合本章教学内容，根据"职业道德探讨"的行业规范或标准，分析注册会计师在审计过程中的行为，强化职业道德素质。

实训目标：参加"进一步审计程序（控制测试和实质性程序）"业务实践训练。在了解和把握本实训所涉及的相关技能点的"规范与标准"的基础上，通过切实体验"进一步审计程序（控制测试和实质性程序）"各实训任务的完成，系列技能操作的实施，各项目实训报告编制的准备、撰写、讨论与交流等有质量、有效率的活动，结合被审计单位的具体情况选择恰当的审计程序和有效的审计方法，强化解决问题的职业核心能力，并通过职业态度等行为规范，促进其健全职业综合素质的培养。

引例　财务报表层次重大错报风险

背景与情境： 大卫股份有限公司是 1994 年 4 月由 D 投资公司、E 电器集团和 J 公司共同发起设立的，主营制冷家电的生产和销售。2009 年 2 月 16 日至 3 月 5 日，康恩会计师事务所派出以郑晓为项目组长以王伟、方怡、刘欣为组员的审计组对大卫股份有限公司 2008 年度会计报表进行了审计。

审计人员郑晓在审计工作底稿中记录了所了解的大卫股份有限公司的情况及环境，部分内容摘录如下：

（1）大卫股份有限公司于 2008 年年初完成了部分主要产品的更新换代。据悉，利用现有主要产品（A 产品）生产线生产的换代产品（B 产品）的市场销售状况良好，而且两种产品使用的原材料基本相同，于是该公司从 2008 年 2 月份起大幅度降低了 A 产品生产份额。另外，原材料平均价格相比上年涨幅约为 2%。由于 B 产品的功能齐全且设计新颖，其平均售价比 A 产品高 10%。财务报表数据显示：2007 年 A 产品的销售毛利率为 4.56%，2008 年 B 产品的销售毛利率为 14.97%。截至 2008 年年末，A 产品仍有库存 1 800 件且未计提存货跌价准备。

（2）经董事会批准，大卫股份有限公司于 2008 年 12 月 1 日与龙发公司达成协议，以 1 800 万元受让龙发公司 20% 的股权，并付讫股权受让款。2009 年 1 月 23 日，大卫股份有限公司向龙发公司派出一名董事（龙发公司共有 5 名董事）参与其生产经营决策。资产负债表显示：长期股权投资——龙发公司账户下新增投资 1 800 万元，按权益法调整数增加 20 万元。

（3）大卫股份有限公司生产过程中产生的噪音和排放的废水对周边环境造成了一定程度污染。周边居民要求补偿，但考虑到现行法律并没有相关规定，此前大卫股份有限公司并未作出回应。为改善与周边居民的关系，该公司董事会于 2008 年 12 月 25 日决定对周边居民给予总额为 100 万元人民币的一次性补偿，并制定了具体的补偿方案。2009 年 1 月 15 日，该公司向周边居民公布了上述补偿决定和具体补偿方案，并在 2008 年将这笔款项计入了预计负债。

根据公司提供的财务报表数据和审计工作底稿记录情况，审计人员可以分析出该公司存在财务报表层次重大错报风险。根据摘录（1）中给出的数据不难看出，在 B 产品和 A 产品原材料构成相同，且材料价格上涨 2% 的前提下，B 产品销售价格比 A 产品提高了 10%，B 产品的毛利率高于 A 产品的毛利率最多为 10%，而报表给出的数据为 10.41%，即存在高估收入或低估成本的重大错报风险。从存货项目中可以看出，A 产品已经被 B 产品替代，大卫股份有限公司已经停止 A 产品生产，2008 年年末还有库存，此时 A 产品显然已经跌价，但该公司未计提存货跌价准备，存在存货计价的重大错报风险。针对摘录（2）所述内容和长期股权投资账户下显示的数据，可以看出大卫股份有限公司在 2008 年度是否对龙发公司具有重大影响存在疑问，因此该公司可能存在因提前采用权益法核算而多计长期股权投资账面价值的风险。从摘录（3）中得知，该公司在 2009 年 1 月对相关污染补偿承担了支付义务，但公司却在 2008 年预计负债项目下核算，因此 2008 年年末可能存在多计预计负债的风险。

问题： 根据以上内容，判断审计小组对大卫股份有限公司实施了哪些进一步审计程序？

在了解公司提供的财务报表数据和审计工作底稿记录情况后，审计小组作出了该公司存在财务报表层次重大错报风险的判断，据此展开了进一步的审计工作。从中可以看出，注册会计师在实施审计时针对评估的重大错报风险，设计和实施了控制测试和实质性程序，以达到提高审计效率和效果的目的。

7.1　总体应对措施

注册会计师在审计过程中要贯彻风险导向审计的理念，围绕重大错报风险的识别、评估和应对，计划和实施审计工作。通过实施风险评估程序，识别和评估财务报表层次以及各类交易、账户余额、列报认定层次的重大错报风险，针对已评估的报表层次重大错报风险确定总体应对措施，针对评估的认定层次重大错报风险设计和实施进一步审计程序，以便将审计风险降低到可以接受的低水平。确定总体应对措施和进一步审计程序的具体业务流程如图 7-1 和图 7-2 所示。

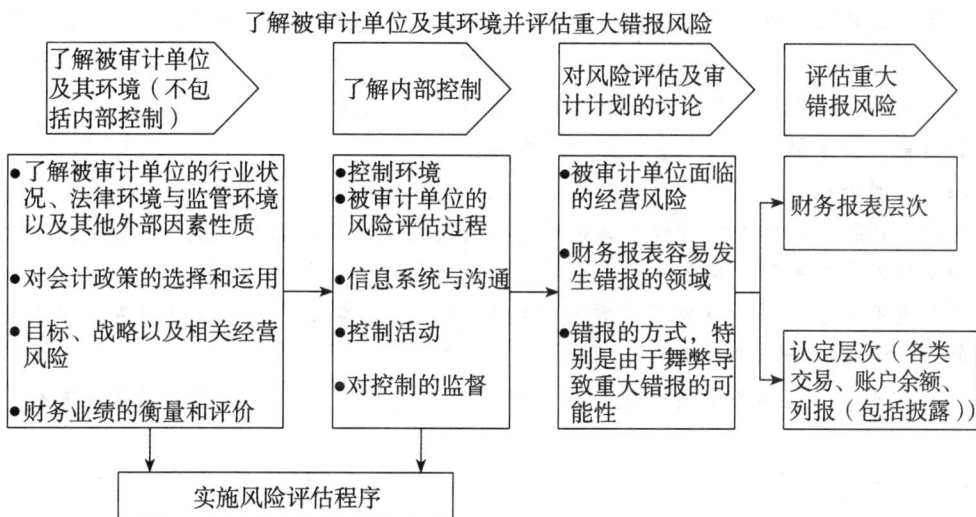

图 7-1　总体应对措施

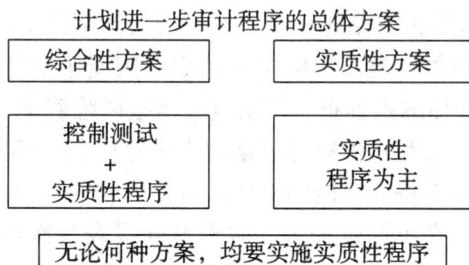

图 7-2　进一步审计程序总体方案

同步思考 7-1

结合审计风险模型，如何理解"了解被审计单位及其环境并评估重大错报风险"与"针对评估的重大错报风险实施的程序"之间的关系？

理解要点：首先，审计风险是指财务报表存在重大错报而注册会计师发表不恰当审计意见的可能性。它取决于重大错报风险和检查风险，它们之间的关系是：审计风险＝重大错报风险×检查风险。重大错报风险是指财务报表在审计前存在重大错报的可能性。在设计审计程序以确定财务报表整体是否存在重大错报时，注册会计师应当从财务报表层次和各类交易、账户余额、列报（包括披露，下同）认定层次考虑重大错报。在既定的审计风险水平下，可接受的检查风险水平与认定层次重大错报风险的评估结果成反向关系。注册会计师应当通过计划和实施审计工作，获取充分、适当的审计证据，将审计风险降到可接受的低水平。在审计风险模型中，重大错报风险是企业的风险，不受注册会计师的控制。注册会计师只能实施风险评估程序正确评估重大错报风险，并根据评估的两个层次的重大错报风险分别采取措施以应对。

其次，"了解被审计单位及其环境并评估重大错报风险"是要求注册会计师在执行财务报表审计业务过程中了解被审计单位及其环境，并识别和评估财务报表重大错报风险。

最后，"针对评估的重大错报风险实施的程序"是要求注册会计师针对财务报表层次的重大错报风险确定总体应对措施，并针对认定层次的重大错报风险设计和实施进一步审计程序，而进一步审计程序的性质、时间和范围则根据评估的风险来确定。也就是说，后者是在前者的基础上规范了针对评估的重大错报风险实施的程序。

针对重大错报风险，注册会计师应当做到：

（1）注册会计师应当针对财务报表层次重大错报风险采取总体应对措施，包括向审计项目组强调在获取审计证据过程中保持职业怀疑态度的必要性、分派更有经验或具有特殊技能的审计人员或利用专家工作、向审计项目组提供更多督导等。

（2）注册会计师针对认定层次重大错报风险设计和实施进一步审计程序，包括测试控制的运行的有效性和实施执行程序。

（3）注册会计师应当评价风险评估的结果是否适当，并确定是否已经获取充分、适当的审计证据。

（4）注册会计师应当将实施关键的程序，形成审计工作记录。

7.1.1 财务报表层次重大错报风险与总体应对措施

在财务报表重大错报风险的评估过程中，经注册会计师确定、识别的重大错报风险如果是与财务报表整体广泛相关，进而影响多项认定，则属于财务报表层次的重大错报风险。注册会计师应当针对评估的财务报表层次重大错报风险确定下列总体应对措施：

（1）向项目组强调在收集和评价审计证据过程中保持职业怀疑态度的必要性。

（2）分派更有经验或具有特殊技能的审计人员，或利用专家的工作。

（3）提供更多的督导。在审计过程中，对于财务报表层次重大错报风险较高的审计项目，项目组的高级别成员（如项目负责人、项目经理等经验较丰富的人员）要对其他成员提供更详细、更经常、更及时的指导和监督并加强项目质量复核。

（4）在选择进一步审计程序时，应当注意使某些程序不被管理层预见或事先了解。

（5）对拟实施审计程序的性质、时间和范围作出总体修改。

同步思考7-2

某注册会计师在对 E 公司 2009 年度会计报表进行审计时，了解到其控制环境存在缺陷，于是该注册会计师打算针对评估的财务报表层次重大错报风险确定总体应对措施。

问题：（1）这种控制环境与财务报表层次重大错报风险有什么关系？

（2）这种控制环境对审计证据的收集有何影响？

理解要点：（1）财务报表层次的重大错报风险很可能源于薄弱的控制环境。薄弱的控制环境带来的风险可能对财务报表产生广泛影响，难以限于某类交易、账户余额、列报，注册会计师应当采取总体应对措施。注册会计师对控制环境的了解影响其对财务报表层次重大错报风险的评估。有效的控制环境可以使注册会计师增强对内部控制和被审计单位产生的证据的信赖程度。

（2）由于控制环境存在缺陷，注册会计师在对拟实施审计程序的性质、时间和范围作出总体修改时应当考虑：①在期末并非期中实施更多的审计程序。因为控制环境的缺陷通常会削弱期中获得的审计证据的可信赖程度。②主要依赖实质性程序获取审计证据。良好的控制环境是其他控制要素发挥作用的基础。控制环境存在缺陷通常会削弱其他控制要素的作用，导致注册会计师可能无法信赖内部控制，而主要依赖实施实质性程序获取审计证据。③修改审计程序的性质，获取更具说服力的审计证据。修改审计程序的性质主要是指调整拟实施审计程序的类别及组合，比如原先可能主要限于检查某项资产的账面记录或相关文件，而调整审计程序的性质后可能意味着更加重视实地检查该项资产。④扩大审计程序的范围。例如，扩大样本规模或采用更详细的数据实施分析程序。

7.1.2 增强审计程序不可预见性的方法

在选择拟实施的进一步审计程序时融入更多的不可预见的因素。被审计单位人员，尤其是管理层，如果熟悉注册会计师的审计套路，便可能采取种种规避手段，掩盖财务报告中的舞弊行为。因此，在设计拟实施审计程序的性质、时间安排和范围时，为了避免既定思维对审计方案的限制，避免对审计效果的人为干涉，从而使得针对重大错报风险的进一步审计程序更加有效，注册会计师要考虑的是某些程序不被审计单位管理层预见或事先了解。

业务链接7-1

增强审计程序的不可预见性

增强审计程序的不可预见性是确保审计工作质量必不可少的环节，注册会计师实施审计时，可以根据具体情况采用一些特殊方法，使被审计单位管理层和治理层对审计程序"摸不着头脑"，从而无法实施"反审计对策"，让被审计单位真实的一面展现在审计人员面前。具体的方法是：（1）对某些以前未测试的低于设定的重要性水平或风险较小的账户余额和认定实施实质性程序。（2）调整实施审计程序的时间，使其超出被审计单位的预期。（3）采取不同的审计抽样方法，使当年抽取的测试样本与以前有所不同。（4）选取不同的地点实施审计程序，或预先不告知被审计单位所选定的测试地点。

7.1.3 总体应对措施对拟实施进一步审计程序的总体方案的影响

财务报表层次重大错报风险难以限于某类交易、账户余额、列报的特点，意味着此类风险可能对财务报表的多项认定产生广泛影响，并相应增加注册会计师对认定层次重大错报风险的评估难度。因此，注册会计师评估的财务报表层次重大错报风险以及采取的总体应对措施，对拟实施进一步审计程序的总体方案具有重大影响。

拟实施进一步审计程序的总体方案包括实质性方案和综合性方案。其中，实质性方案是指注册会计师实施的进一步审计程序以实质性程序为主；综合性方案是指注册会计师在实施进一步审计程序时，将控制测试与实质性程序结合使用。当评估的财务报表层次重大错报风险属于高风险水平（并相应采取更强调审计程序不可预见性、重视调整审计程序的性质、时间和范围等总体应对措施）时，拟实施进一步审计程序的总体方案往往更倾向于实质性方案。

同步思考7-3

注册会计师认为某被审计公司的控制环境存在严重缺陷，在对拟实施审计程序的性质、时间和范围作出总体修改时，下列做法中不恰当的是(　　　　)。

A. 主要依赖实质性程序获取审计证据

B. 增加实质性程序的样本量

C. 主要依赖控制测试程序获取审计证据

D. 在期中实施更多的审计程序

答案： CD

理解要点： 当评估的财务报表层次重大错报属于高风险水平时，所实施进一步审计程序的总体方案应更倾向于实质性方案而非控制测试。

7.2　进一步审计程序

注册会计师应当针对评估的认定层次重大错报风险设计和实施进一步审计程序，包括审计程序的性质、时间和范围。

7.2.1　进一步审计程序的要求

进一步审计程序相对风险评估程序而言，是指注册会计师针对评估的各类交易、账户余额、列报（包括披露）认定层次重大错报风险实施的审计程序，包括控制测试和实质性程序。注册会计师设计和实施的进一步审计程序的性质、时间和范围，应当与评估的认定层次重大错报风险具有明确的对应关系。这些条款的实质是要求注册会计师实施的审计程序具有目的性和针对性，有的放矢地配置审计资源，提高审计效率和效果。

需要说明的是，尽管在应对评估的认定层次重大错报风险时，拟实施的进一步审计程序的性质、时间和范围都应当具有针对性，但其中进一步审计程序的性质是最重要的。例如，注册会计师评估的重大错报风险越高，实施进一步审计程序的范围通常越大，但是只有首先确保进一步审计程序的性质与特定风险相关时，扩大审计程序的范围才是有效的。

根据独立审计准则相关规定，在设计进一步审计程序时，注册会计师应当考虑以下因素：

（1）风险的重要性。风险的重要性是风险造成后果的严重程度。风险的后果越严重，越需要注册会计师的关注和重视，越需要精心设计有针对性的进一步审计程序。

（2）重大错报发生的可能性。重大错报发生的可能性越大，越需要注册会计师精心设计进一步审计程序。

（3）涉及的各类交易、账户余额和列报的特征。不同的交易、账户余额和列报，产生的认定层次的重大错报风险会存在差异，适用的审计程序也有差别，需要注册会计师区别对待，并设计有针对性的进一步审计程序予以应对。

（4）被审计单位采用的特定控制的性质。不同性质的控制（人工控制或自动化控制）对注册会计师设计进一步的审计程序具有重要影响。

（5）注册会计师是否拟获取审计证据，以确定内部控制在防止或发现并纠正重大错报方面的有效性。如果注册会计师拟在风险评估时预期内部控制运行有效，随后拟实施的进一步审计程序必须包括控制测试，且实质性程序自然会受到之前控制测试结果的影响。

综合以上几方面因素，注册会计师对认定层次重大错报风险的评估为确定进一步审计程序的总体方案奠定了基础。因此，注册会计师应当根据对认定层次重大错报风险的评估结果，恰当选用实质性方案或综合性方案。在通常情况下，注册会计师出于成本效益的考虑可以采用综合性方案（将测试控制运行的有效性与实质性程序结合使用）设计进一步审计程序。但在某些情况下（如仅通过实质性程序无法应对的重大错报风险），注册会计师必须通过实施控制测试，才可能有效应对评估出的某一认定的重大错报风险；而在另一些情况下（如注册会计师的风险评估程序未能识别出与认定相关的任何控制，或注册会计师认为控制测试很可能不符合成本效益原则），注册会计师可能认为仅实施实质性程序就是适当的。

小型被审计单位可能不存在能够被注册会计师识别的控制活动，注册会计师实施的进一步审计程序可能主要是实质性程序。当然，这并不意味着小型被审计单位不存在任何有效的内部控制，也不意味着注册会计师可以简单地假设小型被审计单位不存在有效的内部控制。但是，注册会计师始终应当意识到在缺乏控制的情况下，仅通过实施实质性程序是否能够获取充分、适当的审计证据。

还需要特别说明的是，注册会计师对重大错报风险的评估毕竟是一种主观判断，可能无法充分识别所有的重大错报风险，同时内部控制存在固有局限性（特别是存在管理层凌驾于内部控制之上的可能性），因此，无论选择何种方案，注册会计师都应当对所有重大的各类交易、账户余额、列报设计和实施实质性程序。

同步案例7-1

针对评估的认定层次的重大错报风险实施进一步审计程序

背景与情境： 华艺公司是一家生产和销售高端清洁用品的外商独资企业，其产品主要用于星级宾馆和大型饭店。除了在北京、广州直接向终端客户销售外，公司产品在全国其他地区均向省级或市级经销商销售。

公司提供的财务报表显示：2007年度销售收入为112 655 269元，比上一年增长21%（董事会制定的当年预算目标是增长20%）。2007年12月31日应收账款余额为39 560 810元，组成情况如下：共226家客户，其中9家客户（均为省级经销商）的余额在100万元以上，占应收账款总额的38%，其余客户的余额均小于30万元。此外，余额为10万元以上且账龄超过一年的应收账款有15家。

2007年12月31日坏账准备余额为1 879 830元。公司采用账龄分析法和个别认定法相结合的方式计提坏账准备，其中账龄分析法为：账龄六个月以上一年以下为10%；一年以上两年以下为 50%；两年以上为 100%。该公司 2006 年度的税前利润为 8 475 623 元，总体重要性水平为 423 781 元（税前利润的 5%）。具体数据可见表 7-1。

表 7-1　　　　　　　　　　　　　　　　公司部分财务数据　　　　　　　　　　　　　　单位：元

	2007 年	2006 年
应收账款	39 560 810	27 765 338
坏账准备	（1 879 830）	（1 707 400）
销售收入	112 655 269	93 103 520
应收账款周转天数	108 天	92 天

问题： 请对被审计单位的销售业务流程进行风险评估并考虑是否需要实施进一步审计程序。若需要实施进一步审计程序，请说明设计方案。

分析提示： 由于销售业务的重要性及其固有风险，注册会计师认为销售收入和应收账款层次的"发生或存在"和"准确性"认定存在重大错报风险。被审计单位在 2007 年以放宽授信额度来增加销售收入，导致货款回收速度放缓，应收账款余额大幅上升，但坏账准备余额与去年基本持平。注册会计师认为应收账款的计价认定存在特别风险，即年末坏账准备的计提很可能不够，应当进行进一步审计。

基于以前年度对该公司的了解，以及本年度对该公司环境、经营状况、内部控制等的了解和评估，注册会计师决定对应收账款采用综合性审计方案。该公司在各主要业务流程及财务报告编制中采用了计算机信息系统，注册会计师在本年度审计中测试了信息系统一般控制并认为其一般控制是有效的。注册会计师可以对销售收入、应收账款余额和坏账准备余额实施以下的进一步审计程序：（1）控制测试；（2）评估针对特别风险的控制；（3）实质性程序。

7.2.2　进一步审计程序的性质

进一步审计程序的性质是指进一步审计程序的目的和类型。其中，进一步审计程序的目的包括通过实施控制测试以确定内部控制运行的有效性，通过实施实质性程序以发现认定层次的重大错报；进一步审计程序的类型包括检查、观察、询问、函证、重新计算、重新执行和分析程序。我们可以通过图 7-3 更加清晰地展示进一步审计程序的性质。不同的审计程序应对特定错报风险的效力不同，所以，在应对评估的风险时，合理确定审计程序的性质是非常重要的。

在确定进一步审计程序的性质时，注册会计师首先需要考虑的是认定层次重大错报风险的评估结果。因此，注册会计师应当根据认定层次重大错报风险的评估结果选择审计程序。评估的认定层次重大错报风险越高，对通过实质性程序获取的审计证据的相关性和可靠性的要求越高，从而可能影响进一步审计程序的类型及其综合运用。例如，当注册会计师判断某类交易协议的完整性存在重大错报风险时，除了检查文件以外，注册会计师还可能决定向第三方询问或函证协议条款的完整性。

除了从总体上把握认定层次重大错报风险的评估结果对选择进一步审计程序的影响外，在确定拟实施的审计程序时，注册会计师接下来应当考虑评估的认定层次重大错报风险产生的原因，包括考虑各类交易、账户余额、列报的具体特征以及内部控制。需要说明

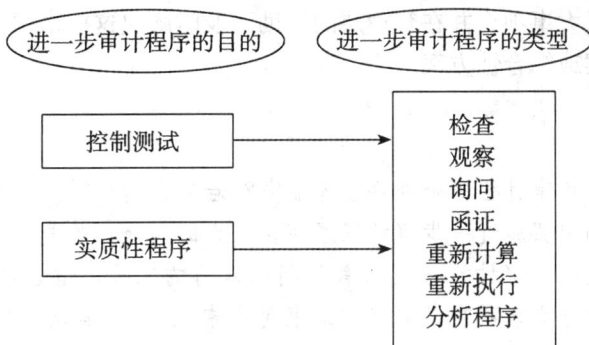

图 7-3　进一步审计程序的性质

的是，如果在实施进一步审计程序时拟利用被审计单位信息系统生成的信息，注册会计师应当就信息的准确性和完整性获取审计证据。例如，注册会计师在执行实质性分析程序时，使用了被审计单位生成的非财务信息或预算数据。再如，注册会计师在对被审计单位的存货期末余额实施实质性程序时，拟利用被审计单位信息系统生成的各个存货存放地点及其余额清单。注册会计师应当获取关于这些信息的准确性和完整性的审计证据。

7.2.3　进一步审计程序的时间

进一步审计程序的时间有如下含义：注册会计师何时实施进一步审计程序；审计证据适用的期间或时点；在某些情况下指的是审计程序的实施时间；在另一些情况下是指需要获取的审计证据适用的期间或时点。

进一步审计程序的时间的选择问题有两个层面，即何时实施进一步审计程序和选择获取什么期间或时点的审计证据的问题。这两个层面的最终落脚点都是如何确保获取审计证据的效率和效果。表 7-2 为进一步审计程序时间选择情况列表。

表 7-2　　　　　　　　　　　进一步审计程序时间选择情况表

重大错报风险	性质	时间	范围
高	实质性程序	（1）期末或接近期末； （2）采用不通知的方式； （3）在管理层不能预见时间	较大样本、较多证据
中	实质性方案或综合性方案	期中	适中样本、适量证据： （1）获取这些控制在剩余期间变化情况的审计证据； （2）确定针对剩余期间还需获取的补充审计证据
低	综合性方案	期中或期末	较小样本、较少证据、针对剩余期间获取证据

虽然期末实施的审计程序在很多情况下非常必要，但仍然不排除注册会计师在期中实施审计程序可能发挥的积极作用。在期中实施进一步审计程序，可能有助于注册会计师在

审计工作初期识别重大事项，并在管理层的协助下及时解决这些事项；或针对这些事项制定有效的实质性方案或综合性方案。

同步思考7-4

在期中实施进一步审计程序是否存在弊端呢？若有，请列举。

理解要点： 在期中实施进一步审计程序存在很大的局限。首先，注册会计师往往难以仅凭在期中实施的进一步审计程序获取有关期中以前的充分、适当的审计证据（比如某些期中以前发生的交易或事项在期中审计结束时尚未完结）；其次，即使注册会计师在期中实施的进一步审计程序能够获取有关期中以前的充分、适当的审计证据，但从期中到期末这段剩余期间还往往发生重大的交易或事项（包括期中以前发生的交易、事项的延续，以及期中以后发生的新的交易、事项），从而对所审计期间的财务报表认定产生重大影响；最后，被审计单位管理层也完全有可能在注册会计师于期中实施了进一步审计程序之后对期中以前的相关会计记录作出调整甚至篡改，注册会计师在期中实施了进一步审计程序所获取的审计证据已经发生了变化。所以，如果在期中实施了进一步审计程序，注册会计师还应当针对剩余期间获取审计证据。

注册会计师在确定何时实施审计程序时应当考虑以下几项重要因素：

（1）控制环境。良好的控制环境可以抵消在期中实施进一步审计程序的局限性，使注册会计师在确定实施进一步审计程序的时间时有更大的灵活度。

（2）何时能得到相关信息。例如，某些控制活动可能仅在期中（或期中以前）发生，而之后可能难以再被观察到；某些电子化的交易和账户文档如未能及时取得，可能被覆盖。在这些情况下，注册会计师如果希望获取相关信息，则需要考虑能够获取相关信息的时间。

（3）错报风险的性质。例如，被审计单位可能为了保证盈利目标的实现，而在会计期末以后伪造销售合同以虚增收入，此时注册会计师需要考虑在期末（即资产负债表日）这个特定时点获取被审计单位截至期末所能提供的所有销售合同及相关资料，以防范被审计单位在资产负债表日后伪造销售合同虚增收入的做法。

（4）审计证据适用的期间或时点。注册会计师应当根据需要获取的特定审计证据确定何时实施进一步审计程序。例如，为了获取资产负债表日的存货余额证据，显然不宜在与资产负债表日间隔过长的期中时点或期末以后时点实施存货监盘等相关审计程序。

需要说明的是，虽然注册会计师在很多情况下可以根据具体情况选择实施进一步审计程序的时间，但也存在着一些限制选择的情况。如某些审计程序只能在期末或期末以后实施，包括将财务报表与会计记录相核对，检查财务报表编制过程中所作的会计调整等。如果被审计单位在期末或接近期末发生了重大交易，或重大交易在期末尚未完成，注册会计师应当考虑交易的发生或截止等认定可能存在的重大错报风险，并在期末或期末以后检查此类交易。

7.2.4 进一步审计程序的范围

进一步审计程序的范围是指实施进一步审计程序的数量，包括抽取的样本量，对某项控制活动的观察次数等。

在确定审计程序的范围时，注册会计师应当考虑下列因素：

（1）确定的重要性水平。确定的重要性水平越低，注册会计师实施进一步审计程序的范围越广。

（2）评估的重大错报风险。评估的重大错报风险越高，对拟获取审计证据的相关性、可靠性的要求越高，因此注册会计师实施的进一步审计程序的范围也越广。

（3）计划获取的保证程度。计划获取的保证程度，是指注册会计师计划通过所实施的审计程序对测试结果可靠性所获取的信心。计划获取的保证程度越高，对测试结果可靠性要求越高。计划获取的保证程度越高，注册会计师实施的进一步审计程序的范围越广。

鉴于进一步审计程序的范围往往是通过一定的抽样方法加以确定的，因此，注册会计师需要慎重考虑抽样过程对审计程序范围的影响是否能够有效实现审计目的。注册会计师使用恰当的抽样方法通常可以得出有效结论。但如果存在下列情形，注册会计师依据样本得出的结论可能与对总体实施同样的审计程序得出的结论不同，出现不可接受的风险：①从总体中选择的样本量过小；②选择的抽样方法对实现特定目标不适当；③未对发现的例外事项进行恰当的追查。

此外，注册会计师在综合运用不同审计程序时，除了面临各类审计程序的性质选择问题，还面临如何权衡各类程序的范围问题。因此，注册会计师在综合运用不同审计程序时，不仅应当考虑各类审计程序的性质，还应当考虑测试的范围是否适当。

同步思考7-5

注册会计师在确定审计程序的范围时，下列说法正确的是（　　）。

A. 确定的重要性水平越低，注册会计师实施进一步审计程序的范围越广

B. 可容忍错报与样本规模是正向变动关系

C. 计划获取的保证程度越高，注册会计师实施的进一步审计程序的范围越广

D. 评估的重大错报风险越高，注册会计师实施的进一步审计程序的范围也越广

【答案】ACD

【理解要点】可容忍错报与样本规模是反向变动关系。

同步思考7-6

存在下列（　　）情形，注册会计师依据样本得出的结论可能与对总体实施同样的审计程序得出的结论不同，出现不可接受的风险。

A. 从总体中选择的样本量过小

B. 选择的抽样方法对实现特定目标不适当

C. 未对发现的例外事项进行恰当的追查

D. 从总体中选择的样本量过多

【答案】ABC

【理解要点】从总体中选择的样本量过多，不会出现不可接受的风险。

7.3 控制测试

7.3.1 控制测试的内涵和要求

控制测试是指测试控制运行的有效性，这一概念需要与"了解内部控制"进行区分。"了解内部控制"包含两层含义：一是评价控制的设计；二是确定控制是否得到执行。因此，在概念上容易引起混淆的是"测试控制运行的有效性"与"确定控制是否得到执行"。下面通过列表来看一下两者的区别（见表7-3）。

表7-3   "了解内部控制"与"控制测试"的区别

区别	了解内部控制	控制测试
目的不同	①评价控制的设计（哪里来）②确定控制是否得到执行（用不用）	测试控制运行的有效性（好不好）
重点不同	控制得到执行	控制运行的有效性
过程不同	风险评估程序时	进一步审计时
证据质量（适当性）不同	①某项控制是否存在（有没有）②被审计单位正在使用（用不用）	从以下4个方面看，控制能够在各个不同时点按既定设计得以一贯执行（一贯性）：①控制在所审计期间的不同时点是如何运行的；②控制是否得到一贯执行；③控制由谁执行；④控制以何种方式运行（如人工控制或自动化控制）
证据数量（充分性）不同	①只需抽取少量的交易进行检查②观察某几个时点	①需要抽取足够数量的交易进行检查；②对多个不同时点进行观察
性质不同	①询问被审计单位的人员②观察特定控制的运用③检查文件和报告④穿行测试	①询问以获取与内部控制运行情况相关的信息；②观察以获取控制的运行情况；③检查以获取控制的运行情况；④穿行测试；⑤重新执行
要求不同	必要程序	必要时或决定测试时，作为进一步审计程序的类型之一

业务链接7-2

"了解内部控制"与"控制测试"的区别

某被审计单位针对销售收入和销售费用的业绩评价控制如下：财务经理每月审核实际销售收入（按产品细分）和销售费用（按费用项目细分），并与预算数和上年同期数比较，对于差异金额超过5%的项目进行分析并编制分析报告，销售经理审阅该报告并采取适当跟进措施（相关认定：发生、准确性和完整性）。注册会计师抽查了最近3个月的分析报告，并看到上述管理人员在报告上签字确认，证明该控制已经得到执行（这是了解内部控制）。然而，注册会计师在与销售经理的讨论中，发现他对分析报告中明显异常的数据并不了解其原因，也无法做出合理解释，从而显示该控制并未得到有效运行（这是控制测试）。

测试控制运行的有效性与确定控制是否得到执行所需获取的审计证据虽然存在差异，但两者也有联系。

（1）双重证据。为评价控制设计和确定控制是否得到执行而实施的某些风险评估程序并非专为控制测试（主要为了解内部控制）而设计，但可能提供有关控制运行有效性（控制测试）的审计证据。

（2）双重目的。注册会计师可以考虑在评价控制设计和获取其得到执行的审计证据的同时测试控制运行有效性，以提高审计效率；同时，注册会计师应当考虑这些审计证据是否足以实现控制测试的目的。

业务链接7-3

"测试控制运行的有效性"与"确定控制是否得到执行"的联系

被审计单位可能采用预算管理制度，以防止或发现并纠正与费用有关的重大错报风险。通过询问管理层是否编制预算，观察管理层对月度预算费用与实际发生费用的比较，并检查预算金额与实际金额之间的差异报告，注册会计师可能获取有关被审计单位费用预算管理制度的设计及其是否得到执行的审计证据（这是了解内部控制），同时也可能获取相关制度运行有效性的审计证据（这是控制测试）。当然，注册会计师需要考虑所实施的风险评估程序获取的审计证据（这是了解内部控制）是否能够充分、适当地反映被审计单位费用预算管理制度在各个不同时点按照既定设计得以一贯执行（这是控制测试）。

同步思考7-7

作为进一步审计程序的类型之一，控制测试是不是在任何情况下都需要实施？

理解要点：控制测试并非在任何情况下都要实施，只有存在下列情况之一时，注册会计师才考虑实施控制测试。（1）在评估认定层次重大错报风险时，预期控制的运行是有效的。如果在评估认定层次重大错报风险时预期控制的运行是有效的，注册会计师应当实施控制测试，就控制在相关期间或时点的运行有效性获取充分、适当的审计证据。（2）实施实质性程序不足以提供认定层次充分、适当的审计证据。如果认为仅实施实质性程序获取的审计证据无法将认定层次重大错报风险降至可接受的低水平，注册会计师应当实施相关的控制测试，以获取控制运行有效性的审计证据。

同步思考7-8

注册会计师通过实施风险评估程序，可能发现某项控制的设计是存在的，也是合理的，同时得到了执行。此时有必要对控制测试的有效性实施测试吗？

理解要点：在这种情况下，出于成本效益的考虑，注册会计师可能作出以下判断：如果相关控制在不同时点都得到了一贯执行，与该项控制有关的财务报表认定发生重大错报的可能性就不会很大，也就不需要实施很多的实质性程序。为此，注册会计可能会认为需要对相关控制在不同时点是否得到一贯执行进行测试，即实施控制测试。这种测试主要是出于成本效益的考虑，前提是注册会计师通过了解内部控制以后认为某项控制存在着被信赖和利用的可能。因此，只有认为控制设计合理、能够防止或发现和纠正认定层次的重大错报，注册会计师才有必要对控制测试的有效性实施测试。

同步思考7-9

在被审计单位的交易和报表采用高度自动化处理的情况下，注册会计师有必要对控制测试的有效性实施测试吗？

理解要点： 在被审计单位对日常交易或与财务报表相关的其他数据（包括信息的生成、记录、处理、报告）采用高度自动化处理的情况下，审计证据可能仅以电子形式存在，此时审计证据是否充分和适当通常取决于自动化信息系统相关控制的有效性。如果信息的生成、记录、处理和报告均通过电子形式进行而没有适当有效地控制，则生成不正确信息或信息被不恰当修改的可能性就会大大增加。在认为仅通过实施实质性程序不能获取充分、适当的审计证据的情况下，注册会计师必须实施控制测试，且这种测试已经不再是单纯出于成本效益的考虑，而是必须获取的一类审计证据。

7.3.2 控制测试的性质

1）控制测试的性质的含义

控制测试的性质是指控制测试所使用的审计程序的类型及其组合。计划从控制测试中获取的保证水平是决定控制测试性质的主要因素之一。注册会计师应当选择适当类型的审计程序以获取有关控制运行有效性的保证。计划的保证水平越高，对有关控制运行有效性的审计证据的可靠性要求越高。当拟实施的进一步审计程序主要以控制测试为主，尤其是仅实施实质性程序获取的审计证据无法将认定层次重大错报风险降至可接受的低水平时，注册会计师应当获取有关控制运行有效性的更高的保证水平。

虽然控制测试与了解内部控制的目的不同，但两者采用审计程序的类型通常相同，包括询问、观察、检查和穿行测试。此外，控制测试的程序还包括重新执行。

（1）询问。注册会计师可以向被审计单位适当员工询问，获取与内部控制运行情况相关的信息。例如，询问信息系统管理人员有无未经授权接触计算机硬件和软件的情况，向负责复核银行存款余额调节表的人员询问如何进行复核，包括复核的要点是什么，发现不符事项如何处理等。然而，仅仅通过询问不能为控制运行的有效性提供充分的证据，注册会计师通常需要印证被询问者的答复，如向其他人员询问和检查执行控制时所使用的报告、手册或其他文件等。因此，虽然询问是一种有用的手段，但它必须和其他测试手段结合使用才能发挥作用。在询问过程中，注册会计师应当保持职业怀疑态度。

（2）观察。观察是测试不留下书面记录的控制（如职责分离）的运行情况的有效方法。比如，观察存货盘点控制的执行情况。观察也可运用于实物控制，如查看仓库门是否锁好，空白支票是否妥善保管。通常情况下，注册会计师通过观察直接获取的证据比间接获取的证据更可靠。但是，注册会计师还要考虑其所观察到的控制当注册会计师不在场时可能未被执行的情况。

（3）检查。对运行情况留有书面证据的控制，检查非常适用。书面说明、复核时留下的记号，或其他记录在偏差报告中的标志都可以被当做控制运行情况的证据。例如，检查销售发票是否有复核人员签字，检查销售发票是否附有客户订购单和出库单等。

（4）重新执行。通常只有当询问、观察和检查程序结合在一起仍无法获得充分的证据时，注册会计师才考虑通过重新执行来证实控制是否有效运行。例如，为了合理保证计价认定的准确性，被审计单位的一项控制是由复核人员核对销售发票上的价格与统一价格单上的价格是否一致。但是，要检查复核人员有没有认真执行核对，仅仅检查复核人员是否在相关文件上签字是不够的，注册会计师还需要自己选取一部分销售发票进行核对，这就是重新执行程序。但是，如果需要进行大量的重新执行，注册会计师就要考虑通过实施控制测试以缩小实质性程序的范围是否有效率。

（5）穿行测试。除了上述四类控制测试常用的审计程序以外，实施穿行测试也是一种重要的审计程序。值得注意的是，穿行测试不是单独的一种程序，而是将多种程序按特定审计需要进行结合运用的方法。穿行测试是通过追踪交易在财务报告信息系统中的处理过程，来证实注册会计师对控制的了解、评价控制设计的有效性以及确定控制是否得到执行。可见，穿行测试更多地在了解内部控制时运用。但在执行穿行测试时，注册会计师可能获取部分控制运行有效性的审计证据。

需要说明的是：询问本身并不足以测试控制运行的有效性，注册会计师应当将询问与其他审计程序结合使用，以获取有关控制运行有效性的审计证据。观察提供的证据仅限于观察发生的时点，本身也不足以测试控制运行的有效性；将询问与检查或重新执行结合使用，通常能够比仅实施询问和观察获取更高的保证。例如，被审计单位针对处理收到的邮政汇款单设计和执行了相关的内部控制，注册会计师通过询问和观察程序往往不足以测试此类控制的运行有效性，还需要检查能够证明此类控制在所审计期间的其他时段有效运行的文件和凭证，以获取充分、适当的审计证据。

2）确定控制测试的性质时的要求

注册会计师应当根据特定控制的性质选择所需实施审计程序的类型。在实务中，某些控制可能存在反映控制运行有效性的文件记录，在这种情况下，注册会计师可以检查这些文件记录以获取控制运行有效的审计证据；某些控制可能不存在文件记录（如一项自动化的控制活动），或文件记录与能否证实控制运行有效性不相关，注册会计师应当考虑实施检查以外的其他审计程序（如询问和观察）或借助计算机辅助审计技术，以获取有关控制运行有效性的审计证据。

在设计控制测试时，注册会计师不仅应当考虑与认定直接相关的控制，还应当考虑这些控制所依赖的与认定间接相关的控制，以获取支持控制运行有效性的审计证据。在实际审计时，被审计单位可能针对超出信用额度的例外赊销交易设置报告和审核制度（与认定直接相关的控制）；在测试该项制度的运行有效性时，注册会计师不仅应当考虑审核的有效性，还应当考虑与例外赊销报告中信息准确性有关的控制（与认定间接相关的控制）是否有效运行。

控制测试的目的是评价控制是否有效运行；细节测试的目的是发现认定层次的重大错报。尽管两者目的不同，但注册会计师可以考虑针对同一交易同时实施控制测试和细节测试，以实现双重目的。例如，注册会计师通过检查某笔交易的发票可以确定其是否经过适当的授权，也可以获取关于该交易的金额、发生时间等细节证据。当然，如果拟实施双重目的测试，注册会计师应当仔细设计和评价测试程序。

如果通过实施实质性程序未发现某项认定存在错报，这本身并不能说明与该认定有关的控制是有效运行的；但如果通过实施实质性程序发现某项认定存在错报，注册会计师应当在评价相关控制的运行有效性时予以考虑。因此，注册会计师应当考虑实施实质性程序发现的错报对评价相关控制运行有效性的影响（如降低对相关控制的信赖程度、调整实质性程序的性质、扩大实质性程序的范围等）。如果实施实质性程序发现被审计单位没有识别出的重大错报，通常表明内部控制存在重大缺陷，注册会计师应当就这些缺陷与管理层和治理层进行沟通。

7.3.3　控制测试的时间

控制测试的时间包含两层含义：一是何时实施控制测试；二是测试所针对的控制适用的时点或期间。其基本原理是：如果测试特定时点的控制，注册会计师仅得到该时点控制运行有效性的审计证据；如果测试某一期间的控制，注册会计师可获取控制在该期间有效运行的审计证据。因此，注册会计师应当根据控制测试的目的确定控制测试的时间，并确定拟信赖的相关控制的时点或期间。

关于根据控制测试的目的确定控制测试的时间，如果仅需要测试控制在特定时点的运行有效性（如对被审计单位期末存货盘点进行控制测试），注册会计师只需要获取该时点的审计证据。如果需要获取控制在某一期间有效运行的审计证据，仅获取与时点相关的审计证据是不充分的，注册会计师应当辅以其他控制测试，包括测试被审计单位对控制的监督。换言之，关于控制在多个不同时点的运行有效性的审计证据的简单累加并不能构成控制在某期间的运行有效性的充分、适当的审计证据；而所谓的"其他控制测试"应当具备的功能是，能提供相关控制在所有相关时点都运行有效的审计证据；被审计单位对控制的监督起到的就是一种检验相关控制在所有相关时点是否都有效运行的作用，因此注册会计师测试这类活动能够强化控制在某期间运行有效性的审计证据效力。

1）期中审计证据的考虑

根据情况，注册会计师可能在期中实施进一步审计程序。对于控制测试，注册会计师在期中实施此类程序具有更积极的作用。但需要说明的是，即使注册会计师已获取有关控制在期中运行有效性的审计证据，仍然需要考虑如何能够将控制在期中运行有效性的审计证据合理延伸至期末，基本考虑是针对期中至期末这段剩余期间获取充分、适当的审计证据。因此，如果已获取有关控制在期中运行有效性的审计证据，并拟利用该证据，注册会计师应当实施下列审计程序：获取这些控制在剩余期间变化情况的审计证据；确定针对剩余期间还需获取的补充审计证据。

在上述两项审计程序中，第一项是针对期中已获取过审计证据的控制，考察这些控制在剩余期间的变化情况（包括是否发生了变化以及如何变化）。如果这些控制在剩余期间没有发生变化，注册会计师可能决定信赖期中获取的审计证据；如果这些控制在剩余期间发生了变化（如信息系统、业务流程或人事管理等方面发生变动），注册会计师需要了解并测试控制的变化对期中审计证据的影响。第二项是针对期中证据以外的、剩余期间的补充证据。

同步思考7-10

在执行针对剩余期间补充审计证据时，注册会计师需要考虑哪些因素？

理解要点：注册会计师应当考虑下列因素：

（1）评估的认定层次重大错报风险的重大程度。评估的重大错报风险对财务报表的影响越大，注册会计师需要获取的剩余期间的补充证据越多。

（2）在期中测试的特定控制。例如，对自动化运行的控制，注册会计师更可能测试信息系统一般控制的运行有效性，以获取控制在剩余期间运行有效性的审计证据。

（3）在期中对有关控制运行有效性获取的审计证据的程度。如果注册会计师在期中对有关控制运行有效性获取的审计证据比较充分，可以考虑适当减少需要获取的剩余期间的补充证据。

（4）剩余期间的长度。剩余期间越长，注册会计师需要获取的剩余期间的补充证据越多。

（5）在信赖控制的基础上拟减少进一步实质性程序的范围。注册会计师对相关控制的信赖程度越高，通常在信赖控制的基础上拟减少进一步实质性程序的范围就越大。在这种情况下，注册会计师需要获取的剩余期间的补充证据越多。

（6）控制环境。在注册会计师总体上拟信赖控制的前提下，控制环境越薄弱（或把握程度越低），需要获取的剩余期间的补充证据越多。

2）以前审计获取的审计证据的考虑

注册会计师考虑以前审计获取的有关控制运行有效性的审计证据的意义在于：首先，内部控制中的诸多要素对于被审计单位往往是相对稳定的（相对于具体的交易、账户余额和列报），因此注册会计师在本期审计时可以适当考虑利用以前审计获取的有关控制运行有效性的审计证据；其次，内部控制在不同期间可能发生重大变化，注册会计师在利用以前审计获取的有关控制运行有效性的审计证据时需要格外慎重，要充分考虑各种因素。

同步思考7-11

如何考虑以前审计获取的有关控制运行有效性的审计证据？

理解要点： 考虑以前审计获取的有关控制运行有效性的审计证据主要是考虑拟信赖的以前审计中的测试控制在本期是否发生变化。如果控制在本期发生变化，注册会计师应当考虑以前审计获取的有关控制运行有效性的审计证据是否与本期审计相关。如果注册会计师拟信赖的控制自上次测试后未发生变化，且不属于旨在减轻特别风险的控制，注册会计师应当运用职业判断确定是否在本期审计中测试其运行有效性，以及本次测试与上次测试的时间间隔，两次测试的时间间隔不得超过两年。

在确定利用以前审计获取的有关控制运行有效性的审计证据是否适当以及再次测试控制的时间间隔时，注册会计师需要考虑的因素或情况包括：

（1）内部控制其他要素的有效性，包括控制环境、对控制的监督以及被审计单位的风险评估过程。例如，当被审计单位控制环境薄弱或对控制的监督薄弱时，注册会计师应当缩短再次测试控制的时间间隔或完全不信赖以前审计获取的审计证据。

（2）控制特征（人工控制还是自动化控制）产生的风险。当相关控制中人工控制的成分较大时，考虑到人工控制一般稳定性较差，注册会计师可能决定在本期审计中继续测试该控制的运行有效性。

（3）信息技术一般控制的有效性。当信息技术一般控制薄弱时，注册会计师可能更少地依赖以前审计获取的审计证据。

（4）控制设计及其运行的有效性，包括在以前审计中测试控制运行有效性时发现的控制运行偏差的性质和程度。例如，当所审计期间发生了对控制运行产生重大影响的人事变动时，注册会计师可能决定在本期审计中不依赖以前审计获取的审计证据。

（5）由于环境发生变化而特定控制缺乏相应变化导致的风险。当环境的变化表明需要对控制作出相应的变动，但控制却没有作出相应变动时，注册会计师应当充分意识到控制不再有效，从而导致本期财务报表发生重大错报的可能性，此时不应再依赖以前审计获取的有关控制运行有效性的审计证据。

（6）重大错报的风险和对控制的拟信赖程度。如果重大错报风险较高或对控制的拟信赖程度较高，注册会计师应当缩短再次测试控制的时间间隔或完全不信赖以前审计获取的审计证据。

如果拟信赖以前审计获取的某些控制运行有效性的审计证据，注册会计师应当在每次审计时从中选取足够数量的控制，测试其运行有效性。另外，不应将所有拟信赖控制的测试集中于某一次审计，而在之后的两次审计中不进行任何测试。这一规定的考虑主要是为了尽量降低审计风险，毕竟注册会计师可能难以充分识别以前审计中测试过的控制在本期是否发生变化。此外，在每一次审计中选取足够数量的部分控制进行测试，除了能够提供这些以前审计中测试过的控制在当期运行有效性的审计证据外，还可提供控制环境持续有效性的旁证，从而有助于注册会计师判断其信赖以前审计获取的审计证据是否恰当。

如果注册会计师拟信赖针对特别风险的控制，那么所有关于该控制运行有效性的审计证据必须来自当年的控制测试。相应地，注册会计师应当在每次审计中都测试这类控制。图7-4概括了注册会计师是否需要在本期测试某项控制的决策过程。

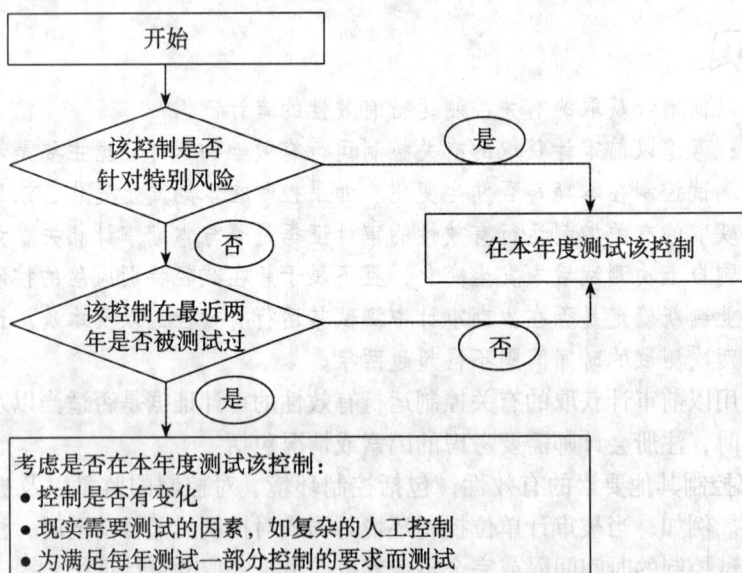

图7-4 本审计期间测试某项控制的决策图

7.3.4 控制测试的范围

控制测试的范围是指某项控制活动的测试次数。注册会计师应当设计控制测试，以获取控制在整个拟信赖的期间有效运行的充分、适当的审计证据。

1）确定控制测试范围的一般考虑因素

注册会计师在确定某项控制的测试范围时通常考虑下列因素：

（1）在整个拟信赖的期间，被审计单位执行控制的频率。控制执行的频率越高，控制测试的范围越大。

（2）在所审计期间，注册会计师拟信赖控制运行有效性的时间长度。拟信赖控制运行有效性的时间长度不同，在该时间长度内发生的控制活动次数也不同。注册会计师需要根据拟信赖控制的时间长度确定控制测试的范围。拟信赖期间越长，控制测试的范围越大。

（3）为证实控制能够防止或发现并纠正认定层次重大错报，所需获取审计证据的相关性和可靠性。对审计证据的相关性和可靠性要求越高，控制测试的范围越大。

（4）通过测试与认定相关的其他控制获取的审计证据的范围。针对同一认定，可能存在不同的控制。当针对其他控制获取审计证据的充分性和适当性较高时，测试该控制的范围可适当缩小。

（5）在风险评估时拟信赖控制运行有效性的程度。注册会计师在风险评估时对控制运行有效性的拟信赖程度越高，需要实施控制测试的范围越大。

（6）控制的预期偏差。预期偏差可以用控制未得到执行的预期次数占控制应当得到执行次数的比率加以衡量（也可称作预期偏差率）。考虑该因素，是因为在考虑测试结果是否可以得出控制运行有效性的结论时，不可能只要出现任何控制执行偏差就认定控制运行无效，所以需要确定一个合理水平的预期偏差率。控制的预期偏差率越高，需要实施控制测试的范围越大。如果控制的预期偏差率过高，注册会计师应当考虑控制可能不足以将认定层次的重大错报风险降至可接受的低水平，从而针对某一认定实施的控制测试可能是无效的。

2）对自动化控制的测试范围的特别考虑

除非系统（包括系统使用的表格、文档或其他永久性数据）发生变动，注册会计师通常不需要增加自动化控制的测试范围。

信息技术处理具有内在一贯性，除非系统发生变动，一项自动化应用控制应当一贯运行。对于一项自动化应用控制，一旦确定被审计单位正在执行该控制，注册会计师通常无需扩大控制测试的范围，但需要考虑执行下列测试以确定该控制是否持续有效运行：①测试与该应用控制有关的一般控制的运行有效性；②确定系统是否发生更改，如果发生更改，是否存在适当的系统更改控制；③确定对交易的处理是否使用授权批准的软件版本。例如，注册会计师可以检查信息系统安全控制记录，以确定是否存在未经授权的接触系统硬件和软件，以及系统是否发生变动。

7.4　实质性程序

7.4.1　实质性程序的内涵和要求

实质性程序是指注册会计师针对评估的重大错报风险实施的直接用以发现认定层次重大错报的审计程序。因此，注册会计师应当针对评估的重大错报风险设计和实施实质性程序，以发现认定层次的重大错报。实质性程序包括对各类交易、账户余额、列报的细节测试以及实质性分析程序。

由于注册会计师对重大错报风险的评估是一种判断，可能无法充分识别所有的重大错报风险，并且由于内部控制存在固有局限性，无论评估的重大错报风险结果如何，注册会计师都应当针对所有重大的各类交易、账户余额、列报实施实质性程序。

注册会计师实施的实质性程序应当包括下列与财务报表编制完成阶段相关的审计程序：①将财务报表与其所依据的会计记录相核对；②检查财务报表编制过程中做出的重大会计分录和其他会计调整。注册会计师对会计分录和其他会计调整检查的性质和范围，取决于被审计单位财务报告过程的性质和复杂程度以及由此产生的重大错报风险。

如果认为评估的认定层次重大错报风险是特别风险，注册会计师应当专门针对该风险实施实质性程序。如果针对特别风险仅实施实质性程序，注册会计师应当使用细节测试，或将细节测试和实质性分析程序结合使用，以获取充分、适当的审计证据。此规定的出发点是，为应对特别风险需要获取具有高度相关性和可靠性的审计证据，仅实施实质性分析程序不足以获取有关特别风险的充分、适当的审计证据。

教学互动7-1

在介绍完实质性程序内涵以后，为让学生将前边讲过的控制测试、内部控制和实质性程序的关系有一个连续的认识，现组织学生自行总结并讨论下列问题：

初步问题：

内部控制、控制测试和实质性程序是否是三个可以平行实施的程序，三者是否可以相互取代，其关系是平行的还是递进的？

鼓励学生自行总结三种程序，根据总结情况大胆得出结论，并论述讨论其结果。

进一步问题：

在得出结论后，要求学生用图示法将三者之间的关系图画出来。

要求：同【教学互动1-1】的"要求"。

7.4.2 实质性程序的性质

实质性程序的性质是指实质性程序的类型及其组合。通常情况下，实质性程序的两种基本类型包括细节测试和实质性分析程序。细节测试是对各类交易、账户余额、列报的具体细节进行测试，目的在于直接识别财务报表认定是否存在错报。实质性分析程序从技术特征上仍然是分析程序，主要是通过研究数据之间的关系评价信息，只是将该技术方法用作实质性程序，即用以识别各类交易、账户余额、列报及相关认定是否存在错报。

由于细节测试与实质性分析程序的目的和技术手段存在一定差异，因此各自有不同的适用领域。注册会计师应当根据各类交易、账户余额、列报的性质选择实质性程序类型。细节测试适用于对各类交易、账户余额、列报认定的测试，尤其是对存在或发生、计价认定的测试；对在一段时期内存在可预期关系的大量交易，注册会计师可以考虑实施实质性分析程序。

对于细节测试，注册会计师应当针对评估的风险设计细节测试，获取充分、适当的审计证据，以达到认定层次所计划的保证水平（注册会计师认定层次所计划的保证水平如

图 7-5 所示）。也就是说，注册会计师需要根据不同的认定层次的重大错报风险设计有针对性的细节测试。例如，在针对存在或发生认定设计细节测试时，注册会计师应当选择包含在财务报表金额中的项目，并获取相关审计证据。

同步思考 7-12

注册会计师在设计实质性分析程序时应当考虑哪些因素？

理解要点：注册会计师在设计实质性分析程序时应当考虑：（1）对特定认定使用实质性分析程序的适当性；（2）对已记录的金额或比率作出预期时，所依据的内部或外部数据的可靠性；（3）作出预期的准确程度是否足以在计划的保证水平上识别重大错报；（4）已记录金额与预期值之间可接受的差异额。考虑到数据及分析的可靠性，当实施实质性分析程序时，如果使用被审计单位编制的信息，注册会计师应当考虑测试与信息编制相关的控制，以及这些信息是否在本期或前期经过审计。

职业道德探讨 7-1

银广夏财务报表舞弊案

背景与情境：广夏（银川）实业股份有限公司（简称银广夏）于 1994 年 6 月 17 日获准在深圳上市，曾被称为"中国第一家蓝筹股"。该公司旗下设有天津广夏、芜湖广夏、上海广夏、天然物产、贺兰山酿酒等子公司。正是这个一度被业界和广大股民看好的上市公司，却在上市四年后年度财务报表连续造假。1998—2001 年间，银广夏共计虚增利润 77 156 万元（其中，仅 1999 年就虚增 11 781 万元，2000 年虚增 56 704 万元）。从原材料购进到生产、销售、出口等环节，公司伪造了全部单据，包括销售合同、发票、银行票据、出口报关单和所得税免税文件等。然而，从事财务报表审计工作的中天勤会计师事务所注册会计师却对银广夏的巨额利润造假熟视无睹，并连续多年为其出具无保留意见。当社会上种种质疑指向中天勤会计师事务所时，该事务所有关负责人表示歉意，并解释说："根据自查的结果，没有发现有关注册会计师及审计人员在审计过程中存在与企业串通作弊等违背职业道德的行为，事务所与银广夏公司也不存在造假行为，我们也是银广夏造假行为的受害者。一直以来，有关银广夏的正面报道颇多，公司在有关萃取产品销售、发展和进一步投资的公告方面，给人们的印象是信息披露及时、全面。在这种情况下，很少有人对银广夏公司的财务报告产生怀疑，注册会计师无疑也受到同样的心理影响，在当时的情况下对公司的财务报告给予了肯定。"

问题：究竟是银广夏舞弊手段太"完美"，还是作为"经济警察"的注册会计师审计时实施的审计程序和方法有问题呢？

分析提示：任何财务报表舞弊手段都可以通过各种审计程序和方法追查出来，正所谓"法网恢恢，疏而不漏"。中天勤会计师事务所注册会计师之所以发表无保留审计意见，并非是审计程序不能查出重大错报，而是在审计过程中根本没有秉承职业谨慎性运用相关合理审计程序进行分析判断。例如，针对关键产品卵磷脂的投入和产出，应运用实质性分析程序分析出 2000 年的投入产出比较 1999 年大幅下降，注册会计师针对此现象既没有实地考察，又没有咨询专家，而是一味轻信银广夏管理层声称的"生产进入成熟期"。从事产品生产，其生产车间中发生的水电和生产产品的产量必然有直接关系，如此明显的问题，注册会计师却未能识别出 2000 年水电能耗比发生异常。2000 年水电费支出 70 多万元，1999 年在生产量很大的情况下，水电费没有增加反而降至 20 多万元，而且该企业主要的生产动力就是电能。类似这样的项目还有很多，如果注册会计师在审计时多增加一些关注度，更改一下审计程序，对这些数据实施一下实质性分析程序，那么舞弊现象很容易从这些比值变化中被发现。不是造假者技术太高明，而是注册会计师没有坚持谨慎性，对相关信息缺乏专业关注度，没有严格履行审计职责。

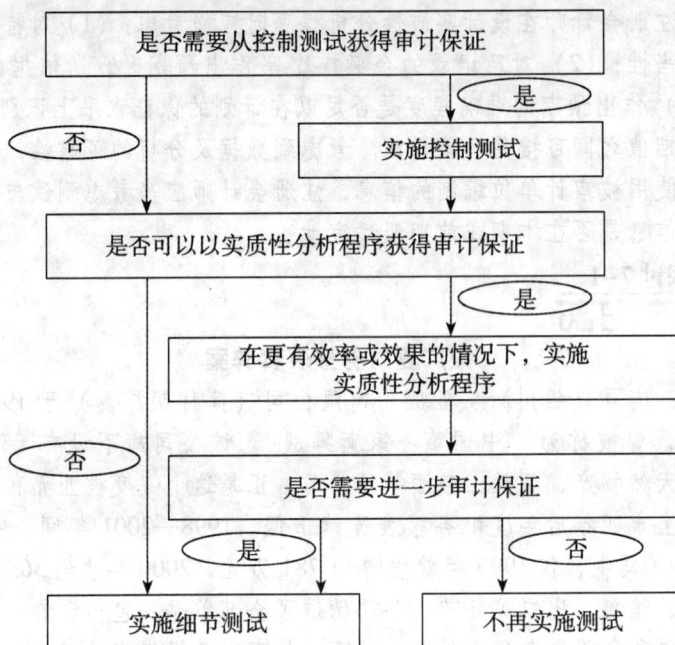

图 7-5 认定层次所计划的保证水平

7.4.3 实质性程序的时间

同步思考7-13

比较一下实质性程序的时间选择与控制测试的时间选择两者之间存在什么样的关系？

理解要点：实质性程序的时间选择与控制测试的时间选择既有共同点又存在差异，两者的对比见表 7-4。

表 7-4　　　　　　　**实质性程序的时间选择与控制测试的时间选择**

时间	控制测试	实质性程序
期中	获取其中关于控制运行有效性审计证据的做法更具有一种"常态"	目的在于更直接地发现重大错报，在期中实施实质性程序时更需要考虑其成本效益的权衡
以前	拟信赖以前审计获取的有关控制运行有效性的审计证据，已经受到了很大的限制	对于以前审计中通过实质性程序获取的审计证据，则采取了更加慎重的态度和更严格的限制
共同点	两类程序都面临着对期中审计证据和对以前审计获取的审计证据的考虑	

1）是否在期中实施实质性程序

在期中实施实质性程序，一方面消耗了审计资源，另一方面其获取的审计证据又不能直接作为期末财务报表认定的审计证据，注册会计师仍然需要进一步消耗审计资源使期中审计证据能够合理延伸至期末。因此，这两部分审计资源的总和是否能够显著小于完全在期末实施实质性程序所需消耗的审计资源，是注册会计师需要权衡的。注册会计师在考虑是否在期中实施实质性程序时应当考虑以下因素：

（1）控制环境和其他相关的控制。控制环境和其他相关的控制越薄弱，注册会计师越不宜依赖期中实施的实质性程序。

（2）实施审计程序所需信息在期中之后的可获得性。如果实施实质性程序所需信息在期中之后可能难以获取（如系统变动导致某类交易记录难以获取），注册会计师应考虑在期中实施实质性程序；如果实施实质性程序所需信息在期中之后的可获得性并不存在明显困难，该因素不应成为注册会计师在期中实施实质性程序的重要影响因素。

（3）实质性程序的目标。如果针对某项认定实施实质性程序的目标就包括获取该认定的期中审计证据（从而与期末比较），注册会计师应在期中实施实质性程序。

（4）评估的重大错报风险。注册会计师评估的某项认定的重大错报风险越高，针对该认定所需获取的审计证据的相关性和可靠性要求也就越高，注册会计师越应当考虑将实质性程序集中于期末（或接近期末）实施。

（5）各类交易或账户余额以及相关认定的性质。例如，某些交易或账户余额以及相关认定的特殊性质（如收入截止认定、未决诉讼）决定了注册会计师必须在期末（或接近期末）实施实质性程序。

（6）针对剩余期间，能否通过实施实质性程序或将实质性程序与控制测试相结合，降低期末存在错报而未被发现的风险。如果针对剩余期间注册会计师可以通过实施实质性程序或将实质性程序与控制测试相结合，较有把握地降低期末存在错报而未被发现的风险（如注册会计师在 10 月份实施预审时考虑是否使用一定的审计资源实施实质性程序，从而形成的剩余期间不是很长），注册会计师可以考虑在期中实施实质性程序；如果针对剩余期间注册会计师认为还需要消耗大量审计资源才有可能降低期末存在错报而未被发现的风险，甚至没有把握通过适当的进一步审计程序降低期末存在错报而未被发现的风险（如被审计单位于 8 月份发生管理层变更，注册会计师接受后任管理层邀请实施预审时，考虑是否使用一定的审计资源实施实质性程序），注册会计师就不宜在期中实施实质性程序。

2）期中审计证据的考虑

如果在期中实施了实质性程序，注册会计师应当针对剩余期间实施进一步的实质性程序，或将实质性程序和控制测试结合使用，以将期中测试得出的结论合理延伸至期末。该规定指出了在如何将期中实施的实质性程序得出的结论合理延伸至期末时，注册会计师有两种选择：一是针对剩余期间实施进一步的实质性程序；二是将实质性程序和控制测试结合使用。

如果拟将期中测试得出的结论延伸至期末，注册会计师应当考虑针对剩余期间仅实施实质性程序是否足够。如果认为实施实质性程序本身不充分，注册会计师还应测试剩余期间相关控制运行的有效性或针对期末实施实质性程序。

对于舞弊导致的重大错报风险（作为一类重要的特别风险），被审计单位存在故意错报或操纵的可能性，注册会计师就更应慎重考虑能否将期中测试得出的结论延伸至期末。因此，如果已识别出由于舞弊导致的重大错报风险，为将期中得出的结论延伸至期末而实施的审计程序通常是无效的，注册会计师应当考虑在期末或者接近期末实施实质性程序（进一步说，注册会计师应当考虑对于各种类别的特别风险，能否将期中实质性程序得出的结论延伸至期末）。

3）以前审计获取的审计证据的考虑

在以前审计中实施实质性程序获取的审计证据，通常对本期只有很弱的证据效力或没有证据效力，不足以应对本期的重大错报风险。只有当以前获取的审计证据及其相关事项未发生重大变动时（例如以前审计通过实质性程序测试过的某项诉讼在本期没有任何实质性进展），以前获取的审计证据才可能应用于本期。即便如此，如果拟利用以前审计中实施实质性程序获取的审计证据，注册会计师应当在本期实施审计程序，以确定这些审计证据是否具有持续相关性。

7.4.4 实质性程序的范围

评估的认定层次重大错报风险和实施控制测试的结果是注册会计师在确定实质性程序的范围时的重要考虑因素。因此，在确定实质性程序的范围时，注册会计师应当考虑评估的认定层次重大错报风险和实施控制测试的结果。注册会计师评估的认定层次的重大错报风险越高，需要实施实质性程序的范围越广。如果对控制测试结果不满意，注册会计师应当考虑扩大实质性程序的范围。

在设计细节测试时，注册会计师除了从样本量的角度考虑测试范围外，还要考虑选样方法的有效性等因素。例如，从总体中选取大额或异常项目，而不是进行代表性抽样或分层抽样。

实质性分析程序的范围有以下两层含义：第一层含义是对什么层次上的数据进行分析。注册会计师可以选择在高度汇总的财务数据层次上进行分析，也可以根据重大错报风险的性质和水平调整分析层次。例如，按照不同产品线、不同季节或月份、不同经营地点或存货存放地点等实施实质性分析程序。第二层含义是需要对什么幅度或性质的偏差展开进一步调查。实施分析程序可能发现偏差，但并非所有的偏差都值得展开进一步调查。如果可容忍或可接受的偏差（即预期偏差）越大，作为实质性分析程序一部分的进一步调查的范围就越小。因此，确定适当的预期偏差幅度（在某些情况下还需要考虑偏差的性质）同样属于实质性分析程序的范畴。在设计实质性分析程序时，注册会计师应当确定已记录金额与预期值之间可接受的差异额。而在确定该差异额时，注册会计师应当主要考虑各类交易、账户余额、列报及相关认定的重要性和计划的保证水平。

7.4.5 实质性程序中常见的抽样方法

在进行实质性程序时，审计人员可能使用统计抽样的方法，也可能使用非统计抽样的方法。这里的统计抽样方法主要是传统变量抽样，它是对审计对象总体的货币金额进行测试采用的方法，可用来确定账户金额是多少，是否存在重大误差，具体包括均值估计抽样、差额估计抽样和比率估计抽样。

1）均值估计抽样

均值估计抽样是利用样本平均值估计总体平均值，然后对总体的金额进行推断估计的一种变量抽样方法。均值估计抽样涉及的公式如下：

总体金额估计值＝总体规模×样本中所有项目审定金额的平均值

推断的总体错报＝总体账面金额－总体金额估计值

同步案例7-2

总体错报推断实例一

背景与情境： 注册会计师从总体规模为 1 000 个、账面金额为 1 000 000 元的存货项目中选择了 200 个项目作为样本，确定审定金额为 196 000 元。

问题： 根据均值估计抽样的方法，请推断总体错报水平。

分析提示：

（1）计算样本中所有审计项目的平均值如下：

样本平均审定金额（样本平均值）＝样本审定金额÷样本量
$$=196\ 000÷200=980（元）$$

（2）计算总体金额估计值如下：

总体金额估计值＝样本平均审定金额×总体规模
$$=980×1\ 000=980\ 000（元）$$

（3）推断总体错报如下：

推断总体错报＝总体账面金额－总体估计金额
$$=1\ 000\ 000-980\ 000=20\ 000（元）$$

2）差额估计抽样

差额估计抽样是以样本实际金额与账面金额的平均差额来估计总体金额与账面金额的平均差额，然后再以这个平均差额乘以总体规模，从而求出总体的实际金额与账面金额的差额（即总体错报）的一种方法。差额估计抽样的计算公式如下：

平均错报＝样本实际金额与账面金额的差额÷样本规模

推断的总体错报＝平均错报×总体规模

同步案例7-3

总体错报推断实例二

背景与情境： 注册会计师从总体规模为 1 000 个的存货项目中选取了 200 个项目进行检查。总体的账面金额总额为 1 040 000 元。注册会计师逐一比较 200 个样本项目的审定金额和账面金额并将账面金额（208 000 元）和审定金额（196 000 元）之间的差异加总，从而计算出总体错报。

问题： 根据差额估计抽样的具体要求，计算推断的总体错报。

分析提示：

（1）计算样本审定金额与账面金额的差额如下：

样本审定金额与账面金额的差额＝账面金额－样本审定金额
$$=208\ 000-196\ 000=12\ 000（元）$$

（2）计算样本平均错报如下：

样本平均错报=样本实际金额与账面金额的差额÷样本规模

$$=12\ 000÷200\ =60\ (元)$$

（3）计算推断的总体错报如下：

推断的总体错报=平均错报×总体规模

$$=60×1\ 000=60\ 000\ (元)$$

3）比率估计抽样

比率估计抽样是指以样本的实际金额与账面金额之间的比率关系来估计总体实际金额与账面金额之间的比率关系，然后再以这个比率去乘总体的账面金额，从而求出估计的总体实际金额的一种抽样方法。比率估计抽样法的计算公式如下：

比率=样本审定金额÷样本账面金额

估计的总体实际金额=总体账面金额×比率

推断的总体错报=估计的总体实际金额-总体账面金额

同步案例7-4

总体错报推断实例三

背景与情境： 仍沿用【同步案例7-3】资料。

问题： 如果注册会计师使用比率估计抽样，那么推断的总体错报应该是多少？

分析提示：

（1）计算样本审定金额与账面金额的比率如下：

比率=样本审定金额÷样本账面金额

$$=196\ 000÷208\ 000=0.94$$

（2）计算估计的总体实际金额如下：

估计的总体实际金额=总体账面金额×比率

$$=1\ 040\ 000×0.94\ =977\ 600\ (元)$$

（3）计算推断的总体错报如下：

推断的总体错报=估计的总体实际金额-总体账面金额

$$=1\ 040\ 000-977\ 600=62\ 400\ (元)$$

如果未对总体进行分层，注册会计师通常不使用均值估计抽样，因为此时所需的样本规模可能太大，对一般的审计项目来说不符合成本效益原则。比率估计抽样和差额抽样都要求样本项目存在错报。如果样本项目的审定金额和账面金额之间没有差异，这两种方法使用的公式所隐含的机理就会导致错误的结论。如果注册会计师决定使用统计抽样，且预计只发现少量差异，就不应使用比率估计抽样和差额估计抽样，而应考虑使用其他的代替方法，如均值估计抽样或概率比例规模抽样法。

第8章
销售与收款循环的审计

学习目标

通过本章学习，应该达到以下目标：

理论目标：学习和把握销售与收款循环的概念；熟悉销售与收款循环涉及的主要账户、凭证、会计记录和业务活动；理解销售与收款交易的审计目标和内部控制目标。

实务目标：学习和把握销售与收款循环的具体审计目标和实质性程序，能用其进行营业收入和应收账款的相关审计活动；学会编制"销售与收款循环内部控制表"；理解"业务链接"等程序性知识；能够设计和运用应收账款的函证。

案例目标：运用销售与收款循环的相关案例，培养和提高在具体业务情境中分析问题与决策设计的能力；通过案例分析理解销售与收款循环的重大错报风险领域；能结合本章教学内容，根据"职业道德探讨"的行业规范或标准，分析注册会计师在审计过程中的独立性行为，强化职业道德素质。

实训目标：进行销售与收款循环审计业务胜任能力训练。在了解和把握本实训所涉及的相关技能点的"规范与标准"的基础上，通过切实体验"营业收入审计"和"应收账款审计"各实训任务的完成，系列技能操作的实施，各项目实训报告编制的准备、撰写、讨论与交流等有质量、有效率的活动，深化营业收入与应收账款审计的实务知识，并能结合被审计单位的具体情况选择恰当的审计程序和有效的审计方法，强化解决问题的职业核心能力。同时，通过职业态度等行为规范，促进其健全职业人格的塑造。

引例 蓝田股份的"业绩神话"

背景与情景： 沈阳蓝田股份有限公司于 1996 年 6 月 18 日在上海证券交易所上市，简称蓝田股份。

1996—2000 年，蓝田股份在财务数据上一直保持着令人惊叹的增长速度。该公司 1995 年的净利润为 2 743.72 万元，1996 年上市当年翻番实现 5 927 万元，1997—1999 年三年分别为 14 261.87 万元、36 472.34 万元和 54 302.77 万元，蓝田股份的业绩几乎年年实现翻番增长，直到 2000 年才出现萎缩降至 43 162.86 万元；该公司的总资产规模从上市前的 2.66 亿元发展到 2000 年年末的 28.38 亿元，增长了 10 倍；其历年年报的业绩都在每股 0.60 元以上，最高曾达到 1.15 元，即使遭遇了 1998 年特大洪灾以后，每股收益也达到了不可思议的 0.81 元，创造了中国农业企业罕见的"蓝田神话"，被称作是"中国农业第一股"。蓝田股份的业绩增长就像"放卫星"，据原总经理瞿兆玉介绍，蓝田股份的业绩主要来自"神奇"的鱼塘效益。其实，蓝田股份主要是通过虚假交易来"创造利润"。

蓝田股份 2000 年年报显示：公司 2000 年主营业务收入是 18.4 亿元，而应收账款仅 857 万元。应收账款怎么会如此之少？在现代信用经济条件下，无法想象，一家现代企业数额如此巨大的销售，都是在"一手交钱，一手交货"的自然经济状态下完成的。

问题：

(1) 本案例中应收账款畸低，明显存在造假嫌疑，那它是如何形成的呢？

(2) 在审计中，我们该如何识别应收账款的真实性？

(3) 企业在销售与收款循环中，会存在哪些造假手段？

由上例以及众多的上市公司审计失败案中，不难发现，收入造假是上市公司造假中最为普遍的现象，尽管造假手段千奇百怪，但总有一定的规律可循。那么，在销售与收款循环审计中，如何做才能避免审计失败呢？

8.1 销售与收款循环的特性

8.1.1 涉及的主要账户

销售与收款循环，是指企业将商品或劳务销售给买方收回货款等一系列活动，它从客户提出订货要求开始，将商品或劳务转化为应收账款，并最终以收回现金结束。销售与收款循环的主要活动包括销售业务、收款业务及销货退回、折扣与折让业务。销售与收款循环业务影响的项目中主要有应收票据、应收账款与坏账准备、长期应收款、预收账款、应交税费、营业收入、营业税金及附加、销售费用等。

销售包括现销和赊销，从某种意义上讲，现销只是赊销的一种特殊形式，因此，本章重点阐述赊销业务。

8.1.2 涉及的主要凭证与会计记录

典型的销售与收款循环所涉及的主要凭证与会计记录有以下几种：

(1) 客户订购单。客户订购单即客户提出的书面购货要求。企业可以通过销售人员或其他途径，如采用电话、信函和向现有的及潜在的客户发送订购单等方式接受订货，取得客户订购单。

（2）销售单。销售单是列示客户所订商品的名称、规格、数量以及其他与客户订购单有关信息的凭证，作为销售方内部处理客户订购单的凭据。

（3）发运凭证。发运凭证即在发运货物时编制的，用以反映发出商品的规格、数量和其他有关内容的凭据。发运凭证的一联寄送给客户，其余联（一联或数联）由企业保留。这种凭证可用做向客户开具账单的依据。

（4）销售发票。销售发票是一种用来表明已销售商品的名称、规格、数量、价格、销售金额、运费和保险费、开票日期、付款条件等内容的凭证。销售发票的其中一联寄送给客户，其余联由企业保留。销售发票也是在会计账簿中登记销售交易的基本凭证。

（5）商品价目表。商品价目表是列示已经授权批准的、可供销售的各种商品的价格清单。

（6）贷项通知单。贷项通知单是一种用来表示由于销售退回或经批准的折让而引起的应收销货款减少的凭证。这种凭证的格式通常与销售发票的格式相同，只不过它不是用来证明应收账款的增加，而是用来证明应收账款的减少。

（7）应收账款账龄分析表。通常，应收账款账龄分析表按月编制，反映月末尚未收回的应收账款总额的账龄，并详细反映每个客户月末尚未偿还的应收账款数额和账龄。

（8）应收账款明细账。应收账款明细账是用来记录每个客户各项赊销、还款、销售退回及折让的明细账。各应收账款明细账的余额合计数应与应收账款总账的余额相等。

（9）主营业务收入明细账。主营业务收入明细账是一种用来记录销售交易的明细账。它通常记载和反映不同类别商品或劳务的销售总额。

（10）折扣与折让明细账。折扣与折让明细账是一种用来核算企业销售商品时，按销售合同规定为了及早收回货款而给予客户的销售折扣和因商品品种、质量等原因而给予客户的销售折让情况的明细账。当然，企业也可以不设置折扣与折让明细账，而将该类业务直接记录于主营业务收入明细账。

（11）汇款通知书。汇款通知书是一种与销售发票一起寄给客户，由客户在付款时再寄回销售单位的凭证。这种凭证注明了客户的姓名、销售发票号码、销售单位开户银行账号以及金额等内容。

（12）库存现金日记账和银行存款日记账。库存现金日记账和银行存款日记账是用来记录应收账款的收回或现销收入以及其他各种现金、银行存款收入和支出的日记账。

（13）坏账审批表。坏账审批表是一种用来批准将某些应收款项注销为坏账，仅在企业内部使用的凭证。

（14）客户月末对账单。客户月末对账单是一种按月定期寄送给客户的用于购销双方定期核对账目的凭证。客户月末对账单上应注明应收账款的月初余额、本月各项销售交易的金额、本月已收到的货款、各贷项通知单的数额以及月末余额等内容。

（15）转账凭证。转账凭证是指记录转账业务的记账凭证，它是根据有关转账业务（即不涉及现金、银行存款收付的各项业务）的原始凭证编制的。

（16）收款凭证。收款凭证是指用来记录现金和银行存款收入业务的记账凭证。

8.1.3　涉及的主要业务活动

了解企业在销售与收款循环中的典型活动，对于该企业的审计工作非常必要。在这里，我们简单地介绍一下销售与收款循环所涉及的主要业务活动，如图 8-1 所示。

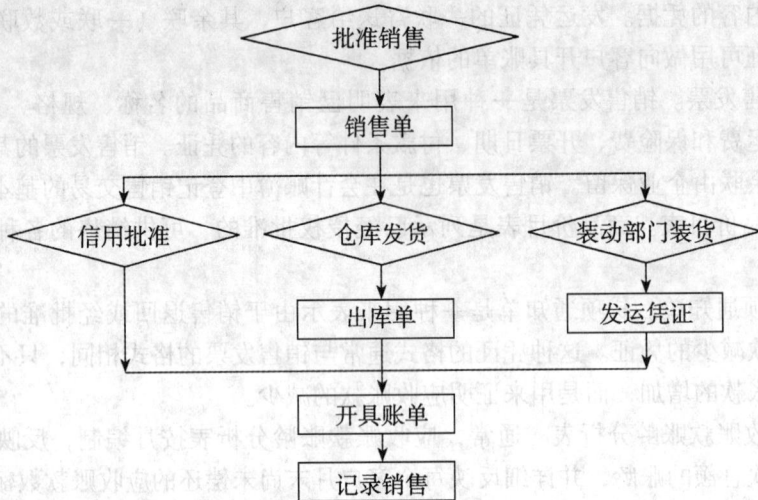

图 8-1　销售与收款循环

1）接受客户订购单

客户提出订货要求是整个销售与收款循环的起点，是购买某种货物或接受某种劳务的一项申请。客户的订购单只有在符合企业管理层的授权标准时才能被接受。

很多企业在批准了客户订购单之后，下一步就是编制一式多联的销售单。销售单是证明管理层有关销售交易的"发生"认定的凭据之一，也是此笔销售的交易轨迹的起点之一。此外，由于客户订购单也是来自外部的引发销售交易的文件之一，有时也能为有关销售交易的"发生"认定提供补充证据。

2）批准赊销信用

对于赊销业务，赊销批准是由信用管理部门根据管理层的赊销政策在每个客户的已授权信用额度内进行的。企业的信用管理部门应对每个新客户进行信用调查，包括获取信用评审机构对客户信用等级的评定报告。无论是否批准赊销，都要求被授权的信用管理部门人员在销售单上签署意见，然后再将已签署意见的销售单送回销售单管理部门。

设计信用批准控制的目的是为了降低坏账风险，因此，这些控制与应收账款账面余额的"计价和分摊"认定有关。

3）按销售单供货

企业管理层通常要求商品仓库只有在收到经过批准的销售单时才能供货。设立这项控制程序的目的是为了防止仓库在未经授权的情况下擅自发货。

4）按销售单装运货物

将按经批准的销售单供货与按销售单装运货物职责相分离，有助于避免负责装运货物的职员在未经授权的情况下装运产品。此外，装运部门职员在装运之前，还必须进行独立验证，以确定从仓库提取的商品都附有经批准的销售单，并且所提取商品的内容与销售单一致。

5）向客户开具账单

开具账单是指开具并和向客户寄送事先连续编号的销售发票。这项功能所针对的主要问题是：是否对所有装运的货物都开具了账单（即"完整性"认定问题）；是否只对实际装运的货物才开具账单、有无重复开具账单或虚构交易（即"发生"认定问题）；是否按已授权批准的商品价目表所列价格计价开具账单（即"准确性"认定问题）。

为了降低开具账单过程中出现遗漏、重复、错误计价或其他差错的风险，应设立以下控制程序：

（1）开具账单部门职员在编制每张销售发票之前，独立检查是否存在装运凭证和相应的经批准的销售单。

（2）依据已授权批准的商品价目表编制销售发票。

（3）独立检查销售发票计价和计算的正确性。

（4）将装运凭证上的商品总数与相对应的销售发票上的商品总数进行比较。

上述的控制程序有助于确保用于记录销售交易的销售发票的正确性。因此，这些控制与销售交易的"发生"、"完整性"以及"准确性"认定有关。销售发票副联通常由开具账单部门保管。

6）记录销售

在手工会计系统中，记录销售的过程包括区分赊销、现销，按销售发票编制转账记账凭证或现金、银行存款收款凭证，再据以登记销售明细账和应收账款明细账或库存现金、银行存款日记账。

记录销售的控制程序包括以下内容：

（1）只依据附有有效装运凭证和销售单的销售发票记录销售。这些装运凭证和销售单应能证明销售交易的发生及其发生的日期。

（2）控制所有事先连续编号的销售发票。

（3）独立检查已处理销售发票上的销售金额与会计记录金额的一致性。

（4）记录销售的职责应与处理销售交易的其他功能相分离。

（5）对记录过程中所涉及的有关记录的接触予以限制，以减少未经授权批准的记录发生。

（6）定期独立检查应收账款的明细账与总账的一致性。

（7）定期向客户寄送对账单，并要求客户将任何例外情况直接向指定的未执行或记录销售交易的会计主管报告。

以上这些控制与"发生"、"完整性"、"准确性"以及"计价和分摊"认定有关。对这项业务，注册会计师主要关心的问题是销售发票是否记录正确，并归属适当的会计期间。

7）办理和记录现金、银行存款收入

在办理和记录现金、银行存款收入时，最应关心的是货币资金失窃的可能性。处理货币资金收入时最重要的是要保证全部货币资金都必须如数、及时地记入库存现金、银行存款日记账或应收账款明细账，并如数、及时地将现金存入银行。在这方面，汇款通知书起着很重要的作用。

8）办理和记录销售退回、销售折扣与折让

发生此类事项时，必须经授权批准，并应确保与办理此事有关的部门和职员各司其职，分别控制实物流和会计处理。在这方面，严格使用贷项通知单无疑会起到关键的作用。

9）注销坏账

销售企业若认为某项货款再也无法收回，就必须注销这笔货款。对于这些坏账，正确的处理方法应该是获取货款无法收回的确凿证据，经适当审批后及时进行会计调整。

10）提取坏账准备

坏账准备提取的数额必须能够抵补企业以后无法收回的销售货款。

8.2 控制测试和交易的实质性程序

8.2.1 销售交易的内部控制

1）内部控制目标、内部控制与审计测试的关系

无论其他目标的控制如何有效，只要为实现某一项目标所必需的控制不健全，则与该目标有关的错误出现的可能性就随之增大，并且很可能影响企业整个内部控制的有效性。表8-1列示了销售交易的控制目标、内部控制与审计测试的关系。

表8-1分为四列，将与销售交易有关的内部控制目标、关键内部控制以及注册会计师常用的相应控制测试和交易实质性程序分类列示。下面介绍各列的内容及各列之间的关系。

第一列为"内部控制目标"，列示了企业设立销售交易内部控制的目标，也就是注册会计师实施相应控制测试和实质性程序所要达到的审计目标。

第二列为"关键内部控制"，列示了与上述各项内部控制目标相对应的一项或数项主要的内部控制。

第三列为"常用的控制测试"，列示了注册会计师针对上述关键内部控制所实施的测试程序。控制测试与内部控制之间存在直接联系，注册会计师对每项关键控制至少要执行一项控制测试以核实其效果并且控制测试需要有针对性地对应于某一具体的内部控制，否则就毫无意义。通常，根据内部控制的性质确定控制测试的性质大都比较容易。例如，内部控制如果是批准赊销后在客户订购单上签字，则控制测试就是检查客户订购单上有无恰当的签字。

第四列为"常用的交易实质性程序"，列示了注册会计师常用的实质性程序。实质性程序与第一列的控制目标有着直接的联系，实施实质性程序用于获取证明第一列中具体审计目标的证据，其目的在于确定交易业务中与该控制目标有关的金额是否有错误。实质性程序虽然与关键控制及控制测试没有必然的关系，但实施实质性程序的性质、时间和范围，在一定程度上取决于关键控制是否存在和控制测试的结果。在确定交易实质性程序时，有些程序不管环境如何，都是每一项审计所共同采用的，而有些则应视内部控制的健全程度和控制测试的结果而定。当然，审计重要性、以前期间的审计结果等因素，对实质性程序的确定也有影响。

表 8-1　　　　　　　　　　　销售交易的控制目标、关键内部控制和测试一览表

内部控制目标	关键内部控制	常用的控制测试	常用的交易实质性程序
登记入账的销售交易确系已经发货给真实的客户（发生）	销售交易是以经过审核的发运凭证及经过批准的客户订购单为依据登记入账的；在发货前，客户的赊购已经被授权批准；销售发票均经事先编号，并已恰当地登记入账；每月向客户寄送对账单，对客户提出的意见作专门追查	检查销售发票副联是否附有发运凭证（或提货单）及销售单（或客户订购单）；检查客户的赊购是否经授权批准；检查销售发票连续编号的完整性；观察是否寄发对账单，并检查客户回函档案	复核主营业务收入总账、明细账以及应收账款明细账中的大额或异常项目；追查主营业务收入明细账中的分录至销售单、销售发票副联及发运凭证；将发运凭证与存货永续记录中的发运分录进行核对
所有销售交易均已登记入账（完整性）	发运凭证（或提货单）均经事先编号并已经登记入账；销售发票均经事先编号，并已登记入账	检查发运凭证连续编号的完整性；检查销售发票连续编号的完整性	将发运凭证与相关的销售发票和主营业务收入明细账及应收账款明细账中的分录进行核对
登记入账的销售数量确系已发货的数量，已正确开具账单并登记入账（计价和分摊）	销售价格、付款条件、运费和销售折扣的确定已经适当的授权批准；由独立人员对销售发票的编制作内部核查	检查销售发票是否经适当的授权批准；检查有关凭证上的内部核查标记	复算销售发票上的数据；追查主营业务收入明细账中的分录至销售发票；追查销售发票上的详细信息至发运凭证、经批准的商品价目表和客户订购单
销售交易的分类恰当（分类）	采用适当的会计科目表；内部复核和核查	检查会计科目表是否适当；检查有关凭证上内部复核和核查的标记	检查证明销售交易分类正确的原始证据
销售交易的记录及时（截止）	采用尽量能在销售发生时开具收款账单和登记入账的控制方法；每月末由独立人员对销售部门的销售记录、发运部门的发运记录和财务部门销售交易的入账情况作内部核查	检查尚未开具收款账单的发货和尚未登记入账的销售交易；检查有关凭证上内部核查的标记	将销售交易登记入账的日期与发运凭证的日期比较核对
销售交易已经正确地记入明细账，并经正确汇总（准确性、计价和分摊）	每月定期给客户寄送对账单；由独立人员对应收账款明细账作内部核查；将应收账款明细账余额合计数与其总账余额进行比较	观察对账单是否已经寄出；检查内部核查标记；检查将应收账款明细账余额合计数与其总账余额进行比较的标记	将主营业务收入明细账加总，追查其至总账的过账

2）销售交易的内部控制

（1）适当的职责分离。适当的职责分离有助于防止各种有意或无意的错误。例如，主营业务收入账如果系由记录应收账款之外的职员独立登记，并由另一位不负责账簿记录的职员定期调节总账和明细账，就构成了一项自动交互牵制；规定负责主营业务收入和应收账款记账的职员不得经手货币资金，也是防止舞弊的一项重要控制。另外，销售人员通常有一种"乐观地"对待销售数量的自然倾向，而不问它是否将以巨额坏账损失为代价，赊销的审批则在一定程度上可以抑制这种倾向。因此，赊销批准职能与销售职能的分离，也是一种理想的控制。

（2）恰当的授权审批。对于授权审批问题，注册会计师应当关注以下四个关键点上的审批程序：其一，在销售发生之前，赊销已经正确审批；其二，非经正当审批，不得发出货物；其三，销售价格、销售条件、运费、折扣等必须经过审批；其四，审批人应当根据销售与收款授权批准制度的规定，在授权范围内进行审批，不得超越审批权限。对于超过企业既定销售政策和信用政策规定范围的特殊销售交易，企业应当进行集体决策。前两项控制的目的在于防止企业因向虚构的或者无力支付货款的客户发货而蒙受损失；价格审批控制的目的在于保证销售交易按照企业定价政策规定的价格开票收款；对授权审批范围设定权限的目的则在于防止因审批人决策失误而造成严重损失。

（3）充分的凭证和记录。每个企业交易的产生、处理和记录等制度都有其特点，因此，也许很难评价其各项控制是否足以发挥最大的作用。然而，只有具备充分的记录手续，才有可能实现其他各项控制目标。例如，企业在收到客户订购单后，就立即编制一份预先编号的一式多联的销售单，分别用于批准赊销、审批发货、记录发货数量以及向客户开具账单等。在这种制度下，只要定期清点销售发票，漏开账单的情形几乎就不太会发生。相反的情况是，有的企业只在发货以后才开具账单，如果没有其他控制措施，这种制度下漏开账单的情况就很可能会发生。

（4）凭证的预先编号。对凭证预先进行编号，旨在防止销售以后遗漏向客户开具账单或登记入账，也可防止重复开具账单或重复记账。当然，如果对凭证的编号不进行清点，预先编号就会失去其控制意义。由收款员对每笔销售开具账单后，将发运凭证按顺序归档，而由另一位职员定期检查全部凭证的编号，并调查凭证缺号的原因，就是实施这项控制的一种方法。

（5）按月寄出对账单。由不负责现金出纳和销售及应收账款记账的人员按月向客户寄发对账单，能促使客户在发现应付账款余额不正确后及时反馈有关信息。为了使这项控制更加有效，最好将账户余额中出现的所有核对不符的账项，指定一位不掌管货币资金也不记录主营业务收入和应收账款账目的主管人员处理，然后由独立人员按月编制对账情况汇总报告并交管理层审阅。

（6）内部核查程序。由内部审计人员或其他独立人员核查销售交易的处理和记录，是实现内部控制目标不可缺少的一项控制措施。表8-2所列程序是针对相应控制目标的典型的内部核查程序。

3）以内部控制目标为起点的控制测试

（1）对于职责分离，注册会计师通常通过观察被审计单位有关人员的活动，以及与这些人员进行讨论，来实施职责分离的控制测试。

表 8-2 内部核查程序

内部控制目标	内部核查程序举例
登记入账的销售交易是真实的	检查入账的销售交易所附的佐证凭证，例如发运凭证等
销售交易均经适当审批	了解客户的信用情况，确定是否符合企业的赊销政策
所有销售交易均登记入账	检查发运凭证的连续性，并将其与主营业务收入明细账核对
登记入账的销售交易均经正确估价	将登记入账的销售交易对应的销售发票上的数量与发运凭证上的记录进行比较核对
登记入账的销售交易分类恰当	将登记入账的销售交易的原始凭证与会计科目表比较核对
销售交易的记录及时	检查开票员所保管的未开票发运凭证，确定是否存在未在恰当期间及时开票的发运凭证

（2）对于授权审批，内部控制通常存在前述的四个关键点上的审批程序，注册会计师主要通过检查凭证在这四个关键点上是否经过审批，可以很容易地测试出授权审批方面的内部控制效果。

（3）对于充分的凭证和记录以及凭证预先编号这两项控制，常用的控制测试程序是清点各种凭证。比如从主营业务收入明细账中选取样本，追查至相应的销售发票存根，进而检查其编号是否连续，有无不正常的缺号发票和重号发票。

（4）对于按月寄出对账单这项控制，观察指定人员寄送对账单并检查客户复函档案，是注册会计师十分有效的一项控制测试。

（5）对于内部核查程序，注册会计师可以通过检查内部审计人员的报告，或检查其他独立人员在他们核查的凭证上的签字等方法实施控制测试。

8.2.2　收款交易的内部控制

1）内部控制目标、内部控制与审计测试的关系

以现金交易为例，表 8-3 列示了相关的控制目标、关键内部控制与测试。

2）收款交易的内部控制

前面以现金交易为例，对与收款交易有关的关键内部控制和相应的控制测试进行了讨论，并按表 8-3 中所列顺序研究了收款交易常用的实质性程序。

尽管由于每个企业的性质、所处行业、规模以及内部控制健全程度不同，而使得其与收款交易相关的内部控制内容有所不同，但以下与收款交易相关的内部控制内容通常应当是共同遵循的：

（1）企业应当按照《现金管理暂行条例》《支付结算办法》等规定，及时办理销售收款业务。

（2）企业应将销售收入及时入账，不得账外设账，不得擅自坐支现金。销售人员应当避免接触销售现款。

（3）企业应当建立应收账款账龄分析制度和逾期应收账款催收制度。销售部门应当负责应收账款的催收，财会部门应当督促销售部门加紧催收。对催收无效的逾期应收账款可通过法律程序予以解决。

表 8-3　　　　　　　　收款交易的控制目标、关键内部控制和测试一览表

内部控制目标	关键内部控制	常用控制测试	常用实质性程序
登记入账的现金收入确实为企业已经实际收到的现金（存在或发生）	现金折扣必须经过适当的审批手续；定期盘点现金并与账面余额核对	观察；检查是否定期盘点；检查盘点记录；检查现金折扣是否经过恰当的审批	盘点库存现金，如与账面数额存在差异，分析差异原因；检查现金收入的日记账、总账和应收账款明细账的大额项目与异常项目
收到的现金收入已全部登记入账（完整性）	现金出纳与现金记账的职务分离；每日及时记录现金收入；定期盘点现金并与账面余额核对；定期向客户寄送对账单；现金收入记录的内部复核	观察；检查是否存在未入账的现金收入；检查是否定期盘点，检查盘点记录；检查是否定期向客户寄送对账单；检查复核标记	现金收入的截止测试；盘点库存现金，如与账面数额存在差异，分析差异原因；抽查客户对账单并与账面金额核对
每月核对实际收到的现金和登记入账的现金是否相符（计价与分摊）	定期取得银行对账单；编制银行存款余额调节表	检查银行对账单；检查银行存款余额调节表	检查调节表中未达账项的真实性以及资产负债表日后的进账情况
现金收入在资产负债表中的披露正确（列报）	库存现金日记账与总账的登记职责分离	观察	

（4）企业应当按客户设置应收账款台账，及时登记每一客户应收账款余额增减变动情况和信用额度使用情况。对长期往来客户应当建立起完善的客户资料，并对客户资料实行动态管理，及时更新。

（5）企业对于可能成为坏账的应收账款应当报告有关决策机构，由其进行审查，确定是否确认为坏账。企业发生的各项坏账，应查明原因，明确责任，并在履行规定的审批程序后作出会计处理。

（6）企业注销的坏账应当进行备查登记，做到账销案存。已注销的坏账又收回时应当及时入账，防止形成账外资金。

（7）企业应收票据的取得和贴现必须经由保管票据以外的主管人员的书面批准。应设专人保管应收票据，对于即将到期的应收票据，应及时向付款人提示付款；已贴现票据应在备查簿中登记，以便日后追踪管理；并应制定逾期票据的冲销管理程序和逾期票据追踪监控制度。

（8）企业应当定期与往来客户通过函证等方式核对应收账款、应收票据、预收款项等往来款项。如有不符，应查明原因，及时处理。

8.2.3　评估重大错报风险

被审计单位可能有各种各样的收入来源，处于不同的控制环境，存在复杂的合同安排，这些情况对于收入交易的会计核算可能存在诸多影响，比如不同交易安排下的收入确

认的时间和依据可能不尽相同。

注册会计师应当考虑影响收入交易的重大错报风险，并对被审计单位经营活动中可能发生的重大错报风险保持警觉。收入交易和余额存在的固有风险可能包括：

（1）管理层对收入造假的偏好和动因。被审计单位管理层可能为了完成预算、满足业绩考核的要求、保证从银行获得额外的资金、吸引潜在投资者或影响公司股价，而在财务报告中虚增收入。

（2）收入的复杂性。例如，被审计单位已开始采用网络销售方式，但管理层对网络销售方式可能出现的问题缺乏经验时，收入确认上就容易发生错误。

（3）管理层凌驾于控制之上的风险。被审计单位在年末编造虚假销售，然后在次年转回，可能导致当年收入以及当年年末应收账款余额、货币资金余额和应交税费余额的高估。

（4）采用不正确的收入截止。将属于下一会计期间的收入有意或无意地计入本期，或者将属于本期的收入有意或无意地计入下一会计期间，可能导致本期收入以及本期期末应收账款余额、货币资金余额和应交税费余额的高估或低估。

（5）低估应收账款坏账准备的压力。尤其是当欠款金额较大的几个主要客户面临财务困难，或者国外客户汇款受限时，这种压力更大。此种情况可能导致资产负债表中应收账款余额的高估。

（6）舞弊和盗窃的风险。如果被审计单位从事贸易业务，重要的销售货款较多地以现金结算时，被审计单位员工发生舞弊和盗窃的风险较高；如果被审计单位拥有多个资金端口（比如超市），由于每天通过多个端口采用人工方式处理大量货币资金，资金端口的安全问题和人工控制的风险便会增加，可能导致货币资金的损失。

（7）款项无法收回的风险。这可能产生于客户用无效的支票或盗取的信用卡进行货款结算，可能导致货币资金或应收账款的高估。

（8）发生错误的风险。例如，没有及时更新商品价目表，商品可能以错误的价格销售；销售量较大时，如果发生扫描时没有读取商品条形码、收款员使用错误的手册、售出商品的数量发生错误或收款员给客户的找零发生错误，风险均会发生。

（9）隐瞒盗窃的风险。在被审计单位员工利用销售调整和销售退回隐瞒盗窃现金行为时，将发生隐瞒盗窃的风险。此种情况可能导致收入、应收账款的高估和货币资金的低估。

归根结底，与收入交易和余额相关的重大错报风险主要存在于销售交易、现金收款交易的发生、完整性、准确性、截止和分类认定，以及会计期末应收账款、货币资金和应交税费的存在、权利和义务、完整性、计价和分摊认定方面。

在评估重大错报风险时，注册会计师还应当将所了解的控制与特定认定相联系，并且应当考虑对识别的销售与收款交易、账户余额和列报认定层次的重大错报风险予以汇报和评估，以确定进一步审计程序的性质、时间和范围。

业务链接 8-1

评估重大错报风险的意义

整个审计程序可以简单地概括为：了解被审计单位及其环境→评估重大错报风险→设

计审计程序→实施审计程序→评价获得的审计证据→随时对最初的评估进行检验→实施更多的程序或者得出结论。从中可以看出，会计报表层次以及各个账户、交易重大错报风险的评估对拟实施进一步审计程序的总体方案具有重大影响。财务报表层次重大错报风险与财务报表整体存在广泛联系，它可能影响多项认定。重大错报风险难以被界定于某类交易、账户余额、列报的具体认定，相反，此类风险会增大一个或多个不同认定发生重大错报的可能性，与由舞弊引起的风险特别相关。

对销售与收款内部控制的了解可以帮助审计人员识别此类交易以及账户的重大错报风险。正文中已经列明了销售与收款循环重大错报风险的多发点，通过对这些方面的了解，可以初步评估销售与收款循环的重大错报风险。换句话说，如果通过对销售与收款循环的了解，能够表明企业内部控制制度较完善，会计记录和有关资料比较可信，可依赖的程度较高，那么，发生重大错报风险的可能性相应就较低。

8.2.4　控制测试

在对被审计单位销售与收款交易实施控制测试时，还应注意以下几点：

（1）注册会计师应把测试重点放在被审计单位是否设计了由人工执行或计算机系统运行的更高层次的调节和比对控制，是否生成例外报告，管理层是否及时调查所发现的问题并采取管理措施，而不是全部只测试员工执行数据输入的预防性控制。

（2）注册会计师应当询问管理层用于监控销售与收款交易的关键业绩指标，例如销售额和毛利率预算、应收账款平均收款期等。

（3）注册会计师应当考虑通过执行分析程序和截止测试，可以对应收账款的存在、准确性和计价等认定获取多大程度的保证。如果能够获得充分保证，则意味着不需要执行大量的控制测试。

（4）为获取相关重大错报风险是否可能被评估为低的有关证据，注册会计师通常需要对被审计单位重要的控制，尤其是对易出现高舞弊风险的现金收款和存储的控制的有效运行进行测试。因为这些控制大多采取人工控制，通常会存在潜在风险。注册会计师主要的审计程序可能包括观察控制的执行、检查每日现金汇总表上是否有执行比对控制的员工的签名和询问针对不一致的情况所采取的措施等。

（5）如果注册会计师计划信赖的内部控制是由计算机执行的，那么需要就下列事项获取审计证据：①相关一般控制的设计和运行的有效性；②认定层次控制的特定应用，如收款折扣的计算；③采用人工控制的后续措施，如将打印输出的现金收入日记账与对应的由银行盖章的存款记录进行比对，以及根据银行存款对账单按月调节现金收入日记账。

（6）在控制风险被评估为低时，注册会计师需要考虑评估的控制要素的所有主要方面和控制测试的结果，以便能够得出这样的结论：控制能够实施有效的管理，并发现和纠正重大错误和舞弊。

如果将固有风险和控制风险评估为中或高，注册会计师可能仅仅需要在对控制活动的处理情况进行询问时记录对控制活动的了解，并检查已实施控制的相关证据。

（7）如果在期中实施了控制测试，注册会计师应当在年末审计时选择项目测试控制在剩余期间的运行情况，以确定控制是否在整个会计期间持续运行有效。

（8）控制测试所使用的审计程序的类型主要包括询问、观察、检查、重新执行和穿行测试等，注册会计师应当根据特定控制的性质选择所需实施审计程序的类型。

上述有关实施销售与收款循环的控制测试时的基本要求，就其原理而言，对其他业务循环的控制测试同样适用，因此，在后面讨论其他业务循环的控制测试时将不再重复。

8.2.5　销售与收款的实质性程序

1）销售与收款交易的实质性分析程序

通常，注册会计师在对交易和余额实施细节测试前实施实质性分析程序，符合成本效益原则。具体到销售与收款交易和相关余额，其应用包括：

（1）识别需要运用实质性分析程序的账户余额或交易。就销售与收款交易和相关余额而言，通常需要运用实质性分析程序的是销售交易、收款交易、营业收入项目和应收账款项目。

（2）确定期望值。基于注册会计师对被审计单位的相关预算状况、行业发展状况、市场份额、可比的行业信息、经济形势和发展历程的了解，与营业额、毛利率和应收账款等的预期相关。

（3）确定可接受的差异额。在确定可接受的差异额时，注册会计师应关注所涉及的重要性和计划的保证水平的影响。此外，根据拟进行实质性分析的具体指标的不同，可接受的差异额的确定有时与管理层使用的关键业绩指标相关，并需考虑这些指标的适当性和监督过程。

（4）识别需要进一步调查的差异并调查异常数据关系。注册会计师应当计算实际和期望值之间的差异，这涉及一些比率和比较，包括：①观察月度（或每周）的销售记录趋势，与往年预算或者全行业公司的销售情况相比较。任何异常波动都必须与管理层讨论，如果有必要的话还应做进一步的调查。②将销售毛利率与以前年度和预算相比较。如果被审计单位各种产品的销售价格是不同的，那么就应当对每个产品或者相近毛利率的产品组进行分类比较。任何重大的差异都需要与管理层沟通。③计算应收账款周转率和存货周转率，并与以前年度相比较。未预期的差异可能由很多因素引起，包括未记录销售、虚构销售记录或截止问题。④检查异常项目的销售，例如对大额销售以及未从销售记录过入销售总账的销售应予以调查。对临近年末的异常销售记录更应加以特别关注。

（5）调查重大差异并作出判断。注册会计师在分析上述与预期相联系的指标后，如果认为存在未预期的重大差异，就可能需要对营业收入发生额和应收账款余额实施更加详细的细节测试。

（6）评价分析程序的结果。注册会计师应当就收集的审计证据是否能支持其试图证实的审计目标和认定形成结论。

2）销售交易的细节测试

接下来，我们按照表 8-1 中所列的顺序详细介绍销售交易常用的细节测试程序，这些程序在审计中常常被疏忽，而事实上它们恰恰需要注册会计师给予重视并根据它们作出审计决策。事先需要指出两点：一是这些细节测试程序并未包含销售交易全部的细节测试程序；二是其中有些程序可以实现多项控制目标，而非仅能实现一项控制目标。

（1）登记入账的销售交易是真实的。针对这一目标，注册会计师一般关心三类错误的可能性：一是未曾发货却已将销售交易登记入账；二是销售交易的重复入账；三是向虚构的客户发货，并作为销售交易登记入账。前两类错误可能是有意的，也可能是无意的，而第三类错误肯定是有意的。不难想象，将不真实的销售登记入账的情况虽然极少，但其后果却很严重，因为这会导致高估资产和收入。

鉴别高估销售究竟是有意的还是无意的，这一点非常关键。尽管无意的高估也会导致应收账款的明显增多，但注册会计师通常可以通过函证轻易发觉。对于有意的高估就不同了，由于作假者试图加以隐瞒，使得注册会计师较难发现。在这种情况下，注册会计师就有必要制定并实施适当的细节测试以发现这种有意的高估。

如何以适当的细节测试来发现不真实的销售，取决于注册会计师认为可能在何处发生错误。对"发生"这一目标而言，注册会计师通常只在认为内部控制存在薄弱环节时才实施细节测试。当然，只有在注册会计师认为由于缺乏足够的内部控制而可能出现舞弊时，才有必要实施上述细节测试。

同步思考 8-1

注册会计师接受了 XYZ 公司的审计委托，请回答：

（1）注册会计师在对公司销售业务的真实性实施实质性程序时，应关心哪些种类的可能错误？

（2）针对每类可能的错误，注册会计师应选择何种实质性程序进行测试？

理解要点：

（1）注册会计师至少应关心三类可能的错误：①未曾发货却将销售交易登记入账；②销售交易重复入账；③虚构顾客，作为销售交易入账。

（2）针对不同的情况，应选择不同的实质性测试程序：

对于第①类可能的错误，注册会计师可以从主营业务收入明细账中抽取若干笔分录，追查有无发运凭证，必要时进一步追查存货的永续盘存记录。

对于第②类可能的错误，注册会计师首先应核实发运凭证的编号是否有重复，然后复核有序号的销售交易记录清单。

对于第③类可能的错误，注册会计师应审查主营业务收入明细账中与销售分录相应的销售单，检查其是否经过赊销审批及发货审批手续。

检查上述三类多报销售错误的另一种有效方法是追查应收账款明细账中贷方发生额的记录，若贷方发生额是注销坏账或欠款未收回，则说明可能存在虚构销售的错误，此时应详细追查相应的发运凭证和顾客订货单。

（2）已发生的销售交易均已登记入账。销售交易的审计一般侧重于检查高估资产与收入的问题，因此，通常无须对完整性目标实施交易的细节测试。但是，如果内部控制不健全，比如被审计单位没有由发运凭证追查至主营业务收入明细账这一独立内部核查程序，就有必要对完整性目标实施交易的细节测试。

从发货部门的档案中选取部分发运凭证，并追查至有关的销售发票副本和主营业务收入明细账，是测试未开票即发货的一种有效程序。为使这一程序成为一项有意义的测试，注册会计师必须能够确信全部发运凭证均已归档，这一点可以通过检查发运凭证的顺序编号来查明。

由原始凭证追查至明细账与从明细账追查至原始凭证是有区别的：前者用来测试遗漏的交易（"完整性"目标），后者用来测试不真实的交易（"发生"目标）。

测试"发生"目标时，起点是明细账，即从主营业务收入明细账中抽取一个发票号码样本，追查至销售发票存根、发运凭证以及客户订购单；测试"完整性"目标时，起点应是发运凭证，即从发运凭证中选取样本，追查至销售发票存根和主营业务收入明细账，以确定是否存在遗漏事项。设计发生目标和完整性目标的细节测试程序时，确定追查凭证的起点即测试的方向很重要。例如，注册会计师如果关心的是发生目标，但弄错了追查的方向（即由发运凭证追查至明细账），就属于严重的审计缺陷。这一点在后面营业收入的实质性程序中还将进一步介绍。

在测试其他目标时，方向一般无关紧要。例如，测试交易业务计价的准确性时，可以由销售发票追查发运凭证，也可以反向追查。

（3）登记入账的销售交易均经正确计价。销售交易计价的准确性包括：按订货数量发货，按发货数量准确地开具账单，以及将账单上的数额准确地记入会计账簿。对于这三个方面，每次审计中一般都要实施细节测试，以确保其准确无误。

典型的细节测试程序包括复算会计记录中的数据。通常的做法是，以主营业务收入明细账中的会计分录为起点，将所选择的交易业务的合计数与应收账款明细账和销售发票存根进行比较核对。销售发票存根上所列的单价，通常还要与经过批准的商品价目表进行比较核对，对其金额小计和合计数也要进行复算。发票中列出的商品的规格、数量和客户代码等，则应与发运凭证进行比较核对。另外，往往还要审核客户订购单和销售单中的同类数据。

将计价准确性目标中的控制测试和细节测试程序作比较，便可作为例证来说明有效的内部控制如何节约了审计时间。很明显，评价目标的控制测试几乎不用太多时间，因为只需审核一下签字或者其他内部核查的证据即可。内部控制如果有效，细节测试的样本量便可以减少，审计成本也因控制测试的成本较低而将大为降低。

（4）登记入账的销售交易分类恰当。如果销售分为现销和赊销两种，应注意不要在现销时借记应收账款，也不要在收回应收账款时贷记主营业务收入，同样不要将营业资产的销售（例如固定资产销售）混作正常销售。对那些采用不止一种销售分类的企业，例如需要编制分部报表的企业来说，正确的分类是极为重要的。

销售分类恰当的测试一般可与计价准确性测试一并进行。注册会计师可以通过审核原始凭证确定具体交易业务的类别是否恰当，并以此与账簿的实际记录作比较。

（5）销售交易的记录及时。发货后应尽快开具账单并登记入账，以防止无意中漏记销售交易，确保它们记入正确的会计期间。在实施计价准确性细节测试的同时，一般要将所选取的提货单或其他发运凭证的日期与相应的销售发票存根、主营业务收入明细账和应收账款明细账上的日期作比较。如有重大差异，被审计单位就可能存在销售截止期限上的错误。

（6）销售交易已正确地记入明细账并正确地汇总。应收账款明细账的记录若不正确，将影响被审计单位收回应收账款的能力，因此，将全部赊销业务正确地记入应收账款明细账极为重要。同理，为保证财务报表准确，主营业务收入明细账必须正确地加总并过入总账。在多数审计中，通常都要加总主营业务收入明细账，并将加总数和一些具体内容分别追查至主营业务收入总账和应收账款明细账或库存现金、银行存款日记账，以检查在销售过程中是否存在有意或无意的错报问题。不过这一测试的样本量要受内部控制的影响。从主营业务收入明细账追查至应收账款明细账，一般与为实现其他审计目标所实施的测试一并进行；而将主营业务收入明细账加总，并追查、核对加总数至其总账，则应作为一项单独的测试程序来执行。

业务链接8-2

企业销售造假的背后

销售能使企业增值，维持企业的生存和发展，企业的盈利也主要依靠销售取得的经济利润。因此，在销售过程中很容易存在造假行为（即销售舞弊），那么究竟是什么导致销售造假的发生呢？

由"舞弊三角"理论可知，企业销售造假通常源于三个方面：一是动机或压力。如果销售企业为了盈利，或者因其盈利能力受到不利因素的威胁而为保持利润率的上升，或者管理层的个人利益与企业销售目标挂钩，管理层都有可能承受巨大压力从而引发销售舞弊，尤其是管理层串通舞弊，这种状况在审计时很难发现。二是机会。如果企业的销售交易结构复杂，比如从事大量的跨国交易，大量采用分销渠道、销售折扣及退货等交易方式，其所从事销售业务的复杂性就为制作虚假财务信息提供了机会。如果被审计单位账表做得很完美，审计人员又不深入审计，舞弊行为是很难发现的。三是借口。涉及舞弊的管理层，主要是由管理层态度不端和缺乏诚信引起的。

当销售企业发生联合串通舞弊时，如果审计人员没有足够胜任能力，没有保持应有的职业谨慎性和独立性，很难发现被审计单位的舞弊迹象，这也制约了审计的开展。

3）收款交易的细节测试

与销售交易的细节测试一样，收款交易的细节测试范围在一定程度上取决于关键控制是否存在以及控制测试的结果。由于销售与收款交易同属一个循环，在经济活动中密切相连，因此，收款交易的一部分测试可与销售交易的测试一并执行，但收款交易的特殊性又决定了其另一部分测试仍需单独实施。

同步案例8-1

B注册会计师实施的审计程序中存在的不当之处

背景与情境： A和B注册会计师首次接受委托，负责审计上市公司甲公司20×8年度财务报表。相关资料如下：

B注册会计师对主营业务收入的发生认定进行审计，编制了审计工作底稿，部分内容摘录见表8-4。

问题： 针对资料中的审计说明，逐项指出B注册会计师实施的审计程序中存在的不当之处，并简要说明理由。

表 8-4		审计工作底稿部分内容		金额单位：万元
记账凭证日期	记账凭证编号	记账凭证金额	发票日期	出库单日期
20×8 年 1 月 5 日	转字 10	12	20×8 年 1 月 8 日	20×8 年 1 月 8 日
20×8 年 2 月 20 日	转字 30	-120	20×8 年 2 月 20 日	不适用
20×8 年 2 月 28 日	转字 45	7	20×8 年 2 月 27 日	20×8 年 2 月 27 日
20×8 年 3 月 20 日	转字 40	8	20×8 年 3 月 19 日	20×8 年 3 月 19 日
		略		
20×8 年 11 月 3 日	转字 4	10	20×8 年 11 月 2 日	20×8 年 11 月 2 日
20×8 年 11 月 15 日	转字 28	200	20×8 年 11 月 14 日	20×8 年 11 月 14 日
20×8 年 12 月 10 日	转字 50	250	20×8 年 12 月 10 日	20×8 年 12 月 10 日
		略		

审计说明：

（1）根据销售合同约定，在客户收到货物、验收合格并签发收货通知后，甲公司取得收取货款的权利。审计中已检查销售合同。

（2）已检查记账凭证日期、发票日期和出库日期，未发现异常。发票和出库单中的其他信息与记账凭证一致。

（3）11 月转字 28 号和 12 月转字 50 号记账凭证反映的销售额较高，财务经理解释系调整售价所致。

（4）2 月转字 30 号记账凭证反映，甲公司在 20×7 年度销售并确认收入的一笔交易，于 20×8 年 2 月发生销货退回。甲公司未按规定调整 20×7 年度财务报表，前任注册会计师于 20×8 年 3 月对甲公司 20×7 年度财务报表出具了标准审计报告。

分析提示：审计程序设计恰当性分析：

第（1）事项，注册会计师的审计程序存在不当之处。因为已经说明"在客户收到货物、验收合格并签发收货通知后，甲公司才取得收取货款的权利"，所以此时注册会计师在审计中仅仅检查了销售合同是不够的，还应该检查客户签发的收货通知单。

第（2）事项，注册会计师的审计程序存在不当之处。对 1 月转字 10 号记账凭证未实施进一步检查。该记账凭证的日期早于发票日期和出库单日期，要实施进一步检查。

第（3）事项，注册会计师的审计程序存在不当之处。对 11 月转字 28 号和 12 月转字 50 号记账凭证未实施进一步检查，上述两笔记账凭证反映的销售额明显高于其他测试项目，有可能表明存在舞弊，不应仅依赖管理层的解释。

8.3　营业收入的审计

8.3.1　营业收入的审计目标

营业收入项目核算企业在销售商品、提供劳务等主营业务活动中所产生的收入，以及企业确认的除主营业务活动以外的其他经营活动中实现的收入，包括出租固定资产、出租无形资产、出租包装物和商品、销售材料等实现的收入。其审计目标一般包括：

（1）确定利润表中记录的营业收入是否已发生，且与被审计单位有关。

（2）确定营业收入记录是否完整。

（3）确定与营业收入有关的金额及其他数据是否已恰当纪录，包括对销售退回、销售折扣与折让的处理是否适当。

（4）确定营业收入是否已记录于正确的会计期间。

（5）确定营业收入是否已按照企业会计准则的规定在财务报表中作出恰当的列报。

营业收入包括主营业务收入和其他业务收入，本节中将分别介绍这两部分的实质性程序。

8.3.2　主营业务收入的实质性程序

主营业务收入的实质性程序一般包括以下内容：

（1）获取或编制主营业务收入明细表。

（2）检查主营业务收入的确认条件、方法是否符合企业会计准则，前后期是否一致；关注周期性、偶然性的收入是否符合既定的收入确认原则、方法。按照《企业会计准则第14号——收入》的要求，企业销售商品收入应在下列条件均满足时予以确认：①企业已将商品所有权上的主要风险和报酬转移给购货方；②企业既没有保留通常与所有权相联系的继续管理权，也没有对已售出的商品实施有效控制；③收入的金额能够可靠地计量；④相关的经济利益很可能流入企业；⑤相关的已发生或将发生的成本能够可靠地计量。五个条件必须同时满足，如果有一个条件不满足均不能予以确认。具体说来，被审计单位采取的销售方式不同，确认销售的时点也是不同的。

采用交款提货销售方式，应于货款已收到或取得收取货款的权利，同时已将发票账单和提货单交给购货单位时确认收入的实现。

采用预收账款销售方式，应于商品已经发出时，确认收入的实现。

采用托收承付结算方式，应予商品已经发出或劳务已经提供，并已将发票账单提交银行、办妥收款手续时确认收入的实现。

销售合同或协议明确销售价款的收取采用递延方式，实质上具有融资性质的，应当按照应收的合同或协议价款的公允价值确定销售商品收入金额。

长期工程合同收入，如果合同的结果能够可靠估计，应当根据完工百分比法确认合同收入。

销售商品房的，通常应在商品房已经移交并将发票结算账单提交对方时确认收入。对此，注册会计师应重点检查已办理的移交手续是否符合规定要求，发票账单是否已交对方。

同步案例8-2

M 公司的交易处理情况是否正确

背景与情境：注册会计师对被审计单位 M 公司2009年的相关收入进行审计时，发现 M 公司存在以下与收入确认相关的交易处理情况：

（1）被审计单位拟在2009年12月按合同约定给 A 公司发出产品时，对方告知由于发生巨额亏损，资金周转困难，无法承诺付款。为了保持良好的客户关系，M 公司仍于2009年末交付产品，但在2009年未确认相应的主营业务收入。

（2）被审计单位确认对 B 公司的销售收入计 2 000 万元（不含税，增值税税率为

17%），相关会计记录显示，销售给 B 公司的产品系按其要求定制，成本为 1 800 万元，支付了 1 000 万元款项，该产品尚存放于被审计单位，且被审计单位尚未开具增值税发票和通知 B 公司提货。

（3）2009 年 12 月，被审计单位销售一批商品给 C 公司。C 公司已根据被审计单位开出的发票账单支付了货款，取得了提货单，但被审计单位尚未将商品移交 C 公司。被审计单位未确认该笔收入。

（4）2009 年 12 月 30 日，被审计单位销售一批高档家具给 D 宾馆。该批家具总售价 1 000 万元，12 月 30 日装运家具时，已收到 800 万元货款，合同约定，被审计单位应将该家具送抵 D 宾馆并按照图纸摆放到各客房。被审计单位在 2010 年 1 月 3 日安装摆放完毕，收到剩余货款。2009 年，被审计单位确认了销售收入 1 000 万元。

问题：M 公司的交易处理情况是否正确？为什么？

分析提示：

（1）处理正确。由于并不满足预期的经济利益能够流入企业这个关键的条件，所以不应确认收入。

（2）处理不正确。由于 B 企业并未验收，产品是否合格无法认定，所以不应确认收入。

（3）处理不正确。采用交款提货的销售方式，即购买方已根据销售方开出的发票账单支付货款，并取得销售方开出的提货单。在这种情况下，购买方支付货款并取得提货单，说明商品所有权上的主要风险和报酬已转移给购买方，虽然商品未实际交付，M 公司仍可以认为商品所有权上的主要风险和报酬已经转移，所以应确认收入。

（4）处理正确。虽然 M 公司尚未完成安装摆放工作，但就该销售而言，安装工作并不是影响销售实现的重要因素，收入已实现。

（3）必要时实施以下实质性分析程序：①针对已识别需要运用分析程序的有关项目，并基于对被审计单位及其环境的了解，通过进行比较，同时考虑有关数据间关系的影响，以建立有关数据的期望值。②确定可接受的差异额。③将实际的情况与期望值相比较，识别需要进一步调查的差异。④如果其差额超过可接受的差异额，调查并获取充分的解释和恰当的佐证审计证据（如通过检查相关的凭证等）。⑤评估分析程序的测试结果。

（4）获取产品价格目录，抽查售价是否符合定价政策，并注意销售给关联方或关系密切的重要客户的产品价格是否合理，有无低价或高价结算以转移收入和利润的现象。

（5）抽取本期一定数量的发运凭证，审查存货出库日期、品名、数量等是否与销售发票、销售合同、记账凭证等一致。

（6）抽取本期一定数量的记账凭证，审查入账日期、品名、数量、单价、金额等是否与销售发票、发运凭证、销售合同等一致。

（7）结合对应收账款实施的函证程序，选择主要客户函证本期销售额。

（8）对销售实施截止测试，其目的主要在于确定被审计单位主营业务收入的会计记录归属期是否正确；应记入本期或下期的主营业务收入是否被推延至下期或提前至本期。具体测试程序如下：①选取资产负债表日前后若干天一定金额以上的发运凭证，与应收账款和收入明细账进行核对；同时，从应收账款和收入明细账中选取在资产负债表日前后若干天一定金额以上的凭证，与发货单据核对，以确定销售是否存在跨期现象。②复核资产负债表日前后销售和发货水平，确定业务活动水平是否异常，并考虑是否有必要追加实施截止测试程序。③取得资产负债表日后所有的销售退回记录，检查是否存在提前确认收入的情况。④结合对资产负债表日应收账款的函证程序，检查有无未取得对方认可的大额销售。⑤调整重大跨期销售。

注册会计师在审计中应该注意把握三个与主营业务收入确认有着密切关系的日期：一是发票开具日期或者收款日期；二是记账日期；三是发货日期（服务业则是提供劳务的日期）。围绕上述三个重要日期，在审计实务中，注册会计师可以考虑选择三条审计路径实施主营业务收入的截止测试。一是以账簿记录为起点。从资产负债表日前后若干天的账簿记录查至记账凭证，检查发票存根与发运凭证，目的是证实已入账收入是否在同一期间已开具发票并发货，有无多记收入。二是以销售发票为起点。从资产负债表日前后若干天的发票存根查至发运凭证与账簿记录，确定已开具发票的货物是否已发货并于同一会计期间确认收入。具体做法是：抽取若干张在资产负债表日前后开具的销售发票的存根，追查至发运凭证和账簿记录，查明有无漏记收入现象。三是以发运凭证为起点。从资产负债表日前后若干天的发运凭证查至发票开具情况与账簿记录，确定主营业务收入是否已记入恰当的会计期间。

（9）检查销售退回、销售折扣与折让。存在销货退回的，检查相关手续是否符合规定，结合原始销售凭证检查其会计处理是否正确，结合存货项目审计其真实性。

销售折扣与折让形成的原因不尽相同，但都是对收入的抵减，直接影响收入的确认和计量。因此，注册会计师应重视销售折扣与折让的审计。销售折扣与折让的实质性程序主要包括：①获取或编制销售折扣与折让明细表，复核加计正确，并与明细账合计数核对相符。②取得被审计单位有关销售折扣与折让的具体规定和其他文件资料，并抽查较大的销售折扣与折让发生额的授权批准情况，与实际执行情况进行核对，检查其是否经授权批准，是否合法、真实。③销售折让与折扣是否及时足额提交对方，有无虚设中介、转移收入、私设账外"小金库"等情况。④检查销售折扣与折让的会计处理是否正确。

（10）检查有无特殊的销售行为，如附有销售退回条件的商品销售、委托代销、售后回购、以旧换新、商品需要安装和检验的销售、分期收款销售、出口销售、售后租回等，可选择以下恰当的审计程序进行审核：①附有销售退回条件的商品销售，如果对退货部分能作合理估计的，确定其是否按估计不会退货部分确认收入；如果对退货部分不能作合理估计的，确定其是否在退货期满时确认收入。②售后回购，分析特定销售回购的实质，判断其属于真正的销售交易还是属于融资行为。③以旧换新销售，确定销售的商品是否按照商品销售的方法确认收入，回收的商品是否作为购进商品处理。④出口销售，确定其是否按离岸价格、到岸价格或成本加运费价格等不同的成交方式，确认收入的时点和金额。

（11）调查向关联方销售的情况，记录其交易品种、价格、数量、金额以及占主营业务收入总额的比例。对于合并范围内的销售活动，记录应予合并抵消的金额。

（12）调查集团内部销售的情况，记录其交易价格、数量和金额，并追查在编制合并财务报表时是否已予以抵消。

（13）确定主营业务收入的列报是否恰当。

职业道德探讨 8-1

保持独立性

背景与情境： 东方电子（证券代码：000682）于 1997 年 1 月 21 日在深交所挂牌上市，公开发行 1 030 万股 A 股，发行价 7.88 元/股。此后，东方电子的股价一路上行，4 年间累计飙升 60 倍以上。在股本高速扩张的基础上，连续 3 年实现业绩翻番，一度被评为中国最优秀的上市公司。2001 年 7 月，东方电子股价莫名下跌，同年 9 月，中国证监会正式对东方电子立案调查。此后，东方电子的股价一路下挫。同年 10 月，公司公告承认"在信息披露、利润确认等方面存在一定问题，结果将以证监会调查结论为准"。此后，东方电子将历年来高达 10.39 亿元的税后炒股收益（通过在二级市场炒作本公司股票）悉数计入"主营业务收入"以虚构业绩的事实真相大白于天下。其随后公布的 2001 年年报称，公司"将最近几年出售股票收入 10.39 亿元作为重大会计差错进行更正，将全部收入扣除税款以外的其他部分暂挂其他应付款科目，待证监会的处理决定下达后再进行调整"。2002 年 4 月 30 日，东方电子被"ST"特别处理，股票简称"ST 东方"。

问题： 为什么会出现这样的造假行为？

分析提示： 出现如此恶劣的造假行为，作为审计方的山东烟台乾聚会计师事务所（以下简称乾聚会计师事务所）具有不可推卸的责任。乾聚会计师事务所 1997—2000 年均出具了无保留意见（2001 年年报仍由乾聚会计师事务所审计，出具了非标准的无保留意见），未发现会计报表中有重大的错误及舞弊。事实上，自 1997 年上市以后，东方电子便开始利用二级资本市场进行疯狂炒作。5 年间，东方电子先后利用卖出本公司一部分个人原始股所套现的资金和投入公司资金 6.8 亿元用来买卖本公司股票，总计违法交易金额高达 51 亿余元。同时，他们利用炒股收益来粉饰会计报表。5 年间，东方电子先后将炒股收益中的 15.95 亿元（后证监会核查为 10.39 亿元税后收益）通过虚开销售发票、伪造销售合同等手段，计入"主营业务收入"。

我国《独立审计基本准则》第 3 条规定，"注册会计师应当遵守职业道德规范，恪守独立、客观、公正的原则，并以应有的职业谨慎态度执行审计业务、发表审计意见"。独立性是注册会计师执行审计业务的灵魂，独立性包括实质上的独立和形式上的独立。注册会计师与客户间若存在经济利益、自我评价、关联关系或外界压力等可能损害独立性的因素，就很可能影响客观、公正的立场，难以完全按审计准则进行审计工作。乾聚会计师事务所连续 5 年为东方电子提供无保留意见审计报告，并因此获得 204 万元的审计费用，二者密切的经济利益关系不能不让人对乾聚会计师事务所进行审计的独立立场提出质疑。

8.3.3 其他业务收入的实质性程序

其他业务收入的实质性程序一般包括以下内容：

（1）获取或编制其他业务收入明细表，复核加计是否正确，并与总账数和明细账合计数核对是否相符，结合主营业务收入科目与营业收入报表数核对是否相符。

（2）计算本期其他业务收入与其他业务成本的比率，并与上期该比率比较，检查是否有重大波动，如有，应查明原因。

（3）检查其他业务收入内容是否真实、合法，收入确认原则及会计处理是否符合规定，择要抽查原始凭证予以核实。

（4）对异常项目，应追查入账依据及有关法律文件是否充分。

（5）抽查资产负债表日前后一定数量的记账凭证，实施截止测试，追踪到销售发票、收据等，确定入账时间是否正确，对于重大跨期事项作必要的调整建议。

（6）确定其他业务收入在财务报表中的列报是否恰当。

教学互动 8-1

在销售与收款业务循环审计中，销售收入的认定是审计的重要内容之一，为了让学生对销售与收款循环有更深的理解，充分掌握销售收入审计的核心内容，我们将学生分成若干小组，分组讨论以下实务问题：

初步问题：

（1）销售与收款循环的关键控制点有哪些？

（2）进行主营业务收入的分析程序时应从哪些方面入手？你认为的核心指标应有哪些？

进一步问题：

（1）在销售与收款循环审计中，为何要关注关联方交易？

（2）与关联方交易有关的舞弊方式有哪些？如何发现和防止这些舞弊方式？

要求：同【教学互动 1-1】的"要求"。

8.4 应收账款的审计

应收账款是指企业因销售商品、提供劳务而形成的债权。应收账款余额包括应收账款账面余额和相应的坏账准备两部分。坏账是指企业无法收回或收回可能性极小的应收款项（包括应收票据、应收账款、预付款项、其他应收款和长期应收款等），由于发生坏账而产生的损失称为坏账损失。企业通常采用备抵法按期估计坏账损失，故形成坏账准备。

8.4.1 应收账款的审计目标

应收账款的审计目标一般包括：

（1）确定应收账款是否存在。

（2）确定应收账款是否归被审计单位拥有或控制。

（3）确定应收账款及其坏账准备的记录是否完整。

（4）确定应收账款是否可收回，坏账准备的计提方法和比例是否恰当，计提是否充分。

（5）确定应收账款及其坏账准备期末余额是否正确。

（6）确定应收账款及其坏账准备的列报是否恰当。

8.4.2 应收账款的实质性程序

1）取得或编制应收账款明细表

（1）复核加计正确，并与总账数和明细账合计数核对是否相符；结合坏账准备科目与报表数核对是否相符。应当注意的是，应收账款报表数反映企业因销售商品、提供劳务等应向购买单位收取的各种款项，减去已计提的相应的坏账准备后的净额。因此，报表数应同应收账款总账数和明细数分别减去与应收账款相应的坏账准备总账数和明细账数后的余额核对相符。

（2）检查非记账本位币应收账款的折算汇率及折算是否正确。

（3）分析有贷方余额的项目并查明原因，必要时建议作重分类调整。

（4）结合其他应收款、预收款项等往来项目的明细余额，调查有无同一客户多处挂账、异常余额或与销售无关的其他款项（例如，代销账户、关联方账户或员工账户）。如有，应做记录，必要时提出调整建议。

2）检查涉及应收账款的相关财务指标

（1）复核应收账款借方累计发生额与主营业务收入关系是否合理，并将当期应收账款借方发生额占销售收入净额的百分比与管理层考核指标和被审计单位相关赊销政策比较，如存在差异应查明原因。

（2）计算应收账款周转率、应收账款周转天数等指标，并与被审计单位相关赊销政策、被审计单位以前年度指标、同行业同期相关指标对比分析，检查是否存在重大异常。

注册会计师实施风险评估程序本身并不足以为发表审计意见提供充分、适当的审计证据，注册会计师还应当实施进一步审计程序，包括实施控制测试（必要时或决定测试时）和实质性程序。因此，注册会计师评估财务报表重大错报风险后，应当运用职业判断，针对评估的财务报表层次重大错报风险确定总体应对措施，并针对评估的认定层次重大错报风险设计和实施进一步审计程序，以将审计风险降至可接受的低水平。

由于注册会计师对重大错报风险的评估是一种判断，并且内部控制存在固有局限性，因此，无论评估的重大错报风险结果如何，注册会计师均应当针对所有重大的各类交易、账户余额、列报实施实质性程序，以获取充分、适当的审计证据。

由此可见，风险评估程序和实质性程序是每次财务报表审计都应实施的必要程序，而控制测试则不是。在财务报表审计业务中，注册会计师必须通过实施风险评估程序、控制测试（必要时或决定测试时）和实质性程序，才能获取充分、适当的审计证据，得出合理的审计结论，作为形成审计意见的基础。

3）检查应收账款账龄分析是否正确

（1）获取或编制应收账款账龄分析表。注册会计师可以通过编制或索取应收账款账龄分析表来分析应收账款的账龄，以便了解应收账款的可收回性。应收账款账龄分析表参考格式见表8-5。

表8-5

应收账款账龄分析表

年　月　日

货币单位：

客户名称	期末余额	账　龄			
		1 年以内	1~2 年	2~3 年	3 年以上
合　计					

应收账款的账龄，是指资产负债表中的应收账款从销售实现、产生应收账款之日起，

至资产负债表日止所经历的时间。编制应收账款账龄分析表时，可以考虑选择重要的客户及其余额列示，而将不重要的或余额较小的汇总列示。应收账款账龄分析表的合计数减去已计提的相应坏账准备后的净额，应该等于资产负债表中的应收账款项目余额。

（2）测试应收账款账龄分析表计算的准确性，并将应收账款账龄分析表中的合计数与应收账款总分类账余额相比较，并调整重大调节项目。

（3）检查原始凭证，如销售发票、运输记录等，测试账龄划分的准确性。

4）向债务人函证应收账款

函证应收账款的目的在于证实应收账款账户余额的真实性、正确性，防止发生被审计单位及其有关人员在销售交易中发生的错误或舞弊行为。

注册会计师应当考虑被审计单位的经营环境、内部控制的有效性、应收账款账户的性质、被询证者处理询证函的习惯做法及回函的可能性等，以确定应收账款函证的范围、对象、方式和时间。

除非有充分证据表明应收账款对被审计单位财务报表而言是不重要的，或者函证很可能是无效的，否则注册会计师应当对应收账款进行函证。如果注册会计师不对应收账款进行函证，应当在工作底稿中说明理由。如果认为函证很可能是无效的，注册会计师应当实施替代审计程序，获取相关、可靠的审计证据。

函证数量的多少、范围是由诸多因素决定的，主要有：①应收账款在全部资产中的重要性。若应收账款在全部资产中所占的比重较大，则函证的范围应相应大一些。②被审计单位内部控制的强弱。若内部控制制度较健全，则可以相应减少函证量；反之，则应相应扩大函证范围。③以前期间的函证结果。若以前期间函证中发现过重大差异，或欠款纠纷较多，则函证范围应相应扩大一些。

一般情况下，注册会计师应选择以下项目作为函证对象：大额或账龄较长的项目；与债务人发生纠纷的项目；关联方项目；主要客户（包括关系密切的客户）项目；交易频繁但期末余额较小甚至余额为零的项目；可能产生重大错报或舞弊的非正常的项目。

函证方式分为积极的函证方式和消极的函证方式。积极的函证方式，是指如果采用该种函证方式，注册会计师应当要求被询证者在所有情况下必须回函，确认询证函所列示信息是否正确，或填列询证函要求的信息。消极的函证方式，是指如果采用消极的函证方式，注册会计师只要求被询证者仅在不同意询证函列示信息的情况下才予以回函。

同步思考 8-2

注册会计师在对甲公司进行审计时，考虑对表 8-6 所列应收账款进行函证，在不考虑样本量的前提下，请指出注册会计师应选择的函证对象，并说明理由。

表 8-6   **甲公司应收账款列表**

单位名称	金额	账龄	备注
A 公司	20 000 000	2.5 年	
B 公司	100 000	1 年内	
C 公司	30 000	2 年	因产品质量问题发生纠纷
D 公司	4 000	1.5 年	甲公司的子公司
E 公司	200 000	3 年	

理解要点：注册会计师应选择 A、C、D、E 公司进行函证。

A 公司，属于金额大的应收账款，而且账龄较长，注册会计师应采用积极式函证。

C 公司，属于有纠纷的应收账款，注册会计师应采用积极式函证。

D 公司，属于关联方的应收账款，注册会计师应采用积极式函证。

E 公司，属于账龄长的应收账款，注册会计师应采用积极式函证。

注册会计师通常以资产负债表日为截止日，在资产负债表日后适当时间内实施函证。如果重大错报风险评估为低水平，注册会计师可选择资产负债表日前适当日期为截止日实施函证，并对所函证项目自该截止日起至资产负债表日止发生的变动实施实质性程序。

注册会计师通常利用被审计单位提供的应收账款明细账户名称及客户地址等资料据以编制询证函，但注册会计师应当对需要确认或填列的信息、选择适当的被询证者、设计询证函以及发出和跟进（包括收回）询证函保持控制。

注册会计师可通过函证结果汇总表的方式对询证函的收回情况加以控制。函证结果汇总表的格式见表8-7。

表 8-7 **应收账款函证结果汇总表**

被审计单位名称： 制表： 日期：

结账日： 年 月 日 复核： 日期：

询证函编号	债务人名称	债务人地址及联系方式	账面金额	函证方式	函证日期 第一次	函证日期 第二次	回函日期	替代程序	确认余额	差异金额及说明	备注
合 计											

对应收账款而言，登记入账的时间不同而产生的不符事项主要表现为：①询证函发出时，债务人已经付款，而被审计单位尚未收到货款；②询证函发出时，被审计单位的货物已经发出并已做销售记录，但货物仍在途中，债务人尚未收到货物；③债务人由于某种原因将货物退回，而被审计单位尚未收到；④债务人对收到的货物的数量、质量及价格等方面有异议而全部或部分拒付货款等。如果不符事项构成错报，注册会计师应当重新考虑所实施审计程序的性质、时间和范围。

注册会计师对函证结果可进行如下评价：①重新考虑对内部控制的原有评价是否适当，控制测试的结果是否适当，分析程序的结果是否适当，相关的风险评价是否适当等。②如果函证结果表明没有审计差异，则可以合理地推论全部应收账款总体是正确的。③如果函证结果表明存在审计差异，则应当估算应收账款总额中可能出现的累计差错是多少，估算未被选中进行函证的应收账款的累计差错是多少。为取得对应收账款累计差错更加准确的估计，也可以进一步扩大函证范围。

5）确定已收回的应收账款金额

请被审计单位协助，在应收账款账龄分析表上标出至审计时已收回的应收账款金额，对已收回金额较大的款项进行常规检查，如核对收款凭证、银行对账单、销售发票等，并注意凭证发生日期的合理性，分析收款时间是否与合同相关要素一致。

6）对未函证的应收账款实施替代审计程序

对于未函证的应收账款，注册会计师应抽查原始凭证，如抽查销售合同、销售订单、销售发票副本及发运凭证及回款单据等，以验证与其相关的应收账款的真实性。

7）检查坏账的确认和处理

注册会计师应检查有无债务人破产或者死亡的，以及破产或以遗产清偿后仍无法收回的情况，或者债务人长期未履行清偿义务的应收账款。在此基础上，注册会计师应检查被审计单位坏账的处理是否经授权批准，有关会计处理是否正确。

8）抽查有无不属于结算业务的债权

注册会计师应抽查应收账款明细账，并追查有关原始凭证，查证被审计单位有无不属于结算业务的债权。如有，应作记录或建议被审计单位作适当调整。

9）检查贴现、质押或出售

检查银行存款和银行借款等询证函的回函、会议纪要、借款协议和其他文件，确定应收账款是否已被贴现、质押或出售，应收账款贴现业务属于质押还是出售，其会计处理是否正确。

10）对应收账款实施关联方及其交易审计程序

标明应收关联方（包括持股5%及以上股东）的款项，实施关联方及其交易审计程序，并注明合并财务报表时应予抵销的金额；对关联企业、有密切关系的主要客户的交易事项作专门核查。

11）确定应收账款的列报是否恰当

如果被审计单位是上市公司，则其财务报表附注通常应披露期初、期末余额的账龄分析，期末欠款金额较大的单位账款，以及持有5%及以上股份的股东单位账款等情况。

业务链接8-3

应收账款内部控制中常见的问题

赊销赊供已成为当前一种普遍的交易方式，应收账款的有效管理对企业来说至关重要。目前，企业中应收账款的内部控制主要存在以下几个方面的问题：

（1）信用管理不规范。在许多企业中，没有设立专门的信用机构，也没有专人负责此项工作，更没有建立对客户信用风险进行评估、按信用等级进行分级建档、分类管理、区别对待的财务管理机制。

（2）未设立应收账款台账。企业账务部门仅仅是按照企业会计制度和会计准则的核算要求，设立了应收账款总账和明细账，不能及时反映客户应收账款的增减变动及其账龄等账务信息，不能有效反映企业的经营成果。

（3）没有建立应收账款催收责任制度。企业对销售人员进行提成奖励，货款是否能够收回是企业财务部门的事，与销售人员无关。财务人员的薪酬又与销售无关。因此，就会形成产品销售时有人关心过问，货款拖欠时无人催收、无人追究的现状。

（4）坏账损失管理不规范。如果不加强内部控制，对应收账款进行逐笔核对，定期向对方单位函证往来款项，核对账目，可能会造成已确认坏账损失的应收账款经销售人员收回后截留挪用，造成企业资产流失。

同步案例 8-3

王某在执行审计过程中存在的问题

背景与情境： ABC 会计师事务所在对 X 股份有限公司 2009 年度财务报表进行审计时，项目负责人决定由助理人员王某执行应收账款的函证程序。助理人员王某直接向 X 公司索取了应收账款明细汇总表后，确定了其中 100 个债务人作为函证对象。由于工作量大，助理人员王某决定请 X 公司财务人员协助其工作。具体步骤为：助理人员王某亲自填写询证函，交 X 公司财务人员帮助盖章并复印；财务人员将复印件交助理人员王某作为工作底稿，原件由财务人员帮助装入信封，书写地址等并寄发。

问题： 请指出助理人员王某在执行审计过程中存在的问题，并简要说明理由。

分析提示：

（1）未对应收账款明细汇总表进行必要的核对。

（2）助理人员王某对函证过程的控制不够。为了提高工作效率，审计人员可以利用被审计单位的人员协助工作，但为了避免询证函的内容被更改或询证函未寄出，审计人员必须做到真正控制函证的过程。在粘贴信封时，应对函证内容、地址等事项重新核对，并由审计人员亲自寄发询证函。

8.4.3　坏账准备的实质性程序

企业会计准则规定，企业应当在期末对应收款项进行检查，并预计可能产生的坏账损失。应收款项包括应收票据、应收账款、预付款项、其他应收款和长期应收款等，下面以应收账款相关的坏账准备为例，阐述坏账准备审计常用的实质性程序。

（1）取得或编制坏账准备明细表，复核加计是否正确，与坏账准备总账数、明细账合计数核对是否相符。

（2）将应收账款坏账准备本期计提数与资产减值损失相应明细项目的发生额核对是否相符。

（3）检查应收账款坏账准备计提和核销的批准程序，取得书面报告等证明文件，评价计提坏账准备所依据的资料、假设及方法。

（4）实际发生坏账损失的，检查转销依据是否符合有关规定，会计处理是否正确。

（5）已经确认并转销的坏账重新收回的，检查其会计处理是否正确。

（6）检查函证结果。对债务人回函中反映的例外事项及存在争议的余额，注册会计师应查明原因并记录。必要时，应建议被审计单位作相应的调整。

（7）实施分析程序。通过比较前期坏账准备计提数和实际发生数，以及检查期后事项，评价应收账款坏账准备计提的合理性。

（8）确定应收账款坏账准备的披露是否恰当。企业应当在财务报表附注中清晰地说明坏账的确认标准、坏账准备的计提方法和计提比例。

教学互动 8-2

根据应收账款的特殊性，为了让学生充分理解和把握，对应收账款的下列问题开展互动讨论。

（1）应收账款对企业的利弊是什么？

（2）通常情况下，企业应收账款内部控制会存在哪些方面的问题？如何进行识别？

（3）如何对应收账款进行审计？

要求：同【教学互动 1-1】的"要求"。

第**9**章
采购与付款循环的审计

学习目标

通过本章学习，应该达到以下目标：

理论目标：学习和把握采购与付款循环的概念；掌握采购与付款循环涉及的主要账户、凭证、会计记录和业务活动；理解采购与付款交易的审计目标和内部控制目标。

实务目标：学习和把握采购与付款循环的内部控制测试和实质性程序，能用其进行"应付账款"、"存货"和"固定资产"的相关审计活动；学会编制"采购与付款循环内部控制表"；理解"业务链接"等程序性知识。

案例目标：运用采购与付款循环的相关案例，培养和提高在具体业务情境中分析问题与决策设计的能力；通过案例分析理解采购与付款循环的重大错报风险领域；能结合本章教学内容，根据"职业道德探讨"的行业规范或标准，分析注册会计师在审计过程中的独立性行为，强化职业道德素质。

实训目标：进行"采购与付款循环"审计的实践训练。重点掌握采购与付款交易的内部控制测试、重大错报风险的识别、存货审计、应付账款审计和固定资产审计等具体业务。在了解和把握本实训所涉及相关技能点的"规范与标准"的基础上，培养审计人员的审计思维，强化专业循环的审计能力。

引例　锦州港造假案

背景与情境： 2002 年 10 月 16 日，国内一家知名财经网站上刊登了"飞草"的一篇文章——锦州港：业绩反复无常的背后。通过对锦州港历年财务报表进行专业分析，这篇文章对公司业绩提出强烈质疑。

2002 年 10 月 22 日，锦州港董事会公告称：2001 年 9 月至 12 月，财政部对公司 2000 年及以前年度执行《会计法》的情况进行了检查。检查结果认为，公司 2000 年及以前年度多确认收入 36 717 万元；将应计入财务费用的利息支出予以资本化，少计财务费用 4 945 万元；由于工程完工转入固定资产不及时，折旧计提起始月份不准确及港口设施、设备资产分类不适当等，导致 2000 年度少计提折旧 780 万元，相应地少计主营业务成本等 780 万元；对在建工程确认不准确，1998—2000 年多列资产 11 939 万元，实际虚增资产约 43 803 万元。

如此一大笔虚账究竟是如何形成的呢？一般来说，虚增收入、少计财务费用的方式有多种，比如预收款直接作为销售收入入账、完工后在建工程产生的费用予以分期摊销等。锦州港选择的是较为简单的造假手法，在 1996—1999 年的 4 年间，公司直接虚增应收账款或货币资金。但这样的造假手法非常危险，截至 1999 年年末，锦州港账面货币资金只有 45 693 万元，其中有 21 367 万元是虚构的，锦州港可能也意识到这种造假手法不保险，从 2000 年开始，有意填补银行存款巨额窟窿，假账主要从固定资产和在建工程走，到 2001 年，公司可能担心虚构巨额银行存款被查，通过虚增在建工程名义将银行存款窟窿补上，这样，到 2001 年年末，货币资金被填实了，而在建工程及固定资产虚增了 34 164 万元。

问题：

（1）锦州港的造假动机是什么？（提示：锦州港 A（600190）、锦港 B（900952）分别于 1999 年和 1998 年在上海证券交易所上市，证监会规定上市标准之一是净资产收益率要达到 10%。）

（2）为什么如此简单的造假手段没被发现？

由上例可见，该造假案主要通过自建固定资产来虚增资产，这种造假手段比应收账款和货币资金造假更隐秘，但只要审计方法得当，还是不难发现的。在采购与付款循环的审计中，应该如何做呢？

9.1　采购与付款循环的特性

9.1.1　涉及的主要账户

采购与付款循环是指企业购买商品、劳务和固定资产，以及企业在经营活动中为获取收入而发生的直接或间接支出等活动。部分支出可能与产品收入直接相关，部分支出可能会形成企业资产，而这些资产又形成了企业经营活动的基础。采购与付款循环经济业务影响的财务报表中重要的项目有预付款项、存货、固定资产、在建工程、工程物资、固定资产清理、无形资产、开发支出、商誉、长期待摊费用、应付票据、应付账款、长期应付款和管理费用等。

9.1.2　涉及的主要凭证与会计记录

采购与付款交易通常要经过"请购—订货—验收—付款"这样的程序，同销售与收款交易一样，在内部控制比较健全的企业，处理采购与付款交易通常也需要使用很多凭证与会计记录（见表9-1）。典型的采购与付款循环所涉及的主要凭证与会计记录有以下几种：

表 9-1　　　　　　　　　　　**不同行业类型的采购和费用支出**

行业类型	典型的采购和费用支出
贸易业	产品的选择和购买、产品的存储和运输、广告促销费用、售后服务费用
一般制造业	生产过程所需的设备支出、原材料、易耗品、配件的购买与存储支出，市场经济费用，把产成品运达顾客或零售商所发生的运输费用、管理费用
专业服务业	律师、会计师、财务顾问的费用支出，包括印刷、通讯、差旅费、电脑、车辆等办公设备的购置和租赁，书籍资料和研究设施的费用
金融服务业	建立专业化的安全的计算机信息网络和用户自动存取款设备的支出，给付储户的存款利息，支付其他银行的资金拆借利息、手续费、现金存放、现金运送和网络银行设施的安全维护费用，客户关系维护费用
建筑业	建材支出，建筑设备和器材的租金或购置费用，支付给分包商的费用；保险支出和安保成本；建筑保证金和通行许可审批方面的支出；交通费、通讯费等。当在外地施工时还会发生建筑工人的住宿费用

1）请购单

请购单是由产品制造、资产使用等部门的有关人员填写，送交采购部门，申请购买商品、劳务或其他资产的书面凭证。

2）订购单

订购单是由采购部门填写，向另一企业购买订购单上所指定的商品、劳务或其他资产的书面凭证。

3）验收单

验收单是收到商品、资产时所编制的凭证，列示从供应商处收到的商品、资产的种类和数量等内容。

4）卖方发票

卖方发票（供应商发票）是供应商开具的，交给买方以载明发运的货物或提供的劳务、应付款金额和付款条件等事项的凭证。

5）付款凭单

付款凭单是采购方企业的应付凭单部门编制的，载明已收到的商品、资产或接受的劳务、应付款金额和付款日期的凭证。付款凭单是采购方企业内部记录和支付负债的授权证明文件。

6）转账凭证

转账凭证是指记录转账交易的记账凭证，它是根据有关转账交易（即不涉及库存现金、银行存款收付的各项交易）的原始凭证编制的。

7）付款凭证

付款凭证包括现金付款凭证和银行存款付款凭证，是指用来记录库存现金和银行存款支出交易的记账凭证。

8）应付账款明细账

9）库存现金日记账和银行存款日记账

10）供应商对账单

供应商对账单是由供应商按月编制的，标明期初余额、本期购买和本期支付给供应商的款项以及期末余额的凭证。供应商对账单是供应商对有关交易的陈述，如果不考虑买卖双方在收发货物上可能存在的时间差等因素，其期末余额通常应与采购方相应的应付账款期末余额一致。

9.1.3　涉及的主要业务活动

在一个企业里，如果可能的话，应将各项职能活动指派给不同的部门或职员来完成。这样，每个部门或职员都可以独立检查其他部门和职员工作的正确性。下面以采购商品为例，分别阐述采购与付款循环所涉及的主要业务活动及其适当的控制程序和相关的认定。

1）请购商品和劳务

仓库负责对需要购买的已列入存货清单的项目填写请购单，其他部门也可以对所需要购买的未列入存货清单的项目编制请购单。大多数企业对正常经营所需物资的购买均作一般授权，比如，仓库在现有库存达到再订购点时就可直接提出采购申请。但对资本支出和租赁合同，企业政策则通常要求作特别授权，只允许指定人员提出请购。请购单可由手工或计算机编制。由于企业内不少部门都可以填列请购单，不便事先编号，为加强控制，每张请购单必须经过对这类支出预算负责的主管人员签字批准。

请购单是证明有关采购交易的"发生"认定的凭据之一，也是采购交易轨迹的起点。

2）编制订购单

采购部门在收到请购单后，只能对经过批准的请购单发出订购单。对每张订购单，采购部门应确定最佳的供应来源。订购单应正确填写所需要商品的品名、数量、价格、厂商名称和地址等，预先予以编号并经过被授权的采购人员签名。订购单正联应送交供应商，副联则送至企业内部的验收部门、应付凭单部门和编制请购单的部门。随后，应独立检查订购单的处理，以确定是否确实收到商品并正确入账。

这项检查与采购交易的"完整性"认定有关。

3）验收商品

验收部门首先应比较所收商品与订购单上的要求是否相符，如商品的品名、说明、数量、到货时间等，然后再盘点商品并检查商品有无损坏。验收后，验收部门应对已收货的每张订购单编制一式多联、预先编号的验收单，作为验收和检验商品的依据。验收人员将商品送交仓库或其他请购部门时，应取得经过签字的收据，或要求其在验收单的副联上签收，以确立其对所采购资产应负的保管责任。验收人员还应将其中的一联验收单送交应付凭单部门。

验收单是支持资产或费用以及与采购有关的负债的"存在或发生"认定的重要凭证。定期独立检查验收单的顺序，以确定每笔采购交易都已编制凭单，这与采购交易的"完整性"认定有关。

4）储存已验收的商品存货

将已验收商品的保管与采购的其他职责相分离，可减少未经授权的采购和盗用商品的风险。存放商品的仓储区应相对独立，限制无关人员接近。

这些控制与商品的"存在"认定有关。

5）编制付款凭单

记录采购交易之前，应付凭单部门应编制付款凭单。这项功能的控制包括：

（1）确定供应商发票的内容与相关的验收单、订购单的一致性。

（2）确定供应商发票计算的正确性。

（3）编制有预先编号的付款凭单，并附上支持性凭证（如订购单、验收单和供应商发票等）。这些支持性凭证的种类因交易对象的不同而不同。

（4）独立检查付款凭单计算的正确性。

（5）在付款凭单上填入应借记的资产或费用账户名称。

（6）由被授权人员在凭单上签字以示批准，并照此凭单要求付款。所有未付凭单的副联应保存在未付凭单档案中，以待日后付款。

经适当批准和有预先编号的凭单为记录采购交易提供了依据，因此，这些控制与"存在"、"发生"、"完整性"、"权利和义务"以及"计价和分摊"等认定有关。

6）确认与记录负债

正确确认已验收货物和已接受劳务的债务，要求准确、及时地记录负债。该记录对企业财务报表反映和企业实际现金支出有重大影响。与应付账款确认和记录相关的部门一般有责任核查购置的财产，并在应付凭单登记簿或应付账款明细账中加以记录。在收到供应商发票时，应付账款部门应将发票上所记载的品名、规格、价格、数量、条件及运费与订购单上的有关资料核对，如有可能，还应与验收单上的资料进行比较。

应付账款确认与记录的一项重要控制是要求记录现金支出的人员不得经手现金、有价证券和其他资产。恰当的凭证、记录与恰当的记账手续，对业绩的独立考核和应付账款职能而言是必不可少的控制。

7）付款

通常是由应付凭单部门负责确定未付凭单在到期日付款。企业有多种款项结算方式，以支票结算方式为例，编制和签署支票的有关控制包括：

（1）独立检查已签发支票的总额与所处理的付款凭单的总额的一致性。

（2）应由被授权的财务人员负责签署支票。

（3）被授权签署支票的财务人员应确定每张支票都附有一张已经适当批准的未付款凭单，并确定支票收款人姓名和金额与凭单内容一致。

（4）支票一经签署就应在其凭单和支持性凭证上以加盖印戳或打洞等方式将其注销，以免重复付款。

（5）支票签署人不应签发无记名甚至空白的支票。

（6）支票应预先连续编号，以保证支出支票存根的完整性和作废支票处理的恰当性。

（7）应确保只有被授权的财务人员才能接近未经使用的空白支票。

8）记录现金、银行存款支出

仍以支票结算方式为例，在手工系统下，会计部门应根据已签发的支票编制付款记账凭证，并据以登记银行存款日记账及其他相关账簿。以记录银行存款支出为例，有关控制包括：

（1）会计主管应独立检查记入银行存款日记账和应付账款明细账的金额的一致性，以及与支票汇总记录的一致性。

（2）通过定期比较银行存款日记账记录的日期与支票副本的日期，独立检查入账的及时性。

（3）独立编制银行存款余额调节表。

9.2 控制测试和交易的实质性程序

9.2.1 采购交易的内部控制

1）内部控制目标、内部控制与审计测试的关系

表9-2列示了采购交易的内部控制目标、关键内部控制和审计测试的关系。

表9-2 采购交易的内部控制目标、关键内部控制和审计测试的关系

内部控制目标	关键内部控制	常用的控制测试	常用的交易实质性程序
所记录的采购都确已收到商品或已接受劳务（存在）	①请购单、订购单、验收单和卖方发票一应俱全，并附在付款凭单后。②采购经适当级别批准。③注销凭证以防止重复使用。④对卖方发票、验收单、订购单和请购单作内部核查	①查验付款凭单后是否附有完整的相关单据。②检查批准采购的标记。③检查注销凭证的标记。④检查内部核查的标记	①复核采购明细账、总账及应付账款明细账，注意是否有大额或不正常的金额。②检查卖方发票、验收单、订购单和请购单的合理性和真实性。③追查存货的采购至存货永续盘存记录。④检查取得的固定资产
已发生的采购交易均已记录（完整性）	①订购单均经事先连续编号，并将已完成的采购登记入账。②验收单均经事先连续编号并已登记入账。③应付凭单经事先连续编号并已登记入账	①检查订购单连续编号的完整性。②检查验收单连续编号的完整性。③检查应付凭单连续编号的完整性	①从验收单追查至采购明细账。②从卖方发票追查至采购明细账
所记录的采购交易估价正确（准确性、计价和分摊）	①对计算准确性进行内部核查。②采购价格和折扣的批准	①检查内部核查的标记。②检查批准采购价格和折扣的标记	①将采购明细账中记录的交易与卖方发票、验收单和其他证明文件比较。②复算包括折扣和运费在内的卖方发票填写金额的准确性
采购交易分类的正确（分类）	①采用适当的会计科目表。②分类的内部核查	①检查工作手册和会计科目表。②检查有关凭证上内部核查的标记	参照卖方发票，比较会计科目表上的分类
采购交易按正确的日期记录（截止）	①要求收到商品或接受劳务后及时记录采购交易。②内部核查	①检查工作手册并观察有无未记录的卖方发票存在。②检查内部核查的标记	将验收单和卖方发票上的日期与采购明细账中的日期进行比较
采购交易被正确记入应付账款和存货等明细账中，并正确汇总（准确性、计价和分摊）	应付账款明细账内容的内部核查	检查内部核查的标记	通过加计采购明细账，追查过入采购总账和应付账款明细账、存货明细账的数额是否正确，用以测试过账和汇总的正确性

2）采购交易的内部控制

应付账款、固定资产等财务报表项目均属采购与付款循环。在正常的审计中，如果忽视采购与付款循环的控制测试及相应的交易实质性程序，仅仅依赖于这些具体财务报表项目余额实施实质性程序，则审计工作不仅费时、费力，而且也难以保证。如果被审计单位具有健全并且运行良好的相关内部控制，注册会计师把审计重点放在控制测试和交易的实质性程序上，则既可以降低审计风险，又可大大减少报表项目实质性程序的工作量，提高审计效率。

考虑到采购与付款循环控制测试的重要性，注册会计师往往对这一循环采用属性抽样审计方法。在测试该循环中的大多数属性时，注册会计师通常选择相对较低的可容忍误差。另外，由于采购与付款循环中各财务报表项目所涉及的业务交易量和金额的大小往往十分悬殊，使得注册会计师在审计时常将其中大额的和不寻常的项目筛选出来，百分之百地加以测试。

很显然，采购与付款的交易测试包括采购交易测试和付款交易测试两个部分。采购交易测试与本章前面讨论的 8 项主要业务活动中的前 6 项有关，即请购商品和劳务，编制订购单，验收商品，储存已验收的商品存货，编制付款凭单，确认与记录债务。付款交易测试则关系到后两项主要业务活动，即付款，记录现金、银行存款支出。

在 8.2 节中，我们以每项内部控制为出发点，比较详细地讨论了销售交易相关的内部控制。鉴于采购交易与销售交易无论是在控制目标、关键内部控制方面还是在控制测试与交易实质性程序方面，就原理而言大同小异，并且根据表 9-2 也比较容易理解，因此，以下仅就采购交易在上述方面的特殊之处予以说明。

（1）适当的职责分离

如前所述，适当的职责分离有助于防止各种有意或无意的错误。同销售与收款交易一样，采购与付款交易也需要适当的职责分离。财政部于 2002 年 12 月 23 日发布的财会 [2002] 21 号《内部会计控制规范——采购与付款（试行）》中规定，单位应当建立采购与付款业务的岗位责任制，明确相关部门和岗位的职责、权限，确保办理采购与付款业务的不相容岗位相互分离、制约和监督。采购与付款业务的不相容岗位至少包括：请购与审批；询价与确定供应商；采购合同的订立与审批；采购与验收；采购、验收与相关会计记录；付款审批与付款执行。这些都是对单位提出的、有关采购与付款业务相关职责适当分离的基本要求，以确保办理采购与付款业务的不相容岗位相互分离、制约和监督。

（2）内部核查程序

企业应当建立对采购与付款交易内部控制的监督检查制度。采购与付款内部控制监督检查的主要内容通常包括：

①采购与付款业务相关岗位及人员的设置情况。重点检查是否存在采购与付款业务不相容职务混岗的现象。

②采购与付款业务授权批准制度的执行情况。重点检查大宗采购与付款业务的授权批准手续是否健全，是否存在越权审批的行为。

③应付账款和预付账款的管理。重点审查应付账款和预付账款支付的正确性、时效性和合法性。

④有关单据、凭证和文件的使用和保管情况。重点检查凭证的登记、领用、传递、保

管、注销手续是否健全，使用和保管制度是否存在漏洞。

（3）对表9-2有关内容的说明

①所记录的采购都确已收到商品或接受劳务。如果注册会计师对被审计单位在这个目标上的控制的恰当性感到满意，那么为查找不正确的、没有真实发生的交易而执行的测试程序就可大为减少。恰当的控制可以防止那些主要使企业管理层和职员们而非企业本身受益的交易作为企业的费用支出或资产入账。在有些情况下，不正确的交易是显而易见的。例如，职员未经批准就购置个人用品，或通过在付款凭单登记簿上虚记一笔采购而侵吞公款。但在另外一些情况下，交易的正确与否却很难评判，如支付企业管理人员在俱乐部的个人会费、支付管理人员及其家属的度假费用等。如果发觉企业对这些不正当的、站不住脚的交易的控制不充分，那么注册会计师在审计中就需对与这些交易有关的单据进行广泛的检查。

②已发生的采购交易都已记录。应付账款是因在正常的商业过程中接受商品和劳务而产生的尚未付款的负债。已经验收的商品和接受的劳务若未予以入账，将直接影响应付账款余额，从而低计企业的负债。如果注册会计师确信被审计单位所有的采购交易均已准确、及时地登记入账，就可以从了解和测试其内部控制入手进行审计，从而大大减少对固定资产和应付账款等财务报表项目实施实质性程序的工作量，大大降低了审计成本。

③所记录的采购交易估价正确。由于许多资产、负债和费用项目的估价有赖于相关采购交易在采购明细账上的正确记录，因此，对这些报表项目实施实质性程序的范围，在很大程度上取决于注册会计师对被审计单位采购交易内部控制执行效果的评价。如果注册会计师认为其采购交易内部控制执行良好，则注册会计师对这些报表项目计价准确性实施的实质性程序的数量，显然要比采购交易内部控制不健全或形同虚设的企业少得多。

当被审计单位对存货采用永续盘存制核算时，如果注册会计师确信其永续盘存记录是准确、及时的，存货项目的实质性程序就可予以简化。被审计单位对永续盘存手续中的采购环节的内部控制，一般应作为审计中对采购交易进行控制测试的对象之一，在审计中起着关键作用。如果这些控制能有效地运行，并且永续盘存记录中又能反映出存货的数量和单位成本，则还可以因此减少存货监盘和存货单位成本测试的工作量。

9.2.2　付款交易的内部控制

采购与付款循环包括采购和付款两个方面。在内部控制健全的企业，与采购相关的付款交易同样有其内部控制目标和内部控制，注册会计师应针对每个具体的内部控制目标确定关键的内部控制，并对此实施相应的控制测试和交易的实质性程序。付款交易中控制测试的性质取决于内部控制的性质。而付款交易的实质性程序的实施范围，在一定程度上取决于关键控制是否存在以及控制测试的结果。由于采购和付款交易同属一个交易循环，联系紧密，因此，对付款交易的部分测试可与测试采购交易一并实施。当然，另一些付款交易测试仍需单独实施。

需要指出的是，对于每个企业而言，由于性质、所处行业、规模以及内部控制健全程度等不同，而使得其与付款交易相关的内部控制内容可能有所不同，但财政部发布的《内部会计控制规范——采购与付款（试行）》中规定的以下与付款交易相关的内部控制内容是应当共同遵循的：

（1）单位应当按照《现金管理暂行条例》、《支付结算办法》和《内部会计控制规范——货币资金（试行）》等规定办理采购付款业务。

（2）单位财会部门在办理付款业务时，应当对采购发票、结算凭证、验收证明等相关凭证的真实性、完整性、合法性及合规性进行严格审核。

（3）单位应当建立预付账款和定金的授权批准制度，加强预付账款和定金的管理。

（4）单位应当加强应付账款和应付票据的管理，由专人按照约定的付款日期、折扣条件等管理应付款项。已到期的应付款项需经有关授权人员审批后方可办理结算与支付。

（5）单位应当建立退货管理制度。对退货条件、退货手续、货物出库、退货货款回收等做出明确规定。及时收回退货款。

（6）单位应当定期与供应商核对应付账款、应付票据、预付款项等往来款项。如有不符，应查明原因，及时处理。

9.2.3　固定资产的内部控制

在本教材的业务循环划分中，固定资产归属采购与付款循环，固定资产与一般的商品在内部控制和控制测试问题上固然有许多共性的地方，但固定资产还存在不少特殊性，有必要对其单独加以说明。

就许多从事制造业的被审计单位而言，固定资产在其资产总额中占有很大的比重，固定资产的购建会影响其现金流量，而固定资产的折旧、维修等费用则是影响其损益的重要因素。固定资产管理一旦失控，所造成的损失将远远超过一般的商品存货等流动资产，所以，为了确保固定资产的真实、完整、安全和有效利用，被审计单位应当建立和健全固定资产的内部控制。下面结合企业常用的固定资产内部控制，讨论注册会计师实施控制测试程序所应予以关注的地方。

1）固定资产的预算制度

预算制度是固定资产内部控制中最重要的部分。通常，大中型企业应编制旨在预测与控制固定资产增减和合理运用资金的年度预算；小规模企业即使没有正规的预算，对固定资产的购建也要事先加以计划。

2）授权批准制度

完善的授权批准制度包括：企业的资本性支出预算只有经过董事会等高层管理机构批准方可生效；所有固定资产的取得和处置均需经企业管理当局的书面认可。

3）账簿记录制度

除固定资产总账外，被审计单位还需设置固定资产明细分类账和固定资产登记卡，按固定资产类别、使用部门和每项固定资产进行明细分类核算。固定资产增减变化均有原始凭证。

4）职责分工制度

对固定资产的取得、记录、保管、使用、维修、处置等，均应明确划分责任。

5）资本性支出和收益性支出的区分制度

企业应制定区分资本性支出和收益性支出的书面标准。通常需明确资本性支出的范围和最低金额，凡不属于资本性支出的范围、金额低于下限的任何支出，均应列作费用并抵减当期收益。

6）固定资产的处置制度

固定资产的处置包括投资转出、报废、出售等，均要有一定的申请报批程序。

7）固定资产的定期盘点制度

对固定资产的定期盘点，是验证账面各项固定资产是否真实存在、了解固定资产放置地点和使用状况以及发现是否存在未入账固定资产的必要手段。

8）固定资产的维护保养制度

固定资产应有严密的维护保养制度，以防止其因各种自然和人为的因素而遭受损失，并应建立日常维护和定期检修制度，以延长其使用寿命。

严格地讲，固定资产的保险不属于企业固定资产的内部控制范围，但它对企业非常重要。

9.2.4　评估重大错报风险

在实施控制测试和实质性程序之前，注册会计师需要了解被审计单位采购与付款交易和相关余额的内部控制的设计、执行情况，评估认定层次和财务报表层次的重大错报风险，并对被审计单位特殊的交易活动和可能影响财务报表真实反映的事项保持职业怀疑态度。这将影响到注册会计师决定采取何种适当的审计方法。

影响采购与付款交易和余额的重大错报风险可能包括：

（1）管理层错报费用支出的偏好和动因。被审计单位管理层可能为了完成预算，满足业绩考核要求，保证从银行获得额外的资金，吸引潜在投资者，影响股东，影响公司股价，或通过把私人费用计入公司进行个人盈利而错报支出。常见的方法可能有：

①把通常应当及时计入损益的费用资本化，然后通过资产的逐步摊销予以消化。这对增加当年的利润和留存收益都将产生影响。

②平滑利润。通过多计准备或少计负债和准备，把损益控制在被审计单位管理层希望的程度。

③利用特别目的实体把负债从资产负债表中剥离，或利用关联方间的费用定价优势制造虚假的收益增长趋势。

④通过复杂的税务安排推延或隐瞒所得税和增值税。

⑤被审计单位管理层把私人费用计入企业费用，把企业资金当做私人资金运作。

（2）费用支出的复杂性。例如，被审计单位开始在国外开展销售交易，管理层对于可能遭遇的问题解决经验有限，甚至不具备进行正确交易的能力。这可能导致费用支出分配的错误、外币换算错误和准备计提的错误。

（3）管理层凌驾于控制之上和员工舞弊的风险。例如，通过与第三方串通，把私人费用计入企业费用支出，或有意无意地重复付款。

（4）采用不正确的费用支出截止期。将本期采购并收到的商品计入下一会计期间，或者将下一会计期间采购的商品提前计入本期。例如，被审计单位采用离岸价结算方式进口的商品期末尚在途中，由于商品的所有权已经转移，就可能存在低估在途商品的风险。

（5）低估。在承受反映较高盈利水平和营运资本的压力下，被审计单位管理层可能试图低估应付账款和准备，包括对存货和应收账款减值以及对已售商品提供的担保应计提的准备。

（6）不正确地记录外币交易。当被审计单位进口用于出售的商品时，可能由于采用不恰当的外币汇率而导致该项采购的记录出现差错。在存在诸如远期外汇担保或套期保值交易的情形下，外汇交易记录的复杂性也会导致在记录汇兑损益和套期保值损益时出错，从而使进口存货成本的核算产生错误。此外，还存在未能将诸如运费、保险费和关税等与存货相关的进口费用进行正确分摊的风险。

（7）舞弊和盗窃的固有风险。如果被审计单位经营大型零售业务，由于所采购商品和固定资产的数量及支付的款项庞大，交易复杂，容易造成商品发运错误，员工和客户发生舞弊和盗窃的风险较高。如果那些负责付款的会计人员有权接触应付账款主文档，并能够通过在应付账款主文档中擅自添加新的账户来虚构采购交易，风险也会增加。

（8）延迟向供应商付款。这可能导致不能申请原本可以享受的采购折扣，或者即使提出申请也不被接受，增加了不必要的开支。

（9）存货的采购成本没有按照适当的计量属性确认。这可能导致存货成本和销售成本的核算不正确。

（10）存在未记录的权利和义务。这可能导致资产负债表分类错误以及财务报表附注不正确或披露不充分。

总之，当被审计单位管理层具有高估利润的动机时，注册会计师应当主要关注费用支出和应付账款的低计。重大错报风险集中体现在遗漏交易，采用不正确的费用支出截止期，以及错误划分资本性支出和费用性支出。这些将对完整性、截止、发生、存在、准确性和分类认定产生影响。

如前所述，为评估重大错报风险，注册会计师应详细了解有关交易或付款的内部控制，这些控制主要是为预防、检查和纠正前面所认定的重大错报的固有风险而设置的。注册会计师可以通过审阅以前年度审计工作底稿、观察内部控制执行情况、询问管理层和员工、检查相关的文件和资料等方法加以了解。对相关文件和资料的检查可以提供审计证据，比如通过检查供应商对账表和银行对账单，能够发现差错并加以纠正。

在评估重大错报风险时，注册会计师之所以需要充分了解被审计单位对采购与付款交易的控制活动，目的在于使得计划实施的审计程序更加有效。也就是说，注册会计师必须对被审计单位的重大错报风险有一定认识，在此基础上设计并实施进一步审计程序，才能有效应对重大错报风险。

业务链接9-1

采购与付款循环的常见错弊

在企业采购与付款循环中，常见的错弊主要有以下几个方面：

（1）盲目采购或采购不及时。采购部门或人员没有按照采购计划或请购单进行采购，造成超储积压或供应脱节。其原因一方面可能是控制制度不健全，对需求和市场评估不足；另一方面可能是采购人员故意所为，以满足个人私利。

（2）采购价格不实。由于采购价格不透明，采购人员在采购时接受各种形式的回扣是较普遍的现象，这就导致采购价格虚高，采购质量难以保证。

（3）验收不严格。验收人员不认真核对采购物资的质量和数量或对验收时发现的问题未能及时报告。其原因主要是验收人员玩忽职守、对控制制度认识不足，存在以少报多、以次充好、人情过关等现象，也容易诱发采购人员舞弊。

（4）付款控制不严格。采购结算时，审核不严或单证不齐就付款，或应付账款管理混乱，导致重复付款、货款流失。

9.2.5 控制测试

在本节前面部分，我们提供了表9-2"采购交易的内部控制目标、关键内部控制和审计测试的关系"，以内部控制目标和相关认定为起点，列示了相应的关键内部控制和常用控制测试程序，并就采购交易、付款交易和固定资产的内部控制进行了讨论。由于表9-2所列示的采购交易的常用控制测试比较清晰，无需逐一解释，因此，下面只讨论在实施采购与付款交易的控制测试时应当注意的一些内容。另外，鉴于固定资产和在建工程项目有着不同于一般商品的特殊性，对其的控制测试问题也将分别加以阐述。

（1）注册会计师应当通过控制测试获取支持将被审计单位的控制风险评价为中或低的证据。如果能够获取这些证据，注册会计师就可以接受较高的检查风险，并在很大程度上可以通过实施实质性分析程序获取进一步的审计证据，同时减少对采购与付款交易和相关余额实施细节测试的依赖。

（2）考虑到采购与付款交易控制测试的重要性，注册会计师通常对这一循环采用属性抽样审计方法。在测试该循环中的大多数属性时，注册会计师通常选择相对较低的可容忍误差。另外，由于采购与付款循环中各财务报表项目所涉及的交易业务量和金额的大小往往相差悬殊，使得注册会计师在审计时常将其中大额的和不寻常的项目筛选出来，百分之百地加以测试。

（3）在9.1节介绍的采购与付款交易涉及的8项主要业务活动中，前3项分别是请购商品和劳务、编制订购单、验收商品。注册会计师在实施控制测试时，应抽取请购单、订购单和商品验收单，检查请购单、订购单是否得到适当审批，验收单是否有相关人员的签名，订购单和验收单是否按顺序编号。

有些被审计单位的内部控制要求，应付账款记账员应定期汇总该期间生成的所有订购单，并与请购单核对，编制采购信息报告。对此，注册会计师在实施控制测试时，应抽取采购信息报告，检查其是否已符合，如有不符，是否已经及时调查和处理。

（4）对于编制付款凭单、确认与记录负债这两项主要业务活动，被审计单位的内部控制通常要求应付账款记账员将采购发票所载信息与验收单、订购单进行核对，核对相符应在发票上加盖"相符"印戳。对此，注册会计师在实施控制测试时，应抽取订购单、验收单和采购发票，检查所载信息是否核对一致，发票上是否加盖了"相符"印戳。

（5）对于付款这项主要业务活动，有些被审计单位内部控制要求，由应付账款记账员负责编制付款凭证，并附相关单证，提交会计主管审批。在完成对付款凭证及相关单证的复核后，会计主管在付款凭证上签字，作为复核证据，并在所有单证上加盖"核销"印戳。对此，注册会计师在实施控制测试时，应抽取付款凭证，检查其是否经由会计主管复核和审批，并检查款项支付是否得到适当人员的复核和审批。

（6）固定资产的内部控制测试。结合前面固定资产内部控制的讨论内容和顺序，注册会计师在对被审计单位的固定资产实施控制测试时应注意：

①对于固定资产的预算制度，注册会计师应选取固定资产投资预算和投资可行性项目

讨论报告，检查是否编制预算并进行论证，以及是否经适当层次审批；对实际支出与预算之间的差异以及未列入预算的特殊事项，应检查其是否履行特别的审批手续。如果固定资产增减均能处于良好的经批准的预算控制之下，注册会计师即可适当减少对固定资产增加、减少实施的实质性程序的样本量。

②对于固定资产的授权批准制度，注册会计师不应检查被审计单位固定资产授权批准制度本身是否完整，还应选取固定资产请购单及相关采购合同，检查是否得到适当审批和签署，关注授权批准制度是否得到切实执行。

③对于固定资产账簿记录制度，注册会计师应当认识到，一套设置完善的固定资产明细分类账和登记卡，将为分析固定资产的取得和处置、复核折旧费用和修理支出的列支带来帮助。

④对于固定资产的职责分工制度，注册会计师应当认识到，明确的职责分工制度有利于防止舞弊，降低注册会计师的审计风险。

⑤对于资本性支出和收益性支出的区分制度，注册会计师应当检查该制度是否遵循《企业会计准则》的要求，是否适应被审计单位的行业特点和经营规模，并抽查实际发生固定资产相关支出时是否按照该制度进行恰当的会计处理。

⑥对于固定资产的处置制度，注册会计师应当关注被审计单位是否建立了有关固定资产处置的分级申请报批程序；收取固定资产盘点明细表，检查账实之间的差异是否经审批后及时处理；抽取固定资产报废单，检查报废是否经适当批准和处理；抽取固定资产内部调拨单，检查调入、调出是否已进行适当处理；抽取固定资产增减变动情况分析报告，检查是否经复核。

⑦对于固定资产的定期盘点制度，注册会计师应了解和评价企业固定资产盘点制度，并应注意查询盘盈、盘亏固定资产的处理情况。

⑧对于固定资产的保险情况，注册会计师应抽取固定资产保险单盘点表，检查是否已办理商业保险。

（7）在建工程的内部控制测试。如果被审计单位的在建工程项目比较重要，占其资产总额的比重较大，则对在建工程项目的内部控制测试，注册会计师应注意把握以下几点：

①对工程项目业务相关岗位及人员的设置情况，应重点检查是否存在不相容职务混岗的现象。

②对工程项目业务授权批准制度的执行情况，应重点检查重要业务的授权批准手续是否健全，是否存在越权审批行为。

③对工程项目决策责任的建立执行情况，应重点检查责任制度是否健全，奖惩是否落实到位。

④对概预算控制制度的执行情况，应重点检查概预算编制的依据是否真实，是否按规定对概预算进行审核。

⑤对各类款项支付制度的执行情况，应重点检查工程款、材料设备款及其他费用的支付是否符合相关法规、制度和合同的要求。

⑥对竣工决算制度的执行情况，应重点检查是否按规定办理竣工决算、实施决算审计。

教学互动 9-1

由于采购与付款循环同销售与收款循环非常相似，为了加深对上一章的理解和更好地学习本章内容，对下列问题开展互动讨论：

初步问题：

（1）两类循环涉及的业务活动有何不同？

（2）两类循环的关键控制点有何不同？

进一步问题：

（1）收款交易与付款交易的审计重点有何不同？

（2）如何有效控制货款的支付？

要求：同【教学互动 1-1】的"要求"。

9.3　应付账款的审计

9.3.1　应付账款的审计目标

应付账款的审计目标一般包括：确定资产负债表中记录的应付账款是否存在；确定所有应当记录的应付账款是否均已记录；确定资产负债表中记录的应付账款是否为被审计单位应履行的现时义务；确定应付账款是否以恰当的金额包括在财务报表中，与之相关的计价调整是否已恰当记录；确定应付账款是否已按照《企业会计准则》的规定在财务报表中作出恰当的列报。

9.3.2　应付账款的实质性程序

1）获取或编制应付账款明细表

（1）复核加计正确，并与报表数、总账数和明细账合计数核对是否相符。

（2）检查非记账本位币应付账款的折算汇率及折算是否正确。

（3）分析出现借方余额的项目，查明原因，必要时作重分类调整。

（4）结合预付账款、其他应付款等往来项目的明细余额，调查有无同挂的项目、异常余额或与采购无关的其他款项（如关联方账户或雇员账户），如有，应做出记录，必要时作调整。

2）对应付账款执行实质性分析程序

根据被审计单位实际情况，选择以下方法对应付账款执行实质性分析程序：

（1）将期末应付账款余额与期初余额进行比较，分析波动原因。

（2）分析长期挂账的应付账款，要求被审计单位做出解释，判断被审计单位是否缺乏偿债能力或利用应付账款隐瞒利润，并注意其是否可能无须支付。对确实无须支付的应付账款的会计处理是否正确，依据是否充分；关注账龄超过 3 年的大额应付账款在资产负债表日后是否偿还，检查偿还记录、单据及披露情况。

（3）计算应付账款与存货的比率、应付账款与流动负债的比率，并与以前年度相关比率对比分析，评价应付账款整体的合理性。

（4）分析存货和营业成本等项目的增减变动，判断应付账款增减变动的合理性。

同步思考 9-1

审计人员审查应付账款期末余额变动合理性时，可采用的分析方法有哪些？

理解要点：将本期各主要应付账款账户余额与上期余额进行比较，计算并对比分析应付账款占当年流动负债的比率，计算并对比分析应付账款占采购金额的比率。

3）函证应付账款

一般情况下，并非必须函证应付账款，这是因为函证不能保证查出未记录的应付账款，况且注册会计师能够取得采购发票等外部凭证来证实应付账款的余额。但如果控制风险较高，某应付账款明细账户金额较大或被审计单位处于财务困难阶段，则应考虑进行应付账款的函证。

进行函证时，注册会计师应选择较大金额的债权人，以及那些在资产负债表日金额不大，甚至为零，但为被审计单位重要供应商的债权人，作为函证对象。函证最好采用积极函证方式，并具体说明应付金额。与应收账款的函证一样，注册会计师必须对函证的过程进行控制，要求债权人直接回函，并根据回函情况编制与分析函证结果汇总表，对未回函的，应考虑是否再次函证。

如果存在未回函的重大项目，注册会计师应采用替代审计程序。比如，可以检查决算日后应付账款明细账及库存现金和银行存款日记账，核实其是否已支付，同时检查该笔债务的相关凭证资料，如合同、发票、验收单，核实应付账款的真实性。

同步案例 9-1

审计人员应如何做？

背景与情景：某审计人员接受指派对某被审计单位进行年度财务审计，假定：(1)该审计人员目前正在对应付账款项目的审计编制计划。(2) 上年度工作底稿显示共寄发 100 封询证函，对该客户的 1 000 家供货商进行抽样函证，样本从余额较大的各明细账中抽取。为了解决函证结果与被审计单位会计记录间的较小差异，审计人员和被审计单位均花费较多时间。对于未回复的供货商，均运用其他审计程序进行了审计，没有发生异议。

问题：

(1) 说明该审计人员在制定将实施的审计程序时，应考虑哪些审计目的？

(2) 说明该审计人员是否应使用函证，如应函证，列举使用函证的各种情况。

(3) 说明上年度进行函证时，选取有较大年末余额的供货商进行函证为何不一定是最有效的方法？审计人员本年度在选样函证应付账款时，该审计人员宜采用何种更有效的程序？

分析提示：

(1) 该审计人员已对应付账款项目编制计划，在制定审计程序时，应考虑以下审计目的：

①确定相关的内部控制是否完善、有效。

②证明资产负债表上所列负债是否和账册所载相符，并代表已经发生的所有交易。

③确定应付账款的负债是否完整，以保证一切现有债务均经记载。

④查明所有应付账款是否适当评价，并特别注意低计的可能性。

⑤确定资产负债表的表达是否适当。

（2）在主要的供货商并未提供月结单或定期对账单，或虽有这类账单但是委托人员未曾用于调节应付账款账户时，或在应付账款内部控制不甚健全时，该审计人员应使用函证程序。

（3）函证应付账款的目的在于揭示未入账的负债，函证具有巨额结欠数字的账户不一定能达到上述目标。审计人员宜邮寄询证函给与委托人有实际交往或往来频繁的债权人（不管决算日有无余额）。此外，亦宜寄给关系人（供货商）及具有非常交易的供货商——或许都是未曾入账应付账款的可能来源。

4）检查应付账款是否计入正确的会计期间，是否存在未入账的应付账款

（1）检查债务形成的相关原始凭证，如供应商发票、验收报告或入库单等，查找有无未及时入账的应付账款，确定应付账款期末余额的完整性。

（2）检查资产负债表日后应付账款明细账贷方发生额的相应凭证，关注其采购发票的日期，确认其入账时间是否合理。

（3）获取被审计单位与其供应商之间的对账单（应从非财务部门获取，如采购部门），并将对账单和被审计单位财务记录之间的差异进行调节（如在途款项、在途商品、付款折扣、未记录的负债等），查找有无未入账的应付账款，确定应付账款金额的准确性。

（4）针对资产负债表日后付款项目，检查银行对账单及有关付款凭证（如银行汇款通知、供应商收据等），询问被审计单位内部或外部的知情人员，查找有无未及时入账的应付账款。

（5）结合存货监盘程序，检查被审计单位在资产负债日前后的存货入库资料（验收报告或入库单），检查是否有大额货到单未到的情况，确认相关负债是否计入了正确的会计期间。

如果注册会计师通过这些程序发现某些未入账的应付账款，应将有关情况详细记入工作底稿，并根据其重要性确定是否需建议被审计单位进行相应的调整。

5）针对已偿付的应付账款的检查

针对已偿付的应付账款，追查至银行对账单、银行付款单据和其他原始凭证，检查其是否在资产负债表日前真实偿付。

6）针对异常或大额交易及重大调整事项的检查

针对异常或大额交易及重大调整事项（如大额的采购折扣或退回、会计处理异常的交易、未经授权的交易或缺乏支持性凭证的交易等），检查相关原始凭证和会计记录，以分析交易的真实性、合理性。

7）检查债务重组方式下会计处理正确与否

被审计单位与债权人进行债务重组的，检查不同债务重组方式下的会计处理是否正确。

8）执行关联方及其交易审计程序

标明应付关联方（包括持5%以上（含5%）表决权股份的股东）的款项，执行关联方及其交易审计程序，并注明合并报表时应予抵销的金额。

9）检查应付账款是否按规定在财务报表中恰当列报

检查应付账款是否已按照《企业会计准则》的规定在财务报表中恰当列报。一般来说，"应付账款"项目应根据"应付账款"和"预付账款"科目所属明细科目的期末贷方余额的合计数填列。

如果被审计单位为上市公司，则通常在其财务报表附注中应说明有无欠持有 5% 以上（含 5%）表决权股份的股东账款；说明账龄超过 3 年的大额应付账款未偿还的原因，并在期后事项中反映资产负债表日后是否偿还。

同步案例 9-2

审查应付账款

背景与情境： 某审计组长让两位审计人员审查应付账款，这两位审计人员查阅了所有应付账款的会计记录，并向被审计单位索取了有关应付账款的无漏记债务说明书，进而做出如下结论：被审计单位的应付账款已全部入账，且入账应付账款均存在。

问题：

（1）上述结论是否正确？

（2）审计组长应让两位审计人员补充执行哪些审计程序？

分析提示：

（1）上述结论中被审计单位的应付账款已全部入账的结论不正确。因为审计人员对此除了索取有关应付账款的无漏记债务说明书外，未采取任何其他审计程序，而被审计单位的无漏记债务说明书是出自被审计单位的承诺书，是内部证据，证明力较弱，不能替代、减轻审计人员的审计责任，审计人员不能因此而减少相应的审计查证。

（2）审计组长应让两位审计人员补充执行的审计程序包括：①审阅结账日之前签发的验收单，追查到应付账款明细账，检查是否有货物已收而负债未入账的应付账款；②检查被审计单位决算日后收到的购货发票，确定这些发票记录的负债是否应计入所审计的会计期间；③检查被审计单位决算日后应付账款明细账贷方发生额的相应凭证，确定其入账时间是否正确；④其他，如询问被审计单位会计和采购人员等。

9.4　存货的审计

9.4.1　存货的审计目标

存货审计的总体目标是验证资产负债表日列示在资产负债表上存货项目余额的真实性和正确性。具体包括：确定被审计单位资产负债表的存货在会计报表日是否确实存在，并为被审计单位所拥有；确定被审计单位在特定期间内发生的存货增减变动业务的记录是否完整，有无遗漏；确定存货的品质状况，以及存货跌价的计提是否合理；确定存货的计价方法是否恰当；确定存货年末余额是否正确；确定存货在会计报表上的披露是否恰当。

9.4.2　存货余额的实质性程序

对会计报表存货余额的实质性程序，是存货审计的重点和难点。存货余额实质性程序的一般步骤可描述如下。

1）核对各存货项目明细账与总账的余额是否相符

企业存货的种类很多，注册会计师在进行存货的实质性程序时，应先核对"材料采购"、"原材料"、"材料成本差异"、"产成品"、"发出商品"、"生产成本"等账目，验证其明细账与总账的余额是否相符，如不相符，应查明原因，并作记录和相应的调整。

2）执行分析性程序

注册会计师在存货审计过程中往往需要大量运用分析程序来获取审计证据，并协助形成恰当的审计结论。通常运用的分析方法主要有简单比较法和比率分析法。

（1）简单比较法

①比较前后各期及本年各个月份存货余额及其构成，以评价期末存货余额及其构成的总体合理性。

②对每月存货成本差异率进行比较，以确定是否存在调节成本的现象。

③比较前后各期及本年度内各月份生产成本总额和单位生产成本，以评价本期生产成本的总体合理性。

④比较前后各期及本年度内各月份主营业务成本总额和单位销售成本，以评价主营业务成本的总体合理性。

⑤将存货余额与现有的订单、资产负债表日后各期的销售额和下一年度的预测销售额进行比较，以评估存货滞销和跌价的可能性。

⑥将存货跌价损失准备与本年度存货处理损失的金额相比较，判断被审计单位是否计提了足额的跌价损失准备。

⑦将与关联企业发生存货交易的频率、规模、价格和账款结算条件，与非关联企业对比，判断被审计单位是否利用与关联企业的存货交易，虚构业务、调节利润。

（2）比率分析法

①存货周转率。存货周转率是用以衡量销售能力和存货是否积压的指标。利用存货周转率进行纵向比较或与同行业其他企业进行横向比较时，要求存货计价持续一致。存货周转率的波动可能意味着被审计单位存在以下情况：有意或无意地减少存货储备、存货管理或控制程序发生变动、存货成本项目发生变动、存货核算方法发生变动、存货跌价准备计提基础或冲销政策发生变动、销售额发生大幅度变动等。

②毛利率。毛利率是反映盈利能力的主要指标，用以衡量成本控制及销售价格的变化。毛利率的波动可能意味着被审计单位存在以下情况：销售价格发生变动、销售产品总体结构发生变动、单位产品成本发生变动、固定制造费用比重较大时销售数量发生变动等。

3）存货的监盘

存货监盘是指注册会计师现场观察被审计单位存货的盘点，并对已盘点存货进行适当检查。存货监盘针对的主要是存货的存在认定、完整性认定以及权利和义务的认定，注册会计师监盘存货的目的在于获取有关存货数量和状况的审计证据，以确认被审计单位记录的所有存货确实存在，已经反映了被审计单位拥有的全部存货，并属于被审计单位的合法财产。

（1）存货监盘计划

注册会计师应当编制存货监盘计划，对存货监盘做出合理安排。存货监盘计划的主要内容包括：①存货监盘的目标、范围及时间安排。存货监盘的目标是获取被审计单位资产负债表日有关存货数量和状况的审计证据，检查存货的数量是否真实、完整，是否归属被审计单位，存货有无毁损、陈旧过时、残次和短缺等状况。②存货监盘的要点及关注事项。包括注册会计师实施存货监盘程序的方法、步骤，各个环节应注意的问题以及所要解决的问题。③参加存货监盘人员的分工。④检查存货的范围。

（2）存货监盘程序

①观察程序。在被审计单位盘点存货前，注册会计师应当观察盘点现场、确定应纳入盘点范围的存货是否已经适当整理和排列，并附有盘点标识，防止遗漏或重复盘点。对未纳入盘点范围的存货，注册会计师应当查明未纳入的原因。

在实施存货监盘的过程中，注册会计师应当跟随被审计单位安排的存货盘点人员，注意观察被审计单位事先制订的存货盘点计划是否得到了贯彻执行，盘点人员是否准确无误地记录了被盘点存货的数量和状况。

②检查程序。注册会计师应当对已盘点存货进行适当检查，将检查结果与被审计单位盘点记录相核对，并形成相应记录。

检查的范围通常包括每个盘点小组盘点的存货以及难以盘点或隐蔽性较强的存货。需要说明的是，注册会计师应尽可能避免让被审计单位事先了解将抽取检查的存货项目。

在检查已盘点的存货时，注册会计师应当从存货盘点记录中选取项目追查至存货实物，以测试盘点记录的准确性；注册会计师还应当从存货实物中选取项目追查至盘点记录，以测试存货盘点记录的完整性。注册会计师在实施检查程序时发现差异，很可能表明被审计单位的存货盘点在准确性或完整性方面存在错误。

③需特别关注的事项：存货的状况、存货的移动情况和存货的截止。

④存货监盘结束时的工作。在被审计单位存货盘点结束前，注册会计师应当做到：一是再次观察盘点现场，以确定所有应纳入盘点范围的存货是否均已盘点；二是取得并检查已填用、作废及未使用盘点表单的号码记录，确定其是否连续编号，查明已发放的表单是否均已收回，并与存货盘点的汇总记录进行核对。

（3）特殊情况的处理

在监盘存货时，如果发生下列特殊情况应分别采取适当的措施予以处理。

①由于存货的性质或位置而无法实施监盘程序。一是存货的特殊性质。对具有特殊性质的存货实施审计，通常需要依赖内部控制。注册会计师应当复核采购、生产和销售记录，以获取充分、适当的审计证据，还可以向能够接触到相关存货项目的第三方人员询证。此外，注册会计师还可以实施其他替代审计程序。二是存货的特殊位置。在途存货可以通过审查相关凭证加以查验。对于存放在公共仓库中的存货，可通过函证方式查验。

②因不可预见的因素导致无法在预定日期实施存货监盘或接受委托时被审计单位存货盘点已经完成。一是不可预见的因素。如果被审计单位存在良好的内部控制，注册会计师可以考虑改变存货监盘日期，并对预定盘点日与改变后的存货监盘日之间发生的交易进行测试。对于无法亲临现场的情况，注册会计师可考虑委托其他适当人员实施存货监盘。二是接受委托时被审计单位的期末存货盘点已经完成。注册会计师应当评估与存货相关的内部控制的有效性，并根据评估结果对存货进行适当检查或提请被审计单位另择日期重新盘点，同时测试检查日或重新盘点日与资产负债表日之间发生的存货交易。

③委托其他单位保管或已作质押的存货。对被审计单位委托其他单位保管的或已作质

押的存货，注册会计师应当向保管人或债权人函证。

同步思考9-2

审计师无法在预定日期实施监盘，对于内部控制好和内部控制不好两种不同情况应如何施行监盘程序？

理解要点：

（1）单位内部控制完善，可考虑改变监盘日期。改变监盘日期的同时被审计单位也改变了盘点日期，则存货测试的范围是对预定盘点日与改变后的存货监盘日之间发生的交易。（2）单位内部控制不完善时，应当是另行存货监盘，这时候审计师要对预定盘点日到资产负债表日之间发生的交易进行测试。

同步案例9-3

对丙公司20×9年度财务报表的审计

背景与情境： B注册会计师接受委托，对常年审计客户丙公司20×9年度财务报表进行审计。丙公司为玻璃制造企业，存货主要有玻璃、煤炭和烧碱，其中少量玻璃存放于外地公用仓库。另有丁公司部分水泥存放于丙公司的仓库。丙公司拟于20×9年12月29日至12月31日盘点存货，以下是B注册会计师撰写的存货监盘计划的部分内容。

存货监盘计划

一、存货监盘的目标

检查丙公司20×9年12月31日存货数量是否真实、完整。

二、存货监盘范围

20×9年12月31日库存的所有存货，包括玻璃、煤炭、烧碱和水泥。

三、监盘时间

存货的观察与检查时间均为20×9年12月31日。

四、存货监盘的主要程序

1. 与管理层讨论存货监盘计划。

2. 观察丙公司盘点人员是否按照盘点计划盘点。

3. 检查相关凭证，以证实盘点截止日前所有已确认为销售但尚未装运出库的存货均已纳入盘点范围。

4. 对于存放在外地公用仓库的玻璃，主要实施检查货运文件、出库记录等替代程序。

问题：

（1）请指出存货监盘计划中的目标、范围和时间存在的错误，并简要说明理由；

（2）请判断存货监盘计划中列示的主要程序是否适当，若不恰当，请予以修正。

分析提示：

（1）三处错误：

错误1：目标错误，存货监盘的目标不恰当，监盘目标应为获取有关存货数量和状况的审计证据。

错误2：范围错误，丁公司水泥的所有权不属于丙公司，不应纳入监盘范围。

错误3：时间错误，存货的观察与检查时间应与盘点时间相协调，应为12月29日至

12 月 31 日。

（2）程序 1 不恰当。修改为：复核或与管理层讨论存货盘点计划。

程序 2 恰当。

程序 3 不恰当。修改为：检查相关凭证，以证实盘点截止日前所有已确认为销售但尚未装运出库的存货均未纳入盘点范围。

程序 4 不恰当。修改为：对于存放在外地公用仓库的玻璃，应实施函证或利用其他注册会计师工作等替代程序。

4）存货计价测试

（1）存货计价测试的一般要求

为验证财务报表上存货余额的真实性，还必须对存货的计价进行审计，即确定存货实物数量和永续盘存记录中的数量是否经过正确地计价和汇总。存货计价测试包括：

①样本的选择。选择样本时，应着重选择结存余额较大且价格变化比较频繁的项目，同时考虑所选样本的代表性。

②计价方法的确认。注册会计师除应了解和掌握被审计单位的存货计价方法外，还应对这种计价方法的合理性与一贯性予以关注，没有足够理由，计价方法在同一会计年度内不得变动。

③计价审计。在进行计价审计时，注册会计师首先应对存货价格的组成内容予以审核，然后按照所了解的计价方法对所选择的存货样本进行计价审计。审计时，应尽量排除被审计单位现有计算程序和结果的影响，进行独立测试。测试结果出来后，应与被审计单位账面记录对比，编制对比分析表，分析形成差异的原因。如果差异过大，应扩大测试范围，并根据审计结果考虑是否应提出审计调整建议。

在存货计价审计中，如果企业对期末存货采用成本与可变现净值孰低的方法计价，则注册会计师应充分关注企业对存货可变现净值的确定。

（2）存货成本的计价测试

存货成本审计包括直接材料成本的审计、直接人工成本的审计和制造费用的审计。

①直接材料成本的审计。一般应从审阅材料和生产成本明细账入手，抽查有关的费用凭证，验证企业产品直接耗用材料的数量、计价和材料费用分配是否真实、合理。

②直接人工成本的审计。直接人工成本的审计具体包括：抽查产品成本计算单，检查直接人工成本的计算是否正确，人工费用的分配标准与计算方法是否合理和适当，是否与人工费用分配汇总表中该产品分摊的直接人工费用相符；将本年度直接人工成本与前期进行比较，查明其异常波动的原因；分析比较本年度各个月份的人工费用发生额，如有异常波动，应查明原因；结合应付职工薪酬的检查，抽查人工费用会计记录及会计处理是否正确；对采用标准成本法的被审计单位，应抽查直接人工成本差异的计算、分配与会计处理是否正确，并查明直接人工的标准成本在本年度内有无重大变更。

③制造费用的审计。制造费用是企业为生产产品和提供劳务而发生的各项间接费用，即生产单位为组织和管理生产而发生的费用。制造费用的主要审计程序通常包括：获取或编制制造费用汇总表，并与明细账、总账核对相符，抽查制造费用中的重大数额项目及例外项目是否合理；审阅制造费用明细账，检查其核算内容及范围是否正确，并应注意是否存在异常交易事项，如有，则应追查至记账凭证和原始凭证，重点查明被审计单位有无将

不应列入成本费用的支出计入制造费用；必要时，对制造费用实施截止测试，即检查资产负债表日前后若干天的制造费用明细账及其凭证，确定有无跨期入账的情况；检查制造费用的分配是否合理，重点查明制造费用的分配方法是否符合被审计单位自身的生产技术条件，分配率和分配额的计算是否正确，有无以人为估计数代替分配数的情况。

5）存货截止测试

存货截止测试就是要检查截至当年 12 月 31 日，所购入并已包括在 12 月 31 日存货盘点范围内的存货。存货正确截止的关键在于存货实物纳入盘点范围的时间与存货的入账时间都处于同一会计期间。

按照存货正确截止的基本要求，若未将年终在途货物列入当年存货盘点范围，只要相应的负债亦同时记入次年账内，对审计报表的影响并不重要。存货年底截止测试的方法有两种：

（1）抽查存货盘点日前后的购货发票与验收报告。档案中的每张发票均附有验收报告（或入库单），12 月底入账的发票如果附有 12 月 31 日或之前的验收报告或入库单，则货物肯定已经入库，并包括在本年的实地盘点存货范围内，如果验收报告日期为 1 月份的日期，则货物不会列入年底实地盘点存货范围内，反之，如果仅有验收报告或入库单而并无购货发票，则应认真审核每一验收报告单上面是否加盖暂估入库印章，并以暂估价记入当年存货账内，待次年年初以红字冲销。

（2）查阅验收部门的业务记录。凡接近年底购入的货物，必须查明其相应的购货发票是否在同期入账。在确定截止审计样本时，一般以截止日为界限，分别向前倒推或向后顺推若干日，按顺序选取较大金额购货业务发票或验收报告作为审计样本。截止测试完成后，对于发现的截止错误，应提请被审计单位做必要的账务调整。

6）确认存货在会计报表上的反映是否恰当

存货是资产负债表中流动资产项下的一个重要项目，注册会计师应审查其在资产负债表中的列报是否合规、正确。除此之外，还应就会计报表附注中所披露的存货计价与产品成本计算方法及其变更情况、变更原因与变更结果等进行审计，以查明这些披露事项的恰当性。

业务链接9-2

识别存货舞弊的策略

存货作为企业一项重要的流动资产，在企业的资产中占有重要的地位，存货已成为舞弊者操纵利润的理想工具，对存货舞弊的准确识别是审计人员的重要任务。在实践中，一般可以采用下列策略进行识别：

（1）对舞弊的动机予以充分关注。由于舞弊存在被发现的风险以及道德方面的压力，也就是说舞弊是有成本的，所以，在正常情况下，理性的人宁愿尊重客观事实。不过，一旦面临某种压力和诱惑，审计客户舞弊的冲动会变得强烈。可见，注册会计师对企业面临的压力和诱惑要进行充分的分析，这有助于降低审计风险。

（2）重视分析性程序的应用。鉴于盘点程序具有局限性，注册会计师尚不能通过盘点解决所有的问题。若想发现舞弊的蛛丝马迹，分析性程序是一种十分有效的审计方法。这一程序从整体的角度对审计客户提供的各种具有勾稽关系的数据进行对比和分析，有助于发现重大误差。由于存货造假会使有些项目出现异常，因而将存货与销售收入、总资产、运输成本等项目进行比例和趋势分析，并对那些异常的项目进行追查，就很可能揭示出重大的舞弊。另外，还可以将财务报表与报表附注、财务状况说明书、税务报告以及其他类似的文件相互核对，以尽可能降低审计风险。

（3）重要性原则的恰当应用。重要性原则是审计工作中的一个重要原则，对在资产负债表中占有重要比例的项目，注册会计师必须予以特别关注。尤其对那些内部控制较弱而在资产负债表中又占有相当比重的项目，就不能采用一般的常规审计程序，而应采用特别的详查法。

（4）与企业生产人员和销售人员进行面谈，有助于发现全面会计资料的造假。目前审计客户的舞弊水平在不断提高，其手段从简单的违纪违规转向了有预谋、有组织的技术造假；从单纯的账簿造假转向了从传票到报表的全面会计资料造假；同时舞弊人员的反查处意识也在逐渐增强。因而，仅靠简单的审计方法已不能满足当前查处存货舞弊的需要。因此，与企业生产人员和销售人员进行有效沟通，将所获相关信息与会计资料所记录的内容进行对比，常常可以发现异常情况。

9.5 固定资产的审计

9.5.1 固定资产的审计目标

固定资产的审计目标一般包括：确定资产负债表中记录的固定资产是否存在；确定所有应记录的固定资产是否均已记录；确定记录的固定资产是否由被审计单位拥有或控制；确定固定资产以恰当的金额包括在财务报表中，与之相关的计价或分摊已恰当记录；确定固定资产原价、累计折旧和固定资产减值准备是否已按照《企业会计准则》的规定在财务报表中恰当列报。

9.5.2 固定资产账面余额的实质性程序

固定资产账面余额的实质性程序包括：

1）获取或编制固定资产和累计折旧分类汇总表

获取或编制固定资产和累计折旧分类汇总表，检查固定资产的分类是否正确并与总账数和明细账合计数核对是否相符，结合累计折旧、减值准备科目与报表数核对是否相符。

固定资产和累计折旧分类汇总表又称一览表或综合分析表，是审计固定资产和累计折旧的重要工作底稿，其参考格式如表 9-3 所示。

表 9-3 固定资产和累计折旧分类汇总表

年　　月　　日

编制人：　　　　　　　　　　　日期：

被审计单位：　　　　　复核人：　　　　　　　　　　日期：

固定资产类别	固定资产					累计折旧				
	期初余额	本期增加	本期减少	期末余额	折旧方法	折旧率	期初余额	本期增加	本期减少	期末余额
合计										

固定资产和累计折旧分类汇总表包括固定资产与累计折旧两部分，应按照固定资产类别分别填列。需要解释的是"期初余额"栏，注册会计师对其审计应分三种情况：一是在连续审计情况下，应注意与上期审计工作底稿中的固定资产和累计折旧的期末余额审定数核对相符。二是在变更会计师事务所时，后任注册会计师应查阅前任注册会计师有关工作底稿。三是如果被审计单位以往未经注册会计师审计，即在首次接受审计情况下，注册会计师应对期初余额进行较全面的审计，尤其是当被审计单位的固定资产数量多、价值高、占资产总额比重大时，最理想的方法是全面审计被审计单位设立以来延续至期初的"固定资产"和"累计折旧"账户中的所有重要的借贷记录。这样，既可核实期初余额的真实性，又可从中加深对被审计单位固定资产管理和会计核算工作的了解。

2）对固定资产实施实质性分析程序

（1）基于对被审计单位及其环境的了解，通过进行以下比较，并考虑有关数据间关系的影响，建立有关数据的期望值：

①分类计算本期计提折旧额与固定资产原值的比率，并与上期比较。

②计算固定资产修理及维护费用占固定资产原值的比例，并进行本期各月、本期与以前各期的比较。

（2）确定可接受的差异额。

（3）将实际情况与期望值相比较，识别需要进一步调查的差异。

（4）如果其差额超过可接受的差异额，调查并获取充分的解释和恰当的佐证审计证据，如检查相关的凭证。

（5）评估实质性分析程序的测试结果。

同步思考 9-3

注册会计师在对被审计单位 2011 年度财务报表进行审计时，对被审计单位固定资产进行审计时的分析程序是否是必需的？

理解要点： 对被审计单位固定资产进行审计时的分析程序不是必需的，在审计实施阶段，注册会计师可以将分析程序直接作为实质性程序，以收集与账户余额和各类交易相关的各类特殊认定的证据，分析程序在实施阶段是"任意选择"的，既可使用，也可不用。分析程序在风险评估阶段、总体复核阶段的使用则是必需的。

3）实地检查重要固定资产

实地检查重要固定资产，确定其是否存在，关注是否存在已报废但仍未核销的固定资产。

实施实地检查审计程序时，注册会计师可以以固定资产明细分类账为起点，进行实地追查，以证明会计记录中所列固定资产确实存在，并了解其目前的使用状况；也应考虑以实地为起点，追查至固定资产明细分类账，以获取实际存在的固定资产均已入账的证据。

当然，注册会计师实地检查的重点是本期新增加的重要固定资产，有时，观察范围也会扩展到以前期间增加的重要固定资产。观察范围的确定需要依据被审计单位内部控制的强弱、固定资产的重要性和注册会计师的经验来判断。如为首次接受审计，则应适当扩大检查范围。

4）检查固定资产的所有权或控制权

对各类固定资产，注册会计师应获取、收集不同的证据以确定其是否确实归被审计单位所有：对外购的机器设备等固定资产，通常经审核采购发票、采购合同等予以确定；对于房地产类固定资产，尚需查阅有关的合同、产权证明、财产税单、抵押借款的还款凭据、保险单等书面文件；对融资租入的固定资产，应验证有关融资租赁合同，证实其并非经营租赁；对汽车等运输设备，应验证有关运营证件等；对受留置权限制的固定资产，通常还应审核被审计单位的有关负债项目等予以证实。

5）检查本期固定资产的增加

被审计单位如果不正确核算固定资产的增加，将对资产负债表和利润表产生长期的影响。因此，审计固定资产的增加，是固定资产实质性程序中的重要内容。固定资产的增加有多种途径，审计中应注意：

（1）询问管理层当年固定资产的增加情况，并与获取或编制的固定资产明细表进行核对。

（2）检查本年度增加固定资产的计价是否正确，手续是否齐备，会计处理是否正确。

①对于外购固定资产，通过核对采购合同、发票、保险单、发运凭证等资料，抽查测试其入账价值是否正确，授权批准手续是否齐备，会计处理是否正确；如果购买的是房屋建筑物，还应检查契税的会计处理是否正确；检查分期付款购买固定资产的入账价值及会计处理是否正确。

②对于在建工程转入的固定资产，应检查在建工程转入固定资产的时点是否符合会计准则的规定，入账价值与在建工程的相关记录是否核对相符，是否与竣工决算、验收和移交报告等一致；对已经达到预定可使用状态，但尚未办理竣工决算手续的固定资产，检查其是否已按估计价值入账，相关估价是否合理，并按规定计提折旧。

③对于投资者投入的固定资产，检查投资者投入的固定资产是否按投资各方确认的价值入账，并检查确认价值是否公允，交接手续是否齐全；涉及国有资产的，是否有评估报告并经国有资产管理部门评审备案或核准确认。

④对于更新改造增加的固定资产，检查通过更新改造而增加的固定资产，增加的原值是否符合资本化条件，是否真实，会计处理是否正确；重新确定的剩余折旧年限是否恰当。

⑤对于融资租赁增加的固定资产，获取融资租入固定资产的相关证明文件，检查融资租赁合同的主要内容，并结合长期应付款、未确认融资费用科目检查相关的会计处理是否正确。

⑥对于企业合并、债务重组和非货币性资产交换增加的固定资产，检查产权过户手续是否齐备，检查固定资产入账价值及确认的损益和负债是否符合规定。

⑦如果被审计单位为外商投资企业，检查其采购国产设备退还增值税的会计处理是否正确。

⑧对于通过其他途径增加的固定资产，应检查增加固定资产的原始凭证，核对其计价及会计处理是否正确，法律手续是否齐全。

（3）检查固定资产是否存在弃置费用，如果存在弃置费用，检查弃置费用的估计方法和弃置费用现值的计算是否合理，会计处理是否正确。

6）检查本期固定资产的减少

固定资产的减少主要包括出售、向其他单位投资转出、向债权人抵债转出、报废、毁损、盘亏等。有的被审计单位在全面清查固定资产时，常常会出现固定资产账存实亡现象，这可能是由于固定资产管理或使用部门不了解报废固定资产与会计核算两者间的关系，擅自报废固定资产而未及时通知财务部门作相应的会计核算所致，这样势必造成财务报表反映失真。审计固定资产减少的主要目的就在于查明业已减少的固定资产是否已作适当的会计处理。其审计要点如下：

（1）结合固定资产清理科目，抽查固定资产账面转销额是否正确。

（2）检查出售、盘亏、转让、报废或毁损的固定资产是否经授权批准，会计处理是否正确。

（3）检查因修理、更新改造而停止使用的固定资产的会计处理是否正确。

（4）检查投资转出固定资产的会计处理是否正确。

（5）检查债务重组或非货币性资产交换转出固定资产的会计处理是否正确。

（6）检查转出的投资性房地产账面价值及会计处理是否正确。

（7）检查其他减少固定资产的会计处理是否正确。

7）检查固定资产的后续支出

检查固定资产的后续支出，确定固定资产有关的后续支出是否满足资产确认条件；如不满足，该支出是否在该后续支出发生时计入当期损益。

8）检查固定资产的租赁

企业在生产经营过程中，有时可能有闲置的固定资产供其他单位租用；有时由于生产经营的需要，又需租用固定资产。租赁一般分为经营租赁和融资租赁两种。

检查经营性租赁时应查明：

（1）固定资产的租赁是否签订了合同、租约，手续是否完备，合同内容是否符合国家规定，是否经相关管理部门的审批。

（2）租入的固定资产是否确属企业必需，或出租的固定资产是否确属企业多余、闲置不用的，双方是否认真履行合同，其中是否存在不正当交易。

（3）租金收取是否签有合同，有无多收、少收现象。

（4）租入固定资产有无久占不用、浪费损坏的现象；租出的固定资产有无长期不收租金、无人过问、是否有变相馈送或转让等情况。

（5）租入固定资产是否已登入备查簿。

（6）必要时，向出租人函证租赁合同及执行情况。

（7）租入固定资产改良支出的核算是否符合规定。

在审计融资租赁固定资产时，除可参照经营租赁固定资产的检查要点以外，还应补充实施以下审计程序：

（1）复核租赁的折现率是否合理。

（2）检查租赁相关税费、保险费、维修费等费用的会计处理是否符合《企业会计准则》的规定。

（3）检查融资租入固定资产的折旧方法是否合理。

（4）检查租赁付款情况。

（5）检查租入固定资产的成新程度。

（6）检查融资租入固定资产发生的固定资产后续支出，其会计处理是否遵循自有固定资产发生的后续支出的处理原则予以处理。

9）对暂时闲置固定资产的审计

获取暂时闲置固定资产的相关证明文件，并观察其实际状况，检查是否已按规定计提折旧，相关的会计处理是否正确。

10）对已提足折旧但仍继续使用的固定资产的审计

获取已提足折旧仍继续使用的固定资产的相关证明文件，并作相应记录。

11）对持有待售固定资产的审计

获取持有待售固定资产的相关证明文件，并作相应记录。检查对其预计净残值调整是否正确、会计处理是否正确。

12）检查固定资产保险情况

检查固定资产保险情况，复核保险范围是否足够。

13）检查有无与关联方的固定资产购售活动

检查有无与关联方的固定资产购售活动，是否经适当授权，交易价格是否公允。对于合并范围内的购售活动，记录应予合并抵销的金额。

14）对应计入固定资产的借款费用的检查

对应计入固定资产的借款费用，应根据《企业会计准则》的规定，结合长短期借款、应付债券或长期应付款的审计，检查借款费用（借款利息、折溢价摊销、汇兑差额、辅助费用）资本化的计算方法和资本化金额以及会计处理是否正确。

15）检查购置固定资产时是否存在与资本性支出有关的财务承诺

16）检查固定资产的抵押、担保情况

结合对银行借款等的检查，了解固定资产是否存在重大的抵押、担保情况。如存在，应取证，并作相应的记录，同时提请被审计单位作恰当披露。

17）确定固定资产是否已按照《企业会计准则》的规定在财务报表中恰当列报

9.5.3　固定资产累计折旧的实质性程序

固定资产累计折旧的实质性程序通常包括：

1）获取或编制累计折旧分类汇总表

获取或编制累计折旧分类汇总表，复核加计是否正确，并与总账数和明细账合计数核对是否相符。

2）检查被审计单位制定的折旧政策和方法是否符合相关会计准则的规定

确定其所采用的折旧方法能否在固定资产预计使用寿命内合理分摊其成本，前后期是否一致，预计使用寿命和预计净残值是否合理。

3）复核本期折旧费用的计提和分配

（1）了解被审计单位的折旧政策是否符合规定，计提折旧范围是否正确，确定的使用寿命、预计净残值和折旧方法是否合理；如采用加速折旧法，是否取得批准文件。

（2）检查被审计单位折旧政策前后期是否一致。

（3）复核本期折旧费用的计提是否正确。

①已计提部分减值准备的固定资产，计提的折旧是否正确。

②已全额计提减值准备的固定资产，是否已停止计提折旧。

③因更新改造而停止使用的固定资产是否已停止计提折旧，因大修理而停止使用的固定资产是否照提折旧。

④对按规定予以资本化的固定资产装修费用是否在两次装修期间与固定资产尚可使用年限两者中较短的期间内，采用合理的方法单独计提折旧，并在下次装修时将该项固定资产装修余额一次全部计入当期营业外支出。

⑤对融资租入固定资产发生的、按规定可予以资本化的固定资产装修费用，是否在两次装修期间、剩余租赁期与固定资产尚可使用年限三者中较短的期间内，采用合理的方法单独计提折旧。

⑥对采用经营租赁方式租入的固定资产发生的改良支出，是否在剩余租赁期与租赁资产尚可使用年限两者中较短的期间内，采用合理的方法单独计提折旧。

⑦未使用、不需用和闲置的固定资产是否按规定计提折旧。

⑧持有待售的固定资产折旧计提是否符合规定。

（4）检查折旧费用的分配是否合理，是否与上期一致；分配计入各项目的金额占本期全部折旧计提额的比例与上期比较是否有重大差异。

（5）注意固定资产增减变动时，有关折旧的会计处理是否符合规定，查明通过更新改造、接受捐赠或融资租入而增加的固定资产的折旧费用计算是否正确。

4）检查"累计折旧"账户本期所计提折旧是否已恰当分摊

将"累计折旧"账户贷方的本期计提折旧额与相应的成本费用中的折旧费用明细账户的借方相比较，检查本期所计提折旧金额是否已全部摊入本期产品成本或费用。若存在差异，应追查原因，并考虑是否应建议作适当调整。

5）检查累计折旧的减少是否合理、会计处理是否正确

6）确定累计折旧的披露是否恰当

9.5.4 固定资产减值准备的实质性程序

固定资产减值准备的实质性程序一般包括：

（1）获取或编制固定资产减值准备明细表，复核加计是否正确，并与总账数和明细账合计数核对是否相符。

（2）检查被审计单位计提固定资产减值准备的依据是否充分，会计处理是否正确。

（3）获取闲置资产的清单，并观察其实际状况，识别是否存在减值现象。

（4）检查资产组的认定是否恰当，计提固定资产减值准备的依据是否充分，会计处理是否正确。

（5）计算本期末固定资产减值准备占期末固定资产原值的比率，并与期初该比率比较，分析固定资产的质量状况。

（6）检查被审计单位处置固定资产时原计提的减值准备是否同时结转，会计处理是否正确。

（7）检查是否存在转回固定资产减值准备的情况。按照《企业会计准则》的规定，固定资产减值损失一经确认，在以后会计期间不得转回。

（8）确定固定资产减值准备的披露是否恰当。

同步案例 9-4

基于清点情况的审计

背景与情境： 审计人员在对某公司 2005 年 12 月 31 日的固定资产进行清点时发现下列情况（见表 9-4）：

表 9-4　　　　　　　　　　　　　　　**固定资产的相关资料**

固定资产名称	固定资产明细账（元）	固定资产卡片（元）	实存价值（元）	每台单价（元）
甲	80 000	80 000	78 000	2 000
乙	70 000	70 000	80 000	10 000
丙	100 000	90 000	100 000	10 000
丁	29 500	28 000	28 000	500

问题： 根据上述清点的情况分析可能存在的问题，并提出审计意见。

分析提示：

（1）甲种设备账卡相符，实物短缺 1 台，有可能是该设备已报废处理，但是账卡未注销，查明后应注销账卡；也可能因保管不善，设备被盗，查明后要追究保管者的责任；也可能是设备出租，但没有记入"出租固定资产"账户，应补记。

（2）乙种设备账卡相符，实物多出 1 台，有可能是该设备已报废处理，账卡已注销，但实物仍在使用。也可能是购进时未作固定资产入账而作低值易耗品入账，但盘点时作为固定资产，查明后，应对照其价值和使用年限，确认其符合标准，则补记固定资产明细账和卡片账；若不符合标准，则不作盘盈，不记入固定资产账簿。也有可能是将租入固定资产误作盘盈，查明后应将设备登记在备查簿上。

（3）丙种设备明细账与实物相符，但卡片少 1 台，有可能是购进时，有 1 台没有在卡片上登记，查明后要补记卡片。

（4）丁种设备卡片和实物相符，但固定资产明细账多出 3 台，有可能是这 3 台设备已出售，但明细账没有注销，查明后应予以注销。

第 **10** 章
货币资金审计

学习目标

通过本章学习，应该达到以下目标：

理论目标：学习和把握货币资金审计涉及的凭证和会计记录，掌握货币资金的内控包含的具体内容，能用所学知识指导"货币资金审计"的相关认知活动。

实务目标：学习和把握货币资金的内控的测试方法，现金和银行存款审计中常用的方法，"业务链接"等程序性知识；能用其规范"货币资金审计"的相关技能活动。

案例目标：运用现金和银行存款审计的理论与实务知识研究相关案例，培养和提高在特定业务情境中分析问题与决策设计的能力；能结合本章教学内容，根据"职业道德探讨"的行业规范或标准，分析注册会计师在审计过程中的行为，强化职业道德素质。

实训目标：参加"货币资金审计"业务胜任能力的实践训练。在了解和把握本实训所涉及相关技能点的"规范与标准"的基础上，通过切实体验"货币资金审计"各实训任务的完成，系列技能操作的实施，各项目实训报告编制的准备、撰写、讨论与交流等有质量、有效率的活动，培养运用现金和银行存款审计的实务知识，并能结合被审计单位的具体情况选择恰当的审计程序和有效的审计方法的专业能力，强化解决问题的职业核心能力，并通过职业态度等行为规范，促进健全职业人格的塑造。

引例 达美公司货币资金审计案

背景与情境： 诚信会计师事务所受托审计达美股份有限公司 2010 年度的会计报表。达美股份有限公司是一家上市较早的商业类公司，公司主营为零售业务，同时有一部分房地产开发业务，并与某网站合作，开展网上售货业务。公司对零售业务部分采用售价金额核算法，毛利率的计算结转采用分类毛利率法，定期对库存商品进行盘点，有一套相对严密的内部管理制度。公司自上市后业绩一直较为平稳，股价波动不大。

审计人员在对该公司货币资金的内部控制采用"调查表法"、"检查凭证法"和"实地考察法"进行符合性测试的基础上，发现该公司货币资金的内部控制存在一定的漏洞，主要表现在以下几个方面：

1. 财务部稽核人员对收款台的现金盘点监管不够，未能经常进行不定期盘点。
2. 通过查看支票登记本发现，领用的票据号码不连续，存在领用支票不登记的现象。
3. 对现金和银行存款的支付基本能坚持审批制度，但在审批的职责权限划分上不够明确，从抽查的支付凭证来看，经常出现对相同业务的审批有时是财务经理的签字，有时是业务经理的签字，控制不够严格。

在发现了上述问题之后，审计人员确认该公司的内部控制属于中信赖程度，因此，适当地扩大了对达美股份有限公司货币资金进行实质性测试的范围。如采取盘存法对现金进行了突击性盘点；采取抽查法对现金日记账和银行存款日记账进行了抽查；采取审阅法、调节法和函证法对银行存款的真实性和合法性进行了审查。

经过审计人员对上述内容进行认真的检查、仔细的核对，针对审计过程中发现的问题，如"服装柜组发生短款次数频繁"、"私设小金库"、"出租出借银行账号"、"因购货单位支付空头支票而未及时调账"、"短期贷款未入账"、"达美劳动服务公司明显存在开阴阳发票"和"短期投资记账错误"等，与达美股份有限公司进行了交换，并提出了调整的建议。

问题：

（1）在货币资金审计中，内部控制测试是否一定要做？

（2）能否直接进行货币资金的实质性测试？

（3）如何根据被审计单位的具体情况安排审计程序？

（4）货币资金核算中常见的问题有哪些？

由上例可见，审计人员在货币资金审计中采用了控制测试和实质性测试结合的手段，那么，货币资金的内部控制测试不做行吗？不行。因为货币资金的内控十分重要，一个没有货币资金内部控制制度的企业，货币资金一定会出问题。审计人员仅通过实质性程序无法有效发现其中的问题。在货币资金审计中，应该如何做才有效呢？

10.1 货币资金概述

货币资金是企业资产的重要组成部分，在企业资产中流动性最强。任何企业进行生产经营活动都必须拥有一定数额的货币资金，持有货币资金是企业生产经营活动的基本条件，可能关乎企业的命脉。货币资金主要来源于资本的投入和营业收入，主要用于资产的取得和费用的结付。总体来说，只有保持健康的、正的现金流，企业才能够继续生存；如果出现现金流逆转迹象，产生了不健康的、负的现金流，长此以往，企业将会陷入财务困境，并可能影响企业的持续经营能力。

根据货币资金存放地点及用途的不同，货币资金分为库存现金、银行存款及其他货币资金。

10.1.1 货币资金涉及的主要凭证和会计记录

货币资金审计涉及的凭证和会计记录主要有：（1）现金盘点表；（2）银行对账单；（3）银行存款余额调节表；（4）有关科目的记账凭证（如现金收付款凭证、银行收付款凭证）；（5）有关会计账簿（如现金日记账、银行存款日记账）。

10.1.2 货币资金与各交易循环之间的关系

货币资金与各交易循环均直接相关，一些最终影响货币资金的错误只有对销售、采购、筹资和投资的交易循环的审计测试中才会被发现。例如，未给顾客开发票、未按销售额开发票、两次开出卖方发票、支付未经验收的货物或劳务的货款等，在现金余额测试中都不会被发现。

货币资金与各交易循环的关系如图 10-1 所示。需要说明的是，图 10-1 仅选取各交易循环中具有代表性的会计科目或财务报表项目予以列示，并未包括各交易循环中与货币资金有关的全部会计科目或财务报表项目。

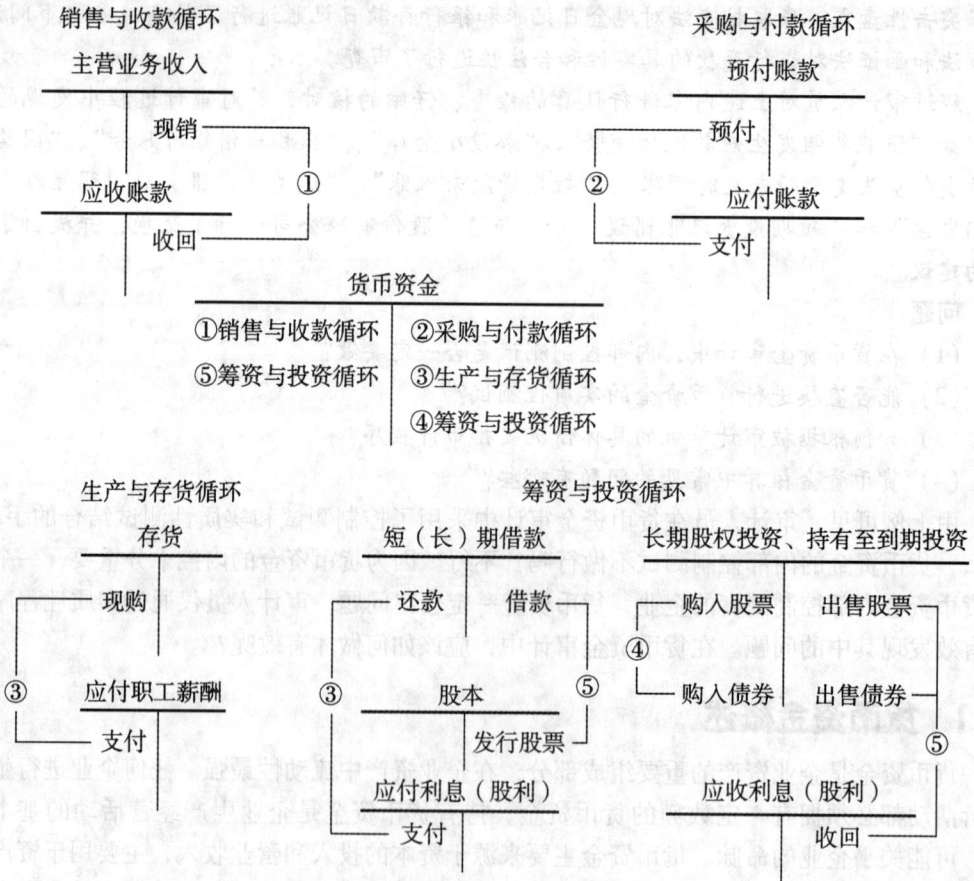

图 10-1 货币资金与各交易循环的关系

10.2　货币资金内部控制测试

10.2.1　货币资金内部控制的内容

由于货币资金是企业流动性最强、控制风险最高的资产，是企业生存与发展的基础。因此，企业必须加强对货币资金的管理和控制，建立健全货币资金内部控制，以确保：全部应收进的货币资金均能收进，并及时、正确地予以记录；不应该支出的货币资金都能够及时予以制止，并排除在企业核算范围之外；已发生的货币资金支出是按照经批准的用途进行的，并及时、正确地予以记录；库存现金、银行存款报告正确，并得以恰当保管；正确预测企业正常经营所需的货币资金收支额，确保企业有充足又不过剩的货币资金余额。

根据财政部于 2001 年 7 月 12 日发布的《内部会计控制规范——货币资金（试行）》，货币资金的内部控制包括以下内容：

1）岗位分工及授权批准

（1）单位应当建立货币资金业务的岗位责任制，明确相关部门和岗位的职责权限，确保办理货币资金业务的不相容岗位相互分离、制约和监督。出纳人员不得兼任稽核、会计档案保管和收入、支出、费用、债权债务账目的登记工作。单位不得由一人办理货币资金业务的全过程。

同步思考 10-1

不相容职务应该如何有效分离？

理解要点：虽然很多会计人员都知道内控规范有不相容职务分离的要求，知道"管钱不管账，管账不管钱"，但在具体的内控设计和执行时，却往往会忽视这一点或不清楚如何有效分离不相容职务。一些单位在进行职责分工时，往往是从工作方便或效率角度考虑，便安排经常跑银行的出纳领取银行对账单，殊不知，这种做法会埋下巨大隐患。从不相容职务分离来说，由出纳领取银行对账单是大忌，因为出纳本身负责货币资金保管和收支，如果再由出纳负责领取银行对账单、编制银行存款余额调节表，出纳就有可能挪用或侵占企业货币资金，并通过伪造对账单或在余额调节表上做手脚来掩盖自己的舞弊行为。再比如，一些企业由销售人员负责客户收款、核对的全过程，发生挪用货款事项也就不奇怪了。因此，企业应全面系统地分析、梳理业务流程中所涉及的不相容职务，实施相应的分离措施，形成各司其职、各负其责、相互制约的工作机制。各单位通常应分离的不相容职务包括授权和执行、执行和审核、执行和记录、保管和记录等。

（2）单位应当对货币资金业务建立严格的授权批准制度，明确审批人对货币资金业务的授权批准方式、权限、程序、责任和相关控制措施，规定经办人办理货币资金业务的职责范围和工作要求。审批人应当根据货币资金授权批准制度的规定，在授权范围内进行审批，不得超越审批权限。经办人应当在职责范围内按照审批人的批准意见办理货币资金业务。对于审批人超越授权范围审批的货币资金业务，经办人员有权拒绝办理，并及时向审批人的上级授权部门报告。

（3）单位应当按照规定的程序办理货币资金支付业务。

①支付申请。单位有关部门或个人用款时，应当提前向审批人提交货币资金支付申请，注明款项的用途、金额、预算、支付方式等内容，并附有效经济合同或相关证明。

②支付审批。审批人根据其职责、权限和相应程序对支付申请进行审批。对不符合规定的货币资金支付申请，审批人应当拒绝批准。

③支付复核。复核人应当对批准后的货币资金支付申请进行复核，复核货币资金支付申请的批准范围、权限、程序是否正确，手续及相关单证是否齐备，金额计算是否准确，支付方式、支付单位是否妥当等。复核无误后，交由出纳人员办理支付手续。

④办理支付。出纳人员应当根据复核无误的支付申请，按规定办理货币资金支付手续，及时登记现金和银行存款日记账。

（4）单位对于重要货币资金支付业务，应当实行集体决策和审批，并建立责任追究制度，防范贪污、侵占、挪用货币资金等行为。

（5）严禁未经授权的机构或人员办理货币资金业务或直接接触货币资金。

2）现金和银行存款的管理

（1）单位应当加强现金库存限额的管理，超过库存限额的现金应及时存入银行。

（2）单位必须结合本单位的实际情况，确定本单位现金的开支范围。不属于现金开支范围的业务应当通过银行办理转账结算。

（3）单位现金收入应当及时存入银行，不得用于直接支付单位自身的支出。因特殊情况需坐支现金的，应事先报经开户银行审查批准。

单位借出款项必须执行严格的授权批准程序，严禁擅自挪用、借出货币资金。

（4）单位取得的货币资金收入必须及时入账，不得私设"小金库"，不得账外设账，严禁收款不入账。

（5）单位应当严格按照《支付结算办法》等国家有关规定，加强银行账户的管理，严格按照规定开立账户，办理存款、取款和结算。单位应当定期检查、清理银行账户的开立及使用情况，发现问题，及时处理。同时，单位应当加强对银行结算凭证的填制、传递及保管等环节的管理与控制。

（6）单位应当严格遵守银行结算纪律，不准签发没有资金保证的票据或远期支票，套取银行信用；不准签发、取得和转让没有真实交易和债权债务的票据，套取银行和他人资金；不准无理拒绝付款，任意占用他人资金；不准违反规定开立和使用银行账户。

（7）单位应当指定专人定期核对银行账户，每月至少核对一次，编制银行存款余额调节表，使银行存款账面余额与银行对账单调节相符。如调节不符，应查明原因，及时处理。

（8）单位应当定期和不定期地进行现金盘点，确保现金账面余额与实际库存相符。发现不符，及时查明原因，做出处理。

3）票据及有关印章的管理

（1）单位应当加强与货币资金相关的票据的管理，明确各种票据的购买、保管、领用、背书转让、注销等环节的职责权限和程序，并专设登记簿进行记录，防止空白票据的遗失和被盗用。

（2）单位应当加强银行预留印鉴的管理。财务专用章应由专人保管，个人名章必须由本人或其授权人员保管。严禁一人保管支付款项所需的全部印章。

（3）按规定需要有关负责人签字或盖章的经济业务，必须严格履行签字或盖章手续。

同步案例 10-1

某上市公司内控的缺陷

背景与情境： 湖南某上市公司出纳梁某，采取偷盖公司银行印鉴和法人章，使用作废的、没有登记的现金支票等方法，在近 5 年期间先后挪用 3 000 多万元用于炒股，给单位造成损失 1 137.8 万元。长沙市中级法院以挪用公款罪和挪用资金罪，判处梁某 17 年徒刑。

问题： 案例中该上市公司的内控有哪些缺陷？

分析提示： 货币资金是流动性最强、控制风险最高的资产。案例中出纳梁某连续作案 5 年之后才被发现，主要的原因是该公司监督、检查机制的不健全，主要表现在：第一，银行印鉴未能妥善保管。根据印章管理的相关规定，财务专用章应由专人保管，法人章应由本人或其授权人员保管，出纳能多次将本不由其保管的财务专用章和法人章同时拿到，不能不说公司在管理印章上漏洞之大。第二，票据单证保管不善，使用情况缺乏必要记录和检查。案例中梁某利用作废、未登记的支票进行作案，说明对于有价票据及空白单证疏于管理，没有严格票据的日常保管，票据的使用和流转也没有书面记录，对作废票据没有妥善处置。第三，授权审批程序不够合理。出纳能够把大量的资金挪用出来，应该是要经过授权批准的。如果当时有严格的授权审批程序，舞弊行为应该及时被发现才对。公司应当规定经办人办理货币资金业务的职责范围和工作要求；审批人应当根据货币资金授权批准制度的规定，在授权范围内进行审批，不得超越审批权限；经办人应当在职责范围内，按照审批人的批准意见办理货币资金业务。第四，检查、核对机制缺失。上述舞弊行为未被及时发现的另一原因就是公司缺乏检查、核对机制。账账核对、账实核对是防范及发现货币资金舞弊的重要控制手段，应由负责账物保管和记录以外的人员进行定期和不定期的检查、核对。对有形的实物资产（如现金、有价证券和存货等）要定期和不定期盘点，以核实资产的存在性和完整性；对不具实物形态的资产（如银行存款、应收账款等）和负债，则定期通过询问、函证和对账等方式验证查实。

4）监督检查

单位应当建立对货币资金业务的监督检查制度，明确监督检查机构或人员的职责权限，定期和不定期地进行检查。

货币资金监督检查的内容主要包括：

（1）检查是否存在货币资金业务不相容职务混岗的现象。

（2）检查货币资金支出的授权批准手续是否健全，是否存在越权审批行为。

（3）检查是否存在办理付款业务所需的全部印章交由一人保管的现象。

（4）检查票据的购买、领用、保管手续是否健全，票据保管是否存在漏洞。

对监督检查过程中发现的货币资金内部控制中的薄弱环节，应当及时采取措施，加以纠正和完善。

同步案例 10-2

某储蓄员作下的大案

背景与情境: 据报道,某银行营业部的储蓄员杨某于 2002 年春节期间,通过虚拨存款手段共卷走 337.3 万元,并偷走 3 万美元、1 万港币。杨某是一个临时工。正月初一,杨某利用值班上柜之机,在电脑上操作,凭空划账 300 多万元,分别存入自己的 35 个活期存折,此后 3 天从 48 个储蓄所疯狂取款 116 笔,共计 337.3 万元。初六上午,银行发现该笔存款有疑点,遂案发。同日上午,杨某给家人留言并留下 20 万元后,携女友潜逃。在随后的清理中,发现储蓄所外币钱箱少了 3 万美元、1 万港元,确定被杨某盗走。

杨某的作案手段其实并不高明,但他蓄谋已久。他于 2001 年 9 月开了 35 个活期存折,瞅准过年放假期间监管松懈的时机下手。更让人吃惊的是,平时看管很严的钱箱,在过年期间也无人管了。杨某利用手中的钥匙,竟然直接从钱箱中盗走了外币。

问题: 一个小小的储蓄员怎么作下如此大案?

分析提示: 关于春节期间作案问题。储蓄员杨某选择春节期间作案,是他确实做到了"知己知彼",所以一蹴而就。该案发生后,银行一名负责人痛心疾首地说:"过年放假留下的监管漏洞,给了歹徒可乘之机。"那么,储蓄员杨某究竟钻了哪些空子呢?第一,授权控制和不相容职务相互分离控制系统瘫痪。银行平时分人保管的"责任卡"(即划分银行电脑使用权限的级别卡)在春节期间可能集中到了他一个人手中,换言之,杨某平时无权使用、无权操作的程序现在成了一马平川,因为这些"卡"给了他权力。事实证明,杨某当天在电脑上虚拟存款时正是使用了本应由储蓄所主任掌管的"五级卡"和本应由储蓄所主管掌管的"四级卡"。第二,稽核检查不到位。按规定,储蓄所每天的借贷应是一本平账,每笔储蓄业务应隔日审核,但由于当天储蓄所值班人员不到位,隔日审核的部门又放了假,导致这个"黑洞"直到初六才被发现。试想,如果该值班的人值班了,该审核的部门正常工作了,这只黑手可能被及早斩断了。第三,人员素质控制和内部报告控制松懈,表现在:储蓄所该值班的人不值班,该多人看管的钱箱无人看管,只留给杨某一个人"照顾",真是刚想睡觉,就有人送来枕头,杨某真是舒坦。并且,杨某"风格"甚高,大年初一本不应该由他值班,但他却不计得失、自告奋勇地与别人换了班,试问,换班有无经过批准,是否及时报告?

职业道德探讨 10-1

审计人员的良心债

背景与情境: 注册会计师张明被诚信会计师事务所指派到一个国有性质的电影公司审计,在审计过程中,张明发现被审计单位货币资金的内部控制形同虚设,管理层经常凌驾于内部控制之上,将放映电影的收入挪用至娱乐和私人消费中。当张明与管理层交流审计意见,准备出具否定意见的审计报告时,管理层立即提出愿意支付给张明个人 10 万元,只要出具的审计报告好看些就行。张明当时因买房正急缺现金,就默认了。

问题: 张明的作法符合职业道德规范吗?他侵犯了谁的利益?应该怎么做?

分析提示: 张明的作法不符合职业道德规范。在审计中除了正当的审计费用,审计人员不应收取任何好处费，否则就违反了独立性的原则。张明这样做，替管理层掩盖了他们的违法行为，却严重损害了老百姓的利益，国有企业是广大社会公众的，其收益不应该让管理层和审计人员据为己有。张明应该拒绝收受礼金，保持审计的独立性，出具否定意见的审计报告。

10.2.2　货币资金内部控制测试

1）了解货币资金内部控制

注册会计师可以根据实际情况采用不同的方法实现对货币资金内部控制的了解。一般而言，对内部控制制度的了解可以采用以下三种方法：

（1）编写内部控制书面说明。将调查所得用文字逐条说明。

（2）编制内部控制调查表。将内部控制中的每一项内容用表格列示出来，逐条说明其执行情况。例如，"现金出纳和现金账是否规定分别管理"、"现金支票与支票印鉴是否规定分别保管"、"支付现金是否有规定审批手续"等。

（3）编制内部控制流程图。将货币资金的业务处理程序用图解形式表达出来，可以通过流程图对货币资金的内部控制进行了解。注册会计师在编制内部控制流程图之前应通过询问、观察等调查手段收集必要的资料，然后根据所了解的情况采用一定的符号，将业务处理程序和凭证进行连接，并用简要的文字说明将内部控制制度表达出来。该方法的主要优点是形式简明，便于找出薄弱环节，也便于评审，因此采用较广泛。但内部控制流程图的绘制需要一定的技术，有一定的难度，所以评价时通常要与上述两种方法相互结合。

若年度审计工作底稿中已有以前年度的调查表或流程图，注册会计师可根据调查结果加以修正，以供本年度审计之用。一般来说，了解货币资金内部控制时，注册会计师应当注意检查货币资金内部控制是否建立并严格执行。

2）初步评价货币资金内部控制

对货币资金内部控制所涉及的控制风险进行初步的评价，其目的在于确定注册会计师是否应该依赖内部控制。如果准备依赖，则应对内部控制进行符合性测试，否则直接进行实质性测试。注册会计师对货币资金内部控制进行初步评价时，重点应了解：

（1）款项的收支是否按规定的程序和权限办理。

（2）是否存在与本单位经营无关的款项收支情况。

（3）是否存在出租、出借银行账户的情况。

（4）出纳与会计的职责、岗位是否严格分离。

（5）现金是否妥善保管。

（6）是否定期进行盘点、核对等。

3）测试货币资金的内部控制

货币资金的内部控制一般包括以下内容：

（1）抽取并检查收款凭证、付款凭证

为测试货币资金收款、付款的内部控制，注册会计师应按货币资金的收款凭证、付款凭证分类，选取适当的样本量，做如下检查（见表10-1）：

表 10-1 　　　　　　　　　　　对收款凭证、付款凭证的检查

收款凭证的检查	付款凭证的检查
①核对收款凭证与存入银行账户的日期和金额是否相符	①检查付款的授权批准手续是否符合规定
②核对货币资金、银行存款日记账的收入金额是否正确	②核对货币资金、银行存款日记账的付出金额是否正确
③核对收款凭证与银行对账单是否相符	③核对付款凭证与银行对账单是否相符
④核对收款凭证与应收账款等相关明细账的有关记录是否相符	④核对付款凭证与应付账款等相关明细账的记录是否一致
⑤核对实收金额与销货发票等相关凭据是否一致等	⑤核对实付金额与购货发票等相关凭据是否相符等

（2）检查一定期间的现金、银行存款日记账及相关账户的记录

现金、银行存款日记账审查的范围和广度视具体情况而定，但注册会计师至少应从以下几个方面检查现金、银行存款日记账：

①根据日期、凭证号栏的记载，查明是否以记账凭证为依据逐笔、序时登记并结出余额，有无前后日期和凭证号前后顺序颠倒的情况。

②根据摘要栏、金额栏和对方科目栏的记载，判断经济业务的会计处理、会计科目的使用是否恰当。

③根据结存余额栏的记录，查明是否有异常红字及其原因。

④检查其有无计算错误，加总是否正确无误。

⑤根据日记账提供的线索，核对总账中的现金、银行存款、应收账款、应付账款等有关账户的记录，看其是否相符。

如果检查中发现问题较多，说明被审计单位货币资金的会计记录不够可靠。

（3）抽取一定期间的银行存款余额调节表，查验被审计单位是否按月正确编制并经复核

为了证实银行存款记录的正确性，注册会计师必须抽取一定期间的银行存款余额调节表，将其与银行对账单、日记账、总账进行核对，确定被审计单位是否按月正确编制并复核银行存款余额调节表。

（4）检查外币资金的折算方法是否符合有关规定，是否与上年度一致

对于有外币货币的被审计单位，注册会计师应检查外币货币资金有关的日记账及"财务费用"、"在建工程"等账户的记录，确定企业有关外币货币资金的增减变动是否采用交易发生日的即期汇率将外币金额折算为记账本位币金额，或者采用按照系统合理的方法确定的、与交易发生日即期汇率近似的汇率折合为记账本位币，选择采用汇率的方法前后各期是否一致；检查企业的外币货币资金的余额是否采用期末即期汇率折合为记账本位币金额；折算差额的会计处理是否正确。

4）评价货币资金内部控制制度

注册会计师在完成上述程序之后，即可对货币资金的内部控制进行评价。主要应从三个方面评价：一是评价内部控制制度的弱点，要把薄弱环节作为控制的重点；二是评价内部控制制度的合理性，考虑现有内部控制制度的效果，是否影响工作效率；三是评价内部控制制度的有效性，考虑贯彻得是否有力。

总体来说，评价时，注册会计师应首先确定货币资金内部控制可信赖的程度以及存在的薄弱环节和缺点，然后据以确定在货币资金实质性程序中对哪些环节可以适当减少审计程序，哪些环节应增加审计程序，作重点检查，以减少审计风险。

10.3　库存现金的实质性程序

1）库存现金的审计目标

企业的库存现金包括人民币现金和外币现金。现金是企业流动性最强的资产，尽管其在企业资产总额中所占比重不大，但由于企业发生的舞弊事件大都与现金有关，因此，现金审计非常重要。

库存现金的审计目标主要包括：（1）有关现金的内部控制制度是否存在和有效；（2）现金收支业务是否完整地入账，有无遗漏；（3）记录在账的现金是否确实存在，有无挪用现象，是否属于被审计单位所有；（4）现金的会计记录是否正确无误；（5）有关现金的计价，如外币汇兑损益的计算等是否正确，有无虚增或虚减现金的可能；（6）现金收支业务的发生是否符合有关法律、法规的规定；（7）会计报表对现金余额的反映是否恰当等。

2）现金的实质性测试

现金的实质性程序一般包括：

（1）核对现金日记账与总账的余额是否相符

注册会计师测试现金余额的起点是核对现金日记账与总账的余额是否相符。如果不相符，应查明原因，并做出适当调整。

（2）实施分析程序

注册会计师应比较现金余额的本期实际数与预算数以及上年度账户余额的差异变动，还要比较有关项目的一些比率（如流动比率、速动比率、现金周转率等）的变动情况。对本期数字与上期实际数或本期预算数的异常差异或显著波动必须进一步追查原因，确定审计重点。

（3）盘点库存现金

通常，盘点库存现金包括对已收到但未存入银行的现金、零用金、找换金等的盘点。盘点库存现金的时间和人员应视被审计单位的具体情况而定，但必须有出纳员和被审计单位会计主管人员参加，并由注册会计师进行监盘。盘点和监盘库存现金的步骤和方法主要有：

①制定库存现金盘点程序，实施突击性的检查，时间最好选择在上午上班前或下午下班时进行，盘点的范围一般包括企业各部门经管的现金。在进行现金盘点前，应由出纳员将现金集中起来存入保险柜。必要时可加以封存，然后由出纳员把已办妥现金支付手续的收付款凭证登入库存现金日记账。如企业库存现金存放部门有两处或两处以上的，应同时

进行盘点。

②审阅库存现金日记账并同时与现金收付凭证相核对。一方面检查日记账的记录与凭证的内容和金额是否相符；另一方面了解凭证日期与日记账日期是否相符或接近。

③由出纳员根据库存现金日记账加计累计数额，结出现金结余额。

④盘点保险柜的现金实存数，同时编制"库存现金盘点表"，分币种、面值列示盘点金额。

⑤资产负债表日后进行盘点时，应调整至资产负债表日的金额。

⑥将盘点金额与库存现金日记账余额进行核对，如有差异，应查明原因，并做出记录或适当调整。

⑦若有冲抵库存现金的借条、未提现支票、未作报销的原始凭证，应在"库存现金盘点表"中注明或做出必要的调整。

同步案例10-3

监盘过程中的不当之处

背景与情境： ABC会计师事务所派出审计小组对R公司2007年度会计报表进行审计。注册会计师A负责审计货币资金项目。R公司在公司总部大楼和营业部各有一个出纳部门。为顺利实施库存现金监盘程序，注册会计师A在监盘日的前一天通知该公司财务负责人，要求其告知出纳做好相应准备。考虑到出纳每天上午上班后要去银行办理有关业务，监盘时间分别安排在上午10点和11点进行。次日上午10点，注册会计师A来到总部大楼出纳部，先由出纳将现金全部放入保险柜，然后将全部凭证入账，结出当时现金日记账余额，然后注册会计师A在出纳在场的情况下清点现金，并做记录。清点后，由出纳填"库存现金盘点表"，该表经出纳和A共同签字后，由注册会计师A收回作为工作底稿，并将其与现金日记账核对。11点后，注册会计师A来到营业部出纳部门实施监盘，程序同上。

问题： 注册会计师A在监盘过程中有何不当之处？

分析提示： 注册会计师A在监盘过程中的不当之处有：

（1）监盘现金应采用突击形式，不应事先通知被审计单位。

（2）监盘时间应安排在上班或下班的时候，不应在上午10点左右。

（3）两个出纳部门的现金应同时监盘。

（4）盘点现金时财务负责人必须参加。

（5）注册会计师应亲自编制现金监盘表。

（6）现金监盘表上应该有出纳、被审计单位财务负责人和注册会计师的签字。

同步案例10-4

某企业现金管理中存在的主要问题

背景与情境： 2011年3月11日下午5点30分，审计人员参加对华光工厂库存现金的清查盘点工作，清查结果如下：

（1）实点库存现金（人民币）结存数：100元币120张，50元币80张，10元币220张，5元币84张，2元币175张，1元币220张，5角币50张，2角币20张，1角币51

张，5 分币 32 张，2 分币 14 张，1 分币 8 张。

（2）查明现金日记账截止 2011 年 3 月 10 日的账面余额为 21 679.24 元。

（3）查出已经办理收款手续但尚未入账的收款凭证（191 号至 202 号）的金额合计为 4 372.31 元。

（4）查出已经办理付款手续但尚未入账的付款凭证（203 号至 211 号）的金额合计为 4 126.14 元。

（5）发现现金日记账中夹有下列借据，共计 2 560 元：职工刘红借学费 250 元，职工王敏借学费 110 元，许要华借药费 1 000 元，万广华借药费 1 200 元。

（6）发现保险柜中有 3 月 1 日收到销售产品的转账支票 1 张，金额 7 500 元。

（7）发现保险柜中有待领工资 215 元，单独包封。

（8）银行核定该厂的库存现金限额为 10 000 元。

问题：指出该企业现金管理中存在的主要问题，并提出审计意见。

分析提示：

（1）该企业现金管理中存在下列主要问题：

①白条借据抵库。出纳员擅自以白条方式借给 3 名职工现金，共计 2 560 元，抵充库存入账。

②账款不符。盘点日止账面应存额为 21 925.41 元，而实际盘存库存现金仅为 19 226.06 元，其中除出纳员擅自以白条借据 2 560 元抵充库存外，尚短缺 139.35 元，出纳员提不出任何理由。

③银行核定该厂库存现金限额为 10 000 元，而实际库存超过限额 9 226.06 元。

④出纳员工作拖拉，未及时登记现金日记账。

⑤收入销货款的转账支票未及时送存银行，已超过支票有效期，该笔货款将被对方开户银行拒付。

（2）针对上述问题，提出审计意见如下：

①白条抵库的现金 2 560 元，如经有关人员正式审批，应做其他应收款入账处理，或限期归还或敦促报销。

②出纳员短缺现金 139.35 元，应在进一步查明原因后按有关规定追究其责任，并作出处理。

③今后应坚持按银行核定限额存放库存现金。

④出纳员今后应坚持做到及时登账，日清日结。

⑤应及时与购货单位联系，收回 7 500 元销货款。

同步思考 10-2

注册会计师在 2008 年 2 月 5 日对 R 公司全部现金进行监盘后，确认实有现金数额为 1 000 元。R 公司 2 月 4 日账面库存现金余额为 2 000 元，2 月 5 日发生的现金收支全部未登记入账，其中收入金额为 3 000 元、支出金额为 4 000 元，2008 年 1 月 1 日至 2 月 4 日现金收入总额为 165 200 元、现金支出总额为 165 500 元，则 2007 年 12 月 31 日库存现金余额是多少？

理解要点：对 2007 年 12 月 31 日库存现金实存额进行追溯调整：

期初实存＝期末实存＋现金支出数－现金收入数

（2007.12.31）（2008.2.5）（2008.1.1—2.5）（2008.1.1—2.5）

　　　　　　＝1 000+（165 500+4 000）－（165 200+3 000）

　　　　　　＝2 300（元）

（4）抽查大额现金收支

注册会计师应抽查大额现金收支的原始凭证内容是否完整，有无授权批准，并核对相关账户的进账情况，如有与被审计单位生产经营业务无关的收支事项，应查明原因，并作相应的记录。

业务链接10-1

针对重复入账的审计程序

审查某企业的现金付款凭证时，其中一张凭证摘要是"退回A零售店包装物押金600元"，所附原始凭证为邮局汇款单。后来发现本月份又以"A零售店收到退回押金收据"为原始凭证记支出账，金额为600元。此时，审计人员应该如何安排下一步的审计程序？

当审计人员发现以邮局汇款单为依据记录的现金支出时，应当以记账依据不全为由提请被审计单位说明缘由，并注意相同金额的支出；当后来发现本月份又以"A零售店收到退还押金收据"为原始凭证记支出600元时，应将邮局汇款单与A零售店收到退回押金收据核对，如果核对相符，就表明会计人员一笔支出的原始凭证分两处重复报账，贪污现金600元。

（5）检查现金收支的正确截止

被审计单位资产负债表的货币资金项目中的库存现金数额，应以结账日实有数额为准。因此，注册会计师必须验证现金收支的截止日期。通常，注册会计师可考虑对结账日前后一段时期内的现金收支凭证进行审计，以确定是否存在跨期事项，是否应考虑提出调整建议。

（6）检查外币现金的折算是否正确

对于有外币现金收支业务的被审计单位，注册会计师应审查被审计单位对外币现金的收支是否按规定的汇率折合为记账本位币金额，外币现金的期末余额是否按期末市场汇率折合为记账本位币；折算及处理是否与上年度一致。

（7）检查库存现金是否在资产负债表上恰当披露

根据有关规定，库存现金在资产负债表的"货币资金"项目中反映，注册会计师应在实施上述审计程序后，确定库存现金账户的期末余额是否恰当，进而确定库存现金是否在资产负债表上恰当披露。

10.4　银行存款的实质性程序

10.4.1　银行存款的审计目标

银行存款是指企业存放在银行或其他金融机构的各种款项。按照国家有关规定，凡是独立核算的企业都必须在当地银行开设账户。企业在银行开设账户以后，除按核定的限额保留库存现金外，超过限额的现金必须存入银行；除了在规定的范围内可以用现金直接支付的款项外，在经营过程中所发生的一切货币收支业务都必须通过银行存款账户进行结算。

银行存款的审计目标主要包括：

（1）确定被审计单位资产负债表中的银行存款在资产负债表日是否确实存在，是否为被审计单位所拥有。

（2）确定被审计单位在特定期间内发生的银行存款收支业务是否均已记录完毕，有无遗漏。

（3）确定银行存款余额是否正确。

（4）确定银行存款在财务报表上的披露是否恰当。

教学互动 10-1

在引入银行存款的实质性程序讲课内容之前，为了让学生对实务中遇到的问题有全方位的认识，充分发挥自己的想象，对实务中的具体情况有较为准确的把握，将学生分成若干个小组，分组讨论以下实务问题：

首先，审计人员在审查某单位银行存款日记账时，发现有一笔存款记录的摘要为"暂存款"，金额为 50 000 元。相隔两天，在银行存款日记账中有一笔 50 000 元的支出记录，摘要为"支付差旅费"，这一存一取引起了审计人员的注意。

初步问题：

（1）你认为是什么引起了审计人员的注意？（相同金额的业务，资金一进一出）

（2）那笔"暂存款"可能是什么资金？（收入？借款？）

（3）你认为审计人员应该怎么办？

鼓励学生充分发挥想象，错了也没关系，不管对错，大家共同去分析。可以让其中两组同学来回答问题，另外两组同学分析其合理性。

后来，审计人员调出"暂存款"增加的记账凭证，其会计分录为：

借：银行存款　　　　　　　　　　　　　　　　　　　　　　　50 000
　贷：其他应付款　　　　　　　　　　　　　　　　　　　　　　　　50 000

所附原始凭证就是一张银行存款进账单。

再调出"支付差旅费"的记账凭证，其会计分录为：

借：其他应付款　　　　　　　　　　　　　　　　　　　　　　　50 000
　贷：银行存款　　　　　　　　　　　　　　　　　　　　　　　　　50 000

所附原始凭证是私人开出的白条收据。

进一步问题：

（1）此时银行存款增加了吗？"暂存款"后附的原始单据合适吗？如果是其他应付款，应该有怎样的原始单据？

（2）支付差旅费那张凭证反映的是银行存款减少，此时银行存款减少了吗？后附的原始单据合适吗？如何看待私人开出的白条收据？

（3）上述会计处理是否属于贪污或挪用公款？

（4）上述会计处理是否影响企业当期利润？

要求：同【教学互动 1-1】的"要求"。

10.4.2　银行存款的实质性程序

银行存款的实质性程序一般包括：

（1）银行存款日记账与总账的余额是否相符。注册会计师测试银行存款余额的起点是核对银行存款日记账与总账的余额是否相符。如果不相符，应查明原因，并考虑是否应建议做出适当调整。

（2）实施分析程序。计算定期存款占银行存款的比例，了解被审计单位是否存在高息资金拆借。如存在高息资金拆借，应进一步分析拆出资金的安全性，检查高额利差的入账情况；计算存放于非银行金融机构的存款占银行存款的比例，分析这些资金的安全性。

（3）取得并检查银行存款余额调节表。检查银行存款余额调节表是证实资产负债表中所列银行存款是否存在的重要程序。银行存款余额调节表通常应由被审计单位根据不同的银行账户及货币种类分别编制。取得银行存款余额调节表后，注册会计师应检查调节表中未达账项的真实性，以及资产负债表日后的进账情况，如果查明存在应于资产负债表日之前进账的，应做出记录并提出适当的调整建议。其程序一般包括：

①验算调节表的数字计算。

②对于金额较大的未提现支票、可提现但未提现支票以及注册会计师认为重要的未提现支票，列示未提现支票清单，注明开票日期和收票人姓名或单位。

③追查截止日期银行对账单上的在途存款，并在银行存款余额调节表上注明存款日期。

④检查截止日仍未提现的大额支票和其他已签发1个月以上的未提现支票。

⑤追查截止日期银行对账单已收、企业未收的款项性质及款项来源。

⑥核对银行存款总账余额、银行对账单加总金额。

同步案例10-5

应当做出怎样的审计判断和处理

背景与情境：注册会计师张雷在审查甲厂10月份银行存款余额调节表时，发现一笔未达账项：银行已收、企业未收的存款利息800元，11月份银行存款日记账中也没有此项记录。查询11月份对账单，发现用现金支票提取现金800元，日记账未记录，查明贪污利息属实。张雷在对银行存款项目实施审计程序时还发现：

（1）审核银行存款余额调节表时，发现未达账项"银行已收、企业未收"1 200万元、"银行已付、企业未付"1 500万元、"企业已收、银行未收"1 300万元、"企业已付、银行未付"1 400万元的发生时间在3~5年之间。

（2）追查审阅银行对账单时，发现银行对账单其中有2份的户名分别为A单位和B单位。经询问被审计单位有关人员，据称为回避银行扣款，而将款项以A、B两个单位的名义开立账户记载收支事项。

（3）审阅不同存款账户明细账时，发现A银行账户中银行存款为负数。

问题：张雷应当做出怎样的审计判断和处理？

分析提示：

（1）由于会计处理时间差异和其他一些原因，企业银行存款的账面余额在某一时点和银行存款余额互有未达账项，应当说这是普遍存在的现象。但根据权责发生制原则、及时性原则和匹配性原则，银行未达账项多且账龄长，肯定会对企业的财务状况和经营成果产生重大影响，还可能存在应处理的或有损失。因此，张雷在查证未达账项的性质和款项来源后，要提请被审计单位及时清理未达账项特别是时间较长的事项，查明原因后进行会计处理，调整会计报表有关项目。如果甲厂不采取适当的措施，张雷应当在审计工作底稿和审计报告中做出充分披露。

（2）从法律角度讲，既然银行账号的户名分别为 A、B 单位，因此就不能确认被审计单位具有所有权，所提供的银行对账单也不能作为确认银行存款的合法证据。张雷应要求被审计单位调整被审计会计报表项目数额，还要对此处理方法提出纠正建议。

（3）银行存款项目明细账户出现负数，从会计核算角度看是一种非正常现象。根据职业判断，其原因可能有串户事项或收入事项的凭证未进行会计处理。对此，张雷应根据银行对账单查明原因，提请被审计单位进行适当会计处理。如果被审计单位拒绝调整意见，张雷应当判断其对审计报告的影响程度，并予以适当处理。

（4）函证银行存款余额。银行存款函证是指注册会计师在执行审计业务的过程中，需要以被审计单位的名义向有关单位发函询证，以验证被审计单位的银行存款是否真实、合理、完整。按照国际惯例，财政部和中国人民银行于 1999 年 1 月 6 日联合印发了《关于做好企业的银行存款、借款及往来款项函证工作的通知》（以下简称《通知》），《通知》对函证工作提出了明确的要求，并规定：各商业银行、政策性银行、非银行金融机构要在收到询证函之日起 10 个工作日内，根据函证的具体要求及时回函，并可按照国家的有关规定收取询证费用；各有关企业或单位根据函证的具体要求回函。

函证银行存款余额是证实资产负债表所列银行存款是否存在的重要程序。通过向往来银行函证，注册会计师不仅可了解企业资产的存在，而且可了解企业账面反映所欠银行债务的情况，并有助于发现企业未入账的银行借款和未披露的或有负债。

注册会计师应向被审计单位在本年存过款（含外埠存款、银行汇票存款、银行本票存款、信用卡存款、信用证保证金存款）的所有银行发函，其中包括企业存款账户已结清的银行，因为有可能存款账户已结清，但仍有银行借款或其他负债存在。并且，虽然注册会计师已直接从某一银行取得了银行对账单和所有已付支票，但仍应向这一银行进行函证。

同步思考 10-3

注册会计师黄某在审查 ABC 公司 2011 年年末会计报表时，为证实 X 公司的应收账款、应付账款及银行存款等重要项目，向有关单位寄发了若干询证函。请问应收账款函证、应付账款函证及银行存款函证的主要区别体现在哪里？

理解要点：

①函证的对象不同。应收账款函证的对象是 X 公司的债务人，应付账款函证的对象是 X 公司的债权人，银行存款函证的对象是开户银行。

②函证的内容不同。应收账款函证及应付账款函证的内容是 X 公司与其客户间的相互欠款情况，而银行存款函证的内容则包括银行存款、银行借款及其他情况。

③函证的范围不同。注册会计师应向 X 公司年内存过款的所有银行发函，而无须向所有债务人或所有债权人发函。

④函证的方式不同。注册会计师所寄发的银行存款询证函及应付账款询证函往往是肯定式的，而寄发的应收账款询证函既可以是肯定式的，也可以是否定式的。

⑤函证的必要性不同。对于银行存款、应收账款的函证是必需的，对于应付账款的函证则不是必须的。

⑥函证所证实的认定不同。银行存款函证所证实的认定是银行存款的存在性、银行借款的完整性，应收账款函证所证实的认定是应收账款的存在性、应付账款的完整性，应付账款函证通常仅能证实付账款的真实性。

（5）检查银行存单。编制银行存单检查表，检查是否与账面记录金额一致，是否被质押或限制使用，存单是否为被审计单位拥有。

①对已质押的定期存款，应检查定期存单，并与相应的质押合同核对，同时关注定期存单对应的质押借款有无入账。

②对未质押的定期存款，应检查开户证明书原件。

③对审计外勤工作结束日前已提取的定期存款，应核对相应的兑付凭证、银行对账单和定期存款复印件。

（6）检查银行存款账户存款人是否为被审计单位。如果存款人不是被审计单位，应获取该账户户主和被审计单位的书面声明，确认资产负债表日是否需要调整。

（7）关注是否有对变现有限制或存放在境外的款项。如果存在，是否已作必要调整和披露。

（8）对不符合现金及现金等价物条件的银行存款在审计工作底稿中予以列明，以考虑对现金流量表的影响。

（9）抽查大额银行存款的收支。注册会计师应抽查大额银行存款（含外埠存款、银行汇票存款、银行本票存款、信用证存款）收支的原始凭证内容是否完整，有无授权批准，并核对相关账户的进账情况。如有与被审计单位生产经营业务无关的收支事项，应查明原因并作相应的记录。

（10）审核银行存款收支的正确截止。企业资产负债表上银行存款的金额应包括当年最后一天收到的所有存放于银行的款项，而不得包括其后收到的款项；同样，企业年终前开出的支票不得在年后入账。因此，注册会计师应当在清点支票及支票存根时，确定各银行账户最后一张支票的号码，同时查实该号码之前的所有支票均已开出，以确保银行存款收付的正确截止。

业务链接10-2

审查支票已签发但未入账的最有效审计程序

在进行年度会计报表审计时，为了证实被审计单位在临近 12 月 31 日签发的支票未予入账，注册会计师实施的最有效审计程序是审查 12 月 31 日的银行存款余额调节表还是审查 12 月 31 日的银行对账单呢？

都不是，而是审查 12 月份的支票存根。只要被审计单位已签发了支票，必然会有支票存根，所以，注册会计师根据连续编号的支票存根追查银行存款日记账，这是最有效的方法。如果持票人尚未到银行办理转账手续，不管审查 12 月 31 日的银行存款余额调节表，还是审查 12 月 31 日的银行对账单，均无法查出未入账的已签发支票。

（11）审核外币银行存款的折算是否正确。对于有外币银行存款收支业务的被审计单位，注册会计师应审查被审计单位对外币银行存款的收支是否按规定的汇率折合为记账本位币金额，外币银行存款的期末余额是否按期末市场汇率折合为记账本位币；外币折合额是否按规定计入有关账户；折算及处理是否与上年度一致。

（12）检查银行存款的列报是否恰当。根据有关规定，企业的银行存款在资产负债表的"货币资金"项目中反映，所以，注册会计师应在实施上述审计程序后，确定银行存款账户的期末余额是否恰当，进而确定银行存款是否在资产负债表上恰当披露。

同步案例 10-6

对公司银行存款实施的部分审计程序

背景与情境：注册会计师乙在对 P 公司 2009 年度会计报表进行审计时，对 P 公司的银行存款实施的部分审计程序为：取得 2009 年 12 月 31 银行存款余额调节表；向开户银行寄发银行询证函，并直接收取寄回的询证函回函；取得开户银行 2010 年 1 月 31 日的银行对账单。

问题：

（1）乙注册会计师向开户银行询证的作用有哪些？

（2）乙注册会计师应采取什么方式才能直接收回开户银行的询证函回函？目的是什么？

（3）乙注册会计师取得银行存款余额调节表后，应检查哪些内容？

（4）乙注册会计师索取开户银行 2010 年 1 月 31 日的银行对账单，能证实 2009 年 12 月 31 日银行存款余额调节表的哪些内容？

分析提示：

（1）乙注册会计师通过向开户银行函证，不仅可以查明 P 公司银行存款、借款的存在，而且还可发现企业未登记入账的银行存款、借款。

（2）在询证函内注明回函请直接寄往乙注册会计师所在的会计师事务所，或在询证函内附上贴足邮票的以乙注册会计师所在的会计师事务所为回函地址的信封。乙注册会计师直接收回开户银行询证函的目的是防止 P 公司截留或更改回函。

（3）乙注册会计师应检查银行存款余额调节表中未达账项的真实性，以及资产负债表日后的入账情况。

（4）乙注册会计师索取开户银行 2010 年 1 月 31 日的银行对账单，可以证实列示在银行存款余额调节表上的在途存款和未兑现支票的真实性。

10.5 其他货币资金审计

10.5.1 其他货币资金的审计目标

其他货币资金包括企业到外地进行临时或零星采购而汇往采购地银行开立采购专户的款项所形成的外埠存款、企业为取得银行汇票按照规定存入银行的款项所形成的银行汇票存款、企业为取得银行本票按照规定存入银行的款项而形成的银行本票存款、信用卡存款和信用证保证金存款等。

其他货币资金的审计目标主要包括：

（1）确定被审计单位资产负债表中的其他货币资金在财务报表日是否确实存在，是否为被审计单位所拥有或控制。

（2）确定被审计单位在特定期间内发生的其他货币资金收支业务是否均已记录完毕，有无遗漏。

（3）确定其他货币资金的余额是否正确。

（4）确定其他货币资金是否已按照《企业会计准则》的规定在财务报表中作出恰当列报。

10.5.2 其他货币资金的实质性程序

其他货币资金的实质性程序主要包括：

（1）获取或编制其他货币资金明细表。

①复核银行汇票存款、银行本票存款、信用卡存款、信用证保证金存款、存出投资款、外埠存款等加计是否正确，并与总账数和日记账、明细账合计数核对是否相符。

②检查非记账本位币其他货币资金的折算汇率及折算是否正确。

（2）取得并检查其他货币资金余额调节表。

（3）函证其他货币资金期末余额，编制函证结果汇总表，检查银行回函。

（4）检查其他货币资金存款账户存款人是否为被审计单位。如果存款人不是被审计单位，应获取该账户户主和被审计单位的书面声明，确认资产负债表日是否需要调整。

（5）关注是否有质押、冻结等对变现有限制或存放在境外、或有潜在回收风险的款项。

（6）验证其他货币资金的截止日期，如有跨期收支事项，考虑是否应提出调整建议。

（7）抽查大额其他货币资金的收付记录。检查原始凭证是否齐全、记账凭证与原始凭证是否相符、账务处理是否正确、是否记录于恰当的会计期间等内容。

（8）对不符合现金及现金等价物条件的其他货币资金在审计工作底稿中予以列明，以考虑对现金流量表的影响。

（9）检查其他货币资金的列报是否恰当。

第 **11** 章
舞弊审计

学习目标

通过本章学习，应该达到以下目标：

理论目标：学习和把握舞弊审计的总体目标、舞弊审计的责任划分，能用所学知识指导舞弊审计的相关认知活动。

实务目标：学习和把握审计实践中重点关注的舞弊的类型，舞弊审计的基本方法与策略，风险评估程序在舞弊审计中的应用，"业务链接"等程序性知识；能用其规范"舞弊审计"的相关技能活动。

案例目标：运用舞弊的理论与实务知识研究相关案例，培养和提高在不同业务情境中运用风险评估程序来识别与应对舞弊风险的能力；能结合本章教学内容，根据"职业道德探讨"的行业规范或标准，强化针对不同舞弊类型注册会计师应具备的职业道德素养。

实训目标：参加"舞弊审计"的实践训练。在了解和把握本实训所涉及相关技能点的"规范与标准"的基础上，通过切实体验"舞弊审计"各实训任务的完成，系列技能操作的实施，各项目实训报告编制的准备、撰写、讨论与交流等有质量、有效率的活动，培养运用风险评估程序来进行舞弊审计的能力。

引例　由舞弊引发的审计失败

背景与情境：有关专家通过对近年来国内外典型案件的分析发现，最大的审计风险来源于被审计单位的经营失败，而经营失败往往导致管理层舞弊，由此导致审计失败。

案例一：2001 年的"安然事件"是近年来震惊国际资本市场的重大案件。安然公司的破产直接导致当时世界"五大"之一的安达信会计师事务所的终结，并引发了全球性的注册会计师行业诚信危机。究其原因在于公司虚假经营、虚构利润、隐瞒亏损。如利用"特殊目的实体"高估利润、低估负债；通过空挂应收票据，高估资产和股东权益；通过合伙企业操纵利润；利用合伙企业网络组织自我交易，隐藏巨额亏损。

案例二：2001 年的"银广夏案件"是我国近年来影响最大的案件之一。银广夏天津公司通过伪造购销合同、伪造出口报关单、虚开增值税专用发票、伪造免税文件和伪造金融票据等手段，捏造虚假出口经营，虚构主营业务收入，虚构巨额利润 7.45 亿元。其中，1999 年为 1.78 亿元，2000 年为 5.67 亿元。由此，银广夏风光多时的业绩神话被连续两年半亏损的事实所取代。银广夏事发之后，中天勤会计师事务所以及相关注册会计师被吊销执业资格，并受到法律惩处。

案例三：2002 年 6 月 25 日，世界通信公司财务真相被揭露，涉嫌虚报巨额利润。经调查，2001 年到 2002 年第一季度，公司凭空捏造出 38.52 亿美元的利润。在真相被揭露的次日，世界通信的股票价格由鼎盛时期的 60 多美元降到 9 美分。美国证券交易委员会以民事欺诈的罪名将其告上法庭。

问题：上述案例的发生究竟是谁的责任？注册会计师该如何应对？

上述案例中涉案的会计师事务所大多负有普通过失、重大过失或欺诈等责任。但是，导致会计师事务所及其注册会计师出现审计失败而承担风险的直接原因并不是事务所本身，而是被审计公司的生产经营状况出现了问题，因此，被审计公司利用虚构业务、虚增收入、夸大利润、隐瞒亏损和负债、虚增资产和股东权益等手段进行舞弊，而且这种舞弊是由管理层策划并执行的"一条龙造假"，可以轻易绕过内部控制的约束。如果是员工舞弊，内控导向的实质性测试可能有效，但对管理层舞弊往往无效。如果注册会计师不注重从宏观层面把握审计风险，而是直接实施控制测试和实质性测试，则容易产生审计失败，因为管理层舞弊往往凌驾于企业内部控制之上，内部控制是失效的。正是基于管理层舞弊的这一特性，就要求注册会计师审计时应关注企业的目标、战略和相关的经营风险，要跳出账簿、跳出内控，根据现代财务舞弊的特点采用风险导向审计模式。

11.1　舞弊概述

按照《中国注册会计师审计准则第 1101 号——注册会计师的总体目标和审计工作的基本要求》的规定，注册会计师应当在整个审计过程中保持职业怀疑，认识到存在由于舞弊导致的重大错报的可能性，而不应受到以前对管理层、治理层正直和诚信形成的判断的影响。

11.1.1　舞弊的特征

舞弊是指被审计单位的管理层、治理层、员工或第三方使用欺骗手段获取不当或非法利益的故意行为。舞弊行为主体的范围很广，可能是被审计单位的管理层、治理层、员工或第三方。涉及管理层或治理层一个或多个成员的舞弊通常被称为"管理层舞弊",只涉及被审计单位员工的舞弊通常被称为"员工舞弊"。无论是何种舞弊,都有可能涉及被审计单位内部或与外部第三方的串谋,而舞弊行为的目的则是为特定个人或利益集团获取不当或非法利益。

舞弊是一个非常宽泛的法律概念。也正是由于这种特点,使得社会公众对有关舞弊的法律责任在认识上存在较大差异。例如,有观点认为注册会计师在执行财务报表审计业务过程中,应当有责任同时查出并报告被审计单位存在的各种舞弊行为(即使是那些对财务报表没有影响的舞弊行为)。但一方面,当舞弊行为对财务报表不产生重大影响时,注册会计师用以识别和应对财务报表重大错报风险的审计程序可能无法涉及这些行为;另一方面,注册会计师也不具备合适的资格和身份对舞弊是否已经发生作出法律意义上的判定。所以,注册会计师对潜在的舞弊行为的着眼点在于,这种故意行为是否可能导致财务报表出现重大错报,一旦可能影响到财务报表,这种行为就与财务报表审计目标发生了关联。由此,在财务报表审计中,注册会计师关注的是导致财务报表发生重大错报的**舞弊**。

同步思考11-1

舞弊和错误有何区别?

理解要点:舞弊与错误是两个相对应的概念,错误是指导致财务报表错报的非故意的行为。这两个概念针对的都是被审计单位相关方面(如管理层、员工)的行为,这些行为最终都可能导致财务报表出现错报。换言之,舞弊、错误等是原因,错报是结果。区分舞弊和错误的标准是:导致错报的行为是否出于故意。

11.1.2 舞弊的种类

在财务报表审计中,注册会计师通常只关注下列两类舞弊行为:一类是对财务信息作出虚假报告,另一类是侵占资产。这两类行为都可能导致财务报表发生错报,且都属于故意错报。

1) 对财务信息作出虚假报告

对财务信息作出虚假报告的可能原由,是管理层希望误导财务报表使用者对被审计单位业绩或盈利能力的判断。之所以会发生这种行为,是因为管理层需要履行受托资产保值增值的经管责任,而财务业绩(特别是盈利能力)往往被视为受托经管责任履行情况的替代指标。

(1)对财务信息作出虚假报告的动机主要包括:迎合市场预期或特定监管要求;牟取以财务业绩为基础的私人报酬最大化;偷逃或骗取税款;骗取外部资金;掩盖侵占资产的事实。

(2)管理层可能通过以下方式编制虚假财务报告:对财务报表所依据的会计记录或相关文件记录的操纵、伪造或篡改;对交易、事项或其他重要信息在财务报表中的不真实表达或故意遗漏;对与确认、计量、分类或列报有关的会计政策和会计估计的故意误用。

2) 侵占资产

侵占资产是指被审计单位的管理层或员工非法占用被审计单位的资产。侵占资产的手段很多,主要包括:

（1）贪污收入款项。例如，侵占收回的货款、将汇入已注销账户的收款转移至个人银行账户。

（2）盗取货币资金、实物资产或无形资产。例如，窃取存货自用或售卖、通过向公司竞争者泄露技术资料以获取回报。

（3）使被审计单位对虚构的商品或劳务付款。例如，向虚构的供应商支付款项、收受供应商提供的回扣并提高采购价格、虚构员工名单并支取工资。

（4）将被审计单位资产挪为私用。例如，将公司资产作为个人贷款或关联方贷款的抵押。

实际上，侵占资产通常伴随着虚假或误导性的文件记录，其目的是隐瞒资产缺失或未经适当授权使用资产的事实。

11.1.3 舞弊风险要素

舞弊行为的发生一般与以下要素密切相关：

（1）实施舞弊的动机或压力。这是舞弊发生的首要条件。比如，侵吞、挪用资产的动机可能是个人生活的入不敷出，或是为了满足对奢华物质生活的贪欲；对财务信息作出虚假报告，可能是因为管理层出于被审计单位外部或内部实现特定利润目标（有可能是不切实际的目标）的压力，特别是当没有实现特定的财务目标将会对管理层产生重大不利后果（如影响到管理层个人的经济利益或职务升迁）时。

（2）实施舞弊的机会。舞弊的发生往往说明存在着舞弊者得以实施舞弊行为的机会。比如，如果内部控制可以被处于关键管理职位或熟知内部控制的某个薄弱环节的人员所凌驾或规避，那么就存在着对财务信息作出虚假报告或挪用资产的机会。

（3）舞弊者为舞弊行为寻找的借口。舞弊者可能会为舞弊行为寻求貌似合理的借口，以求得内心的平衡或解脱。例如，当某人侵占资产时，其内心可能认为其所在的组织未能向其提供应有的待遇或补偿。这些貌似合理的借口，往往与舞弊者特定的性格特征和价值取向有关。

需要注意的是，存在舞弊风险要素并不必然表明发生了舞弊，但在舞弊发生时通常存在舞弊风险因素，因此，舞弊风险因素可能表明存在由于舞弊导致的重大错报风险。

11.2 治理层、管理层和注册会计师的责任

11.2.1 治理层和管理层的责任

《中国注册会计师审计准则第 1141 号——财务报表审计中与舞弊相关的责任》规定，被审计单位治理层和管理层对防止或发现舞弊负有主要责任。虽然审计准则并不规范注册会计师以外主体的行为，但在准则中明确治理层和管理层的这种责任，反映了注册会计师行业在这个问题上的态度和立场，具有积极的沟通作用。

内部控制是防止或发现舞弊的第一道防线，治理层有责任监督管理层建立和维护这方面的内部控制。在防止或发现舞弊的责任方中，治理层发挥的是一种监督职责，即监督管理层建立和维护内部控制。治理层积极的监督有助于保证管理层在树立诚信文化方面的受托责任。在行使治理职能时，治理层有责任考虑管理层凌驾于控制之上或对财务报告过程

产生其他不当影响的可能性，例如，管理层试图操纵利润以误导财务报表使用者对被审计单位财务业绩的看法。

管理层有责任在治理层的监督下建立良好的控制环境，维护有关控制政策和程序，以实现经营有效性目标、财务报告可靠性目标和遵守法律法规目标。从财务报表及其审计的角度看，管理层的责任包括制定和维护与财务报告可靠性相关的控制，并对可能导致财务报表发生重大错报的风险实施管理。

美国注册会计师协会和其他几个职业会计团体一起出版了《管理层反舞弊方案和控制：防范和发现舞弊指南》。该指南认为以下三个方面的行动有助于防范舞弊的发生：营造和保持讲诚信和讲道德的文化；评估舞弊风险并实施方案和控制化解风险；建立适当的舞弊监督程序，如由审计委员会监督内部控制和财务报告。

职业道德探讨 11–1

舞弊责任的界定

背景与情境： D 注册会计师负责对上市公司丁公司 2010 年度财务报表进行审计。2010 年，丁公司管理层通过与银行串通编造虚假的银行进账单和银行对账单，虚构了一笔大额营业收入。D 注册会计师实施了向银行函证等必要审计程序后，认为丁公司 2010 年度财务报告不存在重大错报，出具了无保留意见审计报告。

在丁公司 2010 年度已审计财务报告表公布后，股民甲购入了丁公司股票。随后，丁公司财务舞弊案件曝光，并受到证券监管部门的处罚，其股票价格大幅下跌。为此，股民甲向法院起诉 D 注册会计师，要求其赔偿损失。D 注册会计师以其与股民甲未构成合约关系为由，要求免于承担民事责任。

问题： 在此舞弊案件中 D 注册会计师是否需要承担法律责任？注册会计师所提出的免责理由是否正确？

分析提示： 本案例属于管理层串通舞弊，被审计单位管理层负主要责任。而注册会计师是否需要承担责任，要看其是否按照执业准则要求执行了审计工作。首先，D 注册会计师提出的免责理由是不正确的，会计师事务所因在审计业务活动中对外出具不实报告给利害关系人造成损失的，应当承担侵权赔偿责任，能够证明自己没有过错的除外。不能够以没有与利害关系人建立合约关系为由要求免于承担民事责任。第二，当会计师事务所在下列情形下可以免于承担民事责任：①已经遵守执业准则、规则确定的工作程序并保持必要的职业谨慎，但仍未能发现被审计的会计资料错误；②审计业务所必须依赖的金融机构等单位提供虚假或者不实的证明文件，会计师事务所在保持必要的职业谨慎下仍未能发现其虚假或者不实；③已对被审计单位的舞弊迹象提出警告并在审计业务报告中予以指明。

11.2.2 注册会计师的责任

尽管注册会计师在发现舞弊方面有很大的局限性，但是从总的趋势来看，注册会计师行业应当更积极地承担发现舞弊的责任。注册会计师对发现舞弊的责任可以从以下两个方面界定：

1）按照审计准则的规定实施审计

注册会计师有责任按照《中国注册会计师审计准则》的规定实施审计工作，获取财务报表在整体上不存在重大错报的合理保证，无论该错报是由于舞弊还是错误导致的。由于审计的固有限制，即使注册会计师按照审计准则的规定恰当计划和执行了审计工作，也不可避免地存在财务报表中的某些重大错报未被发现的风险。

2）保持职业怀疑态度

注册会计师应当在整个审计过程中保持职业怀疑态度，考虑管理层凌驾于控制之上的可能性，并应当意识到可以有效发现错误的审计程序未必适用于发现舞弊导致的重大错报。由于管理层往往能够直接或间接地操纵会计记录并编报虚假财务信息，管理层舞弊导致的重大错报未被发现的风险，通常大于员工舞弊导致的重大错报未被发现的风险。

影响注册会计师发现舞弊导致的重大错报的因素主要包括：

（1）舞弊者的狡诈程度。舞弊者越狡诈，实施的舞弊行为可能越隐蔽，注册会计师也就越难以发现。

（2）串通舞弊的程度。串谋可能导致原本虚假的审计证据被注册会计师误认为具有说服力，因此，如果舞弊涉及串谋，舞弊导致的重大错报更难以发现（相对于没有涉及串谋的情形而言）。这种难度还随着串谋的广泛程度和精心程度的增加而加大，即牵涉面越广（或串谋越精心），舞弊导致的重大错报越难以被发现。

（3）舞弊者在被审计单位的职位级别。舞弊者的职位级别越高，注册会计师识别舞弊导致的重大错报所受到的阻力就越大，也就越难以发现舞弊导致的重大错报。

（4）舞弊者操纵会计记录的频率和范围。虽然操纵会计记录的频率和范围的确会影响到注册会计师对舞弊导致的重大错报的识别，但其影响可能不像前几项因素那么直接。例如，舞弊者频繁地操纵会计记录，一种可能是被注册会计师发现的概率增大，但也有可能是舞弊者通过频繁实施舞弊，使其效果更具常态，也就更具隐蔽性和迷惑性。再如，被操纵的会计记录涉及的范围越广（或程度越大），一种可能是被注册会计师发现的概率增大，但也有可能是舞弊者通过对多项会计记录的共同操纵和相互"印证"，使注册会计师反而更难以察觉异常情况。又如，对涉及判断（如会计估计）的项目，即使注册会计师可能发现存在实施舞弊的机会，也往往难以确定有关错报是出于故意还是无意（即无法判定财务信息被操纵的程度）。

（5）舞弊者操纵的每笔金额的大小。如果舞弊者将大笔金额的舞弊目标分割为多笔较小金额的错报（并可能伴随频繁、均匀或无规律的舞弊行为特征）。发现舞弊导致重大错报的可能性通常会有所降低。

因此，如果在完成审计工作后发现舞弊导致的财务报表重大错报，特别是串通舞弊或伪造文件记录导致的重大错报，并不必然表明注册会计师没有遵守审计准则。注册会计师是否按照审计准则的规定实施了审计工作，取决于其是否根据具体情况实施了审计程序，是否获取了充分、适当的审计证据，以及是否根据证据评价结果出具了恰当的审计报告。

同步思考11-2

怎样界定注册会计师对发现舞弊的责任？

理解要点：

（1）注册会计师有责任按照《中国注册会计师审计准则》的规定实施审计工作，获取财务报表在整体上不存在重大错报的合理保证，无论该错报是由于舞弊还是错误导致的。

（2）注册会计师应当在整个审计过程中保持职业怀疑态度，考虑管理层凌驾于控制之上的可能性，并应当意识到可以有效发现错误的审计程序未必适用于发现舞弊导致的重大错报。

同步案例 11-1

王海的审计责任

背景与情境： 注册会计师王海在对荣昌公司 2002 年度会计报表审计时，通过与该公司管理当局和前任注册会计师沟通，察觉到可能存在导致该公司年度会计报表失实的错误与舞弊。

问题：

（1）王海对查明荣昌公司可能存在的错误与舞弊有何责任？

（2）王海对荣昌公司存在的错误与舞弊有何报告责任？

分析提示：

（1）王海对查明荣昌公司可能存在的错误与舞弊的责任为：

①评估荣昌公司可能发生的错误与舞弊导致会计报表严重失实的风险。

②在规划审计工作时，提供能查明会计报表中可能存在重大错误与舞弊的合理保证。

③在编制和实施审计计划时，应以应有的职业怀疑态度取得能查明导致会计报表严重失实的重大错误与舞弊的合理保证。

（2）王海对荣昌公司存在的错误与舞弊的报告责任为：

①王海应以适当方式向荣昌公司管理当局告知审计过程中发现的重大错误及所有舞弊，并详细记录于工作底稿。

②对于涉嫌重大错误或舞弊的人员，王海应当向荣昌公司高层管理人员报告。

③当怀疑荣昌公司最高层管理人员涉及舞弊时，王海应当考虑采取适当的措施。必要时，应当征求律师意见或解除业务约定。

11.3　舞弊审计的程序和技术

注册会计师在财务报表审计中考虑舞弊时，同样需要采用风险导向审计的总体思路，即首先识别和评估舞弊风险，然后采取恰当的措施有针对性地予以应对。注册会计师应当实施下列审计程序，以获取用于识别舞弊导致的财务报表重大错报风险所需的信息。

11.3.1　询问

1）询问对象

询问程序对于注册会计师获取信息、评估审计风险十分有用，注册会计师应当询问管理层、内部审计人员和内部其他相关人员，以确定其是否知悉任何舞弊事实、舞弊嫌疑或舞弊指控。其中，内部其他相关人员包括：

（1）直接参与财务报告过程的业务人员。

（2）负责生成、处理或记录复杂、异常交易的人员及其监督人员。

（3）负责法律事务的人员。

（4）负责道德事务的人员。

（5）负责处理舞弊指控的人员。

在询问时，注册会计师应当考虑询问不同级别的人员。

2）询问内容

注册会计师应该根据不同的询问对象，运用职业判断，确定询问内容。

（1）在了解被审计单位及其环境时，注册会计师应当向管理层询问下列事项：管理层对舞弊导致的财务报表重大错报风险的评估；管理层对舞弊风险的识别和应对过程；管理层就其对舞弊风险的识别和应对过程与治理层沟通的情况；管理层就其经营理念及道德观念与员工沟通的情况。

（2）如果被审计单位设有内部审计职能，注册会计师应当询问内部审计人员，询问内容主要包括：内部审计人员对被审计单位舞弊风险的认识；内部审计人员在本期是否实施了用以发现舞弊的程序；管理层对通过内部审计程序发现的舞弊是否采取了适当的应对措施；内部审计人员是否了解任何舞弊事实、舞弊嫌疑或舞弊指控。

11.3.2　考虑影响舞弊的因素

1）考虑舞弊因素

舞弊风险因素是指注册会计师在了解被审计单位及其环境时识别的、可能表明存在舞弊动机或压力、机会的事项或情况，以及被审计单位对可能存在的舞弊行为的合理化解释。审计准则指出，在了解被审计单位及其环境时，注册会计师应当考虑所获取的信息是否表明存在舞弊风险因素。当然，舞弊风险因素的存在并不一定表明发生了舞弊，但在舞弊发生时通常存在舞弊风险因素。

注册会计师应当运用职业判断，考虑被审计单位的规模、复杂程度、所有权结构及所处行业等，以确定舞弊风险因素的相关性和重要程度。

教学互动 11-1

为了让学生对实务中遇到的舞弊风险因素有更全面的认识，较为准确地把握现实中的实际情况，将学生分成若干个小组，分组讨论以下实务问题：

审计人员发现被审计单位所处行业面临激烈的市场竞争，且市场接近饱和，随之而来的是连续的利润率下降。被审计单位从事超出正常经营过程的重大关联方交易，且资产项目建立在重大估计基础上，这些估计涉及主观判断，印证难度很大。在审计中，被审计单位管理层对审计人员接触某些人员、信息、与治理层进行有效沟通时施加了不适当的限制。

初步问题：

（1）你认为被审计单位存在的上述现象属于舞弊风险因素吗？

（2）如果是，这些风险因素是否可以和舞弊的三要素分别对应起来？

鼓励学生充分发挥想象，共同分析审计中遇到的这些问题。可以让其中两组同学来回答问题，另外两组同学分析其合理性。

进一步问题：

（1）这些风险因素具体与哪一类舞弊行为密切相关？

（2）审计人员具体应采用哪些类型的审计程序来识别舞弊风险？

要求：同【教学互动1-1】的"要求"。

2）考虑异常关系或偏离预期的关系

注册会计师实施分析程序有助于识别异常的交易或事项，以及对财务报表和审计产生影响的金额、比率和趋势。在实施分析程序以了解被审计单位及其环境时，注册会计师应当考虑可能表明存在舞弊导致的重大错报风险的异常关系或偏离预期的关系。

在实施分析程序时，注册会计师应当预期可能存在的合理关系，并与被审计单位记录的金额、依据记录金额计算的比率或趋势相比较；如果发现异常关系或偏离预期的关系，如出现显著高于同期同行业平均利润率，或者缺乏合理基础的大幅度扭亏或过快的利润增长等现象，注册会计师应当在识别舞弊导致的重大错报风险时考虑这些比较结果。

3）组织项目组讨论

项目组应当讨论由于舞弊导致财务报表发生重大错报的可能性。在整个审计过程中，项目组成员应该持续交换可能影响舞弊导致的重大错报的风险评估及其应对程序的信息。

项目负责人应当参与项目组内部的讨论，并根据职业判断、以往的审计经验以及对被审计单位本期变化情况的了解，确定参与讨论的项目组成员。项目组的关键成员应当参与讨论。如果项目组需要拥有信息技术或其他特殊技能的专家，这些专家也应当参与讨论。项目组讨论的内容通常包括：

（1）由于舞弊导致财务报表重大错报的可能性，重大错报可能发生的领域及方式。

（2）在遇到哪些情形时需要考虑存在舞弊的可能性。

（3）已了解的可能产生舞弊的动机或压力、提供舞弊机会、营造舞弊行为合理化环境的外部和内部因素。

（4）已注意到的对被审计单位舞弊的指控。

（5）已注意到的管理层或员工在行为或生活方式上出现的异常或无法解释的变化。

（6）管理层凌驾于控制之上的可能性。

（7）是否有迹象表明管理层操纵利润，以及采取的可能导致舞弊的操纵利润手段。

（8）管理层对接触现金或其他易被侵占资产的员工实施监督的情况。

（9）为应对舞弊导致财务报表重大错报可能性而选择的审计程序，以及各种审计程序的有效性。

（10）如何使拟实施审计程序的性质、时间和范围不易为被审计单位预见。

项目负责人应当在讨论时强调在整个审计过程中对舞弊导致的重大错报风险保持警惕的重要性。

11.3.3 评估和应对舞弊导致的重大错报风险

1）识别和评估舞弊导致的重大错报风险

舞弊导致的重大错报风险属于需要注册会计师特别考虑的重大错报风险，即特别风险。注册会计师实施舞弊风险评估程序的目的在于识别因舞弊导致的重大错报风险。因此，在识别和评估财务报表层次以及各类交易、账户余额、列报认定层次的重大错报风险时，注册会计师应当识别和评估舞弊导致的重大错报风险。

在运用职业判断评估舞弊导致的重大错报风险时，注册会计师应当考虑：

（1）实施风险评估程序获取的信息，并考虑各类交易、账户余额、列报，以识别舞弊风险。

（2）将识别的风险与认定层次可能发生错报的领域相联系。

（3）识别的风险是否重大。

（4）识别的风险导致财务报表发生重大错报的可能性。

在评估舞弊导致的重大错报风险时，注册会计师应特别关注被审计单位收入确认方面的舞弊风险。COSO的一份研究报告称，在1987—1997年期间提供虚假财务报告的美国公司中，有一半采取的手法是提前确认收入或虚构收入交易。对财务信息做出虚假报告的重大错报通常与多计或少计收入有关。因此，审计准则规定，在识别和评估由于舞弊导致的重大错报风险时，注册会计师应当基于收入确认存在舞弊风险的假定，评价哪些类型的收入、收入交易或认定导致舞弊风险。

注册会计师应当了解管理层为防止或发现舞弊而设计、实施的内部控制，以进一步了解舞弊风险因素及管理层对舞弊风险的态度。因此，对于舞弊导致的重大错报风险，注册会计师应当评价被审计单位相关控制的设计情况，并确定其是否已经得到执行。

2）应对舞弊导致的重大错报风险

在识别和评估舞弊导致的重大错报后，注册会计师需要采取适当的应对措施，以将审计风险降至可接受的低水平。舞弊导致的重大错报风险属于特别风险，注册会计师应当专门针对该风险实施实质性程序。注册会计师通常从以下三个方面来应对此类风险：总体应对措施；针对舞弊导致的认定层次的重大错报风险实施的审计程序；针对管理层凌驾于控制之上的风险实施的程序。

（1）总体应对措施

注册会计师应当针对评估的舞弊导致的财务报表层次重大错报风险确定下列总体应对措施：

①考虑人员的适当分派和督导。人员的适当分派和督导是应对财务报表层次重大错报风险的有效措施之一。作为项目负责人的注册会计师应当根据舞弊导致的财务报表层次的重大错报风险的评估结果，分派具备相应知识和技能的人员，或利用专家（如法律专家、计算机专家、鉴定评估专家等）的工作。

②考虑被审计单位采用的会计政策。注册会计师应当考虑被审计单位管理层对重大会计政策（特别是涉及主观计量或复杂交易时）的选择和运用，是否可能表明管理层通过操纵利润对财务信息做出虚假报告。例如，如果发现被审计单位管理层选用的会计政策过于激进，或者不恰当地采用或变更重大会计政策，注册会计师就应当充分考虑这些事项背后的真正原因是不是管理层意图操纵利润，其结果会不会导致财务报表产生重大错报。

③在选择进一步审计程序的性质、时间和范围时，应当注意使某些程序不为被审计单位预见或事先了解。熟悉常规审计程序的被审计单位内部人员更有能力掩盖其对财务信息做出虚假报告的行为，注册会计师在选择进一步审计程序的性质、时间和范围时，应当有意识地避免被这些人员预见或事先了解。注册会计师应当考虑采取下列措施：对通常由于风险程度较低而不会做出测试的账户余额实施实质性程序；调整审计程序的时间，使之有别于预期的时间安排；运用不同的抽样方法；对不同地理位置的多个组成部分实施审计程序；以不预先通知的方式实施审计程序。

（2）针对舞弊导致的认定层次的重大错报风险实施的审计程序

注册会计师应对舞弊导致的认定层次的重大错报风险的基本思路，应是通过适当调整或改变拟实施审计程序的性质、时间和范围，增强审计程序的效果和审计证据的说服力。

①改变拟实施审计程序的性质，以获取更为可靠、相关的审计证据，或获取其他佐证性信息，包括更加重视实地观察或检查，在实施函证程序时改变常规函证内容，询问被审计单位的非财务人员等。

②改变实质性程序的时间，包括在期末或接近期末实施实质性程序，或针对本期较早时间发生的交易事项或贯穿于整个本期的交易事项实施测试。

③改变审计程序的范围，包括扩大样本规模、采用更详细的数据实施分析程序等。

注册会计师针对舞弊导致的认定层次重大错报风险所采取的具体应对措施，取决于已发现的舞弊风险因素类型以及各类具体的交易、账户余额相关认定。

业务链接11-1

针对收入确认舞弊应对措施举例

收入确认容易存在舞弊风险，注册会计师在审计中应当重点关注。具体可以采用如下审计程序：针对收入项目，使用分解的数据实施实质性分析程序，如按月份、产品线或业务分部将本期收入与具有可比性的以前期间收入进行比较，有助于发现异常或未预期到的收入关系或交易。向被审计单位的客户函证相关的特定合同条款以及是否存在背后协议，因相关的会计处理是否适当会受到这些合同条款或协议的影响，并且这些合同条款或协议所涉及的销售折扣或期间往往记录得不清楚。向被审计单位的销售或营销人员或内部法律顾问询问临近期末的销售或发货情况，以及他们所了解的与这些交易相关的异常条款或条件。期末在被审计单位的一处或多处发货现场实地观察发货情况或准备发出的货物情况，实施销售及存货的截止测试。

（3）针对管理层凌驾于控制之上的风险实施的程序

由于管理层在被审计单位的地位，管理层凌驾于控制之上的风险在所有被审计单位都会存在，一旦发生也可能会影响到几乎每个审计项目，对财务信息做出虚假报告通常与管理层凌驾于控制之上有关。

业务链接11-2

管理层凌驾于控制之上实施舞弊的手段

COSO的报告显示，在1987—1997年期间提供虚假财务报告的美国公司中，有83%以上的舞弊案件涉及首席执行官或财务主管。管理层通过凌驾于控制之上实施舞弊的手段主要包括：编制虚假的会计分录，特别是在临近会计期末时；滥用或随意变更会计政策；不恰当地调整会计估计所依据的假设及改变原先做出的判断；故意漏记、提前确认或推迟确认报告期内发生的交易或事项；隐瞒可能影响财务报表金额的事实；构造复杂的交易，以歪曲财务状况或经营成果；篡改与重大或异常交易相关的会计记录和交易条款。

管理层凌驾于控制之上的风险属于特别风险，注册会计师针对该特别风险应当实施的审计程序包括：

①测试日常会计核算过程中做出的会计分录以及为编制财务报表做出的调整分录是否

适当。在设计和实施审计程序，以测试日常会计核算过程中做出的会计分录以及为编制财务报表做出的调整分录是否适当时，注册会计师应当采取下列措施：

A. 了解被审计单位的财务报告过程，并了解被审计单位对日常会计分录及财务报表编制过程中的调整分录的控制。

B. 评价被审计单位对日常会计分录及财务报表编制过程中的调整分录的控制，并确定其是否得到执行。

C. 询问被审计单位内部参与财务报告过程的人员是否注意到在编制会计分录或调整分录时存在不恰当或异常活动。

D. 确定测试的时间。

E. 选择拟测试的会计分录或调整分录。选择拟测试的会计分录或调整分录，并确定适当的测试方法。

②复核会计估计是否有失公允，从而可能产生舞弊导致的重大错报。管理层通常通过故意做出不当的会计估计对财务信息做出虚假报告。在复核会计估计是否有失公允，从而可能产生舞弊导致的重大错报时，注册会计师应当采取下列措施：

A. 从财务报表整体上考虑管理层做出的某项会计估计是否反映出管理层的某种偏向，是否与注册会计师所获取审计证据表明的最佳估计存在重大差异。

B. 复核管理层在以前年度财务报表中做出的重大会计估计及其依据的假设。

如果发现管理层做出的会计估计可能有失公允，注册会计师应当评价这是否表明存在舞弊导致的重大错报风险。注册会计师应当考虑管理层在作出会计估计时是否同时高估或低估所有准备，从而使收益在两个或多个会计期间内得以平滑，或达到某特定收益水平。

③对于注意到的、超出正常经营过程或基于对被审计单位及其环境的了解显得异常的重大交易，了解其商业理由的合理性。在了解这些交易的商业理由的合理性时，注册会计师应当考虑下列事项：

A. 交易的形式是否过于复杂。

B. 管理层是否已与治理层就此类交易的性质和会计处理进行讨论并做出适当记录。

C. 管理层是否更强调需要采用某种特定的会计处理方式，而不强调交易的经济实质。

D. 对于涉及不纳入合并范围的关联方（包括特殊目的实体）交易，是否已得到治理层的适当审核与批准。

E. 交易是否涉及以往未识别的关联方，或不具备实质性交易基础或独立财务能力的第三方。

同步思考11-3

针对舞弊导致的认定层次的重大错报风险实施的审计程序有哪些？

理解要点： 注册会计师应当考虑通过下列方式应对舞弊导致的认定层次的重大错报风险：

（1）改变拟实施审计程序的性质，以获取更为可靠、相关的审计证据，或获取其他佐证性信息，包括更加重视实地观察或检查，在实施函证程序时改变常规函证内容，询问被审计单位的非财务人员等。

（2）改变实质性程序的时间，包括在期末或接近期末实施实质性程序，或针对本期较早时间发生的交易事项或贯穿于本会计期间的交易事项实施测试。

（3）改变审计程序的范围，包括扩大样本规模、采用更详细的数据实施分析程序等。

注册会计师针对舞弊导致的认定层次的重大错报风险所采取的具体应对措施，取决于已发现的舞弊风险因素类型以及各类具体的交易、账户余额相关认定。

同步思考11-4

如何评估和应对舞弊导致的重大错报风险？

理解要点：舞弊导致的重大错报风险属于特别风险，注册会计师应当专门针对该特别风险实施实质性程序。注册会计师应当针对评估的舞弊导致的财务报表层次重大错报风险确定总体应对措施，并针对评估的舞弊导致的认定层次重大错报风险设计和实施进一步审计程序。

为应对评估的舞弊导致的重大错报风险，注册会计师应当保持高度的职业怀疑态度，包括：（1）对有关重大交易的文件记录进行检查时，对文件记录的性质和范围的选择保持敏感（例如，对管理层提供的重要记录所依赖的信息系统进行测试）；（2）就管理层对重大事项做出的解释或声明，有意识地通过其他信息予以验证。

11.3.4 评价审计证据

财务报表审计是一个累积和不断修正的过程。随着计划的审计程序的实施，注册会计师可能发现获取的信息与评估舞弊导致的重大错报风险所依据的信息存在重大差异。在这种情况下，注册会计师应当考虑修正风险评估结果，并据以修改原计划的其他审计程序的性质、时间和范围。也就是说，注册会计师应当根据实施的审计程序和获取的审计证据，评价对认定层次重大错报风险的评估是否仍然适当。如果认为不适当，注册会计师应当考虑实施追加的审计程序或修改审计程序。

1）考虑审计工作完成阶段实施分析程序的结果对舞弊风险评估的影响

注册会计师应该考虑，在审计工作完成或接近完成阶段实施的分析程序，是否表明存在以往未识别的舞弊导致的重大错报风险。注册会计师应当运用职业判断确定可能表明存在舞弊导致的重大错报风险的趋势或关系，尤其是与期末确认的收入或利润有关的异常趋势或关系。

2）发现舞弊时对审计的影响

如果发现某项错报，注册会计师应当考虑该项错报是否表明存在舞弊。如果某项错报表明存在舞弊，注册会计师应当考虑该项错报对审计工作其他方面的影响，特别是考虑管理层声明的可靠性。注册会计师不应将审计中发现的舞弊视为孤立发生的事项。注册会计师还应当考虑发现的错报是否表明在某一特定领域存在舞弊导致的更高的重大错报风险。

如果认为错报是舞弊或可能是舞弊导致的，即使错报金额对财务报表的影响并不重大，注册会计师仍应考虑错报涉及的人员在被审计单位中的职位。如果错报涉及较高级别的管理层，即使错报金额对财务报表的影响并不重大，也可能表明存在更具广泛影响的问题。在这种情况下，注册会计师应当采取下列措施：

（1）重新评估舞弊导致的重大错报风险，并考虑重新评估的结果对审计程序的性质、时间和范围的影响。

（2）重新考虑此前获取的审计证据的可靠性，包括管理层声明的完整性和可信性，以及作为审计证据的文件和会计记录的真实性，并考虑管理层与员工或第三方串通舞弊的可能性。

如果认为财务报表存在舞弊导致的重大错报，或虽认为存在舞弊但无法确定其对财务报表的影响，注册会计师应当考虑该事项对审计的影响。

同步思考11-5

注册会计师应当根据实施的审计程序和获取的审计证据，评价对认定层次重大错报风险的评估是否仍然适当。如果认为不适当，注册会计师应当考虑实施追加哪些审计程序？

理解要点：

（1）考虑审计工作完成阶段实施分析程序的结果对舞弊风险评估的影响

（2）如果发现某项错报，注册会计师应当考虑该项错报是否表明存在舞弊。

（3）如果错报涉及较高级别的管理层，即使错报金额对财务报表的影响并不重大，也可能表明存在更具广泛影响的问题。在这种情况下，注册会计师应当采取下列措施：

①重新评估舞弊导致的重大错报风险，并考虑重新评估的结果对审计程序的性质、时间和范围的影响。

②重新考虑此前获取的审计证据的可靠性，包括管理层声明的完整性和可信性，以及作为审计证据的文件和会计记录的真实性，并考虑管理层与员工或第三方串通舞弊的可能性。

11.3.5 与管理层、治理层和监管机构的沟通

1）与管理层的沟通

考虑到舞弊的性质和注册会计师在发现舞弊导致的财务报表重大错报的过程中可能遇到的困难，注册会计师应当获取管理层就下列事项作出的书面声明：

（1）设计和执行内部控制以防止或发现舞弊是管理层的责任。

（2）已向注册会计师披露了其对舞弊导致的财务报表重大错报风险的评估结果。

（3）已向注册会计师披露了已知的涉及管理层、在内部控制中承担重要职责的员工以及其舞弊行为可能对财务报表产生重大影响的其他人员的舞弊或舞弊嫌疑。

（4）已向注册会计师披露了从现任和前任员工、分析师、监管机构等方面获知的、影响财务报表的舞弊指控或舞弊嫌疑。

如果发现舞弊或获取的信息表明可能存在舞弊，注册会计师应当尽早将此类事项与适当层次的管理层沟通。注册会计师应当运用职业判断确定拟沟通的适当层次的管理层，并考虑串通舞弊的可能性、舞弊嫌疑的性质和重大程度等因素的影响。通常情况下，拟沟通的管理层应当比涉嫌舞弊人员至少高出一个级别。

2）与治理层的沟通

如果发现舞弊涉及管理层、在内部控制中承担重要职责的员工以及其舞弊行为可能对财务报表产生重大影响的其他人员，注册会计师应当尽早将此类事项与治理层沟通。

在审计工作的前期，注册会计师应当就审计中可能发现的、不会导致财务报表重大错报的员工舞弊如何进行沟通与治理层达成共识。

如果注意到旨在防止或发现舞弊的内部控制在设计或执行方面存在重大缺陷，注册会计师应当尽早告知适当层次的管理层和治理层。

如果识别出管理层未加控制或控制不当的舞弊导致的重大错报风险，或认为被审计单位的风险评估过程存在重大缺陷，注册会计师应当就此类内部控制缺陷与治理层沟通。

注册会计师应当考虑是否还存在其他需要与治理层讨论的有关舞弊的事项，主要包括：

（1）注册会计师对管理层实施的财务报表错报风险评估及相关控制评估的性质、范围和频率的疑虑。

（2）管理层未能恰当应对已发现的内部控制重大缺陷的事实。

（3）管理层未能恰当应对已发现的舞弊的事实。

（4）注册会计师对被审计单位控制环境的评价，包括对管理层胜任能力和诚信的疑虑。

（5）注册会计师注意到的可能表明管理层对财务信息作出虚假报告的行为。

（6）注册会计师对超出正常经营过程的交易的授权适当性的疑虑。

3）与监管机构的沟通

如果在审计过程中对管理层、治理层的诚信产生怀疑，或在审计过程中发现管理层和治理层的重大舞弊，注册会计师应当考虑征询法律意见，以采取适当措施。注册会计师应当根据法律法规的规定，确定是否向监管机构报告管理层和治理层的重大舞弊。如果法律法规规定注册会计师有就管理层和治理层的重大舞弊进行报告的义务，注册会计师应当按法律法规规定进行报告。

同步案例 11-2

存货舞弊

背景与情境： 美国俄亥俄州阳土敦市法尔莫公司的资产造假案最终导致了莫纳斯及其公司的破产，同时也使为其提供审计服务的"五大"事务所损失了数百万美元。案件的经过是：自获得第一家药店开始，莫纳斯就梦想着把他的小店发展成一个庞大的药品帝国，其所实施的策略就是所谓的"强力购买"，即通过提供大比例折扣来销售商品。莫纳斯首先做的就是把实际上并不盈利且未经审计的药店报表拿来，用自己的笔为其加上并不存在的存货和利润。然后凭着自己空谈的天分及一套夸大了的报表，在一年之内骗得了足够的投资用以收购了 8 家药店，奠定了他的小型药品帝国的基础。这个帝国后来发展到了拥有 300 家连锁店的规模。一时间，莫纳斯成为金融领域的风云人物，他的公司则在阳土敦市赢得了令人崇拜的地位。一次偶然的机会导致这个精心设计的、至少引起 5 亿美元损失的财务舞弊事件浮出水面之时，莫纳斯和他的公司炮制虚假利润已达十年之久。这些年他和他的几位下属保持了两套账簿，一套用以应付注册会计师的审计，另一套反映糟糕的现实。他们先将所有的损失归入一个所谓的"水桶账户"，然后将该账户的金额通过虚增存货的方式重新分摊到公司的数百家成员药店中。他们仿造购货发票、制造增加存货并减少销售成本的虚假记账凭证、确认购货却不同时确认负债、多计或加倍计算存货的数量。财务部门之所以可以隐瞒存货短缺是因为注册会计师只对 300 家药店中的 4 家进行存货监盘，而且他们会提前数月通知法尔莫公司他们将检查哪些药店。管理人员随之将那 4 家药店堆满实物存货，而把那些虚增的部分分配到其余的 296 家药店。如果不考虑其会计造假，法尔莫公司实际已濒临破产。在最后一次审计中，其现金已紧缺到供应商因其未能及时支付购货款而威胁取消对其供货的地步。注册会计师们一直未能发现这起舞弊，他们为此付出了昂贵的代价。这项审计失败使会计师事务所在民事诉讼中损失了 3 亿美元。财务总监被判 33 个月的监禁，莫纳斯本人则被判入狱 5 年。

问题： 如何识别存货舞弊？

分析提示： 为何注册会计师们一直未能发现法尔莫公司舞弊的迹象呢？或许，他们可能太信任他们的客户了，他们从报纸上阅读到关于它的文章，从电视中看到关于莫纳斯努力奋斗的报道，从而为这种欺骗性的宣传付出了代价；他们也可能是在错误的假设下执行审计，即认为他们的客户没有进行会计报表舞弊的动机，因为它正在大把大把地赚钱。回顾整个事件，只要任何人问一下这样一个基本的问题，即"一个以低于成本出售商品的公司怎能赚钱？"，注册会计师们或许就能够发现这起舞弊事件。

此案件给我们敲响了警钟，存货审计是如此的重要，也是如此的复杂，使得存货舞弊并非仅凭简单的监盘就可查出。不过，如果注册会计师能够弄清这些欺骗性操纵是如何进行的，对于发现这些舞弊将会大有帮助，这就意味着注册会计师必须掌握识别存货舞弊的技术。

存货的价值确定涉及两个要素：数量和价格。确定现有存货的数量常常比较困难，因为货物总是在不断地被购入和销售；不断地在不同存放地点间转移以及投入到生产过程之中。存货单位价格的计算同样可能存在问题，因为采用先进先出法、后进先出法、平均成本法以及其他计价方法所计算出来的存货价格将不可避免地存在较大的差异。正因为如此，复杂的存货账户体系往往成为极具吸引力的舞弊对象。

不诚实的企业常常利用以下几种方法的组合来进行存货造假：虚构不存在的存货，存货盘点操纵，以及错误的存货资本化。所有这些精心设计的方案有一个共同的目的，即虚增存货的价值。

（1）虚构不存在的存货。正如莫纳斯所做的那样，一个极易想到的增加存货资产价值的方法是对实际上并不存在的项目编造各种虚假资料，如没有原始凭证支持的记账凭证、夸大存货盘点表上的存货数量、伪造装运和验收报告以及虚假的订购单，从而虚增存货的价值。因为很难对这些伪造的材料进行有效识别，注册会计师往往需要通过其他途径来证实存货的存在与估价。

（2）存货盘点操纵。注册会计师在很大程度上依赖对客户存货的监盘来获取有关存货的审计证据。证实存货数量的最有效途径是对其进行整体盘点。注册会计师必须合理、周密地安排盘点程序并谨慎地予以执行。盘点的时间应尽量接近年终结账日。在盘点时应尽可能采取措施以提高盘点的有效性，比如各存放点同时盘点、停止存货流动以及盘点数额达到合理的比例等。不过，即使注册会计师谨慎地执行了该程序，也不能保证发现所有重大的舞弊。这是因为存货的盘点测试存在以下局限性：第一，管理当局往往派代表跟随注册会计师，一方面记录下测试的结果，另一方面也可掌握测试的地点及进程等情况。这样，审计客户就有机会将虚构的存货加计到未被测试的项目中，从而错误地增加存货的总体价值。第二，在执行盘点测试程序时，注册会计师一般会事先通知客户测试的时间和地点以便其做好盘点前的准备工作。但是，对于那些有多处存货存放地点的公司，这种事先通知使管理当局有机会将存货短缺隐藏在那些注册会计师没有检查的存放点。第三，有时注册会计师并不执行额外的审计程序以进一步检查已经封好的包装箱。这样，为虚报存货数量，管理当局会在仓库里堆满空箱子。

（3）错误的存货资本化。虽然任何存货项目都可能存在不恰当资本化的情况，但产成品项目中这方面的问题尤为突出。有关产成品被资本化的部分通常是销售费用和管理费用。为了发现这些问题，注册会计师应当对生产过程中的有关人员进行访谈，以获取归入存货成本的费用归集与分配过程是否适当的信息。审计客户往往可列出很多看似非常充分的理由，用以支持通过对存货项目进行资本化而增加利润的处理。此类舞弊往往是财务总监在总裁的指使下实施的。因此，在对关键人物的正式访谈中，如果怀疑有人指使他们夸大有关存货的信息，注册会计师应采取一种直截了当的方式、以责难的态度迫使其说出真相。

通过分析程序识别可能的存货舞弊。既然靠监盘并不能发现所有重大舞弊行为，注册会计师必须执行分析程序。一个不诚实的客户可通过多种途径去操纵存货信息。注册会计师必须从多种思维角度去看待那些数据，以最大可能地发现有关的舞弊行为。不仅要推测舞弊是如何进行的，而且要推测客户为什么要舞弊以及客户为什么要将这种违规做法作为首要的选择。也就是说，注册会计师要对管理当局进行重大存货舞弊的动机和机会进行评估，以发现资产造假行为。

管理当局舞弊的动机。客户进行舞弊的动机可谓多种多样，对其进行分析并在执行审计过程中予以考虑，将有助于发现可能的舞弊。导致管理当局产生舞弊冲动的常见原因有：客户正面临财务困难；客户管理当局面临完成财务计划的压力；存货为资产负债表中的一个重大项目；存在合同所限定的供货方面的压力；客户企图得到用存货担保的融资；管理当局面临来自资本市场的压力，如股价下跌、公司面临退市或被收购的风险等。

管理当局舞弊的机会。存在以下情况时管理当局进行存货舞弊的可能性会增加：客户是一个制造企业，或者说其拥有一个确定存货价值的复杂系统；客户涉及高新技术或其他迅速变动的行业；客户拥有众多的存货存放地点。

管理当局舞弊的迹象。虚构资产会使公司的账户失去平衡。与以前的期间相比，销售成本会显得过低，而存货和利润将显得过高。

第 **12** 章
审计业务的完成与复核

学习目标

通过本章学习，应该达到以下目标：

理论目标：学习和把握或有事项和期后事项的含义和特点，掌握或有事项和期后事项包含
　　　　　的具体内容；熟悉持续经营假设评估的特点和内容，能用所学知识指导"或
　　　　　有事项、期后事项审计"以及"持续经营假设评估"的相关认知活动。

实务目标：学习和把握审计工作复核的方法和程序，以及"业务链接"等程序性知识；
　　　　　能用其规范"审计工作复核"的相关技能活动。

案例目标：运用或有事项和期后事项所应对的审计工作和整个审计工作复核的相关内容，
　　　　　培养和提高在特定业务情境中寻找表外项目审计方法的能力；能结合本章教学
　　　　　内容，根据"职业道德探讨"的行业规范或标准，减少工作的失误，提高自
　　　　　身审计工作能力，减少审计风险。

实训目标：参加"或有事项、期后事项审计及审计工作复核"业务胜任力的实践训练。
　　　　　在了解和把握本实训所涉及相关技能点的"规范与标准"的基础上，通过切
　　　　　实体验"或有事项、期后事项审计及审计工作复核"各实训任务的完成，系
　　　　　列技能操作的实施，各项目实训报告编制的准备、撰写、讨论与交流等有质
　　　　　量、有效率的活动，培养运用审计工作复核的方法和程序，并通过职业态度等
　　　　　行为规范完善审计工作。

引例　注册会计师完成审计报告前应关注的问题

背景与情境： 诚信会计师事务所的注册会计师曾子虚、贾乌有完成了对国内某手机公司 2007 年会计报表表内项目的审计工作，准备提出审计意见，在与被审计单位治理层及管理层沟通交流时，得知如下事项：

（1）2007 年出口到香港的手机，因产品存在质量问题，顾客正在纷纷退货，退货金额巨大。

（2）公司在欧洲的一个顾客，年前住院检查发现患有脑癌，该顾客认为是使用该公司的手机辐射超标，导致其患病。日前已向当地法院提起诉讼，索要巨额赔款。当地法院已受理此案，尚未判决。

（3）当地居民已向环保部门举报该公司排放的废水污染了他们的饮用水源，政府环保部门调查后认为群众反映的问题属实，已责令该公司在 6 个月内解决污水排放问题，否则，要让该公司停止生产。

问题： 假如你是诚信会计师事务所的审计人员，你知晓上述事项时，知道应怎样处理吗？

学完本章教学内容，就会有处理"引例"所述问题的办法。

12.1　对或有和期后事项的审计

12.1.1　或有事项审计

1）或有事项的含义

或有事项是指过去的交易或事项形成的，其结果须由某些未来事项的发生或不发生才能决定的不确定事项。

2）或有事项的种类

常见的或有事项包括：①未决诉讼或仲裁；②债务担保；③产品质量保证；④承诺；⑤亏损合同；⑥重组义务；⑦环境污染整治。

3）或有事项的审计目标

或有事项的审计目标有：①确定或有事项是否存在和完整；②确定或有事项的确认和计量是否符合规定；③确定或有事项的列报是否恰当。

4）或有事项的实质性程序

（1）询问相关政策与工作程序

向被审计单位管理层询问其确定、评价与控制或有事项方面的方针政策和工作程序。

（2）索取和审核资料

应向管理当局索取下列资料并作必要审核与评价：

①有关或有事项的全部文件资料和凭证。

②审计单位与银行之间的往来函件、贷款协定及担保条件。

③被审计单位的债务说明书。

④被审计单位管理层保证其对全部或有事项做了恰当反映的书面声明。

（3）函证或有事项

①向被审计单位律师或法律顾问函证，以获取其确认意见，表明对资产负债表日已存

在的以及资产负债表日至复函日所存在的或有事项的确认证据。

②向被审计单位有关业务往来的银行函证有关应收票据贴现、应收账款抵借票据背书及贷款担保的情况。

（4）检查有无漏记或潜在发生的或有事项

①复核上期和税务机关的税务结算报告，检查有无税款拖延及存在税务纠纷。

②审阅截至审计工作完成日止被审计单位历次董事会纪要及股东大会会议记录，确定是否有关或有事项的记录。

③复核有关的审计工作底稿，寻找可能说明潜在或有事项的资料。

④查询被审计单位对未来事项和协议的财务承诺，并向被审计单位管理层询问。

（5）确定或有事项的确认与计量

确定或有事项的确认和计量是否符合规定。

（6）检查列报

检查或有事项在财务报表上的列报是否恰当。

同步案例12-1

是否需要向乙公司提出审计处理建议

背景与情境： A注册会计师是乙公司2009年度财务报表审计项目的负责人。在审计过程中，遇到以下情况：

乙公司于2008年5月为L公司1年期银行借款1 000万元提供担保，因L公司不能及时偿还，银行于2009年11月向法院提起诉讼，要求乙公司承担连带清偿责任。2009年12月31日，乙公司在咨询律师后，并根据L公司的财务状况，计提了500万元的预计负债。对上述预计负债，乙公司已在财务报表附注中进行了适当披露。截至审计工作完成日，法院尚未对该项诉讼做出判决。

问题： 假定上述情况对乙公司2009年度财务报表的影响是重要的，请确定A注册会计师是否需要向乙公司提出审计处理建议。

分析提示： 法院做出最终判决之前，所述情况属于乙公司的重大不确定事项。乙公司应当且已经在财务报表附注中进行了适当披露，注册会计师无须就此向乙公司提出审计建议。

12.1.2　期后事项的审计

1）期后事项的含义

所谓期后事项是指资产负债表日至审计报告日之间发生的事项以及审计报告日后发现的事实。

2）期后事项的种类

根据期后事项存在时间的不同及其对被审计单位财务报表公允性影响程度的不同，有两类期后事项需要被审计单位管理层考虑，并需要注册会计师审计：一类是资产负债表日后调整事项，即对财务报表有直接影响并需调整的事项。这类事项是指在资产负债表日就已经存在，并对存在情况提供了新的或进一步证据。这类事项影响财务报表金额，需提请被审计单位管理层调整财务报表及与之相关的披露信息。另一类是资产负债表日后非调整事项，即表明资产负债表日后发生情况的事项。这类事项虽不影响财务报表金额，但可能影响报表使用者对财务报表的理解，需提请被审计单位管理层在财务报表附注中作适当披露。

（1）资产负债表日后调整事项

①资产负债表日后诉讼案件结案，法院判决证实了企业在资产负债表日已经存在的现时义务，需要调整原先确认的与该诉讼案件相关的预计负债，或确认一项新负债。

②资产负债表日后取得确凿证据，表明在资产负债表日发生了减值或者需要调整该项资产原先确认的减值金额。

③资产负债表日后进一步确定了资产负债表日前购入资产的成本或售出资产的收入。

④资产负债表日后发现了财务报表舞弊或差错。这类事项为被审计单位管理层确定资产负债表日账户余额提供信息，也为注册会计师审计核实这些余额提供补充证据。如果这类期后事项金额重大，需提请被审计单位管理层调整本期财务报表及相关的账户金额。

（2）资产负债表日后非调整事项

①资产负债表日后发生重大诉讼、仲裁、承诺。

②资产负债表日后资产价格、税收政策、外汇汇率发生重大变化。

③资产负债表日后因重大灾害导致资产发生重大损失。

④资产负债表日后发行股票、债券以及其他巨额举债。

⑤资产负债表日后资本公积转增资本。

⑥资产负债表日后发生巨额亏损。

⑦资产负债表日后发生企业合并或者处置子公司。

⑧资产负债表日后企业利润分配方案中拟分配的以及经审议批准宣告发放的股利或利润。

这类事项因不影响财务报表金额，所以不需要提请被审计单位管理层调整本期财务报表。但可能影响报表使用者对财务报表的理解，需在财务报表附注中作适当披露。

3）期后事项的审计程序

注册会计师关注期后事项，是因为有可能导致注册会计师改变对所审计财务报表恰当性、公允性的意见。期后事项可以按时间段划分为三个时段：第一时段是资产负债表日后至审计报告日，我们可以把这一时段发生的事项称为"第一时段期后事项"；第二时段是审计报告日后至财务报表报出日，我们可以把这一期间发现的事实称为"第二时段期后事项"；第三时段是财务报表报出日后，我们可以把这一期间发现的事实称为"第三时段期后事项"。

注册会计师审计应根据不同的时间段分别采取不同的审计程序。

（1）主动识别"第一时段期后事项"

用以识别"第一时段期后事项"的审计程序通常包括：

①复核被审计单位管理层建立的用于确保识别期后事项的程序。

②查阅资产负债表日后的重大会议记录、纪要。查阅股东会、董事会及其专门委员会在资产负债表日后举行的会议的记录、纪要，并在不能获取会议记录、纪要时询问会议讨论的事项。

③查阅有关财务信息。查阅最近的财务报表，如认为必要和适当，还应当查阅预算、

现金流量预测及其他相关管理报告。

④向被审计单位律师或法律顾问询问有关诉讼和索赔事项。

⑤向被审计单位管理层询问是否发生可能影响财务报表的期后事项。

在实施了上述审计程序后，如果知悉对财务报表有重大影响的期后事项，注册会计师应当考虑这些事项在财务报表中是否得到恰当的会计处理或予以披露。如果知悉的期后事项属于调整事项，注册会计师应当考虑被审计单位是否已对财务报表做出适当调整。如果知悉的期后事项属于非调整事项，注册会计师应当考虑被审计单位是否已在财务报表附注中予以充分披露。

（2）被动识别"第二时段期后事项"

在审计报告日后，注册会计师没有责任针对财务报表实施审计程序或进行专门查询。审计报告日后至财务报表报出日发现的事实属于"第二时段期后事项"，注册会计师针对被审计单位的审计业务已经结束，要识别可能存在的期后事项比较困难，但被审计单位的财务报表尚未报出，管理层有责任将发现的可能影响财务报表的事实告知注册会计师。注册会计师如果知悉"第二时段期后事项"可能存在影响财务报表的重大事实，应与被审计单位管理层讨论，同时根据具体情况采取适当措施。

①管理层修改财务报表时的处理。如果管理层修改了财务报表，注册会计师应当根据具体情况实施必要的审计程序。

②管理层不修改财务报表且审计报告未提交时的处理。如果注册会计师认为管理层应当修改财务报表而未修改，并且审计报告尚未提交给被审计单位，注册会计师应当出具保留意见或否定意见的审计报告。

③管理层不修改财务报表且审计报告已提交时的处理。如果注册会计师认为管理层应当修改财务报表而未修改，并且审计报告已提交给被审计单位，注册会计师应当通知管理层不要将财务报表和审计报告向第三方报出。

（3）没有义务识别"第三时段期后事项"

在财务报表报出后，注册会计师没有义务针对财务报表做出查询。但是，并不排除注册会计师通过其他途径获悉可能对财务报表产生重大影响的期后事项的可能性。如果知悉有关期后事项，注册会计师再对临近公布下一期财务报表等具体情况采取适当措施。

①管理层修改财务报表时的处理。如果管理层修改了财务报表，注册会计师应采取的措施有：实施必要的审计程序；复核管理层采取的措施能否确保所有收到原财务报表和审计报告的人士了解这一情况；针对修改后的财务报表出具新的审计报告。

②管理层未采取任何行动时的处理。如果管理层未采取任何行动，注册会计师应采取措施防止报表使用者信赖该审计报告，并将拟采取的措施通知治理层。

③临近公布下一期财务报表时的处理。如果知悉此类期后事项时已临近公布下一期财务报表或下一期财务报表已编制完成，且能够在下一期财务报表中进行充分披露，注册会计师应提请被审计单位修改财务报表，并出具新的审计报告。

教学互动 12-1

针对期后事项审计中不同时间段发生的各期后事项，注册会计师在审计时不同的处理方法和相关问题，要求学生能够清楚地辨别，将学生分组总结讨论以下问题。

初步问题： 期后事项是个统称，认真考虑一下，针对这个"期后"有无更具体的时间划分？若有，各阶段的划分点是什么？

进一步问题： 在找准"期后"的具体时间段后，确认各个不同时间段内注册会计师应该做哪些工作，相应的责任是什么？

要求： 同【教学互动1-1】的"要求"。

职业道德探讨12-1

正确区分期后事项的种类并做相应处理

背景与情境： 注册会计师江华在对华光公司2007年度财务报表审计时发现一笔销售退回业务的具体情况是：华光公司2007年11月销售给A公司一批产品，销售收入1 400万元（不含应向购买方收取的增值税额），销售成本1 000万元，2007年12月31日货款尚未收到。2007年12月28日华光公司接到A公司通知，A公司在验收物资时，发现该批产品存在严重的质量问题需要退货。华光公司希望通过协商解决问题，并与A公司协商解决办法。华光公司收到A公司通知，该批产品已经全部退回。华光公司于2008年1月15日收到退回的产品，以及购货方退回的增值税专用发票的发票联和税款抵扣联。

问题： 假如该物资增值税税率为17%，华光公司为增值税一般纳税人，不考虑其他税费因素，针对这种情况，根据《企业会计准则》的规定，注册会计师应如何处理呢？

分析提示： 根据期后事项发生的时间及对被审计单位会计报表公允性的影响程度，审计人员可以将期后事项划分为对会计报表有直接影响并需要调整的事项，以及对会计报表没有直接影响但应予以反映的事项。根据本案例，华光公司的这笔销售退回业务，按照《企业会计准则》的规定，应当作为资产负债表日后事项的调整事项处理，华光公司应调整2007年度的收入、成本等。但鉴于华光公司没有对其进行日后调整，注册会计师江华要求华光公司调整2007年度会计报表有关项目的内容如下：

（1）调整销售收入

借：以前年度损益调整　　　　　　　　　　　　　　14 000 000
　　应交税费——应交增值税（销项税额）　　　　　2 380 000
　　贷：应收账款　　　　　　　　　　　　　　　　　　　　16 380 000

（2）调整坏账准备余额

借：坏账准备　　　　　　　　　　　　　　　　　　819 000
　　贷：以前年度损益调整　　　　　　　　　　　　　　　　819 000

（3）调整销售成本

借：库存商品　　　　　　　　　　　　　　　　　　10 000 000
　　贷：以前年度损益调整　　　　　　　　　　　　　　　　10 000 000

12.2 对持续经营假设的评估

持续经营假设是指被审计单位在编制财务报表时，假定其经营活动在可预见的将来会继续下去，不拟也不必终止经营或破产清算，可以在正常的经营过程中变现资产、清偿债务。

12.2.1　注册会计师在持续经营审计中的法律责任

在财务报表审计业务中，注册会计师的责任是考虑管理层运用持续经营假设的适当性和披露的充分性。注册会计师应当按照审计准则的要求，实施必要的审计程序，获取充分、适当的审计证据，确定可能导致对持续经营能力产生重大疑虑的事项或情况是否存在重大不确定性，并考虑对审计报告的影响。但是，注册会计师未提及经营能力存在重大不确定性的审计报告，不应被视为注册会计师对被审计单位能够持续经营做出的保证。

12.2.2　注册会计师应实施的风险评估程序

企业在经营过程中，若持续经营能力存在不可持续性，是因为企业的生存面临各种不确定性和风险，它们总会通过一些迹象表现出来，注册会计师在长期的审计实践中总结出一些可能会导致企业不可持续经营的风险迹象，但并非全部，主要有以下几类风险迹象：

1）财务方面的风险迹象

（1）债务违约，包括无法偿还到期债务、无法偿还即将到期且难以展期的借款以及存在的大额的逾期未交税金。

（2）无法继续履行重大借款合同中的有关条款。

（3）累计经营性亏损巨大。

（4）过度依赖短期借款筹资。

（5）无法获得供应商正常商业信用。

（6）难以获得开发必要新产品或进行必要投资所需的资金。

（7）资不抵债。

（8）现金流量困难。

（9）大股东长期占用巨额资金。

（10）重要子公司无法持续经营且未进行处理。

（11）存在大量长期未处理的不良资产。

（12）存在因对外巨额担保等或有事项引发的或有负债。

2）经营方面的风险迹象

（1）关键管理人员离职且无人替代。

（2）主导产品不符合国家产业政策。

（3）失去主要市场。

（4）人力资源或重要原材料短缺。

（5）管理层的经营管理方式与快速扩张的规模不相适应。

3）其他方面的风险迹象

（1）严重违反有关法律法规或政策。

（2）异常原因导致停工、停产。

（3）有关法律法规或政策的变化可能造成重大不利影响。

（4）经营期限将到期且无意继续经营。

（5）投资者未履行协议、合同、章程规定的义务，并有可能造成重大不利影响。

（6）因自然灾害、战争等不可抗力因素遭受严重损失。

注册会计师在对被审计单位的持续经营能力进行审计时，若发现上述风险迹象的一项或几项存在，应实施进一步的审计程序，确定对财务报表的影响，以判定报表是否存在重大错报风险。

12.2.3　评价管理层对持续经营能力做出的评估

注册会计师对企业持续经营能力的评估主要集中在以下三个方面：

1）管理层评估涵盖的期间

持续经营假设是指被审计单位在编制财务报表时，假定其经营活动在可预见的将来会继续下去，而可预见的将来通常是指资产负债表日后的十二个月。注册会计师应评估管理层的评估期是否达到十二个月，若评估期少于十二个月，注册会计师应提请管理层将评估期延伸至十二个月。

2）管理层做出评估的过程、依据的假设是否合理

管理层对企业未来持续经营能力的评估是依据企业正常经营的假设条件并结合未来期间的可变因素的信息做出的判断，得出未来期间企业可以持续经营的结论。注册会计师要对假设的合理性、可变信息的真实性、判断推理的逻辑性进行审核，判断管理层的结论是否可信。

3）管理层对企业可能导致持续经营能力不可持续的事项或因素的应对计划

在财务报表审计中，注册会计师通过对上年财务报表的审计发现了可能会导致企业不可持续经营的重大疑虑的事项或情况，以及审计期间获取了可能会导致企业不可持续经营的信息时，应向被审计单位管理层询问他们应对的措施，甚至书面的应对计划，以消除注册会计师的疑虑。但是，注册会计师应对管理层所提出的措施和计划的可行性、合法性等方面进行审核，得出自己的审计结论。

12.2.4　注册会计师针对审计中的不同情况得出的审计结论

1）注册会计师得出被审计企业持续经营能力是适当的结论

注册会计师通过对前述三个方面的评估，未受到任何限制，收集了充分的证据，不存在任何疑虑，可得出此结论。

2）注册会计师得出被审计企业持续经营能力是适当的结论，但增加了强调的事项

注册会计师对被审计单位的持续经营能力产生怀疑时，被审计单位的管理层提出了应对计划，注册会计师对应对计划审核后，认为没有不妥之处，管理层对这方面的风险也进行了充分的披露，但注册会计师认为被审计单位能否持续经营仍存在较大的不确定性。注册会计师应在审计报告后增加强调段，提醒报表的阅读者关注这一风险。

3）注册会计师对被审计单位持续经营能力做出的其他判断

被审计单位存在多项可能导致对其持续经营能力产生重大疑虑的事项或情况存在重大不确定性时，如果注册会计师难以判断财务报表的编制基础是否适合继续采用持续经营假设，应将其视为对注册会计师的审计范围构成重大限制。在这种情况下，如果财务报表已做出充分披露，注册会计师应当考虑出具无法表示意见的审计报告。如果财务报表未能做出充分披露，注册会计师应当出具保留意见或否定意见的审计报告。

被审计单位将不能持续经营，但财务报表仍然按持续经营假设编制，注册会计师应当出具否定意见的审计报告。

被审计单位不能持续经营，以其他基础编制财务报表。在这种情况下，注册会计师实施了补充审计程序，认为管理层所选用的其他编制基础是适当的，且财务报表已做出充分披露，注册会计师可以出具无保留意见的审计报告，并增加强调事项段。

12.3　审计客户管理当局的声明书

12.3.1　管理层声明书的含义及作用

管理层声明书是指被审计单位管理层向注册会计师提供的关于财务报表的各项陈述。

管理层声明书主要有两方面的作用：一是明确管理层对财务报表的责任；二是提供了注册会计师询问所要求的审计证据。

12.3.2　管理层声明书的一般格式

1）名称

被审计单位管理层送达注册会计师的声明书，一般应注明"管理层声明书"字样。

2）呈送对象

管理层声明书应写明呈送的会计师事务所及从事审计的注册会计师名称。

3）内容

（1）关于财务报表的认定。

（2）关于信息完整性的认定。

（3）关于确认、计量和列报。

4）签署日期

管理层声明书标明的日期与审计报告日一致。在特定情况下，注册会计师也可以在审计过程中或审计报告日后就某些交易或事项获取单独的声明书。

5）签署人

管理层声明书通常由管理层中对被审计单位及其财务负责人签署。

12.3.3　管理层声明书的范例

管理层声明书

××会计师事务所并××注册会计师：

本公司已委托贵事务所对本公司20×1年12月31日的资产负债表，20×1年度的利润表、股东权益变动表和现金流量表以及财务报表附注进行审计，并出具审计报告。

为配合贵事务所的审计工作，本公司就已知的全部事项做出如下声明：

1）本公司承诺，按照《企业会计准则》和《××会计制度》的规定编制财务报表是我们的责任。

2）本公司已按照《企业会计准则》和《××会计制度》的规定编制20×1年度财务报表，财务报表的编制基础与上年度保持一致，本公司管理层对上述财务报表的真实性、合法性和完整性承担责任。

3）设计、实施和维护内部控制，保证本公司资产安全和完整，防止或发现并纠正错报，是本公司管理层的责任。

4）本公司承诺财务报表符合适用的会计准则和相关会计制度的规定，公允反映本公司的财务状况、经营成果和现金流量情况，不存在重大错报，包括漏报。贵事务所在审计过程中发现的未更正错报，无论是单独还是汇总起来，对财务报表整体均不具有重大影响。未更正错报汇总（见附件）附后。

5）本公司已向贵事务所提供了：

（1）全部财务信息和其他数据。

（2）全部重要的决议、合同、章程、纳税申报表等相关资料。

（3）全部股东会和董事会的会议记录。

6）本公司所有经济业务均已按规定入账，不存在账外资产或未计负债。

7）本公司认为所有与公允价值计量相关的重大假设是合理的，恰当地反映了本公司的意图和采取特定措施的能力；用于确定公允价值的计量方法符合《企业会计准则》的规定，并在使用上保持了一贯性；本公司已在财务报表中对上述事项做出恰当披露。

8）本公司不存在导致重述比较数据的任何事项。

9）本公司已提供所有与关联方和关联方交易相关的资料，并已根据《企业会计准则》和《××会计制度》的规定识别和披露了所有重大关联方交易。

10）本公司已提供全部或有事项的相关资料。除财务报表附注中披露的或有事项外，本公司不存在其他应披露而未披露的诉讼、赔偿、承兑、担保等或有事项。

11）除财务报表附注披露的承诺事项外，本公司不存在其他应披露而未披露的承诺事项。

12）本公司不存在未披露的影响财务报表公允性的重大不确定事项。

13）本公司已采取必要措施防止或发现舞弊及其他违反法规行为，未发现：

（1）涉及管理层的任何舞弊行为或舞弊嫌疑的信息。

（2）涉及对内部控制产生重大影响的雇员的任何舞弊行为或舞弊嫌疑的信息。

（3）涉及对财务报表的编制具有重大影响的其他人员的任何舞弊行为或舞弊嫌疑的信息。

14）本公司严格遵守了合同规定的条款，不存在因未履行合同而对财务报表产生重大影响的事项。

15）本公司对资产负债表上列示的所有资产均拥有合法权利，除已披露事项外，无其他被抵押、质押资产。

16）本公司编制财务报表所依据的持续经营假设是合理的，没有计划终止经营或破产清算。

17）本公司已提供全部资产负债表日后事项的相关资料，除财务报表附注中披露的资产负债表日后事项外，本公司不存在其他应披露而未披露的重大资产负债表日后事项。

18）本公司管理层确信：

（1）未收到监管机构有关调整或修改财务报表的通知。

（2）无税务纠纷。

19）其他事项。

注册会计师认为重要而需声明的事项，或者管理层认为必要而声明的事项。例如：

（1）本公司在银行存款或现金运用方面未受到任何限制。

（2）本公司对存货均已按照《××会计制度》的规定予以确认和计量；受托代销商品或不属于本公司的存货均未包括在会计记录内；在途物资或由代理商保管的货物均已确认为本公司存货。

（3）本公司不存在未披露的大股东及关联方占用资金和担保事项。

××有限责任公司（盖章）

法定代表人：×××（签名并盖章）

财务负责人：×××（签名并盖章）

二○××年×月×日

12.3.4　管理层拒绝提供声明时的措施

如果管理层拒绝提供注册会计师认为必要的声明，注册会计师应当将其视为审计范围受到限制，出具保留意见或无法表示意见的审计报告。

12.4　审计工作的复核

会计师事务所为保证审计质量应当建立完善的审计工作底稿分级复核制度。审计工作底稿的复核可分两个层次：项目组内部复核和独立的项目质量控制复核。

12.4.1　项目组内部复核

项目组内部复核又分为两个层次：审计项目经理的现场复核和项目合伙人的复核。

1）审计项目经理的现场复核

审计项目经理对审计工作底稿的全面复核通常在审计现场完成，以便及时发现和解决问题，争取审计工作的主动。它属于第一层次的复核，也称详细复核，主要是评价已完成的审计工作、所获得的证据和工作底稿编制人员形成的结论。

2）项目合伙人的复核

在完成审计外勤工作时，则需要项目合伙人对审计工作底稿实施复核，这是对重要审计事项的重点把关，是对审计项目经理复核的再监督，也称一般复核。项目合伙人的复核，可以通过填列和复核财务报表检查清单的方式来进行。

12.4.2　独立的项目质量控制复核

1）对审计工作底稿进行独立复核的意义

（1）实施对审计工作结果的最后质量控制。对签发审计报告前的审计工作底稿进行独立复核，是实施对审计工作结果的最后质量控制，能避免对重大审计问题的遗留或对具体审计工作理解不透彻等情况，避免审计意见与审计工作结果存在矛盾，从而形成与审计结果相一致的审计意见。

（2）确认审计工作已达到会计师事务所的工作标准。在审计工作执行过程中，会计师事务所内不同注册会计师的工作质量会有差异，有的甚至可能违背统一的工作标准。因此，必须进行独立复核，严格保持整体审计工作质量的一致性，确认该审计工作已达到会计师事务所的工作标准。

（3）消除妨碍注册会计师判断的偏见。注册会计师可能期望在整个审计过程中保持客观性，但若有大量问题需要解决而又经过长时间的审计，就容易丧失正确的观察能力和判断能力，对一些问题做出不符合事实的审计结论。进行独立复核，可以消除注册会计师的偏见，得出符合事实的审计结论。

2）独立复核的内容

（1）项目组就具体业务对会计师事务所独立性做出评价。

（2）在审计过程中识别的特别风险以及采取的应对措施。

（3）做出的判断，尤其是关于重要性和特别风险的判断。

（4）是否已就存在的意见分歧、其他疑难问题或争议事项进行适当的咨询，以及咨询得出的结论。

（5）在审计中识别的已更正和未更正的错报的重要程度及处理情况。

（6）拟与管理层、治理层以及其他方面沟通的事项。

（7）所复核的审计工作底稿是否反映了针对重大判断执行的工作，是否支持得出的结论。

（8）拟出具的审计报告的适当性。

这种复核是三级复核中的最后一级复核，也称重点复核，是对前面两级复核的再监督，是对整个审计工作的重点把握。

第 13 章
审计报告的编制

学习目标

通过本章学习，应该达到以下目标：

理论目标： 学习和把握审计报告的作用与类别、审计意见的类型，理解不同非标准审计意见类型的判断、审计报告的参考格式；能用所学知识指导"审计报告的编制"的相关认知活动。

实务目标： 学习和把握审计报告的基本格式，掌握出具不同类型非标准审计意见的方法，以及相关"业务链接"等程序性知识；能根据不同情形出具不同类型的审计意见。

案例目标： 运用审计报告的类型、审计报告的出具等相关案例，培养和提高在特定业务情境中分析问题与决策设计的能力；能结合本章教学内容，根据"职业道德探讨"的行业规范或标准，培养良好的职业道德素养，提升审计工作的质量。

实训目标： 参加"审计报告的编制"业务胜任力的实践训练。在了解和把握本实训所涉及相关技能点的"规范与标准"的基础上，通过切实体验"审计报告的编制"各实训任务的完成，各项目实训报告编制的准备、撰写、讨论与交流等有质量、有效率的活动，培养编制审计报告的实践能力，并能结合被审计单位的具体情况判断出具的不同审计意见的类型，培养审计职业核心能力。

引例 首例否定意见审计报告的启示

背景与情境： 重庆渝港钛白粉股份有限公司（以下简称渝钛白公司）是以吸收合并方式接受重庆化工厂后于 1992 年 9 月 11 日宣告成立的，并以社会募集方式设立股份有限公司。1993 年 7 月 12 日，"渝钛白 A"在深圳证券交易所上市交易。公司上市之后，起初经营业绩还算可以，但从 1996 年开始，公司在经营上开始出现亏损（1996 年亏损 1 318 万元）。为了扭转亏损局面，1998 年年初，重庆市委、市政府有关领导及银行的负责同志到渝钛白公司现场办公，从资金、管理、市场等方面给予继续支持。而在这样的背景下，重庆会计师事务所对渝钛白公司进行了 1997 年度的审计，并于 1998 年 3 月 8 日签发了颇有争议、也是中国证券市场中的第一份否定意见审计报告。注册会计师签发的审计报告认为："1997 年度应入财务费用的借款即应付债券利息 8 064 万元，贵公司将其资本化计入渝钛白粉工程成本；欠付中国银行常青市分行的美元借款利息 89.8 万元（折合人民币 743 万元），贵公司未计提入账，两项共影响利润 8 807 万元。"审计意见段的表述是："我们认为，由于本报告第二段所述事项的重大影响，贵公司 1997 年 12 月 31 日的资产负债表、1997 年度利润及利润分配表、财务状况变动表未能公允地反映贵公司 1997 年 12 月 31 日财务状况和 1997 年度经营成果及资金变动情况。"1998 年 4 月 29 日，由于否定意见的审计报告的签发，公司被监管部门确认为连续两个会计年度的净资产均为负值，且其股东权益低于注册资本，按照《深圳证券交易所股票上市规则》的有关规定，公司股票于 1998 年 4 月 30 日开始实行特别处理（PT）。此后，渝钛白股价始终在低位徘徊，成了人见人烦的"垃圾股"。

问题：

（1）对于上述案例中的两个调整事项你有什么意见？

（2）重庆会计师事务所出具的否定意见是否恰当？

从引例可见，审计报告对被审计单位、广大信息使用者及注册会计师自身都具有重要影响，注册会计师必须在遵守职业道德规范的前提下，按照审计准则要求获取充分、适当的审计证据后出具审计报告。

13.1 审计报告概述

13.1.1 审计报告的含义

审计报告是指审计人员根据审计准则的规定，在实施审计工作的基础上对被审计单位财务报表发表审计意见的书面文件。审计报告是注册会计师完成审计工作后向委托人提交的最终产品。

注册会计师应当按照审计准则的规定执行审计工作，并只有在实施审计工作的基础上才能出具审计报告，所出具的审计报告必须是书面形式，是一份具有法律效力的文件，具有法定证明力。注册会计师通过对财务报表发表审计意见履行了审计业务约定书中约定的责任。审计人员应当在审计报告中清楚地表达对财务报表的意见，并通过在审计报告上签名并盖章，表明其对出具的审计报告负责。

审计报告是注册会计师对财务报表是否在所有重大方面按照财务报告编制基础编制并实现公允反映发表审计意见的书面文件，所以审计人员应当将已审计的财务报表附于审计报告后，以使财务报表使用者正确理解和使用审计报告。

同步思考 13-1

注册会计师形成审计意见、出具审计报告的基础是什么？为什么？

理解要点：注册会计师在实施审计工作的基础上才能出具审计报告。首先注册会计师要实施风险评估程序，通过了解被审计单位及其环境来识别和评估由于舞弊或错误导致的重大错报风险，以此作为评估财务报表层次和认定层次重大错报风险的基础。而风险评估程序本身并不足以为发表审计意见提供充分、适当的审计证据，注册会计师还应当对评估的风险设计和实施恰当的应对措施。注册会计师通过实施上述审计程序，获取充分、适当的审计证据，得出合理的审计结论，作为形成审计意见的基础。

13.1.2 审计报告的作用

审计报告不仅可以传达审计结果，为其使用者提供依据，也反映了审计机构和审计人员的工作成果、履行工作职责、完成任务的情况。注册会计师签发的审计报告具有鉴证、保护和证明三方面的作用。

1）鉴证作用

注册会计师签发的审计报告是以超然独立的第三者身份对被审计单位财务报表是否合法、公允所发表的审计意见。这种通过审计报告发表的书面意见具有鉴证作用，得到政府及其各个部门和社会各界的普遍认可。

2）保护作用

注册会计师通过审计，可以对被审计单位出具不同意见类型的审计报告，以提高或降低财务报表信息使用者对财务报表的信赖程度，能够在一定程度上对被审计单位的投资者、债权人和其他利害关系人的利益起到保护作用。

3）证明作用

审计报告是对注册会计师审计任务完成情况及其结果所做的总结，它可以表明审计工作的质量并明确注册会计师的审计责任。因此，审计报告可以对审计工作质量和注册会计师的审计责任起到有力的证明作用。

13.1.3 审计报告的种类

审计报告可以按不同的标准进行分类。

1）按照审计报告的性质分类

（1）标准审计报告

它是指格式和措辞基本统一的审计报告。为了规范审计业务，避免理解上的混乱，审计职业界往往通过审计准则将审计报告的格式和措辞进行统一规定。大多数国家对外公布的审计报告都是采用标准形式。

（2）非标准审计报告

它是指可以根据具体情况来决定其具体格式和措辞以及有关内容的审计报告。它可能是对财务报表整体或某些特定项目、账户等发表意见，也可能是就被审计单位是否符合契约或有关管理法规的规定等发表意见。非标准审计报告一般适合于非公布的审计报告。

2）按使用目的分类

（1）公布目的的审计报告

公布目的的审计报告一般用于对企业股东、投资者、债权人等非特定利益关系人公布的附送财务报表的审计报告。

（2）非公布目的的审计报告

非公布目的的审计报告，一般是用于经营管理、合并或业务转让、融通资金等特定目的而实施审计的审计报告。这种审计报告是只送给特定使用者的，如经营者、合并或业务转让的关系人、提供信用的金融机构等。

3）按详略程度分类

（1）简式审计报告

简式审计报告又称短式审计报告，是指注册会计师对应公布的财务报表进行审计后所编制的简明扼要的审计报告。简式审计报告所反映的内容是多数非特定利害关系人共同认为的必要审计事项，它具有记载事项为法令或审计准则所规定的特征。简式审计报告一般适用于公布目的。

（2）详式审计报告

详式审计报告又称长式审计报告，是指对审计对象所有重要的经济业务和情况都要做详细说明和分析的审计报告。详式审计报告主要用于指出企业经营管理存在的问题和帮助企业改善经营管理，其内容要比简式审计报告丰富得多、详细得多。详式审计报告一般适用于非公布目的。

13.2　审计意见的形成与审计报告的类型

注册会计师应当就财务报表是否在所有重大方面按照适用的财务报告编制基础编制并实现公允反映形成审计意见。形成的审计意见具体记载于审计报告中。审计报告分为标准审计报告与非标准审计报告。当注册会计师出具的无保留意见的审计报告不附加说明段、强调事项段或任何修饰性用语时，该报告称为标准审计报告。非标准审计报告是指标准审计报告以外的其他审计报告，包括带强调事项段的无保留意见的审计报告和非无保留意见的审计报告。非无保留意见的审计报告包括保留意见的审计报告、否定意见的审计报告和无法表示意见的审计报告。

13.2.1　注册会计师形成审计意见时应考虑的内容

为了形成审计意见，针对财务报表整体是否不存在由于舞弊或错误导致的重大错报，注册会计师应当得出结论，确定是否已就此获取合理保证。

1）按照风险评估准则的规定，是否已获取充分、适当的审计证据

风险导向审计要求注册会计师根据"风险评估—风险识别—风险应对"的理念来实施审计工作，获取充分、适当的审计证据，有效控制审计风险。在得出总体审计结论前，注册会计师还应当根据实施的审计程序和获取的审计证据，评价对认定层次重大错报风险的评估是否仍然适当。

2）就财务报告的合法性对被审计单位的评价

在财务报告的合法性方面①，注册会计师应从以下几个方面评价被审计单位：

（1）选择和运用的会计政策是否符合适用的财务报告编制基础，并适用于被审计单位的具体情况，以及在财务报表中给予充分披露。

（2）管理层所作的会计估计是否合理。

（3）财务报表反映的信息是否具有相关性、可靠性、可比性和可理解性。

（4）财务报表反映的信息是否做出充分披露，使财务报表的使用者能够理解重大交易各事项对被审计单位财务状况、经营成果和现金流量的影响。

3）就财务报告的公允性对被审计单位的评价

在财务报告的公允性方面，注册会计师应从以下几个方面评价被审计单位：

（1）经管理层调整后的财务报表是否与注册会计师对被审计单位及其环境的了解一致。

（2）财务报表的列报、结构和内容是否合理。

（3）财务报表是否真实地反映了交易和事项的经济实质。

13.2.2 注册会计师出具标准审计报告应满足的条件

审计准则规定，如果认为财务报表在所有重大方面均按照适用的财务报告编制基础编制并实现反映，注册会计师应当发表无保留意见。具体需考虑以下两个方面的内容：

（1）财务报表已按照适用的财务报告编制基础的规定编制，在所有重大方面公允反映了被审计单位的财务状况、经营成果和现金流量。

（2）注册会计师已经按照《中国注册会计师审计准则》的规定计划和实施审计工作，在审计过程中未受到限制。

13.2.3 注册会计师出具的非标准审计报告

1）注册会计师出具带强调事项段的无保留意见审计报告

强调事项段是指审计报告中含有的一个段落，该段落提及已在财务报表中恰当列报或披露的事项，根据注册会计师的职业判断，该事项对财务报表使用者理解财务报表至关重要。

如果认为有必要提醒财务报表使用者关注已在财务报表中列报或披露，且根据职业判断认为对财务报表使用者理解财务报表至关重要的事项，注册会计师在已获取充分、适当的审计证据证明该事项在财务报表中不存在重大错报的条件下，应当在审计报告中增加强调事项段。强调事项段应当仅提及已在财务报表中列报或披露的信息。

2）注册会计师出具非无保留意见的审计报告

非无保留意见包括保留意见、否定意见和无法表示意见三种意见类型。当存在下列情形之一时，注册会计师应当按照《中国注册会计师审计准则第 1502 号——在审计报告中发表非无保留意见》的规定，在审计报告中发表非无保留意见：

（1）根据获取的审计证据，得出财务报表整体存在重大错报的结论。

---

① 即评价财务报表是否在所有重大方面按照适用的财务报告编制基础编制。

（2）无法获取充分、适当的审计证据，不能得出财务报表整体不存在重大错报的结论。

注册会计师确定恰当的非无保留意见类型，取决于下列事项：

（1）导致非无保留意见的事项的性质，是财务报表存在重大错报，还是在无法获取充分、适当的审计证据的情况下财务报表可能存在重大错报。

（2）注册会计师就导致非无保留意见的事项对财务报表产生或可能产生影响的广泛性作出的判断。

表13-1列示了注册会计师对导致发表非无保留意见的事项的性质和这些事项对财务报表产生或可能产生影响的广泛性作出的判断，以及注册会计师的判断对审计意见类型的影响。

表13-1   **非无保留意见类型的判断**

导致发表非无保留意见的事项的性质	对财务报表产生或可能产生影响的广泛性	
	重大但不具有广泛性	重大且具有广泛性
财务报表存在重大错报	保留意见	否定意见
无法获取充分、适当的审计证据	保留意见	无法表示意见

教学互动13-1

在引入具体的非无保留意见内容之前，为了让学生对实务中遇到的有可能引起出具非无保留意见的事项有具体的认识，准确把握和判断应该出具的具体审计意见类型，将学生分成若干个小组，分组讨论以下实务问题：

审计人员在审计过程中发现被审计单位对一项重要、应该披露的事项没有进行披露又拒不调整；作为国有企业，全部资产的会计记录已被政府相关部门无限期查封了；管理层借口天气原因，婉言谢绝了注册会计师对一处存货实施监盘，而该存货属于重要项目。

初步问题：

（1）你认为未予披露的重大事项应该作为重大错报吗？

（2）审计范围受限的情形具体包括哪些情况？

（3）如果审计范围受限，审计人员应该怎么办？

进一步问题：

（1）如果审计范围受限，审计人员实施替代审计程序的要求是什么？

（2）如果被审计单位均存在上述事项，你可能要出具何种类型的审计报告？

要求：同【教学互动1-1】的"要求"。

3）注册会计师出具保留意见的审计报告

注册会计师审计后认为被审计单位的财务报表整体上是公允的，当存在下列情形之一时，注册会计师应当发表保留意见：

（1）在获取充分、适当的审计证据后，注册会计师认为错报单独或累计起来对财务报表影响重大，但不具有广泛性。

（2）注册会计师无法获取充分、适当的审计证据以作为形成审计意见的基础，但认为未发现的错报（如存在）对财务报表可能产生的影响重大，但不具有广泛性。

4）注册会计师出具否定意见的审计报告

注册会计师在获取充分、适当的审计证据后，如果认为错报单独或累计起来对财务报表的影响重大且具有广泛性，注册会计师应当发表否定意见。注册会计师在发表此审计意见时，认定被审计单位的违法是严重的，不公允的情况有重大影响，才可出具此意见。何为重大？这需要注册会计师的专业判断，并不存在一个可以量化的指标。

5）注册会计师出具无法表示意见的审计报告

注册会计师在审计过程中，若认为自己的审计范围受到限制可能产生的影响非常重大和广泛，不能获取充分、适当的审计证据，以至于无法对财务报表发表意见，应出具无法表示意见的审计报告。此类意见是注册会计师不得已而为之，并不代表被审计单位的财务报表就一定存在不合法、不公允的问题。注册会计师更不能以否定意见代替无法表示意见。

同步思考 13-2

如何判断出具的非无保留意见的具体类型？

理解要点：非无保留意见的类型包括保留意见、否定意见和无法表示意见三种，在具体判断出具哪一种时取决于两个方面，即事项的性质和影响是否广泛。审计准则规定，注册会计师确定恰当的非无保留意见类型，取决于下列事项：导致非无保留意见的事项的性质，是财务报表存在重大错报，还是在无法获取充分、适当的审计证据的情况下财务报表可能存在重大错报；注册会计师就导致非无保留意见的事项对财务报表产生或可能产生影响的广泛性作出的判断。

13.3 审计报告的基本内容

不同种类的审计报告，其内容和格式不尽相同，甚至存在较大差异。下面以注册会计师标准审计报告为代表来介绍简式审计报告的基本内容。

注册会计师审计报告应当包括下列基本内容：

1）标题

审计报告的标题统一规范为"审计报告"。

2）收件人

审计报告的收件人是指注册会计师按照审计业务约定书的要求致送审计报告的对象，一般是指审计业务的委托人。审计报告应当载明收件人的全称。

注册会计师应当与委托人在审计业务约定书中约定致送审计报告的对象，以防止在此问题上发生分歧或审计报告被委托人滥用。针对整套通用目的财务报表出具的审计报告，其致送对象通常为被审计单位的全体股东或董事会。

3）引言段

审计报告的引言段应当说明被审计单位的名称和财务报表已经过审计，并包括下列内容：

（1）指出构成整套财务报表的每张财务报表的名称。

（2）提及财务报表附注。

（3）指明财务报表的日期和涵盖的期间。

引言段举例如下：

"我们审计了后附的 ABC 股份有限公司（以下简称 ABC 公司）财务报表，包括 20×1 年 12 月 31 日的资产负债表，20×1 年度的利润表、现金流量表和股东权益变动表以及财务报表附注。"

4）管理层对财务报表的责任段

管理层对财务报表的责任段应当说明编制财务报表是管理层的责任。审计报告中对管理层责任的说明包括提及管理层的具体责任，有助于向财务报表使用者解释执行审计工作的前提。

管理层对财务报表的责任段举例如下：

"一、管理层对财务报表的责任

编制和公允列报合并财务报表是管理层的责任，这种责任包括：（1）按照《企业会计准则》的规定编制合并财务报表，并使其实现公允反映；（2）设计、执行和维护必要的内部控制，以使合并财务报表不存在由于舞弊或错误导致的重大错报。"

审计报告提及的管理层责任，与在审计业务约定书中约定的责任在表述形式上应保持一致。

5）注册会计师的责任段

注册会计师的责任段应当说明下列内容：

（1）注册会计师的责任是在实施审计工作的基础上对财务报表发表审计意见。

注册会计师按照《中国注册会计师审计准则》的规定执行了审计工作。《中国注册会计师审计准则》要求注册会计师遵守职业道德规范，计划和实施审计工作以对财务报表是否不存在重大错报获取合理保证。

（2）审计工作涉及实施审计程序，以获取有关财务报表金额和披露的审计证据。

选择的审计程序取决于注册会计师的判断，包括对由于舞弊或错误导致的财务报表重大错报风险的评估。在进行风险评估时，注册会计师考虑与财务报表编制相关的内部控制，以设计恰当的审计程序，但目的并非对内部控制的有效性发表意见。审计工作还包括评价管理层选用会计政策的恰当性和作出会计估计的合理性，以及评价财务报表的总体列报。

（3）注册会计师相信已获取的审计证据是充分、适当的，为其发表的审计意见提供了基础。

如果接受委托，结合财务报表审计对内部控制有效性发表意见，注册会计师应当省略"但目的并非对内部控制的有效性发表意见"的术语。

注册会计师的责任段举例如下：

"二、注册会计师的责任

我们的责任是在执行审计工作的基础上对合并财务报表发表审计意见。我们按照《中国注册会计师审计准则》的规定执行了审计工作。《中国注册会计师审计准则》要求我们遵守职业道德规范，计划和实施审计工作以对合并财务报表是否不存在重大错报获取合理保证。

审计工作涉及实施审计程序，以获取有关合并财务报表金额和披露的审计证据。选择的审计程序取决于注册会计师的判断，包括对由于舞弊或错误导致的合并财务报表重大错报风险的评估。在进行风险评估时，注册会计师考虑与合并财务报表编制和公允列报相关的内部控制，以设计恰当的审计程序，但目的并非对内部控制的有效性发表意见。审计工作还包括评价管理层选用会计政策的恰当性和作出会计估计的合理性，以及评价合并财务报表的总体列报。

我们相信，我们获取的审计证据是充分、适当的，为发表审计意见提供了基础。"

6）审计意见段

审计意见段应当说明，财务报表是否按照适用的会计准则和相关会计制度的规定编制，是否在所有重大方面公允反映了被审计单位的财务状况、经营成果和现金流量。

当出具无保留意见的审计报告时，注册会计师应当以"我们认为"作为意见段的开头，并使用"在所有重大方面"、"公允反映"等术语。

无保留意见审计报告的意见段举例如下：

"三、审计意见

我们认为，财务报表在所有重大方面按照《企业会计准则》的规定编制，公允反映了ABC公司20×1年12月31日的合并财务状况以及20×1年度的合并经营成果和合并现金流量。"

当注册会计师出具无保留意见的审计报告不附加说明段、强调事项段或任何修饰性用语时，该报告称为标准审计报告。

7）注册会计师的签名和盖章

审计报告应当由注册会计师签名并盖章。注册会计师在审计报告上签名并盖章，有利于明确法律责任。

审计报告应当由两名具备相关业务资格的注册会计师签名并盖章以及经会计师事务所盖章方有效。合伙会计师事务所出具的审计报告，应当由一名对审计项目负最终复核责任的合伙人和一名负责该项目的注册会计师签名并盖章。有限责任会计师事务所出具的审计报告，应当由会计师事务所主任会计师或其授权的副主任会计师和一名负责该项目的注册会计师签名并盖章。

8）会计师事务所的名称、地址及盖章

审计报告应当载明会计师事务所的名称和地址，并加盖会计师事务所公章。注册会计师在审计报告中载明会计师事务所地址时，标明会计师事务所所在的城市即可。在实务中，审计报告通常载于会计师事务所统一印刷的、标有该所详细通讯地址的信笺上，因此，无需在审计报告中注明详细地址。此外，根据国家工商行政管理部门的有关规定，在主管登记机关管辖区内，已登记注册的企业名称不得相同。因此，在同一地区内不会出现重名的会计师事务所。

9）报告日期

审计报告应当注明报告日期。审计报告的日期不应早于注册会计师获取充分、适当的审计证据（包括管理层认可对财务报表的责任且已批准财务报表的证据），并在此基础上对财务报表形成审计意见的日期。在确定审计报告日期时，注册会计师应当确信已获取下列两方面的审计证据：（1）构成整套财务报表的所有报表（包括相关附注）已编制完成；（2）被审计单位的董事会、管理层或类似机构已经认可其对财务报表负责。

注册会计师签署审计报告的日期通常与管理层签署已审计财务报表的日期为同一天，或晚于管理层签署已审计财务报表的日期。

13.4　审计报告的参考格式

审计报告分为标准审计报告和非标准审计报告。当注册会计师出具无保留意见的审计报告不附加说明段、强调事项段或任何修饰性用语时，该报告称为标准审计报告。标准审计报告包含的审计报告要素齐全，属于无保留意见，且不附加说明段、强调事项段或任何修饰性用语。

13.4.1　标准审计报告

当注册会计师出具无保留意见的审计报告不附加说明段、强调事项段或任何修饰性用语时，该报告称为标准审计报告。

标准审计报告的参考格式①如下：

审 计 报 告

ABC 股份有限公司全体股东：

我们审计了后附的 ABC 股份有限公司（以下简称 ABC 公司）财务报表，包括 201×年 12 月 31 日的资产负债表，201×年度的利润表、现金流量表和股东权益变动表以及财务报表附注。

一、管理层对财务报表的责任

编制和公允列报合并财务报表是管理层的责任，这种责任包括：（1）按照《企业会计准则》的规定编制合并财务报表，并使其实现公允反映；（2）设计、执行和维护必要的内部控制，以使合并财务报表不存在由于舞弊或错误导致的重大错报。

二、注册会计师的责任

我们的责任是在实施审计工作的基础上对财务报表发表审计意见。我们按照《中国注册会计师审计准则》的规定执行了审计工作。《中国注册会计师审计准则》要求我们遵守职业道德规范，计划和实施审计工作以对财务报表是否不存在重大错报获取合理保证。

审计工作涉及实施审计程序，以获取有关财务报表金额和披露的审计证据。选择的审计程序取决于注册会计师的判断，包括对由于舞弊或错误导致的财务报表重大错报风险的评估。在进行风险评估时，注册会计师考虑与财务报表编制和公允列报相关的内部控制，以设计恰当的审计程序，但目的并非对内部控制的有效性发表意见。审计工作还包括评价管理层选用会计政策的恰当性和作出会计估计的合理性，以及评价财务报表的总体列报。

我们相信，我们获取的审计证据是充分、适当的，为发表审计意见提供了基础。

三、审计意见

我们认为，ABC 公司的财务报表在所有重大方面按照《企业会计准则》的规定编制，公允反映了 ABC 公司 201×年 12 月 31 日的财务状况以及 201×年度的经营成果和现金流量。

××会计师事务所	中国注册会计师：×××（签名并盖章）
（盖章）	中国注册会计师：×××（签名并盖章）
中国××市	

201×年×月×日

---

①　本书所涉及的审计报告均不包含"按照相关法律法规的要求报告的事项"部分。

13.4.2 非标准审计报告

非标准审计报告是指标准审计报告以外的其他审计报告，包括带强调事项段的无保留意见的审计报告和非无保留意见的审计报告。非无保留意见的审计报告包括保留意见的审计报告、否定意见的审计报告和无法表示意见的审计报告。

当出具非无保留意见的审计报告时，注册会计师应当在注册会计师责任段之后、审计意见段之前增加说明段，清楚地说明导致所发表意见或无法发表意见的所有原因，并在可能的情况下指出其对财务报表的影响程度。

同步思考 13-3

审计报告中的说明段与强调事项段有何区别？

理解要点：说明段与强调事项段的位置与作用不同。说明段位于审计意见段之前，用来说明出具非无保留意见的原因；强调事项段位于审计意见段之后，用于特别强调需要报表使用者关注的事项，旨在增加审计报告的信息含量，不影响所发表的审计意见类型，而且强调事项段的内容准则也作出了规定，不能随意添加。

1）带强调事项段的无保留意见审计报告

带强调事项段的无保留意见审计报告指注册会计师在出具无保留审计意见后增加对重大事项予以强调的段落，强调报表使用者应该予以关注，强调事项段不影响注册会计师发表的审计意见。

如果在审计报告中增加强调事项段，注册会计师应当将强调事项段紧接在审计意见段之后，并使用"强调事项"或其他适当标题，明确提及被强调事项以及相关披露的位置，以便能够在财务报表中找到对该事项的详细描述，并指出审计意见没有因该强调事项而改变。

业务链接 13-1

需要在审计报告中增加强调事项段的情形

在审计意见后，注册会计师增加强调事项段不影响已发表的审计意见，只是提醒报表使用者关注这些事项，不是为减轻自身责任所作的开脱。在以往的审计实践中，存在滥用强调事项段的情况，结果不但降低了注册会计师沟通所强调事项的有效性，而且也存在以强调事项段不合理替代说明段而变更审计意见类型的嫌疑，同时，与财务报表中的列报或披露相比，在强调事项段中包括过多的信息，可能隐含着这些事项未被恰当列报或披露。因此，审计准则规定强调事项段的使用限制在财务报表已列报或披露的事项上，具体包括以下内容：（1）异常诉讼或监管行动的未来结果存在不确定性；（2）提前应用（在允许的情况下）对财务报表有广泛影响的新会计准则；（3）存在已经或持续对被审计单位财务状况产生重大影响的特大灾难；（4）相关部门要求采用的财务报告编制基础不可接受，管理层同意在财务报表中作出额外披露时；（5）强调可能导致对持续经营能力产生重大疑虑的事项或情况存在重大不确定性的事实，并提醒财务报表使用者关注财务报表附注中的相关披露；（6）提醒财务报表使用者关注财务报表附注中有关修改原财务报表的详细原因和注册会计师提供的原审计报告；（7）提醒审计报告使用者关注财务报表按照特殊目的编制基础编制。

带强调事项段的无保留意见审计报告的格式如下：

审 计 报 告

ABC 股份有限公司全体股东：

我们审计了后附的 ABC 股份有限公司（以下简称 ABC 公司）财务报表，包括 201×年 12 月 31 日的资产负债表，201×年度的利润表、现金流量表和股东权益变动表以及财务报表附注。

一、管理层对财务报表的责任

编制和公允列报合并财务报表是管理层的责任，这种责任包括：（1）按照《企业会计准则》的规定编制合并财务报表，并使其实现公允反映；（2）设计、执行和维护必要的内部控制，以使合并财务报表不存在由于舞弊或错误导致的重大错报。

二、注册会计师的责任

我们的责任是在实施审计工作的基础上对财务报表发表审计意见。我们按照《中国注册会计师审计准则》的规定执行了审计工作。《中国注册会计师审计准则》要求我们遵守职业道德规范，计划和实施审计工作以对财务报表是否不存在重大错报获取合理保证。

审计工作涉及实施审计程序，以获取有关财务报表金额和披露的审计证据。选择的审计程序取决于注册会计师的判断，包括对由于舞弊或错误导致的财务报表重大错报风险的评估。在进行风险评估时，注册会计师考虑与财务报表编制和公允列报相关的内部控制，以设计恰当的审计程序，但目的并非对内部控制的有效性发表意见。审计工作还包括评价管理层选用会计政策的恰当性和作出会计估计的合理性，以及评价财务报表的总体列报。

我们相信，我们获取的审计证据是充分、适当的，为发表审计意见提供了基础。

三、审计意见

我们认为，ABC 公司的财务报表在所有重大方面按照《企业会计准则》的规定编制，公允反映了 ABC 公司 201×年 12 月 31 日的财务状况以及 201×年度的经营成果和现金流量。

四、强调事项

我们提醒财务报表使用者关注，如财务报表附注×所述，ABC 公司在 201×年发生亏损××万元，在 201×年 12 月 31 日，流动负债高于流动资产××万元。ABC 公司已在财务报表附注×充分披露了拟采取的改善措施，但其持续经营能力仍然存在重大不确定性。本段内容不影响已发表的审计意见。

××会计师事务所	中国注册会计师：×××（签名并盖章）
（盖章）	中国注册会计师：×××（签名并盖章）
中国××市	

201×年×月×日

同步案例 13-1

应出具何种类型的审计报告

背景与情境： ABC 会计师事务所指派注册会计师 A 和 B 审计某市机场股份有限公司

2011 年财务报表时，发现报表附注中披露了下列诉讼事项：本公司原总经理涉嫌贷款诈骗犯罪，被市公安局于 2010 年 1 月 24 日立案侦查，并经市人民检察院批准于 2010 年 3 月 1 日被市公安局逮捕。市公安局侦察上述案件结束后，已移送市人民检察院并由其提起公诉。2011 年 4 月 25 日和 5 月 11 日，市中级人民法院先后两次开庭审理涉嫌贷款诈骗案件。截至 2012 年 3 月 3 日，市中级人民法院尚未作出判决。根据本公司聘请的常年法律顾问以及专项法律顾问的律师意见，涉嫌贷款诈骗是个人行为；上述案件涉及经济犯罪嫌疑，应当根据最高人民法院有关规定，将案件移送检察机关，或者依法中止诉讼；上述案件不是正常的贷款纠纷案件，而是贷款诈骗案件和违法发放贷款案件，且本公司未在上述银行开设银行账户，也未收到上述银行任何贷款，更未使用过上述银行贷款，犯罪嫌疑人非法签订贷款合同已经触犯刑律，是非法、无效的，本公司不应当根据非法、无效的贷款合同承担归还贷款本息的责任。

问题： 在不考虑其他条件的前提下，注册会计师应出具何种类型的审计报告？并请代为编制该审计报告。

分析提示： 应当出具带强调事项段的无保留意见审计报告，其具体审计报告格式如下：

审 计 报 告

某市机场股份有限公司全体股东：

我们审计了后附的某市机场股份有限公司（以下简称"机场股份"）财务报表，包括 2011 年 12 月 31 日的资产负债表及合并资产负债表，2011 年度的利润表和合并利润表、现金流量表和合并现金流量表、所有者权益变动表和合并所有者权益变动表以及财务报表附注。

一、管理层对财务报表的责任

编制和公允列报合并财务报表是管理层的责任，这种责任包括：（1）按照《企业会计准则》的规定编制合并财务报表，并使其实现公允反映；（2）设计、执行和维护必要的内部控制，以使合并财务报表不存在由于舞弊或错误导致的重大错报。

二、注册会计师的责任

我们的责任是在实施审计工作的基础上对财务报表发表审计意见。我们按照《中国注册会计师审计准则》的规定执行了审计工作。《中国注册会计师审计准则》要求我们遵守职业道德规范，计划和实施审计工作以对财务报表是否不存在重大错报获取合理保证。

审计工作涉及实施审计程序，以获取有关财务报表金额和披露的审计证据。选择的审计程序取决于注册会计师的判断，包括对由于舞弊或错误导致的财务报表重大错报风险的评估。在进行风险评估时，我们考虑与财务报表编制相关的内部控制，以设计恰当的审计程序，但目的并非对内部控制的有效性发表意见。审计工作还包括评价管理层选用会计政策的恰当性和作出会计估计的合理性，以及评价财务报表的总体列报。

我们相信，我们获取的审计证据是充分、适当的，为发表审计意见提供了基础。

三、审计意见

我们认为，某市机场股份公司财务报表在所有重大方面按照《企业会计准则》的规定编制，公允反映了机场股份 2011 年 12 月 31 日的财务状况以及 2011 年度的经营成果和现金流量。

四、强调事项

我们提醒财务报表使用者关注，如财务报表附注十所述，机场股份原总经理因涉嫌贷款诈骗罪被市公安局逮捕，并被市人民检察院提起刑事诉讼。该案中涉嫌被诈骗的两家贷款银行相继起诉机场股份，要求机场股份返还借款本金、利息及罚息等共计人民币 257 788 195.36 元（利息及罚息计至起诉之日）。截至 2012 年 3 月 3 日，相关人民法院对上述案件已裁定中止审理或正在审理中，尚未做出最终判决。由于机场股份从未办理和使用上述贷款，根据法律顾问等方面的意见，涉嫌贷款诈骗为个人行为，与机场股份无关。本段内容不影响已发表的审计意见。

ABC 会计师事务所　　　　　　　　　　中国注册会计师：A（签名并盖章）

（盖章）　　　　　　　　　　　　　　中国注册会计师：B（签名并盖章）

中国××市

2012 年 3 月 3 日

2）保留意见的审计报告

（1）保留意见的含义

保留意见是指注册会计师对财务报表的反映有所保留的审计意见。一般是由于某些事项的存在，使无保留意见的条件不完全具备，影响了被审计单位财务报表的表达，因而注册会计师对无保留意见加以修正，对影响事项提出保留意见，并表示对该意见负责。

（2）保留意见的出具

当由于财务报表存在重大错报而发表保留意见时，注册会计师应当根据适用的财务报告编制基础在审计意见段中说明：注册会计师认为，除了导致保留意见的事项段所述事项产生的影响外，财务报表在所有重大方面按照适用的财务报告编制基础编制，并实现公允反映。

当无法获取充分、适当的审计证据而导致发表保留意见时，注册会计师应当在审计意见段中使用"除……可能产生的影响外"等措辞。

当注册会计师发表保留意见时，在审计意见段中使用"由于上述解释"或"受……影响"等措辞是不恰当的，因为这些措辞不够清晰或没有足够的说服力。

应当指出的是，只有当注册会计师认为财务报表就其整体而言是公允的，但还存在对财务报表产生重大影响的情形，才能出具保留意见的审计报告。如果注册会计师认为所报告的情形对财务报表产生的影响极为严重，则应出具否定意见的审计报告或无法表示意见的审计报告。因此，保留意见的审计报告被视为注册会计师在不能出具无保留意见的审计报告情况下最不严厉的审计报告。

保留意见审计报告的格式如下：

①因会计政策选用不恰当而出具的保留意见审计报告。

审 计 报 告

ABC 股份有限公司全体股东：

我们审计了后附的 ABC 股份有限公司（以下简称 ABC 公司）财务报表，包括 201× 年 12 月 31 日的资产负债表，201× 年度的利润表、现金流量表和股东权益变动表以及财务报表附注。

一、管理层对财务报表的责任

编制和公允列报合并财务报表是管理层的责任，这种责任包括：（1）按照《企业会计准则》的规定编制合并财务报表，并使其实现公允反映；（2）设计、执行和维护必要的内部控制，以使合并财务报表不存在由于舞弊或错误导致的重大错报。

二、注册会计师的责任

我们的责任是在实施审计工作的基础上对财务报表发表审计意见。我们按照《中国注册会计师审计准则》的规定执行了审计工作。《中国注册会计师审计准则》要求我们遵守职业道德规范，计划和实施审计工作以对财务报表是否不存在重大错报获取合理保证。

审计工作涉及实施审计程序，以获取有关财务报表金额和披露的审计证据。选择的审计程序取决于注册会计师的判断，包括对由于舞弊或错误导致的财务报表重大错报风险的评估。在进行风险评估时，我们考虑与财务报表编制相关的内部控制，以设计恰当的审计程序，但目的并非对内部控制的有效性发表意见。审计工作还包括评价管理层选用会计政策的恰当性和作出会计估计的合理性，以及评价财务报表的总体列报。

我们相信，我们获取的审计证据是充分、适当的，为发表审计意见提供了基础。

三、导致保留意见的事项

如财务报表附注×所述，ABC 公司 201×年×月购入的×类固定资产没有计提折旧。如果按照 ABC 公司固定资产折旧政策，应当计提折旧费用×万元。相应地，ABC 公司 201×年 12 月 31 日的累计折旧应当增加×万元，固定资产账面净值减少×万元，201×度净利润减少×万元。

四、保留意见

我们认为，除了×类固定资产没有计提折旧对财务报表产生的影响外，ABC 公司的财务报表在所有重大方面按照《企业会计准则》的规定编制，公允反映了 ABC 公司 201×年 12 月 31 日的财务状况以及 201×年度的经营成果和现金流量。

××会计师事务所	中国注册会计师：×××（签名并盖章）
（盖章）	中国注册会计师：×××（签名并盖章）
中国××市	

201×年×月×日

②因财务报表披露不充分而出具的保留意见审计报告。

审 计 报 告

ABC 股份有限公司全体股东：

我们审计了后附的 ABC 股份有限公司（以下简称 ABC 公司）财务报表，包括 201×年 12 月 31 日的资产负债表，201×年度的利润表、现金流量表和股东权益变动表以及财务报表附注。

一、管理层对财务报表的责任

编制和公允列报合并财务报表是管理层的责任，这种责任包括：（1）按照《企业会计准则》的规定编制合并财务报表，并使其实现公允反映；（2）设计、执行和维护必要的内部控制，以使合并财务报表不存在由于舞弊或错误导致的重大错报。

二、注册会计师的责任

我们的责任是在实施审计工作的基础上对财务报表发表审计意见。我们按照《中国注册会计师审计准则》的规定执行了审计工作。《中国注册会计师审计准则》要求我们遵守职业道德规范，计划和实施审计工作以对财务报表是否不存在重大错报获取合理保证。

审计工作涉及实施审计程序，以获取有关财务报表金额和披露的审计证据。选择的审计程序取决于注册会计师的判断，包括对由于舞弊或错误导致的财务报表重大错报风险的评估。在进行风险评估时，我们考虑与财务报表编制相关的内部控制，以设计恰当的审计程序，但目的并非对内部控制的有效性发表意见。审计工作还包括评价管理层选用会计政策的恰当性和作出会计估计的合理性，以及评价财务报表的总体列报。

我们相信，我们获取的审计证据是充分、适当的，为发表审计意见提供了基础。

三、导致保留意见的事项

201×年12月15日，ABC公司将账面价值为×万元的存货作为抵押品，向×银行借款×万元，但未在财务报表中对抵押事项予以披露。

四、保留意见

我们认为，除了未在财务报表中对抵押事项予以披露可能产生的影响外，ABC公司的财务报表在所有重大方面按照《企业会计准则》的规定编制，公允反映了ABC公司201×年12月31日的财务状况以及201×年度的经营成果和现金流量。

××会计师事务所   中国注册会计师：×××（签名并盖章）

（盖章）   中国注册会计师：×××（签名并盖章）

中国××市

201×年×月×日

③因审计范围受到限制而出具保留意见的审计报告。

审 计 报 告

ABC股份有限公司全体股东：

我们审计了后附的ABC股份有限公司（以下简称ABC公司）财务报表，包括201×年12月31日的资产负债表，201×年度的利润表、现金流量表和股东权益变动表以及财务报表附注。

一、管理层对财务报表的责任

编制和公允列报合并财务报表是管理层的责任，这种责任包括：（1）按照《企业会计准则》的规定编制合并财务报表，并使其实现公允反映；（2）设计、执行和维护必要的内部控制，以使合并财务报表不存在由于舞弊或错误导致的重大错报。

二、注册会计师的责任

我们的责任是在实施审计工作的基础上对财务报表发表审计意见。我们按照《中国注册会计师审计准则》的规定执行了审计工作。《中国注册会计师审计准则》要求我们遵守职业道德规范，计划和实施审计工作以对财务报表是否不存在重大错报获取合理保证。

审计工作涉及实施审计程序，以获取有关财务报表金额和披露的审计证据。选择的审计程序取决于注册会计师的判断，包括对由于舞弊或错误导致的财务报表重大错报风险的评估。在进行风险评估时，我们考虑与财务报表编制相关的内部控制，以设计恰当的审计程序，但目的并非对内部控制的有效性发表意见。审计工作还包括评价管理层选用会计政策的恰当性和作出会计估计的合理性，以及评价财务报表的总体列报。

我们相信，我们获取的审计证据是充分、适当的，为发表审计意见提供了基础。

三、导致保留意见的事项

ABC公司201×年12月31日的应收账款余额为×万元，占资产总额的×%。但由于ABC公司未能提供债务人地址，我们无法实施函证，且无法实施其他审计程序，以获取充分、适当的审计证据。

四、保留意见

我们认为，除了未能实施函证可能产生的影响外，ABC公司的财务报表在所有重大方面按照《企业会计准则》的规定编制，公允反映了ABC公司201×年12月31日的财务状况以及201×年度的经营成果和现金流量。

××会计师事务所	中国注册会计师：×××（签名并盖章）
（盖章）	中国注册会计师：×××（签名并盖章）
中国××市	

201×年×月×日

职业道德探讨 13-1

审计范围受限时的考虑

背景与情境： 某会计师事务所于2012年1月20日接受甲公司委托对其实施2011年年报审计业务。甲公司是一电脑销售企业，注册会计师小张带领审计项目组于当日进驻甲公司后发现该公司仓库存货已于2011年12月31日盘点完毕，由于存货数量巨大，被审计单位拒绝重新盘点存货，注册会计师也无法实施存货监盘。审计工作按预先设定时间实施后，负责其他项目审计的项目组其他成员反馈的情况是，除存货外的其他项目都取得充分、适当的审计证据，不存在问题。由此，项目组负责人注册会计师小张认为，尽管报表上显示存货金额占到资产总额的30%左右，但被审计单位报告年度末刚实施过存货盘点，盘点记录也比较齐全，因此不再对存货实行监盘而直接予以认定，决定出具标准审计报告。

问题： 注册会计师小张决定出具标准审计报告是否合适？为什么？

分析提示：《注册会计师职业道德守则》要求注册会计师在执业过程中要保持职业谨慎，收集到充分、适当的审计证据后才能形成审计意见。案例中项目组由于审计范围受限，无法实施存货监盘，对占到资产总额30%左右的存货项目无法获取充分、适当的审计证据，就不能形成审计意见。审计准则要求，在承接审计业务后，如果注意到管理层对审计范围施加了限制，且认为这些限制可能导致对财务报表发表保留意见或无法表示意见，注册会计师应当要求管理层消除这些限制。如果管理层拒绝消除限制，除非治理层全部成员参与管理被审计单位，注册会计师应当就此事项与治理层沟通，并确定能否实施替代程序以获取充分、适当的审计证据。如果无法获取充分、适当的审计证据，注册会计师应当通过下列方式确定其影响：（1）如果未发现的错报（如存在）可能对财务报表产生的影响重大，但不具有广泛性，应当发表保留意见；（2）如果未发现的错报（如存在）可能对财务报表产生的影响重大且具有广泛性，以至于发表保留意见不足以反映情况的严重性；应当在可行时解除业务约定（除非法律法规禁止）。注册会计师应当在解除业务约定前，与治理层沟通在审计过程中发现的、将会导致发表非无保留意见的所有错报事项；如果在出具审计报告之前解除业务约定被禁止或不可行，应当发表无法表示意见的审计报告。

同步案例13-2

应出具何种意见类型的审计报告

背景与情境： 注册会计师A和B负责对甲公司2011年度财务报表进行审计，确定财务报表层次的重要性水平为200万元。甲公司2011年度财务报告于2012年4月20日获董事会批准，并于同日报送证券交易所。

资料一： 甲公司未经审计的2011年度财务报表部分项目的年末余额或年度发生额如下（金额单位：万元）：

项目	2011年度
资产总额	90 000
营业收入	60 000
利润总额	3 000
净利润	2 500

资料二： 在对甲公司的审计过程中，注册会计师A和B注意到下列事项：

①2011年1月起，甲公司开始研发X产品专利技术，且拥有可靠的技术和财务资源等支持。截至2011年10月31日，共发生研发支出2 700万元，其中：科技成果应用研究费用900万元，生产前的模型设计和测试费用1 800万元。2011年11月1日，该专利技术达到预定用途，甲公司将其确认为无形资产，并做如下会计处理：借记"无形资产"2 700万元，贷记"研发支出——资本化支出"2 700万元。该无形资产的估计使用寿命为5年，净残值为零，甲公司按直线法摊销，并做如下会计处理：借记"管理费用"90万元，贷记"累计摊销"90万元。

②2011年9月20日，甲公司从乙公司采购一批汽车零部件，不含税价格为2 000万元，增值税税率为17%。由于甲公司发生财务困难，无法按期支付货款，经与乙公司协商，于2011年12月25日实施债务重组：乙公司同意减免甲公司1 000万元债务，余额由甲公司用现金清偿。甲公司于次日付款，并做如下会计处理：借记"应付账款"2 340万元，贷记"银行存款"1 340万元，贷记"营业外收入——债务重组收益"1 000万元。甲公司认为持续经营不存在问题，因此没有在财务报表附注中披露该项债务重组。

③2011年10月25日，甲公司为某高新技术项目向银行申请配套流动资金贷款，同时申报政府财政贴息。根据与银行签订的贷款协议，贷款期限自2011年11月1日至2012年10月31日，贷款金额为20 000万元，年利率为6%。2011年11月1日，政府部门批准拨付贴息资金600万元，甲公司于当日收到该笔资金，并做如下会计处理：借记"银行存款"600万元，贷记"营业外收入——政府补助"600万元。

④2011年12月，甲公司购入500万元汽车电子仪表。2012年1月7日，甲公司遭受水灾，导致该批仪表全部报废。甲公司对2011年度财务报表做如下调整：借记"资产减值损失"500万元，贷记"存货——存货跌价准备"500万元。

⑤2011年12月25日，甲公司总经理办公会议决定将持有的丙公司40%的股权以

28 000万元的价格转让给控股股东，该项长期股权投资的账面价值为19 000万元、评估价值为28 000万元。2011年12月27日，甲公司收到全部股权转让款，并做如下会计处理：借记"银行存款"28 000万元，贷记"长期股权投资"19 000万元，贷记"投资收益"9 000万元。上述股权转让事项已经于2012年1月10日召开的董事会会议审议通过，并拟在2011年度财务报表附注中披露。

问题：

（1）在资料一的基础上，如果考虑审计重要性水平，假定甲公司分别只存在资料二的5个事项中的1个事项，并且拒绝接受注册会计师A和B针对事项①至事项⑤提出的审计处理建议（如果有），在不考虑其他条件的前提下，指出注册会计师A和B应当针对这5个独立存在的事项分别出具何种意见类型的审计报告。

（2）在资料一的基础上，如果考虑审计重要性水平，假定甲公司只存在资料二中的事项①，并且拒绝接受注册会计师A和B提出的审计处理建议（如果有），在不考虑其他条件的前提下，代为续编以下审计报告。

分析提示：

（1）事项①发表保留意见的审计报告。

事项②发表保留意见的审计报告。

事项③发表保留意见的审计报告。

事项④发表保留意见的审计报告。

事项⑤发表否定意见的审计报告。

（2）错报金额为870万元，远远超过了200万元的重要性水平；错报导致虚增资产和利润的金额分别占资产及利润总额的0.97%和29%。综合来看，所述错报属于重要的局部性错报，不至于发表否定意见。续写的审计报告部分如下：

"三、导致保留意见的事项

甲公司2011年1月起研发X产品的专利技术，且拥有可靠的技术和财务资源支持，截至2011年10月31日，共发生研发费用2 700万元，其中，有900万元应计入管理费用，1 800万元应计入无形资产，但甲公司将2 700万元全部计入了无形资产。由于甲公司拒绝对该事项进行调整，导致其虚增资产900万元，多摊无形资产30万元，虚增利润870万元。

四、保留意见

我们认为，除了前段所述未能正确核算无形资产产生的重大影响外，甲公司财务报表在所有重大方面按照《企业会计准则》的规定编制，公允反映了甲公司2011年12月31日的财务状况以及2011年度的经营成果和现金流量。

××会计师事务所　　　　　　　　　　中国注册会计师：A（签名并盖章）

（盖章）　　　　　　　　　　　　　　中国注册会计师：B（签名并盖章）

中国××市

2012年4月20日"

3）否定意见的审计报告

（1）否定意见的含义

否定意见是指与无保留意见相反，注册会计师提出否定财务报表公允地反映被审计单位财务状况、经营成果和现金流量的审计意见。

（2）否定意见的出具

注册会计师经过审计后，如果认为财务报表未按照适用的会计准则和相关会计制度的规定编制，未能在所有重大方面公允地反映被审计单位的财务状况、经营成果和现金流量，注册会计师应当出具否定意见的审计报告。

当出具否定意见的审计报告时，注册会计师应当在意见段中使用"由于上述问题造成的重大影响"、"由于受到前段所述事项的重大影响"等专业术语。

应当指出的是，只有当注册会计师认为财务报表存在重大错报会误导使用者，以至于财务报表的编制不符合使用的会计准则和相关会计制度的规定，未能从整体上公允反映被审计单位财务状况、经营成果和现金流量，注册会计师才出具否定意见的审计报告。

否定意见的审计报告格式如下：

审 计 报 告

ABC 股份有限公司全体股东：

我们审计了后附的 ABC 股份有限公司（以下简称 ABC 公司）财务报表，包括 201×年 12 月 31 日的资产负债表，201×年度的利润表、现金流量表和股东权益变动表以及财务报表附注。

一、管理层对财务报表的责任

编制和公允列报合并财务报表是管理层的责任，这种责任包括：（1）按照《企业会计准则》的规定编制合并财务报表，并使其实现公允反映；（2）设计、执行和维护必要的内部控制，以使合并财务报表不存在由于舞弊或错误导致的重大错报。

二、注册会计师的责任

我们的责任是在实施审计工作的基础上对财务报表发表审计意见。我们按照《中国注册会计师审计准则》的规定执行了审计工作。《中国注册会计师审计准则》要求我们遵守职业道德规范，计划和实施审计工作以对财务报表是否不存在重大错报获取合理保证。

审计工作涉及实施审计程序，以获取有关财务报表金额和披露的审计证据。选择的审计程序取决于注册会计师的判断，包括对由于舞弊或错误导致的财务报表重大错报风险的评估。在进行风险评估时，我们考虑与财务报表编制相关的内部控制，以设计恰当的审计程序，但目的并非对内部控制的有效性发表意见。审计工作还包括评价管理层选用会计政策的恰当性和作出会计估计的合理性，以及评价财务报表的总体列报。

我们相信，我们获取的审计证据是充分、适当的，为发表审计意见提供了基础。

三、导致否定意见的事项

如财务报表附注×所述，ABC 公司的长期股权投资未按《企业会计准则》的规定采用权益法核算。如果按权益法核算，ABC 公司的长期投资账面价值将减少×万元，净利润将减少×万元，从而导致 ABC 公司由盈利×万元变为亏损×万元。

四、否定意见

我们认为，由于"三、导致否定意见的事项"段中所述事项的重要性，ABC 公司的财务报表没有在所有重大方面按照《企业会计准则》的规定编制，未能公允反映 ABC 公司201×年12月31日的财务状况以及201×年度的经营成果和现金流量。

××会计师事务所   中国注册会计师：×××（签名并盖章）

（盖章）   中国注册会计师：×××（签名并盖章）

中国××市

201×年×月×日

4）无法表示意见的审计报告

（1）无法表示意见的含义

无法表示意见是指注册会计师说明其对被审计单位的财务报表不能发表意见，也即对财务报表不能发表包括无保留、保留和否定的审计意见。

（2）无法表示意见的出具

如果审计范围受到限制可能产生的影响非常重大和广泛，不能获取充分、适当的审计证据，以至于无法对财务报表发表意见，注册会计师应当出具无法表示意见的审计报告。

当出具无法表示意见的审计报告时，注册会计师应当删除注册会计师的责任段，并在意见段中使用"由于审计范围受到限制可能产生的影响非常重大和广泛"、"我们无法对上述财务报表发表意见"等专业术语。

只有当审计范围受到限制可能产生的影响非常重大和广泛，不能获取充分、适当的审计证据，以至于无法确定财务报表的合法性与公允性时，注册会计师才应当出具无法表示意见的审计报告。无法表示意见不同于否定意见，它通常仅适用于注册会计师不能获取充分、适当的审计证据。如果注册会计师发表否定意见，必须获取充分、适当的审计证据。无论是无法表示意见还是否定意见，都只有在非常严重的情形下才采用。

无法表示意见的审计报告格式如下：

审计报告

ABC股份有限公司全体股东：

我们接受委托，审计后附的ABC股份有限公司（以下简称ABC公司）财务报表，包括201×年12月31日的资产负债表，201×年度的利润表、现金流量表和股东权益变动表以及财务报表附注。

一、管理层对财务报表的责任

编制和公允列报财务报表是ABC公司管理层的责任，这种责任包括：（1）按照《企业会计准则》的规定编制财务报表，并使其实现公允反映；（2）设计、执行和维护必要的内部控制，以使财务报表不存在由于舞弊或错误导致的重大错报。

二、注册会计师的责任

我们的责任是在按照《中国注册会计师审计准则》的规定执行审计工作的基础上对财务报表发表审计意见。但由于"三、导致无法表示意见的事项"段中所述的事项，我们无法获取充分、适当的审计证据以为发表审计意见提供基础。

三、导致无法表示意见的事项

ABC公司未对201×年12月31日的存货进行盘点，金额为×万元，占期末资产总额的50%，我们无法实施存货监盘，也无法实施替代审计程序以对期末存货的数量和状况获取充分、适当的审计证据。

四、无法表示意见

由于"三、导致无法表示意见的事项"段中所述事项的重要性，我们无法获取充分、适当的审计证据以为发表审计意见提供基础，因此，我们不对 ABC 公司的财务报表发表审计意见。

××会计师事务所   中国注册会计师：×××（签名并盖章）

（盖章）   中国注册会计师：×××（签名并盖章）

中国××市

201×年×月×日

业务链接 13-2

需要在审计报告中增加其他事项段的考虑

区别于说明段与强调事项段，必要时还需要在审计报告中增加其他事项段，来提及未在财务报表中披露的事项或情况。其他事项段是指审计报告中含有的一个段落，该段落提及未在财务报表中列报或披露的事项，根据注册会计师的职业判断，该事项与财务报表使用者理解审计工作、注册会计师责任或审计报告相关。注册会计师应当将其他事项段紧接在审计意见段和强调事项段（如有）之后。如果其他事项段的内容与其他报告责任部分相关，这一段落也可以置于审计报告的其他位置。具体讲，需要在审计报告中增加其他事项段的情形包括与使用者理解审计工作相关的情形。如在极其特殊的情况下，即使由于管理层对审计范围施加的限制导致无法获取充分、适当的审计证据可能产生的影响具有广泛性，注册会计师也不能解除业务约定。在这种情况下，注册会计师可能认为有必要在审计报告中增加其他事项段，解释为何不能解除业务约定。需要在审计报告中增加其他事项段的情形可能包括与使用者理解注册会计师的责任或审计报告相关的情形、对两套以上财务报表出具审计报告的情形、限制审计报告分发和使用的情形等。

主要参考书目

1. 刘明辉．高级审计理论与实务［M］．大连：东北财经大学出版社，2011.
2. 张继勋．审计学［M］．北京：清华大学出版社，2008.
3. 中国注册会计师协会．审计［M］．北京：经济科学出版社，2011.
4. 胡中艾．审计［M］．大连：东北财经大学出版社，2011.
5. 王光远，黄京菁．审计学［M］．大连：东北财经大学出版社，2011.
6. 匡贤明，杜军奎．审计学［M］．北京：清华大学出版社，2008.
7. 刘桂．审计案例分析［M］．北京：经济科学出版社，2011.
8. 郭艳萍．审计学原理与案例［M］．北京：中国时代经济出版社，2009.
9. 上海国家会计学院．内部控制与内部审计［M］．上海：经济科学出版社，2012.
10. 北京注册会计师协会．审计工作底稿指引（进一步审计程序之一）［M］．北京：经济科学出版社，2007.